W0194312

Oberitalienische Seen
Lombardei · Mailand

www.baedeker.com

Verlag Karl Baedeker

TOP-REISEZIELE ✶ ✶

Herrliche, mediterran anmutende Seelandschaften mit prachtvollen Villen, kunsthistorische Highlights, beeindruckende Gebirgslandschaften, malerische Städte und die Hauptstadt Mailand, die nicht nur das wirtschaftliche Zentrum Norditaliens, sondern auch die Modehauptstadt Italiens und nicht zuletzt ein bedeutendes Kunstzentrum ist – die Lombardei hat viel zu bieten. Hier sind die Top-Reiseziele aufgeführt, die Sie auf keinen Fall versäumen sollten.

Isole Borromeo
Herrliche Parkanlagen auf der Isola Bella

SCHWEIZ

9 Parco Nazionale
dello Stelvio

3 Locarno
2 Ascona
1 Lago
Maggiore   6 Lugano   7 Comer See

10 Parco Nazionale delle
Incisioni Rupestri

8 Bellagio

4 Isole
Borromee   5 Luganer
See

Iseosee   Idrosee

16 Bergamo   11 Gardasee

17 Brescia

13 Mailand   12 Sirmione

14 Certosa
di Pavia

15 Pavia   18 Cremona   19 Mantua

11 ✶✶ Gardasee
Auch Goethe war von dem »köstlichen
Schauspiel« beeindruckt. ▶ **Seite 183**

12 ✶✶ Sirmione
Hauptattraktion des vielbesuchten Ferien-
ortes ist die mächtige Skaligerburg.
▶ **Seite 193**

13 ✶✶ Mailand
Die mit Superlativen bezeichnete Haupt-
stadt der Lombardei bietet eine Menge für
Kauflustige und für Kunstfreunde.
▶ **Seite 247**

14 ✶✶ Certosa die Pavia
Das ehemalige Kartäuserkloster ist
ein kunsthistorisches Highlight der
Lombardei. ▶ **Seite 145**

15 ✶✶ Pavia
Die geschichtlich bedeutende Stadt besitzt
ein altes Ortszentrum. ▶ **Seite 295**

16 ✶✶ Bergamo
Besonders malerisch präsentiert sich die
Altstadt. ▶ **Seite 122**

17 ✶✶ Brescia
Die wichtige Industriestadt hat sich einen
historischen Kern bewahrt. ▶ **Seite 135**

18 ✶✶ Cremona
Weltweiten Ruhm erhielt der Ort durch den
Geigenbau. ▶ **Seite 175**

19 ✶✶ Mantua
Perlen der Renaissancebaukunst kann man
hier besichtigen. ▶ **Seite 277**

DIE BESTEN BAEDEKER-TIPPS

Von allen Baedeker-Tipps in diesem Buch haben wir hier die interessantesten für Sie zusammengestellt. Erleben und genießen Sie die Lombardei von ihrer schönsten Seite!

❗ Für Liebhaber von Klaviermusik ...

... ist das Festival Painistico Bendetti Michelangeli in Bergamo und Brescia im Frühjahr zu empfehlen. ▶ **Seite 130**

❗ Grottenerlebnis

Typisch für Chiavenna sind die Grotti, in denen man regionale Produkte kaufen kann und Lokale eingerichtet sind.
▶ **Seite 152**

❗ Auf den Spuren der Brautleute

Ein Rundgang in Lecco folgt den Ereignissen des berühmten Romans »Die Brautleute« von Alessandro Manzoni.
▶ **Seite 162**

❗ Anregender Genuss

Köstlichen Espresso gibt es in dem Kaffegeschäft Caffè & Caffè in Como.
▶ **Seite 172**

❗ Lust zum Stöbern

Wer gerne auf Märkten bummelt, sollte dienstags nach Desenzano am Gardasee fahren. ▶ **Seite 198**

❗ Musik ist Trumpf

Klassikfreunde sollten eine Aufführung bei den Settimane Musicale di Stresa am Laggo Maggiore einplanen. ▶ **Seite 220**

Espresso
Wie wär's mit einem belebenden Espresso zwischendurch?

Lazise am Gardasee
Hier kommt beim Besucher mediterranes Lebensgefühl auf.

❗ Filmfestival
Internationalen Ruf genießt das Filmfestival von Locarno.   ► Seite 224

❗ Auf den Spuren Hesses
In Montagnola wird bei geführten Wanderungen die Welt des weltberühmten Dichters, der hier lebte, lebendig.
► Seite 237

❗ Für Jazzliebhaber
Für Freunde des Jazz ist Lugano eine bervorzugte Adresse.   ► Seite 244

❗ Amaretto
Der Süßmantellikör wird in Saronno produziert.   ► Seite 295

Bresaola
Dieser feine Schinken sollte undedingt probiert werden.

❗ Leben in der Vorzeit
In Cemma im Valcamonica erhält man im Archeodromo Einblick in das Leben der Steinzeitmenschen.   ► Seite 311

❗ Bresaola
Der Rinderschinken ist eine Spezialität des Veltlins.   ► Seite 319

*Zu einem genussvollen
Urlaub gehört einfach
das Abendessen im
Freien.*
▸ **Seite 71**

HINTERGRUND

PRAKTISCHE INFORMATIONEN

PREISKATEGORIEN

▶ **Hotels**
Luxus: über 250 €
Komfortabel: 100 – 250 €
Günstig: bis 100 €
Für ein Doppelzimmer

▶ **Restaurants**
Fein & Teuer: ab 40 €
Erschwinglich: 20 – 40 €
Preiswert: bis 20 €
Für eine Mahlzeit

*Die reich dekorierte
Fassade des
Mailänder Doms*
▶ **Seite 257**

TOUREN

REISEZIELE VON A bis Z

nachdenken · klimabewusst reisen
atmosfair

Hintergrund

KURZ, KNAPP UND
SCHNELL NACHZU-
SCHLAGEN: WISSENS-
WERTES ÜBER IHRE
REISEREGION, ÜBER LAND
UND LEUTE, WIRTSCHAFT
UND GESELLSCHAFT

REICH UND SCHÖN

Zwischen Alpengipfeln und Poebene liegt ein Teil jenes verlocken-den Landes, wo die Zitronen blühen und gleichzeitig mehr als ein Fünftel des Bruttoeinkommens Italiens erwirtschaftet wird. Mediterrrane Flora und Fauna konkurrieren also mit industrieller Konzentration. Gewinnstreben kommt vor dem Müßiggang.

Aber selbst die fleißigsten Bewohner, die Ambrosiani, wie die Mailänder respektvoll nach ihrem kämpferischen Bischof aus dem 4. Jh. genannt werden, haben sich die Lust auf die kleinen Paradiese der grandiosen Natur bewahrt. Ob Lago Maggiore, Comer See, Iseosee oder Gardasee, »das schönste an der Lombardei sind die Seen«, schwärmte bereits Goethe. Schon vor ihm waren im 7. Jh. die Lango-barden, die der Region ihren Namen gaben, vom Duft des Blütenmeeres so betört, dass sie alle weiteren Eroberungspläne aufgaben. In Pavia, der einstigen Krönungstätte der Langobarden-könige und heutigen umtriebigen Universitätsstadt, sowie in Monza als Aufbewahrungsort der eisernen Krone spürt der Besucher einen Hauch der früh-mittelalterlichen Geschichte.

Iseo-See
Peschiera Marglio auf der Monte Isola zeichnet sich durch unmittelbare Seenähe aus.

←Skaligerburg von Sirmione

Kultur und Natur

Danach kamen nicht immer in friedlicher Absicht fränkische Herrscher und römisch-deut-sche Kaiser, spanische Vizeköni-ge und österreichische Regenten in die stets boomende Handelsregion und stritten mit den lokalen Geschlechtern der Visconti, Sforza, Gonzaga, Colleoni und Borro-meo um Privilegien. Gleichzeitig entwickelte sich durch ein weltoffe-nes Handelspatriziat und kunstsinnige Fürsten eine der hervorra-gendsten Kulturlandschaften Europas. Eine Fülle innovativer Ideen, von Leonardo da Vincis »Abendmahl« bis zu Batterie von Alessandro Volta, von der Violine Stradivaris über die Modekreationen von Ver-sace bis zu Marken wie San Pellegrino und Campari, haben Europa bereichert. Erst seit dem 18. Jh. wirkte der Erholungsaspekt der Kul-turlandschaft an den oberitalienischen Seen für ein breiteres Publi-kum anziehend. Bildungsbeflissene Adlige, Künstler und Naturbe-geisterte machten das Gartenreich bekannt. Für die einen gehören die bis zu 4000 m hohen Berge der Berninagruppe im Veltlin mit ih-

Genuss
Genauso wichtig wie der Sport sind die Erholung und der Naturgenuss.

Mediterranes Flair ...
... bezaubert den Besucher an den oberitalienischen Seen.

Wunderschöne Parks
Herrliches Ensemble: See und Park – hier die Villa Melzi am Comer See

Shopping
Mailand ist die erste Einkaufsadresse der Lombardei.

Mailänder Dom
Jahrhunderte wurde an der zweitgrößten Kirche Italiens gebaut.

Park der Villa d'Este
Angemessener Rahmen für das gleichnamige Strandhotel in Cernobbio am Comer See

ren hervorragenden Möglichkeiten für Wanderer und Skisportler zu den Attraktionen der Lombardei, während andere die subtropische Blütenpracht unter Palmen, weiße Villen hinter Lorbeerhecken, turmreiche und trutzige Castelli in Zypressen- und Pinienhainen oder gediegene Luxushotels inklusive Segeltörns an den Seen schätzen.

Schlüssel Italiens

Die Lombardei galt immer als Schlüssel zu Italien, bei den römischen Kaisern, zu Zeiten des Heiligen Römischen Reichs genauso wie in der Epoche der rivalisierenden Großmächte, während der Bewegung des Risorgimento bis hin zu Mussolini und seiner Marionetten-Republik in Salò. Selbst die neuere politische Antikorruptionskampagne ging von Mailand aus. Die mondäne Metropole ist auch sonst tonangebend, vielleicht sogar die heimliche Hauptstadt der Italiener, wo die gesellschaftlichen Kräfte Arbeit und Kapital, Medien und Kommerz, Kreativität und Konsum immer neu ausbalanciert werden. Kulturgeschichtlich betrachtet ist die Lombardei eine wahre Schatztruhe mit Preziosen aus allen Epochen. Der weit gespannte Bogen der Sehenswürdigkeiten reicht von über 6000 Jahre alten Felszeichnungen im Valcamonica, imposanten römischen Ruinen und zinnenbekrönten Burgen über pittoreske mittelalterliche Ortskerne mit freskengeschmückten Backsteinkirchen und eindrucksvollen Palästen, über viele romantische Plätzchen zum Träumen bis zu allerneuester Ar-

Surfen
Gardasee: beliebtes Surferparadies

chitektur. Manche kunstreiche Städte verbergen ihr besonderes Flair leider oft hinter gesichtslosen Vorstädten und grauen Industrievierteln. Doch hochentwickelte Industrie, Handwerk und Kunst gehören einfach zusammen. Lassen Sie sich dadurch nicht abschrecken von den kulturellen Genüssen, beispielsweise in der Bilderwelt der Mailänder Brera-Galerie, in den illusionistisch ausgemalten Gemächern des Herzogspalastes von Mantua, vom Treiben in den Gassen der Altstadt von Bergamo und nicht zuletzt vom Cappuccino-Genuss auf der grandiosen Piazza Ducale in Vigevano. Im Mailänder Piccolo Teatro und in der weltberühmten Scala gibt es Hörgenuss. Der Gaumen wird verwöhnt von der schmackhaften Küche nicht nur nach Mailänder Art, auch von den wenig bekannten lombardischen Weinen und von einem belebenden Caffè mit einem Schuss Amaretto.

Fakten

Die Lombardei bietet eine vielfältige Palette von Landschaften, von hochalpinen Gebirgen bis zu den lieblichen oberitalienischen Seen mit ihrer mediterranen Flora. Sie ist zudem eine der am dichtesten besiedelten und wirtschaftsstärksten Regionen Italiens.

Naturraum

Die Lombardei teilt sich in zwei sehr unterschiedliche Landschaften mit dem **oberitalienischen Seengebiet** als vermittelnde Übergangszone. Der Norden ist von auf über 4000 m ansteigendem Gebirge und hügeligem Vorland geprägt, während sich in der südlichen Hälfte die weite Po-Ebene erstreckt. Die Erhebungen ganz im Südwesten, jenseits des Pos, gehören bereits zum Apennin.

Landschaft der Gegensätze

Die Entwicklung der alpinen Region erfolgte während der Kreidezeit und im Tertiär durch Auffaltung der Erdkruste. Gesteinsschichten wurden in mehreren Phasen von ihrem ursprünglichen Ort abgelöst, hochgehoben und mitunter mehr als 100 km über andere Gesteinspakete geschoben. Bedeutend für das heutige Landschaftsbild waren die späteren **Eiszeiten**, in denen das ganze Gebiet überformt wurde. Die **Alpentäler** waren mit Eisschichten von Dicken zwischen 500 und 1200 m ausgefüllt. Gebirgsrücken wurden zu scharfkantigen Graten geschnitten, schmale Vertiefungen zu breiten Tälern ausgehobelt, tektonische Gräben durch Gletscher

Geologie

> **? WUSSTEN SIE SCHON …?**
>
> ■ Der Name Lombardei leitet sich von dem germanischen Volksstamm der Langobarden (»Langbärte«) ab, die 569 in die Alpentäler und in die Po-Ebene kamen und dort ein bedeutendes Königreich aufbauten. »Lombarden« wurde im Mittelalter zur Bezeichnung für italienische Kaufleute. Begriffe aus dem Bankwesen wie Lombardsatz oder Lombardkredit stehen ebenfalls in Zusammenhang mit den Lombarden.

vertieft. Die größten Vertiefungen sind heute durch die **oberitalienischen Seen** ausgefüllt. Die südlichen Begrenzungen dieser Seen, also die kleineren Höhen des voralpinen Hügellands mit den vielen kleinen Seen, wurden durch abgelagerte Moränen gebildet. Die Po-Ebene war einst der äußerste nordwestliche Ausläufer der Adria, der sich zwischen Alpen und Apennin schob. Durch Anhebung der Erdkruste und Anschwemmung bzw. Ablagerung von grobem Material, das durch die Flüsse transportiert wurde, bildete sich allmählich Landfläche. Noch im Mittelalter gab es hier größere Sumpfgebiete.

Die höchsten lombardischen Alpengipfel liegen ganz im Norden in der Berninagruppe. Sie bilden die Grenze zu den benachbarten Schweizer Kantonen und stellen die Wasserscheide dar, die die Einzugsgebiete von Rhein und Inn im Norden und der Adda im Süden trennt. Die **Bergamasker Alpen** mit der höchsten Erhebung am Pizzo di Coca (3052 m) ziehen sich südlich der Adda vom Comer See im Westen bis zu dem Taleinschnitt Valcamonica im Osten. Östlich und nordöstlich des Valcamonica steigen die Gipfel des **Adamello**

Gebirge

← *Herrliche Pflanzenvielfalt im Botanischen Garten auf den Brissago-Inseln im Lago Maggiore*

Zahlen und Fakten Lombardei

Lombardei

©Baedeker

Hauptstadt
▸ Milano · Mailand

Fläche
▸ 23 872 km²
▸ Gebirge: 40,6 %, Hügelland 12,5 %,
Flachland 46,9 %
Höchster Punkt: Punta Perrucchetti
(4020 m ü. d. M.) im Berninamassiv
Niedrigster Punkt: bei Quatrelle
(11 m ü. d. M.)

Verwaltung
▸ 12 Provinzen: Bergamo (2771 km²),
Brescia (4784 km²), Como (1251 km²),
Cremona (1770 km²), Lecco (816 km²),
Lodi (782 km²), Mantova (2339 km²),
Milano (1983 km²), Monza und Brianza
(363 km²), Pavia (2965 km²), Sondrio
(3212 km²) und Varese (1199 km²)
▸ 1546 Gemeinden

Bevölkerung
▸ 9,4 Mio. (394 Einw./km²)

Wirtschaft
▸ 20 % des italienischen
Bruttosozialprodukts
▸ 28 % der Exporte und 36 %
aller Importe Italiens

(3554 m) und der **Ortlergruppe** an – die Spitze des Ortlers (3905 m)
liegt bereits in Südtirol. Westlich des Comer Sees erstreckt sich der
Ostteil der **Tessiner Alpen** mit Höhen bis 2245 m (Pizzo di Gino).
Die **lombardischen Voralpen**, die nicht wie die höheren Alpenregionen aus kristallinem Gestein, sondern aus Sedimentgestein – hauptsächlich Kalkstein – bestehen, ziehen sich von Varese über Como,
Bergamo und Brescia bis zum Gardasee.

Pässe Seit Menschengedenken haben die Alpenpässe als zunächst mühsame
und gefahrenvolle Verkehrs- und Transportverbindung zwischen
dem Norden und dem Süden durch die schwer zugängliche Gebirgs-
welt eine Rolle gespielt. Die wichtigsten Pässe in der Lombardei sind
das **Stilfser Joch** (Passo dello Stelvio, 2757 m), der **Splügen-Pass**
(Passo dello Spluga, 2113 m), der **Passo di San Marco** (1985 m), der
Passo del Tonale (1884 m) und der **Passo dell' Aprica** (1176 m).

Die oberitalienischen Seen, die ihre merkwürdige längliche Form **Oberitalienische**
den großen Gletschern der Eiszeiten verdanken, reihen sich wie eine **Seen**
Kette von West nach Ost aneinander: der **Ortasee** (Lago di Orta,
18 km²; Tiefe 143 m), der **Lago Maggiore** (212 km²; Tiefe 372 m),
der **Luganer See**, (Lago di Lugano, 51 km²; Tiefe 288 m), der **Comer**
See (Lago di Como, 146 km²; Tiefe 410 m), der **Iseosee** (Lago d' Iseo,
65 km²; Tiefe 251 m), die **Idrosee** (Lago d' Idro, 11 km²; Tiefe 122 m)
und der größte und längste See, der **Gardasee**, Lago di Garda
(370 km²; Tiefe 346 m). Kleinere und runde Seen sind der **Lago di**
Varese (15 km²; Tiefe 26 m), der **Lago di Comabbio** und der **Lago di**
Monate im Westen bei Varese, der **Lago di Annone** (6 km²; Tiefe
11 m), der **Lago di Pusiano** (5 km²; Tiefe 24 m) und der **Lago di Al-**
serio südwestlich von Lecco sowie die von der Adda gespeisten Seen
Lago di Garlate und **Lago di Olginate** südlich von Lecco. Westlich
des Lago d' Iseo erstreckt sich der **Lago di Endine**.

Mit einer Gesamtlänge von 652 km ist der Po der längste Fluss Ita- **Po**
liens. Er entspringt in der Region Piemont südwestlich von Turin in
den Cottischen Alpen und mündet südlich von Venedig in einem
ausgedehnten Delta in die Adria. Ab dem Zufluss des Ticino bei Pavia ist der Po schiffbar. Der heutige Name hat seinen Ursprung im lateinischen »Padus«, so hieß der Fluss zur Römerzeit. Die Griechen
nannten ihn »Eridanos« (Gabenbringer).
Die Lombardei wird von zahlreichen Flüssen durchzogen, die alle direkte oder indirekte **Zuflüsse** des Po sind. Die größten von ihnen

Die lieblichen Seen an der Alpensüdseite lockten schon vor Jahrhunderten
prominente Reisende ins »Land, wo die Zitronen blühen«.

sind Zu- und Abflüsse der oberitalienischen Seen: die Adda, mit 313 km der viertlängste Fluss Italiens, durchfließt den Comer See, der Ticino (248 km) den Lago Maggiore, der Oglio (280 km) den Lago d'Iseo, der Chiese den Lago d'Idro. Weitere Flüsse sind die Olona, der Lambro und die Mella, ein Nebenfluss des Oglio, sowie der Brembo und der Serio, beides Nebenflüsse der Adda. Neben dem längsten Fluss Italiens fließt in der Lombardei auch der kürzeste Fluss des Landes: Bei Varenna mündet der **Fiumelatte** in den Comer See, ein nur 250 m langer Fluss, der über einen Hang mit 36 % Gefälle herabsprudelt und dadurch die milchige Farbe (Fiumelatte = Milchfluss) erhält. Er verschwindet alljährlich im Oktober und beginnt erst in der zweiten Märzhälfte wieder zu fließen. Man nimmt an, dass sich im Innern des Berges ein großes Wasserbecken befindet und der Fluss den Überlauf des Beckens nach der Schneeschmelze darstellt.

Po-Ebene Die Po-Ebene (Pianura padana oder Padania) südlich der Alpen hat eine Länge von mehr als 400 km und eine Breite von bis zu 150 km. Hier werden die Wasser aller in dieser Region aus den Alpen kommenden Flüsse gesammelt, zahlreiche größere Wasserarme durchziehen die Ebene. Auffällig ist das Fehlen einer größeren Stadt am Ufer des Po. Der Fluss führt ein Eigenleben abseits der Metropolen, da er seinen Weg durch die Sand- und Lehmböden der tief gelegenen Bassa pianura ständig neu suchen musste.

Während es anderswo gerade an Flüssen und in Flusstälern Ansiedlungen gibt, war ein Leben am Po stets zu gefährlich. So ist der Fluss – obwohl er die Lebensader der Region darstellt – nicht direkt in das Leben der Städte und in das Verkehrsnetz integriert. Durch das ständige Mitführen von Schwebstoffen und Sanden, die sich wegen des geringen Gefälles am Boden absetzen, wird zudem das Flussbett stets erhöht, so dass der mittlere Flussspiegel teilweise mehrere Meter über dem Umland liegt. **Verheerende Hochwasser** mit Dammbrüchen und ausgedehnten Überschwemmungen waren nach starken Regenfällen und zur Zeit der Schneeschmelze üblich. 1951 gab es eine Flutkatastrophe, bei der weiter östlich im Po-Delta 50 000 Menschen obdachlos wurden. In letzter Zeit geht man davon aus, die Überschwemmungen durch Eindämmungen unter Kontrolle bekommen zu haben.

Apennin Südlich des Po, im Oltrepò Pavese, geht die Ebene nach Süden hin wieder in eine zunächst hügelige, dann bergige Region über. Die Lombardei reicht hier bis in die nördlichen Ausläufer des Apennin, der sich von hier aus über den gesamten »Stiefel« hinunterzieht. Die höchste Erhebung im lombardischen Teil des Apennin ist der Monte Lesima mit 1624 m.

Thermal-Mineralquellen Die Bergregion der Lombardei verfügt über viele Thermal-Mineralquellen, die größtenteils schon von den Römern genutzt wurden.

Die natriumbicarbonat- und schwefelhaltigen Quellen von **S. Pellegrino Terme** sind die bekanntesten der Lombardei. Die am höchsten gelegenen sind die schwefel- und salzhaltigen Quellen bei **Bormio** (1225 m), weiter südlich gibt es im Valcamonica bei **Boario Terme** und im Nachbarort **Angolo Terme** schwefel- und kalkhaltige Thermalquellen. Seit der Antike werden die 69 °C warmen radioaktiven Schwefelquellen in **Sirmione** am Gardasee aufgesucht. Einen lebhaften Kurbetrieb gibt es heute außerdem in **Salice Terme** mit Thermalquellen, die am Nordrand des Apennin sprudeln.

Pflanzen und Tiere

Pflanzen

Alpenvegetation

Eine relativ intakte Natur findet man noch in einigen abgelegenen Gebieten der Alpen. Besonders das **Veltlin** beherbergt eine große Pflanzenvielfalt. Unterhalb der kargen Matten- und Felszone breiten sich Lärchen- und Fichtenwälder aus, an deren Rändern Bärentraubensträucher und Wacholder wachsen.

In der darunter liegenden Laubwaldstufe kommt man durch Buchen- und Eichenwälder, dazwischen stehen Eschen, Linden, Kastanien und Ahorn. An Alpenblumen wachsen hier Enziane (10 verschiedene Gentiana-Arten), Hahnenfußarten (Ranunculus), diverse Veilchen – Sumpfveilchen (Viola palustris), Zweiblütiges Veilchen (Viola biflora) und Stiefmütterchen (Viola tricolor) –, die rostblättrige Alpenrose, Kuhschelle, Akelei und Primelarten wie die duftende Schlüsselblume.

Subtropische Vegetation

Eine Besonderheit stellen die **oberitalienischen Seen** dar. Hier gibt es dank des ausgeglichenen milden Klimas – mitunter auch nur an einzelnen Uferabschnitten – eine üppige mediterrane Vegetation. Zitronen- und Orangenbäume können angepflanzt werden, man findet Zypressen, Olivenhaine, Obstplantagen mit Apfel-, Kirsch- und Pfirsichbäumen, Mandelbäume, sogar Korkeichen und Johannisbrotbäume, Agaven und Palmen sowie Mimosen, Azaleen, Kamelien und Schmucklilien, also eine **typische Mittelmeerflora**.

Po-Ebene

Die Po-Ebene ist fast durchgehend kultiviert, die Böden eignen sich zum Anbau von Reis, Mais, Getreide, Soja und Sonnenblumen. Endlose Pappelreihen und -haine bestimmen das Landschaftsbild, es gibt kaum Lebensraum für wilde Tiere und Pflanzen.

Apenninvorland

In den Hügeln des Apenninvorlandes findet man wiederum eine mediterrane Flora, die sich allerdings von der an den Seen dadurch unterscheidet, dass sie wild wachsend ist. Man trifft auf Buchsbaum, Ju-

Pappeln sind die bestimmenden Bäume der Po-Ebene.

dasbaum und Pinie, schließlich eine Macchia mit Strauchgewächsen wie Zistrosen, Erdbeerbaum, Lorbeer und Myrthe. Als Kulturpflanzen werden Wein und Obstbäume angebaut.

Tiere

Hochalpen Sofern nicht durch Kahlschläge oder sonstige Eingriffe der natürliche Lebensraum zerstört worden ist, gibt es in den höheren Bergregionen noch eine **typische Alpenfauna**. Gämsen, die in Rudeln leben und als gute Kletterer bekannt sind, Steinböcke, die sich im Sommer oberhalb der Baumgrenze, im Winter in tieferen Lagen aufhalten, sowie Edelhirsche sind hier zu Hause. Die Murmeltiere bevorzugen die sonnigen Alpenhänge. Unter den Vögeln kann man Steinadler, Raben- und Alpendohlen – Rabenvögel, die in der Nähe von Berghütten oft in großer Zahl auftreten – beobachten. Im Veltlin leben nahezu 240 verschiedene Vogelarten. Auch die Alpensalamander und Alpenmolche gehören zur charakteristischen Fauna der Region, wobei der unter Naturschutz gestellte schwarze Alpensalamander die einzige Spezies unter den Amphibien ist, die sich vermehrt, ohne ins Wasser zu gehen. Schließlich sind die Schmetterlinge auffällig. Am häufigsten sind zwei Apollofalter-Arten zu sehen, der Apollo mit einer Flügelspannbreite von 7 bis 8 cm und der etwas kleinere, schwarz-rote Alpenapollo.

Fische In den zahlreichen lombardischen Gewässern gibt es zwar insgesamt große Fischmengen, aber bei genauer Betrachtung weisen besonders die Seen einen sehr unterschiedlichen Fischbestand auf. So hat sich der Comer See beispielsweise noch eine recht große Artenvielfalt erhalten können – Karpfen, Schleien, Hechte, Aale leben hier. Der Gardasee bietet den Fischen dagegen kaum noch akzeptable Lebensbedingungen. In der oberen Adda und in den Nebenflüssen gibt es zahlreiche Forellen.

Weite Teile der **Po-Ebene** sind heute vollkommen zersiedelt und von einem entsprechenden Straßennetz durchzogen. Die größeren Städte sind durch Industrie- und Autoabgase belastet, die sich als Dunstglocke über die Ebene legen. Mit autofreien Innenstädten hat man erste Schritte für eine bessere Luftqualität unternommen. Der Po gilt als einer der am stärksten verschmutzten Flüsse Europas. Die Verseuchung des Wassers und der Uferzone durch unzureichend oder gar nicht geklärte Abwässer und durch Pestizide aus der Landwirtschaft, Trockenlegung und Zementierung von Altwässern sowie die Anpflanzung von Pappeln zur industriellen Nutzung statt der natürlichen Auenwälder stellen ungeheure Belastungen und Gefährdungen für die ganze Region dar. In den **Alpen** ist dagegen viel Unheil durch großflächige Rodungen, Begradigungen von Bächen und Geländeplanierungen für Skipisten angerichtet worden. **Naturschutz**
Die Folgen sind starke Erosion, Bergrutsche und natürlich – in den Bergen wie in der Ebene – die Zerstörung der Lebenswelt von Pflanzen und Tieren. Um der Naturzerstörung zumindest ansatzweise Einhalt zu gebieten, sind in der Lombardei 23 Gebiete unter Naturschutz gestellt und über 60 Naturschongebiete angelegt worden.

Bevölkerung · Politik · Wirtschaft

Die Lombardei hat 9,4 Mio. Einwohner. Die durchschnittliche Bevölkerungsdichte beträgt 394 Einw./km². Zum Vergleich: Die etwa gleich große Toskana hat eine Bevölkerungsdichte von nur 157 Einw./km², der Landesdurchschnitt beträgt 189 Einw./km². Zwischen 1951 und 1971 hat es in der Lombardei einen starken Zuzug gegeben, die Bevölkerungszahl stieg von 6,5 auf 8,5 Mio. Dieser Zuwachs war Voraussetzung und Folge eines in dieser Zeit einsetzenden ökonomischen Aufschwunges. In den 1970er-Jahren verringerte sich das Wachstum, und in den achtziger Jahren war es zeitweilig sogar negativ. Der am dichtesten besiedelte Teil der Lombardei ist die Provinz Mailand mit einer Dichte von 1954 Einw./km² – mit einer massiveren Zahl kann nur noch die Provinz Neapel aufwarten (2637 Einw./km²). Obwohl Wohnraum knapp ist, gibt es doch nach wie vor starke Zuzugstendenzen. Das andere Extrem ist die Provinz Sondrio im Nordosten mit nur 55 Einw./km², was in ganz Italien kaum unterboten wird. **Bevölkerungszahl und -dichte**

Sprache Amtssprache ist Italienisch, wobei man in der Lombardei wie in den Nachbarregionen **galloitalienische Dialekte** spricht, die sich wesentlich von den Dialekten in den südlicheren Gebieten Italiens unterscheiden. Eine gänzlich andere Sprache, **Ladinisch oder Rätoromanisch**, spricht ein kleiner Teil der Bevölkerung im abgelegenen Berggebiet von Livigno im Nordosten.

Religion Fast die gesamte Bevölkerung ist römisch-katholisch, seit 1984 ist die katholische Religion jedoch keine Staatsreligion mehr. Besonders in Mailand findet man allerdings – wie in anderen europäischen Metropolen auch – eine große Vielfalt an kleineren religiösen Gemeinden, die von der anglikanischen Kirche bis zu buddhistischen Gemeinschaften reicht.

Es gibt sie noch – die reinen Männerdomänen.

Familie und Heimatort sind für die meisten Italiener von großer Bedeutung. Wer seine Ausbildung nicht auswärts absolviert, wohnt in der Regel bis zur Eheschließung bei den Eltern. Das ist auf die Tradition, aber auch auf die schwierige Lage auf dem Wohnungsmarkt zurückzuführen. Die festen Familienstrukturen haben sich besonders in ländlichen Bezirken noch fast durchgängig erhalten. Doch in den Städten ist auch das Zusammenleben ohne Trauschein »gesellschaftsfähig« geworden. Seit Anfang der 1970er-Jahre können italienische Ehen geschieden werden, und seit 1977 gibt es ein Gesetz über die Gleichberechtigung von Frauen und Männern am Arbeitsplatz.

Nord-Süd-Gefälle Ein großes italienisches Problem ist das starke Nord-Süd-Gefälle des Landes. Viele Norditaliener fühlen sich der Bevölkerung in der Mitte und im Süden Italiens nicht sehr verbunden. In politischer, wirtschaftlicher und gesellschaftlicher Hinsicht gibt es große Unterschiede, die u. a. mit der Industrialisierung des Nordens zusammenhängen. So sind die Frauen im Norden weit mehr in den Arbeitsprozess eingegliedert als im Süden. Dies und die größere Macht der Kirche in Süditalien sind die Gründe dafür, dass die Familienstruktur dort noch enger ist.

Politisches System Italiens Parlament hat seinen Sitz in der Landeshauptstadt Rom und besteht aus dem Senat mit 315 Senatsmitgliedern und der Abgeordnetenkammer mit 630 Abgeordneten. Die Wahl der Mitglieder, die die 20 Regionen Italiens vertreten, findet alle fünf Jahre statt. Beide Kammern sind an der Gesetzgebung und Kontrolle der Regierung beteiligt. Seit der Reform des Wahlrechts 1993 werden drei Viertel der Senatoren nach dem Mehrheitswahlrecht und ein Viertel nach dem Verhältniswahlrecht gewählt. Die Regierung wird aus dem Ministerpräsidenten und den Ministern gebildet. Die Funktion des Staatspräsidenten, dessen Amtszeit sieben Jahren dauert, geht über die der reinen Repräsentation weit hinaus – er kann durch ein aufschiebendes Veto die Gesetzgebung beeinflussen und das Parlament auflösen, Gesetzesentwürfe können nur mit seiner Zustimmung im Parlament eingebracht werden, und er ernennt den Ministerpräsidenten.

Lombardei Provinzen
©Baedeker

Wirtschaft und Verkehr

Die Lombardei ist heute eine der wirtschaftlich stärksten Regionen in Italien. Noch zu Beginn des 20. Jh.s war die lombardische Wirtschaft überwiegend von Landwirtschaft und Handel geprägt. Ab den Fünfziger-Jahren gab es dann innerhalb kürzester Zeit eine breit gefächerte industrielle Entwicklung. Der hauptsächliche Aufschwung erfolgte zwischen 1950 und 1970, Ende der 1980er-Jahre wurden rund ein Fünftel aller in Italien erstellten Güter und Dienstleistungen im Großraum Mailand produziert. In den neunziger Jahren verzeichneten die Regionen Veneto, Emilia-Romagna, Trentino-Alto Adige und Marche größere Wachstumsraten, dennoch gilt die Lombardei nach wie vor als **Motor der wirtschaftlichen Entwicklung in Italien**. **Wirtschaft**

Der allgemeine wirtschaftliche Aufschwung hing im Wesentlichen mit der Entwicklung der Industrie zusammen. Besonders stark sind die Bereiche Maschinenindustrie, Textilproduktion, Chemie, Holzverarbeitung und Nahrungsmittelproduktion. Die lombardische Industrie zeichnet sich dadurch aus, dass sie mit einem breiten Fächer von Branchen vertreten ist. Die **Maschinenindustrie** konzentriert sich in den Provinzen Mailand, Varese und Brescia, die **Textilindustrie** in den Provinzen Como und Varese, Holzverarbeitung und Möbelfertigung gibt es vor allem im Hinterland von Como und in der Brianza nördlich von Mailand. **Chemische und petrochemische Unternehmen** haben in den Provinzen Mailand, Pavia, Cremona und Mantua ihren Standort. Einige Branchen haben sich auf engstem Raum entwickelt und sind dort nach wie vor konzentriert: Das Valtrompia nördlich von Brescia ist traditionell bekannt für **Waffenher-** **Industrie**

stellung, Como für **Seidenverarbeitung**, Vigevano für **Schuhproduktion**. Nachdem es in den 1990er-Jahren einige Stilllegungen von Produktionsanlagen gegeben hatte – so bei dem Reifenkonzern Pirelli am Nordrand von Mailand und bei dem Computerhersteller Olivetti in der Kleinstadt Crema –, reagierte man mit einer Initiative zur Investitionsförderung. Durch neue Vereinbarungen zur Gründung von Joint-ventures bzw. durch Ansiedelung ausländischer Firmen soll die Region gestärkt werden.

In der Lombardei gibt es zahlreiche kleinere und mittlere **Handwerksunternehmen**. In erster Linie handelt es sich um **Holzverarbeitungsbetriebe**. Cremona wurde weltberühmt für den **Geigenbau**.

Elegante Schuhe in hervorragender Qualität werden in Pavia hergestellt.

Landwirtschaft Seit den 1950er-Jahren verzeichnet die Landwirtschaft Zuwachsraten, wenn auch nicht in dem Maß wie die Industrie. Die Lombardei ist aber inzwischen **eines der wichtigsten Landwirtschaftszentren** Italiens. Mitte der 1990er-Jahre übertraf die Region erstmals die landwirtschaftliche Produktion der Nachbarregion Emilia-Romagna, die bis dahin landesweit die stärkste war. Ein Großteil der Landwirtschaft ist in der wasserreichen Po-Ebene konzentriert, wo als wichtigste Produkte Reis, Mais, Soja, Sonnenblumen und Getreide angebaut werden. Der Parma-Schinken, ein Produkt der Nachbarregion Emilia-Romagna, wird in nicht geringen Teilen in der lombardischen Provinz Mantua erzeugt.

Weinanbau Die Lombardei verfügt über 13 Weinanbaugebiete, in denen DOC-Prädikatsweine (Denominazione d' origine controllata) erzeugt werden. 1,5 Mio. hl werden alljährlich produziert – von rund 51 Mio. hl in ganz Italien. Die Lombardei gehört also nicht zu den wirklich großen italienischen Weinregionen. Die **Hauptanbaugebiete** liegen im Veltlin (Provinz Sondrio) im Norden, in der Franciacorta (Provinz Brescia) südlich des Lago d' Iseo, am südlichen Gardasee und im Oltrepò Pavese (Provinz Pavia) im Südwesten.

Tourismus Der Fremdenverkehr spielt in der Lombardei im Landesvergleich keine allzu große Rolle: 15 Mio. Gäste im Jahr besuchen die Region. Die **wichtigsten Tourismusgebiete** sind der Gardasee sowie die Skigebiete bei Bormio, Livigno und im Veltlin. Durch den in ländlichen Gegenden angebotenen »Agriturismo« versuchen viele kleinere Landwirte ihre Existenz zu sichern.

Durch die Lage zwischen Alpen und Mittelmeerraum war die Lombardei immer schon ein wichtiges Durchzugsgebiet. Verkehrsverbindungen für Händler, aber auch Wege für die vielen Völker, die hier durchgezogen oder eingefallen sind, gibt es seit Menschengedenken. Die ersten angelegten Verbindungen waren die Römerstraßen. Die Öffnung und der Ausbau der wichtigsten **Alpenpässe**, die mit Maultieren und Pferden und bis zum Ersten Weltkrieg noch mit Kutschen benutzt wurden, brachten dem Handel zwischen den Ländern nördlich der Alpen und den Mittelmeerländern beträchtlichen Aufschwung. 1237 wurde der Gotthard-Pass, 1881 der Gotthard-Tunnel eröffnet. Die berühmte Stilfser-Joch-Straße wurde zwischen 1820 und 1825 gebaut.

Verkehr

Wichtige Handelswege waren auch die **Gewässer**. An den oberitalienischen Seen gab es teilweise bis in die Dreißiger-Jahre des 20. Jh.s keine ausgebauten Straßen, der Verkehr – so auch die Verbindung zu den Pässen – lief häufig über das Wasser. Schließlich bildeten die Kanäle, die die Po-Ebene durchzogen, ein sehr wichtiges Verkehrssystem, das ebenfalls auf die Römer zurückgeht. In der Renaissance wurde das Kanal- und Flussnetz so weit ausgebaut, dass Mailand über Wasserwege mit Venedig verbunden war – ein uralter Traum der Mailänder Herrscher, die über keinen großen Fluss verfügten und somit über keine direkte Meerver-

Weinanbau: ein bedeutender Wirtschaftszweig der Lombardei

bindung. Der Naviglio Grande, der Mailand mit dem Ticino und dem Lago Maggiore verbindet, wurde um 1200 gebaut. An den Kanalbauten soll angeblich **Leonardo da Vinci** mitgewirkt haben, dem auch Teile des Bewässerungssystems der Lomellina zugeschrieben werden. Heute existiert nur noch ein kleiner Teil dieses Kanalsystems, die meisten der künstlichen Wasserwege wurden in den 1930er-Jahren zugeschüttet. Mailand ist über Kanäle und Flüsse heute noch direkt mit dem Lago Maggiore, mit dem Lago di Como und mit dem Po, also auch mit der Adria, verbunden.

Geschichte

Oberitalien war in seiner Geschichte immer wieder Einfallstor für verschiedene Völker und Spielball der Großmächte. Die Völkerwanderungszeit brachte vor allem die Langobarden hierher. Die Herrschaften, die diese Region erlebte, reichten vom Frankenreich bis zu Österreich.

Vorgeschichte und Antike

4000 v. Chr.	Erste Siedlungsspuren
6./5. Jh. v. Chr.	Etrusker und Kelten drangen in die Region ein.
Um 200 v. Chr.	Die Römer eroberten Norditalien.

Die ältesten menschlichen Spuren von ca. 4000 v. Chr. sind in den **Erste Spuren** Alpen gefunden worden. Sie stammen vermutlich von dem prähistorischen Stamm der **Camunen**. Die ersten bekannten Bewohner Oberitaliens waren die **Ligurer**, die ab etwa 1600 v. Chr. in dem Gebiet zwischen der heute nach ihnen benannten Küste und der nordwestlichen Po-Ebene siedelten. Im 6. Jh. v. Chr. drangen aus dem Süden die **Etrusker** bis ins Gebiet von Mantua vor. Sie gründeten Städte, waren begabte Handwerker und trieben erfolgreich Handel. Ab dem 5. Jh. v. Chr. wurde Oberitalien von dem großen europäischen **Keltensturm** aus dem Norden überflutet. Ihrem Eroberungsdrang stellten sich die Heere **Roms** entgegen. Stück für Stück brachten diese Norditalien unter ihre Herrschaft und machten es zur Provinz Gallia Cisalpina.

Zur Sicherung ihrer Herrschaft legten die Römer ein Straßennetz an, so auch die Via Aemilia von Rimini nach Piacenza. Ursprünglich waren es Heeresstraßen mit Militärstationen im Abstand einer Tagesreise. Aus diesen entwickelten sich rasch blühende Siedlungen, u. a. Pavia (Ticinum), Como (Novum Comum), Lodi Vecchio (Laus Pompeia) und Brescia (Brixia). Einen stetigen Aufstieg erlebte Mailand: Unter **Augustus** wurde die Stadt im Jahr 15 v. Chr. Hauptort der Region, die aufgrund ihres landwirtschaftlichen Reichtums und ihrer verkehrsgünstigen Lage zu einem der höchstentwickelten Landesteile des Imperium Romanum wurde. 286 n. Chr. erhielt Mailand sogar den Rang einer Hauptstadt. Seit dem Edikt von Mailand im Jahr 313 war das Christentum toleriert. Die Kaiser Gratian, Valentinian und Theodosius I. machten Mailand zur Kaiserresidenz.

Zeit der Völkerwanderung

Ab 3. Jh.	Beginn der Völkerwanderung
568	Die Langobarden brachen in Oberitalien ein.
774	Karl der Große eroberte das Langobardenreich.

← Castello Sforzesco in Mailand: An dem Bau des mächtigen Kastells waren namhafte Künstler und Baumeister beteiligt.

Fremde Völker in Oberitalien

Im Verlauf der Völkerwanderung seit dem Beginn des 3. und vor allem vom 5. bis zum 9. Jh. n. Chr. fielen immer öfter fremde Völker über die Alpen in Oberitalien ein. 404 war Rom so unsicher geworden, dass der Kaiser nach Ravenna zog. 410 plünderten **Westgoten** Rom, 452 erlitt Mailand durch die **Hunnen** das gleiche Schicksal. 476 schließlich setzte der Germanenfürst **Odoaker** den letzten weströmischen Kaiser ab und rief sich selbst zum König von Italien aus. Schon 493 wurde er im Auftrag Ostroms vom Ostgotenkönig **Theoderich** besiegt, der bis 526 ein Ostgotenreich in Italien regierte; eine seiner Residenzstädte war Pavia.

Langobarden

568 brach ein weiteres Volk in Oberitalien ein, die aus Pannonien (Ungarn) kommenden Langobarden. Schnell eroberten die »Langbärte« ganz Nord- und Mittelitalien. Hauptstadt ihres Königreichs wurde 572 Pavia. Sie gaben der Lombardei ihren Namen, verteidigten das Land gegen weitere Angriffe von Fremdvölkern, bauten die in den Gotenkriegen zerstörten Städte wieder auf und übernahmen die alten Verwaltungsstrukturen sowie die Religion der einheimischen Bevölkerung. Ende des 7. Jh.s war der langobardische Adel sprachlich und kulturell völlig romanisiert. Konflikte erwuchsen den expansionslustigen Langobarden jedoch mit den um ihren Einfluss fürchtenden **Päpsten**. Deren Absichten werden an einer der berühmtesten Fälschungen der europäischen Geschichte deutlich: Zwischen 750 und 760 stellten päpstliche Schriftgelehrte Urkunden einer nie stattgefundenen Schenkung des Kaisers Konstantin an den Papst Silvester her. Diese sollten beweisen, dass der Papst von dem römischen Kaiser Konstantin die Stadt Rom sowie die Westhälfte des Imperiums geschenkt bekommen habe.

Unter Berufung auf diese Dokumente rief der Papst 754 den **Frankenkönig Pippin** zu Hilfe. In verschiedenen Feldzügen zwang Pippin die eigentlich befreundeten Langobarden zu Gebietsabtretungen an den Papst, die als so genannte **Pippinsche Schenkung** in die Geschichte eingingen und zur Errichtung des Kirchenstaates führten. Die endgültige Zerschlagung des Langobardenreichs unternahm Pippins Sohn **Karl der Große**, und im Jahr 774 setzte er sich in Pavia die Eiserne Krone der Langobarden aufs Haupt. Im Jahr 800 krönte ihn Papst Leo III. zum Kaiser des Heiligen Römischen Reiches.

Stadtrepubliken im Mittelalter

951	König Otto I. besiegte den letzten italienischen König.
11. Jh.	Soziale Spannungen zwischen Adel und Bürgertum
12./13. Jh.	Die oberitalienischen Städte verteidigten ihre Privilegien gegen die Kaiser Friedrich I. und Friedrich II.
13. Jh.	Kämpfe zwischen Ghibellinen und Guelfen

Für die nächsten 70 Jahre gehörte Oberitalien zum Frankenreich **Politische** und nach der Erbteilung 843 zum zum Einflussgebiet des ostfrän- **Konflikte** kisch-deutschen Reiches. Aufgrund der fehlenden Zentralgewalt lösten sich verschiedene miteinander rivalisierende Adelsgeschlechter zwischen 888 und 962 einander als **Rex Italiae**, so genannte italienische Nationalkönige, ab. Als die Situation immer verworrener wurde, baten Teile des Hochadels und der Papst den deutschen König um Hilfe. 951 besiegte **Otto I.** den letzten italienischen König und wurde schließlich als Beschützer der Kirche und Ordnungsmacht in Italien 962 zum Kaiser des Heiligen Römischen Reiches gekrönt. Im Verlauf der nächsten 100 Jahre kam es zwischen Kaiser und Papst bei der Vorherrschaft in Italien zum offenen Konflikt, der sich im **Investiturstreit** (1075 – 1122) dramatisch entlud. Als Papst Gregor VII. Kaiser Heinrich IV. jede Einflussnahme bei der Bischofswahl untersagte, lenkte der Kaiser ein. Er ging im Winter 1077 barfuß und im Büßerkleid nach **Canossa** und unterwarf sich dort dem Papst. Während des Investiturstreits konnten sich zudem die Kommunen von der feudalen Stadtherrschaft befreien und eigene Organe der Stadtverwaltung schaffen.

Dass dies in Oberitalien im 11. Jh. nicht ohne soziale Spannungen **Soziale** ablief, liegt auf der Hand. Durch Handel und Gewerbe sowie durch **Spannungen** die profitablen Kreuzzüge waren die Städte wirtschaftlich erstarkt. Neben dem Adel war eine neue Bevölkerungsschicht entstanden, das **Bürgertum**, wozu Kaufleute und Handwerker und die so genannten Judices und Notarii, juristisch Gebildete, gehörten. Im Lauf der Zeit wuchs deren Stellung und das Interesse an mehr Unabhängigkeit. Sie verbündeten sich mit dem niederen Adel (Valvassores), der gegen den erklärten Willen des meist fränkischen hohen Adels und der hohen Geistlichkeit die Erblichkeit seiner Lehen durchzusetzen versuchte. Der um Vermittlung angerufene Kaiser Konrad II. stellte sich auf die Seite der Valvassoren und erklärte die Lehen des niederen Adels 1037 für erblich.

Für Unruhe sorgte auch die Pataria, eine von Mailand ausgehende, ◀ Pataria auf die Lombardei übergreifende **Volksbewegung**, die zunächst religiös, später politisch revolutionär war und das Regiment der – vom Kaiser eingesetzten – hohen Geistlichkeit und des Stadtadels sowie kirchliche Missstände wie Priesterehe und Käuflichkeit kirchlicher Ämter (Simonie) bekämpfte. Das Papsttum bediente sich zeitweilig der Pataria, rückte aber wieder davon ab, als diese sich gegen die römische Kirche zu wenden begann. Die Gewinner all jener Zwistigkeiten waren die Städte. Im Versuch, sie auf die Seite der einen oder anderen Partei zu ziehen, wurden ihnen nach und nach wichtige Zugeständnisse gemacht und weltliche Rechte (Zölle, Gerichte, Markt-, Hafen-, Münzrechte) überlassen.

Am Ende dieser Entwicklung war Mailand zu einer autonomen ◀ Comune Stadtrepublik, Comune, mit eigenen Organen geworden. In vielen Städten wurden – in Anlehnung an die römisch-antike Tradition –

Konsuln gewählt, die eigentlichen politischen Leiter der Comune. Als engerer Ausschuss bildete sich der Rat mit 500 bis 1000 Mitgliedern. Ein gewählter Podestà, der zur Garantie seiner Unabhängigkeit aus einer anderen Stadt kommen musste, hatte für sechs bis zwölf Monate die Polizeigewalt inne. Zudem gab es einen öffentlich überprüfbaren Rechnungsverwalter. Als immer mehr untere Volksschichten Einfluss gewannen, erhielten diese ihren eigenen Vertreter, den Capitano del Popolo. Die ersten Konsuln gab es in Cremona bereits 1031, in Pavia 1084, in Mailand 1097 und in Como 1109.

Staufer und Stadtrepubliken Fast zwei Jahrzehnte war kein deutscher König mehr in Italien erschienen. Die Stadtrepubliken waren mächtig geworden. Ihren Anspruch beschränkten sie nicht mehr nur auf die Verwaltung des Stadtgebietes, sondern weiteten sie auf das Umland aus. Das führte zu heftigen Auseinandersetzungen mit den Nachbarkommunen. Da hatte mit dem Staufer **Friedrich I. Barbarossa** (Reg. 1152 – 1190) in Deutschland ein Mann die Krone übernommen, der seine kaiserliche Autorität wiederherstellen wollte, sowohl gegenüber dem Papst als auch gegenüber den Stadtrepubliken. Unter dem Vorwand, für Ordnung sorgen zu wollen, erschien Barbarossa 1154 in Oberitalien. Seine Absicht war, von den Städten all jene Rechte (Regalien) zurückzuverlangen, für deren Besitz sie keine urkundlichen Belege nachweisen

Über 200 Geschlechtertürme überragten das mittelalterliche Pavia.

konnten. Die Kommunen waren gespalten: Mächtige Städte wie Mailand erlaubten sich eine radikale antikaiserliche Politik, andere, kleinere Städte wie Como, Pavia oder Cremona versprachen sich von einer kaiserfreundlichen Haltung Unterstützung in ihrem Kampf gegen zu machthungrige Nachbarkommunen. Zunächst wurde die Auseinandersetzung in Gerichtsverfahren geführt. Eine Wende brachte das Jahr 1162: Friedrich belagerte Mailand, die Stadt musste schließlich kapitulieren und wurde dem Erdboden gleichgemacht. Nun formierte sich Widerstand, unterstützt auch vom Papst. 1167 gelang es einem kirchlichen Gesandten, die bisher uneinigen Städte im Kloster von Pontida (bei Bergamo) in der ersten **Lombardischen Liga** gegen die Staufer zusammenzuführen. Mit vereinten Kräften wurde dem kaiserlichen Heer in der Schlacht von Legnano 1176 eine vernichtende Niederlage beigebracht. Auch in weiteren Feldzügen gelang es Friedrich nicht, die in Städtebünden organisierten Kommunen zu besiegen. Im Frieden von Konstanz 1183 musste er den Städten ihr Recht auf freie Wahl der Konsuln sowie die Regalien innerhalb der Stadtmauern garantieren. 60 Jahre später wiederholte sich die Niederlage der Staufer, als sich die oberitalienischen Städte in einer zweiten Liga gegen **Friedrich II.** (Reg. 1212–1250) zusammengeschlossen hatten und dem Kaiser den Rückweg abschnitten. Friedrich starb 1250 in Süditalien und mit ihm der Anspruch des staufischen Kaisertums auf ein italienisch-deutsches Gesamtreich.

Dessen ungeachtet erlebte die Lombardei einen wirtschaftlichen Aufschwung. Im 12. und 13. Jh. trug der Bau des Naviglio Grande, des ersten großen Kanals, zur besseren Be- und Entwässerung der Lombardei bei; die Öffnung des Gotthard-Passes 1237 brachte dem Handel einen weiteren Auftrieb. Innerhalb der Städte aber tobten Kämpfe zwischen rivalisierenden Familien. Diese waren, je nachdem wem sie ihre Privilegien verdankten, in **Ghibellinen** (kaiserliche) und **Guelfen** (päpstliche) gespalten. Zeugen dieser unruhigen Zeiten sind die Geschlechtertürme, jene dicht nebeneinander stehenden Turmbauten, die den Familien bei ihren Fehden als Zuflucht dienten. Die Kriege der Clans zerstörten die Grundlagen der Stadtrepubliken, an die Stelle der Kommunen traten die **Signorien**. Die Signorie war die zunächst nur zeitlich befristete Herrschaft eines kriegserprobten Herrschers, eingesetzt, um die streitenden Parteien auseinanderzuhalten. Die Inhaber dieser Gewaltherrschaft auf Zeit nutzten jedoch ihr Amt, um selbst die Macht zu ergreifen, und gegen Ende des 13. Jh.s hatten sich in mehreren Kommunen einzelne Familien durchgesetzt, die sich zu Dynastien entwickelten. Um ihre Positionen zu sichern, bedienten sich die Signori aller Mittel, von Schrecken, Gewalt, Mord und Krieg über Diplomatie bis zur Prachtentfaltung.

Untergang der Stadtrepubliken

Am erfolgreichsten waren die gefürchteten Visconti aus Mailand, die sich ab 1311 ein riesiges oberitalienisches Reich eroberten, darunter Como, Bergamo, Piacenza, Pavia, Cremona, Vercelli, Tortona und

Visconti in Mailand

Alessandria. Ihre Erfolge ließen sie von Architekten, Bildhauern, Malern und Dichtern in Stein fassen, auf Leinwand bannen oder in Gedichtform preisen. 1395 kaufte sich **Gian Galeazzo Visconti** sogar einen Herzogstitel. Es war die Zeit der Condottiere, der Söldnerführer, mit deren Hilfe die Fürsten ihre Macht aufrechterhielten. Der Machthunger der Visconti schien unstillbar, bis er die zweite Großmacht in Norditalien, die Lagunenstadt Venedig, auf den Plan rief und den großen oberitalienischen Krieg zwischen den beiden Städten auslöste. Erst der **Frieden von Lodi 1454** stellte für die nächsten 40 Jahre ein Gleichgewicht zwischen den größten Mächten in Italien her, zwischen Mailand (Sforza), Venedig (Stadtrepublik), Florenz (Medici), Genua (Stadtrepublik), dem Kirchenstaat sowie den Königreichen Neapel und Sizilien.

15. Jh. bis zur Gegenwart

1525	Der französisch-habsburgische Konflikt endete mit der Schlacht von Pavia siegreich für Kaiser Karl V.
1714	Die spanischen Besitzungen in Italien schlug man Österreich zu.
1805	Nach den napoleonischen Eroberungen wurde Oberitalien Teil des Königreichs Italien.
1815	Der Wiener Kongress restaurierte die österreichische Macht in Form des Lombardo-Venezianischen Königreichs.
1859 – 1861	Nach der Schlacht bei Solferino muss Österreich die Lombardei an Sardinien-Piemont abtreten.
1870	Als Österreich 1861 endgültig aus der Lombardei vertrieben worden war, wurde Italien wieder vereinigt.
1914 – 1918	Erster Weltkrieg
1922 – 1945	Faschismus und Zweiter Weltkrieg

Il Moro Sforza von Mailand Während Venedig und die zu seinem Herrschaftsbereich gehörenden Städte Bergamo, Brescia und Verona bis ins späte 18. Jh. friedliche Zeiten erlebten, brach über das Herzogtum Mailand die Katastrophe herein, es wurde zum Spielball zwischen den Franzosen und den Habsburgern um die Vorherrschaft in Europa. Zunächst erlebte die Stadt unter dem Condottiere **Francesco Sforza** (Reg. um 1450 – 1466), dem Schwiegersohn des letzten Visconti-Herrschers, und seinem Nachfolger **Ludovico Sforza, genannt il Moro** (Reg. 1494 – 1500), eine Periode des Friedens. Mailand war die bevölkerungsreichste Stadt Europas. Il Moro hatte außer dem Baumeister Bramante auch Leonardo da Vinci an seinen Hof gerufen. Wirtschaftlich war er ebenfalls erfolgreich, u. a. veranlasste er den Reisanbau und die Anpflanzung von Maulbeerbäumen. Die Seidenraupenzucht eröffnete neue Märkte; Mailänder Seide genoss Weltruf. Allerdings führten die Ansprüche des Hauses Orléans auf Mailand 1491 zum Einmarsch des französischen Königs Karl VIII. nach Italien, der jedoch zurückgeschlagen wurde. Wenige Jahre später erschien die Armee **Ludwigs XII.** von Frankreich vor den Toren Mailands, verschleppte il Moro nach Frankreich, wo er 1508 in einem Gefängnis starb, und nahm das Herzogtum für die französische Krone in Besitz. Wegen der drohenden Fremdherrschaft in Italien bat der Papst den damaligen Hauptgegner Frankreichs, den spanisch-habsburgischen **Kaiser Karl V.**, um Unterstützung. Von den Eidgenossen ließ er sich ebenfalls militärische Hilfe garantieren.

In einem Krieg gegen Franz I., der die halbe Lombardei verwüstete und 1525 in Pavia entschieden wurde, setzte sich der spanische Zweig der Habsburger durch. Die Franzosen wurden aus Italien vertrieben und **Francesco II. Sforza** 1529 zum Herzog von Mailand ernannt. Nachdem dieser ohne Nachfolger starb, zog der Kaiser Mailand als erledigtes Reichslehen ein. Das Herzogtum gelangte an die spanischen Habsburger. Auch die eidgenössische Unterstützung hatte ihren Tribut gefordert: Bellinzona, Locarno und Lugano, heute zum Tessin gehörend, fielen an die Schweiz. 1559 wurde die Erhaltung der Vielstaatlichkeit Italiens zwischen Philipp II. von Spanien und Heinrich II. von Frankreich besiegelt. Fortan spielte Oberitalien in der europäischen Politik keine wichtige Rolle mehr.

Der Spanische Erbfolgekrieg (1701–1714) beendete die spanische Vorherrschaft in Oberitalien. Die Lombardei gelangte an die österreichischen Habsburger. Die Gebiete südlich des Po (Oltrepò Pavese, die Lomellina und Novara) fielen 1735 an die Savoyer **Carlo Emanuele III.**, König von Sardinien-Piemont. Die Regierung **Maria Theresias** (Reg. 1745–1790) und ihres Sohnes **Joseph II.** schränkte zunächst die Privilegien der Adeligen im Herzogtum Mailand. Neue Straßen, Kanäle und Bewässerungsanlagen wurden gebaut, die Schulen für jedermann geöffnet. 1760 studierten in Pavia lediglich 150 Studenten, nach der Einführung des neuen Schulrechts erhöhte sich die Zahl auf 1000.

Österreicher in Oberitalien

Trotz der Neuerungen erfassten die Ideen und Forderungen der französischen Revolution einen Großteil der lombardischen Bevölkerung, und als Napoleon mit seinem Heer in Italien eindrang und 1796 in Mailand einzog, wurde er von vielen mit großem Jubel empfangen. Die Lombardei, das Veltlin, die Herrschaftsgebiete Bologna, Ferrara, Modena und Reggio wurden zunächst zur **Republik Cisalpina** zusammengefasst mit Mailand als Hauptstadt. 1801/1802 wurde die Cisalpinische Republik in eine italienische Republik und, nachdem Bonaparte sich 1804 zum Kaiser gekrönt hatte, 1805 zum **Königreich Italien** umgewandelt. Das Land erhielt eine eigene Verfassung, die sich an die der französischen Republik von 1795 anlehnte, u. a. wurde die

Napoleon

Pressefreiheit garantiert. Die Staatsgewalt wurde in Legislative und Exekutive getrennt, die Souveränität des Volkes und die Gleichheit der Bürger garantiert. Napoleon führte auch die Präfekturen ein und schuf damit die Verwaltungsgebiete, die auch heute noch existieren.

Restauration und Risorgimento

Nach Napoleons Sturz entschied der Wiener Kongress 1814/1815, die Lombardei an Österreich zurückzugeben. Die Restauration der alten Feudalordnung im neuen Lombardo-Venezainischen Königreich brachte der nationalen Einigungsbewegung zunehmend Nahrung. Intellektuelles Zentrum des Risorgimento, der nach der 1847 gegründeten Zeitschrift benannten Einigungsbewegung um **Graf Camillo Cavour** und **Giuseppe Garibaldi** wurde Mailand. In mehreren Anläufen – darunter die Schlacht von Solferino – wurden die Österreicher mit Unterstützung Frankreichs und Sardinien-Piemonts von 1859 bis 1861 aus Oberitalien vertrieben, und die Lombardei fiel an das Königreich Sardinien-Pietmont. 1861 nahm Vittorio Emanuele II. von Sardinien-Piemont auf Beschluss des neu gewählten ersten italienischen Parlaments den Titel »König von Italien« an.

Erster Weltkrieg

1882 hatte sich Italien mit Österreich ausgesöhnt und bildete zusammen mit Deutschland den Dreibund. Bei Ausbruch des Ersten Weltkriegs erklärte Italien zunächst seine Neutralität. Nachdem ihm England und Frankreich in einem Geheimvertrag territoriale Ansprüche zugesichert hatten, trat Italien auf Seiten der Entente in den Krieg ein. Im Mai 1915 erklärte es Österreich-Ungarn und im August 1916 Deutschland den Krieg. In den sehr verlustreichen Isonzo-Schlachten versuchten die Italiener, die österreichische Alpenfront zu stürmen. Im Jahr 1919 erhielt Italien dann Südtirol, das Trentino, Julisch-Venetien, Triest und Istrien (außer Fiume) sowie mehrere dalmatinische Inseln.

Faschismus Zweiter Weltkrieg

Nach dem Ersten Weltkrieg bereiteten enorme wirtschaftliche und soziale Probleme die Voraussetzungen für den Aufstieg des Faschismus. Mit dem **»Marsch auf Rom«** (1922) und der anschließenden Berufung **Benito Mussolinis** zum Ministerpräsidenten kamen die Faschisten an die Macht. 1940 trat Italien auf der Seite Deutschlands in den Zweiten Weltkrieg ein. Nach dem Sturz Benito Mussolinis im Juli 1943 schloss es mit den Alliierten einen Waffenstillstand. Mussolini zog sich in das deutsch besetzte Oberitalien zurück und gründete im September in Salò am Gardasee die Repubblica Sociale Italiana; im April 1945 wurde er auf der Flucht bei Tremezzo am Comer See von Partisanen ermordet.

Republik Italien ▶

Nach einem Referendum, in dem sich im Juni 1946 64,1 % der lombardischen Wähler für die Republik ausgespochen hatten, dankte König Vittorio Emanuele III. ab.

Gegenwart

Seit der nationalen Einigung hat Norditalien eine steile Karriere zu einem der ökonomisch stärksten Gebiete Europas hinter sich. Mailand ist heute die zweitgrößte Stadt der Region und unbestritten das wirtschaftliche und kulturelle Zentrum Italiens. Der Zusammenbruch der kommunistischen Ostblockstaaten um 1990 und groß angelegte Ermittlungen in einer Bestechungsaffäre in Mailand 1992, eine Säuberungskampagne Mailänder Richter, lösten eine sprichwörtliche Lawine aus, die zur Zerschlagung des seit etwa fünfzig Jahren bestehenden, völlig verkrusteten Parteiensystems führte. Seither tobt der poltische Kampf nicht mehr zwischen den Parteien, sondern zwischen Mitte-Links- und konservativen Gruppierungen. Bei den Parlamentswahlen 2001 siegte das Bündnis der rechten Mitte unter dem Medienunternehmer **Silvio Berlusconi** – dem reichsten Mann Italiens – über die bisher regierende Linkskoalition. Seine Angriffe auf die Freiheit der Justiz und der Presse stoßen regelmäßig auf Proteste. Bei den Parlamentswahlen 2006 erringt die Unione, ein Mitte-Links-Bündnis, unter Führung von **Romano Prodi** eine hauchdünne Mehrheit. Berlusconi gewinnt erneut die Parlamentswahlen 2008.

1996 sorgte Umberto Bossis separatistische Lega Nord zeitweise für Unruhe, als der Parteiführer in Venedig die Unabhängigkeit Padanias ausrief, des vom Po (lateinisch Padus) durchflossenen Norden Italiens. Immerhin hatten bei den Parlamentswahlen 1996 3,77 Mio. Bürger Norditaliens der Lega ihre Stimme gegeben. Die Gefahr einer Sezession Italiens ist jedoch nicht groß, die wenigsten glauben an Bossis Ziele von einer unabhängigen Republik, von der Abschaffung des Italienischen als Staatssprache, der Einführung des Englischen im Außenverkehr und von lokalen Dialekten im Innern. Jedoch zwang die Lega das Land, sich einigen drängenden Problemen zu stellen: Da ist der enorme Unterschied zwischen Nord- und Süditalien sowie die Ineffizienz des italienischen Zentralstaates. Vor allem die drei »reichen« Nordregionen Lombardei, Piemont und Venetien tragen den größten Teil der Steuerlast, mit dessen Hilfe die teure, aber wenig wirkungsvolle **Mezzogiorno-Politik** bezahlt wird.

Padania libera

Kunst und Kultur

Woher kommt die Basilika, die über Jahrhunderte die christliche Baukunst beeinflusste? Welche Völker prägten die Kunstgeschichte in der Lombardei mit? Wo arbeitete das Universalgenie Leonardo da Vinci? Welches ist die Design-Hauptstadt der Region?

Kunstgeschichte

Früheste Kulturspuren sind in der Lombardei in der Alpenregion erhalten. In der **Valcamonica**, einem Tal nördlich des Lago d' Iseo, lebten Angehörige eines vermutlich halbnomadischen Volksstamms, die allgemein als **Camunen** bezeichnet werden. Ob sie keltischen oder ligurischen Ursprunges waren, ist nicht wirklich geklärt. Sicher ist jedoch, dass sie der Nachwelt ein reichhaltiges Kulturgut hinterlassen haben. Seit der Jungsteinzeit sind hier Felseinritzungen entstanden, die zum einen Zeugnis ablegen von einer Besiedlung etwa ab dem 4. Jt. v. Chr., zum anderen eine Ahnung vom damaligen Leben geben. Anhand der Darstellungen sind die Eingravierungen zeitlich relativ exakt zu bestimmen: steinzeitliche, bronzezeitliche und eisenzeitliche Kultur kommt auf den Felsen zum Ausdruck.

Frühgeschichtliche Spuren

Das ganze Tal ist voll von Felsgravierungen, immer wieder werden neue Stellen entdeckt. Am bekanntesten sind die Einritzungen im Nationalpark bei **Capo di Ponte** (► Baedeker Special S. 310). Als schönste Felsblöcke können die Massi di Cemmo am Ortsrand von Capo di Ponte gelten, auf denen eine kunstvolle Komposition von systematisch angeordneten Hirschen zu sehen ist. Weitere Spuren der neolithischen Zeit gibt es in der **Valtellina** (Veltlin), leicht zugänglich sind sie dort im Parco delle Incisioni Rupestri bei Grosio, wo insbesondere der Felsblock Rupe Magna relativ gut erkennbare Figuren aufweist. Im Palazzo Besta in Teglio werden sehr gut erhaltene jungsteinzeitliche Stelen aufbewahrt, auf denen Jagdtiere, Sonnensymbole und Spiralzeichen dargestellt sind. Unter den Felsgravuren in der **Valcamonica** sind auch römische Schriftzeichen erhalten, so dass man weiß, dass diese Kultplätze noch zu römischer Zeit benutzt wurden. Auch christliche Kreuzsymbole sind entdeckt worden.

◄ Fundstellen

Kulturspuren anderer Völker, die in vorrömischer Zeit in die Lombardei eindrangen, sind vergleichsweise spärlich. Zwischen 800 und 200 v. Chr. wurde Oberitalien von der **Golasecca-Kultur**, benannt nach dem Fundort eines Gräberfeldes bei Somma Lombardo südlich des Lago Maggiore, geprägt. Die Golasecca-Kultur wurde ab dem 6. Jh. v. Chr. durch die von Süden her in die südliche Lombardei vordringenden Etrusker beeinflusst. Die **keltischen Cenomanen**, die in der Zeit nach dem 5. Jh. v. Chr. aus dem Norden über die Alpen in den norditalienischen Raum kamen, brachten die La-Tène-Kultur in den südlichen Alpenraum.

Im 3. Jh. v. Chr. machten die Römer Machtansprüche in Oberitalien geltend, bis etwa 400 n. Chr. prägten sie das kulturelle Bild der Region. Während ihrer Herrschaftszeit entstand im ganzen römischen Reich ein gut ausgebautes Straßensystem. In Oberitalien wurde etwas südlich der Lombardei 187 v. Chr. zwischen Rimini und Piacenza die

Römer

← *Galleria V. Emanuele in Mailand: beeindruckende Glaskonstruktion*

wichtige Via Aemilia angelegt. Kleinere Straßen verbanden die römischen Städte der Lombardei wie **Brixia (Brescia)**, **Novum Comum (Como)**, **Laus Pompeia (Lodi Vecchio)**, **Mediolanum (Mailand)** und **Ticinum (Pavia)**. Auch das Kanalsystem, das man in späteren Jahrhunderten in eindrucksvoller Weise ausweitete, wurde in dieser Zeit initiiert. Imposante Tempelanlagen, Amphitheater, Thermen, Stadttore wurden gebaut. Römische Adelsfamilien ließen sich ihre Villen in den schönsten Landstrichen errichten, so in den voralpinen Hügeln bei Varese und natürlich an den oberitalienischen Seen. Am Comer See hatte die berühmte Familie Plinius mehrere Landsitze. Zeugnisse dieser reichen Kultur sind in der Lombardei heute nur noch vergleichsweise selten. Einen recht guten Eindruck der damaligen Bauweise und Lebensart kann man sich in Brescia und am Gardasee in Sirmione sowie in Desenzano verschaffen. In Sirmione wurde die als **Grotten des Catull** (1. Jh. n. Chr.) bekannte Villenanlage gebaut, im 4. Jh. n. Chr. die Villa in Desenzano. In Brescia sind Teile des römischen Forums und des Kapitols erhalten.

Frühchristliche Zeit

Einige Zeit nach der Tolerierung des Christentums (313 n. Chr.) wurde mit dem Bau von Kirchen begonnen. Dabei übernahm man Elemente der römischen Architektur.

Komplette Kirchenbauten aus frühchristlicher Zeit, also aus dem 4. Jh., sind in der Lombardei nicht mehr vorhanden, sie wurden in der Regel durch spätere Bauten in den Folgejahrhunderten ersetzt. Auf Gründungen aus dieser Zeit gehen aber einige bedeutende Kirchen zurück, u. a. die **Mailänder Kirchen S. Ambrogio und S. Lorenzo Maggiore**, die unter dem Erzbischof Ambrosius entstanden (► Berühmte Persönlichkeiten). In der Kirche S. Ambrogio sind mit einem Campanile und mit der Anlage der Vorhalle noch vorromanische Anteile erhalten. Im Innern ist die Darstellung des hl. Ambrosius an der Decke der Grabkapelle S. Vittore in Ciel d'Oro aus dem Jahr 470 zu sehen, ein eindrucksvolles Beispiel eines frühchristlichen Mosaiks. Aus dem frühen 5. Jh. stammt der Stilicho-Sarkophag hier, der für den weströmischen Regenten Flavius Stilicho angefertigt wurde. Mit der Kirche S. Lorenzo Maggiore in Mailand hat die Lombardei ein für die Geschichte des abendländischen Kirchenbaus sehr interessantes Werk zu bieten: Die Kirche geht ebenfalls auf einen ersten Bau aus dem 4. Jh. zurück und ist einer der frühesten Zentralbauten des Christentums.

? WUSSTEN SIE SCHON …?

■ Auf der Suche nach einer geeigneten Form für die Versammlungsräume der Christengemeinde besann man sich auf die Basilika genannte römische Markthalle oder Halle für Gerichtsverhandlungen. Von dieser Gebäudeform leitet sich die frühchristliche **Basilika** mit der meist im Osten an den Chor angefügten Apsis ab, die als Podium für den Marktaufseher oder Richter gedient hatte. Über Jahrhunderte wurde das Grundschema der Basilika beibehalten und variiert, Querschiff, Vorhalle und Campanile kamen im Lauf der Zeit dazu. Säule und Rundbogen wurden aus dem römischen Formenrepertoire übernommen.

Als erstes Volk, das nach den Wirren der Völkerwanderung und den **Langobarden**
Zerstörungen der Städte durch kriegerische Auseinandersetzungen
für eine längere Phase die Regierung übernahm, prägten die Langobarden ab 568 die Kultur Norditaliens. Sie brachten ihre eigene
Grabmal- und Goldschmiedekunst mit, die sich durch einen starken
Hang zur ornamentalen Verzierung mit abstrakten Motiven auszeichnete. Flechtmotive und stilisierte Pflanzen aller Art sind die
hauptsächlichen Elemente. Die besondere Liebe zur reichen Dekoration wirkte in der Lombardei von diesem Zeitpunkt an in fast allen
Stilepochen nach. So hielt sich beispielsweise die Gotik mit ihrer ausgeprägten Ornamentkunst aufgrund dieser Tradition in der Lombardei deutlich länger als in allen anderen Regionen Italiens.
Auch wichtige Bausegmente der lombardischen Renaissance – wie
die Fassade der **Certosa di Pavia** und der Vierungsturm der S. Maria
delle Grazie in **Mailand** – zeigen im Vergleich mit den strengen Re-
naissancebauten in anderen Landesteilen ausgesprochen filigranes
Schmuckwerk und folgen damit letztlich immer noch der ornamentalen Vorliebe der Langobarden. Schöne Beispiele langobardischer
Goldschmiedekunst sind in **Monza** zu sehen. Im Dom wird die »Eiserne Krone« der Langobarden aufbewahrt, mit der sich nach den
verschiedensten Herrschern schließlich auch noch Napoleon zum
König von Italien krönen ließ. Unter den Langobarden war der Ort
Castelseprio, dessen Überreste nach dem Zweiten Weltkrieg ausge-
graben wurden, sehr bedeutend. Hier hat ein recht spektakulärer
Freskenzyklus aus dem 7. Jh. die Zeiten überdauert, an dem der by-
zantinische Stil auffällt und der dadurch einige Rätsel aufgab. Man
nimmt heute an, dass in langobardischer Zeit Wanderkünstler aus
Byzanz in der Lombardei tätig waren.

Aus dem 8. und 9. Jh., also aus der sich anschließenden karolingi- **Karolinger**
schen Epoche, sind ebenfalls einige Zeugnisse erhalten. Zwei wichtige
Werke des 9. Jh.s sind wiederum in S. Ambrogio in Mailand zu sehen: der Altare d'Oro mit Reliefarbeiten aus vergoldetem Silberblech
und der Altarbaldachin mit reichhaltiger Dekoration aus bemaltem
Stuck. In **Brescia** findet man mit dem Desideriuskreuz das wohl aus-
drucksvollste Stück dieser Zeit.

Durch die wiederbelebte Landwirtschaft und den Handel vergrößer- **Romanik**
ten sich zwischen dem 11. und 13. Jh. die Städte, in denen die Ka- ◄ Architektur
thedralen mit den davor liegenden Marktplätzen zum Mittelpunkt
des religiösen und gesellschaftlichen Lebens wurden. Erste kleine
Rathäuser entstanden. Architektur und Steinmetzkunst vom 7. bis
zum 12. Jh. sind in der Lombardei vor allem verbunden mit den
nach ihrer Herkunft benannten Maestri comacini, Maestri Intelvesi
oder Comasken (►Baedeker Special S. 170). Als eine der ältesten romanischen Basiliken gilt **S. Michele in Pavia**. Das im 12. Jh. erbaute
Gotteshaus war die Krönungskirche der Langobarden gewesen. Was
S. Michele auszeichnete, heute aber durch Luftverschmutzung nahe-

Üppige romanische Bauplastik an der Kirche S. Michele in Pavia

zu völlig zerstört ist, war die hervorragende romanische Bauplastik. Vergleichbares ist auch andernorts in der Lombardei zu finden. Kapitelle und vor allem Portale führen mit ihren aus dem Stein gehauenen pflanzlichen und figürlichen Dekorationen ein wahres Eigenleben. Besonders der Portalbereich war in der Romanik der bevorzugte Ort für figürliche Darstellungen. Ein schönes Beispiel ist der Erzengel Gabriel über dem Portal von S. Michele, der den bösartigen Lindwurm mit dem Fuß im Zaum hält. Durch Abbildungen, so meinte man, könnten die Dämonen zur Räson und das Göttliche näher gebracht werden. Ein weiteres wichtiges Merkmal der lombardischen Romanik ist die Zwerggalerie, die sich an der Giebellinie entlangzieht und an vielen lombardischen Kirchen zu finden ist. Sie wurde im 12. Jh. in der Lombardei entwickelt und fand von hier aus ihren Weg nach ganz Europa.

Auch **S. Ambrogio in Mailand** ist ein wichtiges Beispiel lombardischer Romanik. Das Gotteshaus wurde Vorbild für viele andere Kirchen, da hier für die Konstruktion der Decke erstmals in Italien ein Kreuzrippengewölbe ausgeführt wurde statt des bis dahin üblichen Tonnengewölbes. S. Ambrogio hat kein Querschiff, was ein generelles Charakteristikum der romanischen Bauten in der Lombardei ist.

Ein völlig anderer Aufbau liegt zwei Kirchen aus dem 11. Jh. in **Mantua** und in **Brescia** zugrunde, die als Rotunden errichtet wurden; die kleine **Rundkirche S. Bartolomeo in Almenno** bei Bergamo wurde im 12. Jh. gebaut. Vorbild für solche Zentralkirchen war im Allgemeinen die Jerusalemer Grabeskirche bzw. die antike Tradition, Herrscher in Rotunden beizusetzen – ein Brauch, der in die christliche Kultur Einzug gehalten hatte. In den Alpentälern trifft man auf zahlreiche kleinere romanische Kirchen, die allein schon durch das Material – grobe Steinquader – und ihre Schmucklosigkeit meist sehr archaisch wirken. Zwei schöne Beispiele sind in **Capo di Ponte** in der Valcamonica mit den Kirchen S. Siro und S. Salvatore zu sehen.

Malerei ▶ In der Malerei der Romanik gilt die doppelseitig bemalte ikonenartige Tavola di S. Agata (13. Jh.) in **Cremona** als Höhepunkt.

Während in der ersten Hälfte des 12. Jh.s vielfach noch Bauten der
Romanik entstanden, kam 1135 mit den Zisterziensern die Gotik in
die Lombardei. In diesem Jahr wurde die Abtei **Chiaravalle Milanese**
gegründet und nach französischem Vorbild in schlichter Zisterzien-
sergotik errichtet. Zum Bau neuer Kathedralen im gotischen Stil ent-
schloss man sich nur in Städten, die in dieser Zeit einen starken wirtschaftlichen Aufschwung erlebten; in den meisten anderen Zentren
gab es bereits romanische Kathedralen, die allenfalls erweitert oder
umgebaut wurden. Die unglaubliche Detailliebe der Gotik, die sich
bei den großen französischen Kathedralen zeigte, wurde zum Vorbild. In der Lombardei, in der die langobardische Ornamentkunst
stets gegenwärtig war, konnten Dekoration und Ausschmückung nun
bis zur Vollendung ausgeschöpft werden. Letztlich zeugt auch der
Mailänder Dom, vielmehr seine mit Akribie zum Abschluss gebrachte
jahrhundertelange Baugeschichte, mit über 3000 Figuren an den Au-
ßenmauern von dieser typisch lombardischen Vorliebe. Ein Glanz-
stück des gotischen Kirchenbaus ist der **Dom von Monza**, dessen Fassade lombardische und toskanische Stilelemente vereinigt.
In der Übergangszeit von der Spätgotik zur Renaissance arbeiteten
zwei bedeutende lombardische Architekten des 15. Jh.s in Mailand
und Umgebung. **Guiniforte Solari** (1429–1481) und **Giovanni Solari**
(ca. 1400–1484) waren in dieser Phase an den Bauarbeiten des Mailänder Doms maßgeblich beteiligt. Guiniforte Solari entwarf den aus-
gewogenen spätgotischen Westteil der Mailänder Kirche S. Maria delle Grazie. Ende des 14. Jh.s wurde mit der Certosa di Pavia eine der
eindrucksvollsten Kirchen der Lombardei begonnen; in der zweiten
Hälfte des 15. Jh.s waren auch hier Guiniforte und Giovanni Solari
als Baumeister tätig.
Ab dem 13. Jh. entstanden zunehmend auch bedeutende Profanbau-
ten in den Zentren der Städte, die deutlich Zeugnis von der immer
größeren politischen und wirtschaftlichen Macht der Kommunen ablegen. Zu den eindrucksvollsten Beispielen gehören die repräsentativen Paläste im Zentrum von **Mantua**. Ein schöner Bau aus dem
13. Jh. ist die Loggia dei Militi in **Cremona** mit der offenen Halle im
Untergeschoss. Die alten Rathäuser, meist Palazzo Broletto genannt,
die in fast allen kleineren lombardischen Städtchen an den zentralen
Plätzen stehen, entstanden teilweise in dieser Zeit – das vielleicht
schönste Beispiel ist das alte Rathaus von **Mantua**; der **Broletto von
Pavia**, mit dessen Bau bereits im 11. Jh. begonnen worden war, ist
das älteste Rathaus der Lombardei überhaupt. Gotische Festungsar-
chitektur aus dem 13. und 14. Jh. ist in Mailand (Castello Sforzesco),
in Mantua (Castello S. Giorgio), in Pavia (Castello Visconteo) und in
Vigevano (Castello Sforzesco) zu sehen. Schließlich sind auch die
letzten erhalten gebliebenen Geschlechtertürme, die zur Verteidigung
und als Fluchtmöglichkeit bei den Auseinandersetzungen zwischen
Guelfen und Ghibellinen dienten, mittelalterliche Zeugen.
In verschiedenen Kirchen sind noch Wandmalereien der Gotik erhalten. Das beeindruckendste Beispiel ist sicher der Freskenzyklus von

MIT GEDULD UND LÖSUNGSMITTEL

Eines der berühmtesten Bilder der Welt erstrahlt in ungewohntem Glanz. Mehr als zwanzig Jahre dauerten die Restaurierungsarbeiten an Leonardo da Vincis »Abendmahl« und kosteten etwa 7 Millionen Euro.

Giuseppina Brambilla, Italiens renommierteste Restauratorin und Leonardo-Expertin, und ihre Mitarbeiter reinigten die berühmten Wandgemälde von Spuren, die ihre Vorgänger durch andere Restaurierungsmethoden oder durch schlichtes Übermalen hinterlassen hatten. Die Restauratorin hatte festgestellt, dass jahrhundertelang ein verfälschtes Werk zu sehen war, und versuchte nun, das Original unter Schmutz, Staub und mehreren Farb- und Lackschichten freizulegen und zu fixieren.

Eine Arbeit, bei der man stundenlang mit Pinzette und Skalpell unter einem Mikroskop hantiert. Später wurde an den Stellen, an denen nichts mehr erhalten war, mit feinstem Pinsel ein neutraler Farbton aufgetragen, der sich unauffällig in die Umgebung einpasst. Wie anstrengend – geistig und körperlich – diese Arbeit war, kann der Laie kaum ermessen. Ein internationales Komitee verfolgte und überwachte das Geschehen. Schon nach kurzer Restaurierungszeit sprach man vom **»Wunder von Mailand«**. Ein Teil der rechten Hälfte war restauriert, und plötzlich schien sich an dieser Stelle ein ganz anderes Gemälde aufzutun. Die **Farben des Originals** waren erheblich heller und flacher, wie ausgedünnt – und für manchen Kunstfreund, dem die geheimnisvolle Tiefe und würdige Ausstrahlung der vorherigen jahrhundertealten Patina fehlte, erst einmal gewöhnungsbedürftig. Man sah plötzlich klare Gesichter, Stickereien in der Tischdecke, eine angeschnittene Orange, die Reflexe der Gewänder in den Zinntellern, Gobelins im Hintergrund. Vor allem aber ist der Ausdruck der Gesichter viel feiner und gefühlvoller.

Siebte Restaurierung

Im 18. Jh. begann die lange Geschichte der Rettungsversuche. Lange hielt man das Übermalen abgelöster Teile für angemessen. So muss auch der Bart von Simon ganz rechts entstanden sein – auf älteren Abbildungen ist er noch zu sehen. 1908 nahm man erstmals einen Reinigungsversuch vor. Im Jahr 1943 schlug in der Klosteranlage eine Bombe ein, das sorgfältig geschützte Wandgemälde blieb jedoch erhalten. Mit der Restaurierung in den 1950er-Jahren glaubte man nun,

das Vorhandene für immer gerettet zu haben – bis man gute zehn Jahre später schon wieder eine feine Mikroflora auf den Farben entdeckte. Das jüngste, von Olivetti gesponserte Projekt zum Erhalt des »Abendmahl« begann nach einer Alarmmeldung: Ende der 1970er-Jahre wurde in der Wand mit dem weltberühmten Gemälde ein Riss von zwei Metern Länge festgestellt. Verursacht wurde er durch den Autoverkehr auf dem Corso Magenta, besonders die Straßenbahn erschütterte alle Gebäude – bis heute. Jetzt galten die Rettungsversuche zunächst der Statik der 70 cm dicken Mauer. Noch gefährlicher für das Gemälde ist die **Staub- und Smogkonzentration** in der Mailänder Luft, die lange Zeit ungehindert in das Refektorium gelangte.

Mit einer doppeltürigen Schleuse, die nur von einer Handvoll Besuchern langsam passiert werden darf, sollen nun Abgase und Staub draußen bleiben. Dennoch: Etwas Staub und Feuchtigkeit werden immer noch hereingetragen und drohen die Anstrengungen der Restauratorin zunichte zu machen. Neben allen Unbilden von außen tauchte nach einigen Jahren des Restaurierens ein weiteres Problem auf: Man befürchtete, mit weiteren Reinigungen an einigen Stellen die letzten Reste der Originalfarbe abzutragen. Nach zehn Jahren Arbeit sagte Pinin Brambilla, sie habe unter einigen Übermalungen überhaupt **kein Original** mehr gefunden, das gelte vor allem für die linke Hälfte. Nur noch die Komposition sei von Leonardo da Vinci. Der Kopf von Judas beispielsweise sei eigentlich gar nicht mehr da. In diesem Fall muss man also mit der Fälschung vorlieb nehmen.

Künstlerisches Experiment

Ludovico il Moro, der Auftraggeber des Werkes, soll sich über die Langsamkeit geärgert haben, mit der **Leonardo da Vinci** gearbeitet hat – er brauchte für das »Abendmahl« etwa drei Jahre. Immer wieder hat er die Arbeiten für längere Zeit unterbrochen, manchmal auch stundenlang auf dem Gerüst gestanden und überlegt, ohne einen Pinselstrich auszuführen. Voraussetzung für dieses langsame Arbeiten aber war, dass er nicht die gebräuchliche Freskenfarbe verwendete, die auf den noch nassen Putz gemalt wird, sich unabtrennbar mit der Wand verbindet und schnelles Arbeiten erfordert. Um langsamer malen zu können, nahm er stark auf Feuchtigkeit reagierende Temperafarbe, die damals noch nicht erprobt war – und bereits nach zehn Jahren erste Ablösungserscheinungen zeigte. Ein künstlerisches Experiment also, das gründlich schiefgegangen war.

Masolino im Baptisterium in **Castiglione Olona**. Er entstand in der Übergangszeit: zwar ist er noch deutlich der Spätgotik verhaftet, in der menschlichen Darstellung zeigen sich jedoch die Anfänge der Renaissance.

Renaissance
Architektur ▶

Die Theorien der Renaissance-Architekten aus Florenz und Rom – die Rückgriffe auf die Ideen der Antike – gelangten nur langsam in die Lombardei. In **Mantua** entstand mit der Kirche S. Andrea ab 1472 ein Werk, das als Initialbau der Renaissance in der Lombardei bewertet wird. S. Andrea wurde nach Plänen von **Leon Battista Alberti** (um 1404 bis 1472) gebaut, der sowohl als Baumeister als auch als innovativer Kunsttheoretiker bekannt war. In **Mailand** arbeiteten **Leonardo da Vinci** (1452–1519) und **Donato Bramante** (1444 bis 1514) am Hof von Ludovico il Moro.

Bramante entwarf mit der Vierung von S. Maria delle Grazie eines der schönsten Beispiele sakraler Renaissancearchitektur. Der harmonisch gegliederte und reich dekorierte Vierungsturm mit einem umlaufenden Galerieband diente mehreren Architekten als Vorlage für Kirchenbauten in der Lombardei – besonders in Crema wird die Vorbildfunktion deutlich. Überhaupt ist die Kirche S. Maria delle Grazie das beste Beispiel für das Nebeneinander von Spätgotik und Frührenaissance. Nur gut 20 Jahre nach dem spätgotischen Westteil (1463–1469) entstand der Ostteil ab 1490 im Stil der Frührenaissance, beiden ist deutlich anzumerken, dass sie verschiedenen Stilepochen angehören. Ein sehr vielseitiger Künstler des 16. Jh.s war der Maler, Architekt und Bildhauer **Pellegrino Tibaldi** (um 1527–1596), der als bevorzugter Baumeister von Erzbischof Carlo Borromeo in Mailand u. a. am Dom tätig war. Aber auch in Como und Umgebung, Monza und Lodi sind Werke von ihm erhalten.

Relativ zahlreich sind die **Stadtpaläste**, die in der Renaissance entstanden sind. Die Gonzaga in Mantua ließen die letzte Erweiterung und Ausgestaltung ihres Palazzo Ducale im Stil der Renaissance vornehmen. In Cremona stehen mehrere Stadtpaläste des späten 15. und frühen 16. Jh.s, einige stammen von **Bernardino de Lera** (gest. 1518), der zur der Zeit in Cremona ein angesehener Architekt war. In **Sabbioneta** bei Mantua entstand im 16. Jh. die »ideale Stadt«, deren städtebaulicher Entwurf auf der Architekturlehre Vitruvs (1. Jh. n. Chr.) beruhte.

Erwähnt werden müssen auch die Platzanlagen der Renaissance wie die Piazza Ducale in **Vigevano**, die Ende des 15. Jh.s vermutlich nach Entwürfen von Bramante gebaut wurde und als schönster Platz der italienischen Frührenaissance gilt. Die Piazza della Loggia in **Brescia** wurde zwischen dem späten 15. Jh. und dem 16. Jh. unter venezianischem Einfluss angelegt.

Malerei ▶

Eines der berühmtesten Bildwerke der Renaissance – das **»Abendmahl« von Leonardo da Vinci** – ist in Mailand im Refektorium der Kirche S. Maria delle Grazie zu sehen (▶ Baedeker Special S. 42/43). Im Palazzo Ducale in Mantua sind die Fresken von **Andrea**

Mantegna (1431–1506), die als epochales Werk in die Kunstgeschichte eingegangen sind, erhalten; in der Camera degli Sposi wurde
von Mantegna eine für damalige Verhältnisse vollkommen neuartige
illusionistische Öffnung der Raumdecke ausgeführt, die daraufhin
von anderen Künstlern imitiert wurde. Etliche lombardische Maler
haben sich in dieser Zeit innerhalb der Region einen Namen gemacht. Im 15. und 16. Jh. arbeiteten viele Maler-Familien, die ihr
Wissen an die nachfolgende Generation weitergaben – ein typisches
Beispiel sind die Cremoneser Maler der **Campi-Familie** Antonio
Campi (1522/1523–1587), Bernardino Campi (1522–1591), Giulio
Campi (ca. 1502–1572). In der Lombardei trifft man häufig auf die
Werke von **Vincenzo Foppa** (1430–ca. 1515), **Gerolamo Savoldo**
(1480–ca. 1548), Alessandro Bonvicino, genannt **Moretto** (1498 bis
1554) und **Gerolamo Romanino** (1484 bis ca. 1559) aus Brescia, in
deren Werken sich lombardische mit venezianischen Stilelementen
vermischten. Weiter sieht man Malereien von **Gian Francesco Bembo**
(1460–1526), **Bonifacio Bembo** (1447–1478), Bernardino Gatti
(1495–1575), **Boccaccio Boccaccino** (ca. 1466–1525), **Camillo Boccaccino** (1501–1546) und schließlich von Malern, die zumeist in
Mailand tätig waren wie **Bernardino Luini** (1480/1485–1532), **Andrea Solario** (ca. 1460–1524), **Ambrogio Bergognone** (ca. 1453 bis
ca. 1523) und **Gaudenzio Ferrari** (1480–1546).

*Die Götter verstanden es zu feiern: Renaissance-Fresko aus dem von Guilio
Romana und seinen Schülern gestalteten Palazzo del Tè in Mantua.*

Manierismus

Der Manierismus als Stilform der Spätrenaissance hat in der Lombardei im 16. Jh. eine besondere Ausprägung erfahren. Der bekannteste Palast aus dieser Epoche ist der damals vor den Toren von **Mantua** erbaute **Palazzo del Tè**, den sich Federico II. Gonzaga von Giulio Romano (1499–1546), dem Raffael-Schüler und berühmtesten lombardischen Architekten seiner Zeit, von 1525 bis 1535 bauen ließ. Sein Entwurf, in dem der spielerische Umgang mit den Formen der Antike fasziniert, hat als eines der bedeutendsten norditalienischen Bauwerke des Manierismus Architekturgeschichte geschrieben. Auch die Fresken, die Romano für den Palazzo del Tè entworfen hat, allen voran die in der Sala di Psiche und in der Sala dei Giganti mit der Darstellung des Kampfes der Titanen gegen die Götter im Olymp, haben Berühmtheit weit über die Grenzen von Mantua hinaus erlangt.

17. und 18. Jahrhundert

Die Zeit des Barock und des Klassizismus hat in der Lombardei wenige wichtige bauliche Spuren hinterlassen. Für Mailand mag einer der Gründe die Pest im Jahr 1630 gewesen sein, der nahezu die Hälfte der Stadtbevölkerung zum Opfer fiel. Im Barock sind allerdings viele Innenräume älterer Kirchen ausgestaltet worden, zum Teil wurden die oftmals als unpassend empfundenen überladenen Dekorationen später wieder beseitigt. Noch erhalten ist die reiche Innenausstattung in der Wallfahrtskirche in **Tirano** im Veltlin. Barockfassaden sind den Dombauten in Mantua und in Vigevano vorgesetzt worden. Schließlich ist der Kapellengang des **Sacro Monte** bei Varese mit seinen 15 kleinen Zentralbauten im 17. Jh. entstanden. Als Architekt und Maler hat sich **Pietro Ligari** (1686–1752) aus Sondrio, der im Veltlin und in Mailand gearbeitet hat, einen Namen gemacht.

Das wohl bedeutendste Bauwerk des 18. Jh.s ist die **Mailänder Scala**, die von **Giuseppe Piermarini** (1734–1808), einem damals in Mailand sehr bekannten Architekten, entworfen wurde. Von ihm stammt auch der **Palazzo Reale** bei Monza.

Unter den Palazzi des 18. Jh.s sind besonders die prachtvollen und üppig gestalteten Villen am Comer See zu erwähnen, so die klassizistische **Villa Carlotta** mit einem Terrassengarten im italienischen Stil, die **Villa d'Olmo** und die Umbauten der **Villa Serbelloni** in Bellagio.

19. und 20. Jahrhundert

Das vielleicht bekannteste lombardische Bauwerk aus der zweiten Hälfte des 19. Jh.s ist die **Galleria Vittorio Emanuele II. in Mailand**, die berühmte Passage mit der in damaliger Zeit in Europa oft eingesetzten Glaskonstruktion sowie einer Ausgestaltung mit neoklassizistischen Elementen. Zur selben Zeit wurde der **Cimitero Monumentale in Mailand** angelegt, wo Historismus par excellence zu sehen ist; in heute kurios erscheinender Form wurden hier alle nur erdenklichen Möglichkeiten des Imitierens ausgeschöpft. Erwähnt werden müssen auch die wenig bekannten **Brücken** über den Po – einige sind nach dem Vorbild der großen französischen Eisenkonstruktionen aus der zweiten Hälfte des 19. Jh.s entstanden, wie der Ponte della Becca (1912) südlich von Pavia. Zwischen 1912 und 1931 wurde der **Mailänder Bahnhof Stazione Centrale** mit übersteigerten neoklassizistischen und Jugendstil-Elementen errichtet.

Der Jugendstil (ital. Stile liberty) hatte mit **Giuseppe Sommaruga** (1867–1917) seinen größten Architekten. Er baute u. a. mehrere Wohnhäuser in Mailand. In S. Pellegrino Terme entstand ein bekanntes Jugendstilensemble, bestehend aus Grand Hotel, Kuranlagen und Kasino, gebaut von **Romolo Squadrelli** und **Luigi Mazzocchi**.   ◄ Jugendstil

1910 fand in Mailand ein Treffen italienischer Maler statt, an dem u. a. Carlo Carrà, Umberto Boccioni, Luigi Russolo und Tommaso Marinetti teilnahmen. Es wurde ein **futuristisches Manifest** verabschiedet, das auch der in Rom lebende Giacomo Balla unterzeichnete. Der Futurismus richtete sich gegen jede Art von Traditionalismus und proklamierte in Architektur, Malerei und Musik einen universellen Dynamismus. Viele Werke dieser Künstler sind in Mailand in den Kunstsammlungen des 20. Jh.s zu sehen.   ◄ Futurismus

Während des Faschismus wurden viele Aufträge an neoklassizistisch arbeitende Architekten vergeben. Städtebauliche Anlagen der dreißiger Jahre fallen vor allem in **Brescia** (Piazza della Vittoria) und in **Varese** (Piazza Monte Grappa) auf. Der bevorzugte Baumeister Mussolinis war **Marcello Piacentini**.   ◄ Faschistische Architektur

Unter den Architekten der letzten Jahrzehnte haben sich in der Lombardei u. a. **Marco Zanuso** (1916–2001; Neubau des Nuovo Piccolo Teatro in Mailand) und **Vittorio Gregotti** (geb. 1927; Hauptsitz der Feltrinelli-Stiftung in Mailand) einen Namen gemacht. Der 1931 in Mailand geborene, 1997 tödlich verunglückte **Aldo Rossi** war Italiens bekanntester zeitgenössischer Architekt. Dennoch war er in der Lombardei kaum tätig. Zu Beginn der 1970er-Jahre entwarf er den Wohnblock Gallaratese in Mailand, der weniger als ein funktionales Gebäude denn als eine Art Großplastik konzipiert ist. Viele Architekten des 20. Jh.s sind gleichzeitig als Designer tätig, die Übergänge zwischen beiden Bereichen sind fließend. Der Schweizer Architekt **Mario Botta** (geb. 1943) hat in den vergangenen Jahrzehnten sowohl in seiner Heimat als auch in der Lombardei aufsehenerregende Bauten konzipierte, zuletzt das neue Spielcasino in Campione d'Italia am Luganer See und den Neubau der Mailänder Scala.   ◄ Neuere Architektur

Design

Italienisches Design wird meist mit Mailand identifiziert. Die bedeutendsten Designer haben oder hatten hier ihre Büros. Und auch die Ursprünge für die Entwicklung des italienischen Designs im 20. Jh. liegen in der lombardischen Metropole. Verschiedene soziale, ökonomische und kulturelle Gründe spielten eine Rolle: Das relativ kühle   **Industriedesign** und industrielle Mailänder Design war nach dem Krieg Ausdruck einer Hinwendung zu den in Europa vorherrschenden rationalen und liberalen Tendenzen, andrerseits der kritischen Distanz zur eigenen eher traditionsgebundenen, akademisch-provinziellen Kultur. Als zweites spiegelte das Mailänder Design die Annäherung zwischen der Unternehmerwelt und der kreativen Welt der Entwerfer wider. Einen Bedarf an Designern spürten als Erste der Industrielle Adriano Olivetti sowie das mittlerweile zur Industrie gewordene Kunsthandwerk in der Brianza, die in den 1960er-Jahren alle Aufmerksamkeit auf das Design richteten, um sich von anderen Produkten zu unterscheiden. **Ettore Sottsass** (1917 – 2007), der nach dem Zweiten Weltkrieg nach Mailand kam, hat jahrelang bei Olivetti mitgearbeitet und eine neue Form der Zusammenarbeit zwischen Designer und Unternehmer in die Wege geleitet – dergestalt, dass der Designer direkt an der Produktion beteiligt ist und nicht als außenstehender Fachmann nur zeitweilig für bestimmte gestalterische Aufgaben dazugeholt wird.

Eines seiner bekanntesten Stücke – eines der populärsten des damaligen italienischen Designs überhaupt – ist die 1969 für Olivetti entworfene tragbare Schreibmaschine »Valentine«. Unter anderem hat Sottsass auch Geschäftsräume für die Bekleidungsfirma Esprit und verschiedene Artikel für Alessi gestaltet. Für Alessi arbeiteten u. a. auch **Aldo Rossi** und **Achille Castiglioni** (1918 – 2002). Castiglionis Konzept der späten 1950er- und 1960er-Jahre sah vor, Alltägliches und Bekanntes in ungewöhnlichem Zusammenhang neu zu präsen-

Geschäft in Mailand, der Designhauptstadt Italiens

tieren – so funktionierte er einen Fahrradsitz zu einem durchgestylten Hocker um. Ein wichtiges Ereignis in der Mailänder Designerwelt war der Zusammenschluss einer Gruppe von Architekten und Designern zur **Gruppe Memphis**, die Sottsass in den 1970er-Jahren ins Leben rief und zu der er vier Jahre lang gehörte. Memphis' Konzept richtete sich gegen das bisher Gängige, nämlich die Form der Funktion unterzuordnen. Sottsass attackierte also seine eigene, lange Zeit verfolgte Vorgehensweise. Man wollte in den Entwürfen nun nicht mehr allein die Ratio berücksichtigen, sondern auch für die Sinne arbeiten. In diesem Zusammenhang entstand Sottsass' bekannter Raumteiler »Carlton«. Zu der Gruppe gehörte auch der Südtiroler **Matteo Thun** (geb. 1952), dem mit der Stehleuchte »Chicago Tribune« der Durchbruch gelang – eine Hommage an den Architekten Adolf Loos, der ein Gebäude ähnlichen Aussehens entworfen hatte. Auch Thun ist wie viele seiner Designerkollegen, Architekt.

Ein erfolgreiches Duo waren über Jahre **Marco Zanuso** (1916 – 2001) und der Deutsche **Richard Sapper** (geb. 1932), ihr erster großer Erfolg war das Klappkofferradio »TS 502«. **Alessandro Mendini** (geb. 1931) entwickelte den »Proust-Sessel«, der mit Tupfen überzogen ist und der das Markenzeichen Mendinis wurde. Das Design italienischer Autos wie von Fiat haben **Rodolfo Bonetto** (1929 – 1991) und **Giorgetto Giugiario** entworfen. International bekannt ist auch die Mailänder Architektin und Designerin **Gae Aulenti** (geb. 1927).

Mode

Die Lombardei lag an den Handelswegen, auf denen bereits vor Jahrhunderten Stoffe aus dem Orient nach Europa transportiert wurden. Como war ein bedeutendes Handelszentrum, später wichtiger Ort der Textilproduktion. Im 18. Jh. wurden in der Lombardei Maulbeerbäume für die Seidenraupenzucht angepflanzt. Es entstanden die ersten Seidenspinnereien. Heute wird Seide hauptsächlich in den großen Manufakturen in Como verarbeitet. Das Rohmaterial wird importiert, das Design liefern Mailänder Modeschöpfer.

Seide

Mailänder Mode genießt seit den 1970er-Jahren weltweit einen hervorragenden Ruf – wenn Mailänder Modedesigner ihre neuesten Kreationen vorstellen, kommt die Prominenz von überall her angereist. Weltberühmt ist auch die Modemesse »Milano Collezioni«. Als »König der Mailänder Mode« wird **Giorgio Armani** bezeichnet, als »Weltmeister im Weglassen, Vereinfachen, Reduzieren aufs Wesentliche«. Sein klassischer Stil steht dem wilden, farben- und musterfrohen, mitunter hemmungslosen und überladenen von **Gianni Versace** gegenüber. Die Bedeutung, welche die Modeschöpfer in ihrer Heimatstadt haben, wurde nach dem tödlichen Attentat auf Gianni Ver-

Modeschöpfer

Versace: einer der ganz großen italienischen Modeschöpfer

sace 1997 deutlich – die Nachricht ließ niemand gleichgültig. Gianni Versace hat neben Mode auch Theaterkostüme für die Scala entworfen. Als Modedesigner-Ehepaar haben sich **Rosita und Tai Missoni** einen Namen gemacht. Sie haben ihr gemeinsames Lebenswerk in Varese begonnen, wo sie auf schlichten Webstühlen einfache Streifenmuster produzierten. Streifen und Zacken sind ihre Markenzeichen. **Krizia** (geb. 1933) startete ihre Karriere in Mailand, sie ist für ihre Tiermotive bekannt. Als genialer Moderebell, als Punk unter den Modedesignern, gilt der Mailänder **Franco Moschino** (1950 bis 1994), der mit provozierenden Schriftzügen arbeitet und Entwürfe anderer Modeschöpfer kopiert. Jüngere Modeschöpfer sind **Domenico Dolce** (geb. 1959) und **Stefano Gabbana** (geb. 1963), die 1985 erstmals bei einer Talentshow der »Milano Collezione« ihre Modelle zeigten. Dolce & Gabbana-Boutiquen gibt es mittlerweile weltweit.

Handwerk und Kunsthandwerk

Musikinstrumente
In Cremona werden Streichinstrumente gebaut, womit an die große Tradition der berühmten Familien Amati, Guarneri und Stradivari angeknüpft wird (► Baedeker Special S. 181). Seit 1937 gibt es hier eine **Geigenbauschule** und derzeit mehr als 30 Werkstätten. Wer sich für die aufwändige Herstellung von Saiteninstrumenten interessiert, hat in Cremona die Gelegenheit, beim Bau eines Instruments zuzusehen. In Crema nordwestlich von Cremona werden Orgeln gebaut.

Schuhe
Die italienische Schuhfabrikation hat ihr Zentrum in **Vigevano** bei Pavia. Hier und in Mailand kann man mit etwas Glück noch Handwerksbetriebe finden, in denen Schuhe nicht maschinell, sondern nach Maß angefertigt werden.

Topfsteinprodukte
Der Norden der Lombardei ist bekannt für seine Topfsteinprodukte (Pietra ollare), die besonders im **Veltlin** und im benachbarten **Valma-**

In der Tradition von Stradivari und Guarneri werden Geigen in Cremona noch heute Teil für Teil von Hand gefertigt.

lenco angefertigt werden. Der grünliche Topfstein war schon zu römischer Zeit bekannt. Heute werden daraus im Veltlin an einer Drehbank Schmortöpfe, aber auch anderes Geschirr angefertigt.

Der Veltliner Flickenteppich »Pezzotto« ist ebenfalls ein bekanntes Produkt dieser Region. Als Material für die Teppiche dienen Stoffstücke aus Wolle, Seide, Baumwolle und Leinen. Früher wurden Kleidungsstücke in Streifen geschnitten und an Webstühlen zu Teppichen verarbeitet. Mit dem Weben des Pezzotto verdiente sich die Bergbevölkerung in den langen Wintermonaten zu Hause ihr Geld. Heute gibt es kleine Werkstätten, in denen der Pezzotto mit modernem Design hergestellt wird.

Flickenteppiche

Musik

Durch das Mailänder Edikt aus dem Jahr 313, welches das Christentum als gleichberechtigte Staatsreligion anerkannte, entwickelte sich in diesem Raum sehr bald die frühchristliche Kirchenmusik. Damals entstanden die Hymnen des **hl. Ambrosius** (▶ Berühmte Persönlichkeiten), die er zur Unterstützung der Orthodoxen in ihrem Kampf gegen die Arianer schrieb. Die »Mailändischen« oder »Ambrosianischen Gesänge« der Liturgie haben sich bis heute erhalten. Von der

Kirchenmusik

Ambrosianischen Liturgie leitete sich im 6. Jh. der von Papst Gregor dem Großen eingeführte Gregorianische Gesang ab. **Boethius** hat um 500 die musiktheoretische Schrift »De institutione musicae« verfasst. Um 1000 begann man, mehrstimmig zu singen. Um 1100 wurde mit dem Mailänder Traktat in der Geschichte der Mehrstimmigkeit ein Akzent gesetzt, erstmals wurde eine Stimmkreuzung eingeführt, der Verlauf der Stimmen war also nicht mehr nur wie bisher parallel.

Weltliche Liedkunst An den Höfen der oberitalienischen Städte, vor allem in Mailand bei den Visconti und Sforza und in Mantua bei den Gonzaga, blühte ab dem 14. Jh. die weltliche Liedkunst auf. Ausschlaggebend war die Entwicklung der italienischen Sprache zur Literatursprache; vorran-

Auch heute noch aktuell: die Oper »Orfeo« von Monteverdi – hier in einer Inszenierung der Staatsoper Berlin aus dem Jahr 2004.

gig wurden Texte von Petrarca und Boccaccio vertont. Man hörte Balladen oder Madrigale, die von Schäferidyllen und der Liebe handelten, oder die Caccia, in der es um die Jagd oder sonstige Ereignisse ging. Am Hof der Gonzaga waren um 1600 der aus Cremona stammende **Claudio Monteverdi** (►Berühmte Persönlichkeiten) tätig sowie der in Mantua geborene **Salomone Rossi** (ca. 1570 – 1630), der Sonaten und mehrstimmige Madrigale komponierte.

Im 16. Jh. vollzog sich auf italienischem Boden die Emanzipation der reinen Instrumentalmusik, die nun als selbstständiger Zweig neben den Gesang trat. Sonaten, Concerti grossi, Ouvertüren, Suiten und Solokonzerte wurden komponiert. Die Bedeutung der Instrumentalmusik brachte Phänomene wie die Blüte des **Geigenbaus in Cremona** und die Virtuosität italienischer Geiger hervor. **Instrumentalmusik**

Ebenfalls auf italienischem Boden – in Florenz – entstand um 1600 die Oper, die sich aus höfischen Festveranstaltungen bzw. aus den Pastoraldramen des 16. Jh.s entwickelte. **Monteverdis** 1607 in Mantua uraufgeführter **»Orfeo«** gilt als Initialwerk der Barockoper. Der zentrale Operntypus war ins 18. Jh. die Opera seria mit einem Wechsel von Rezitativen, in denen der Handlungsverlauf wiedergegeben wurde, und Da-capo-Arien zur Affektdarstellung. Zu Beginn des 18. Jh.s entstand – ausgehend von Neapel und Rom – aus heiteren Zwischenstücken der mittlerweile erstarrten Opera seria die Opera buffa, die mit ihren Texten teilweise an die Commedia dell'arte anknüpfte. Obwohl sich auch in anderen europäischen Ländern eine starke Opernkultur entwickelte, blieb die italienische Oper weiterhin weltbedeutend – im 19. Jh. mit Werken von **Gioachino Rossini** (1792 bis 1868) und **Gaetano Donizetti** (► Berühmte Persönlichkeiten), und schließlich mit den Opern von **Giuseppe Verdi** (► Berühmte Persönlichkeiten) und **Giacomo Puccini** (1858 – 1924). **Oper**

Zu den wichtigsten Komponisten des 20. Jh.s gehörte der aus Venedig stammende **Luigi Nono** (1924 – 1990). Zwischen 1955 und 1962 schrieb er zahlreiche Chorstücke mit antifaschistischen Texten. Ab den 1970er-Jahren begann er mit Experimenten zu Raumdynamik und Mikrointervallen. **20. Jahrhundert**

Berühmte Persönlichkeiten

Mit wem war die begnadete Schauspielerin Eleonora Duse liiert? Wer machte Mantua zu einem Kunstzentrum? Warum war Claudio Monteverdi einer der genialsten Komponisten der Musikgeschichte? Kleine Denkmäler für die, die die Lombardei durch ihre Lebenswerke bereichert haben.

Hl. Ambrosius (ca. 339 – 397)

Ambrosius wurde um das Jahr 339 als Sohn eines römischen Beamten in Trier geboren. Er schlug die Ämterlaufbahn ein und war zunächst Statthalter in Liguria und Aemilia. 374 wurde er zum Bischof von Mailand gewählt. Unter seiner Führung gewann die Mailänder Kirche hohes Ansehen und eine gewisse Eigenständigkeit gegenüber Rom. Kaiser Konstantin hatte die Lehre der christlichen Arianer zur allgemein gültigen Glaubenslehre erklärt. Als Bischof von Mailand begann Ambrosius einen unbarmherzigen Kampf gegen die Anhänger der arianischen Lehre. Indem er den wahrscheinlich in Syrien beheimateten hymnischen Chorgesang in der Kirche einführte, trug er wesentlich zur Entwicklung der frühchristlichen Musik bei. Der **hl. Augustinus** wurde durch ihn zum Christentum bekehrt und 387 von ihm getauft. Auf Drängen von Ambrosius erhob Kaiser Theodosius 391 das Christentum zur alleinigen Staatsreligion. Am 4. April 397 starb Ambrosius in Mailand, das den Bischof zum Stadtheiligen auserkoren hat und am 7. Dezember seinen Festtag feiert.

Bischof von Mailand

Gaetano Donizetti (1797 – 1848)

Der ob seiner Arbeitswut scherzhaft »Dozzinetti« (von italienisch dozzina = Dutzend) genannte Gaetano Donizetti kam 1797 im Armenviertel Bergamos zur Welt. 51 Jahre später starb er im Palazzo Scotti als anerkannter und wohlhabender Mann. Mit seinem Zeitgenossen Vincenzo Bellini gehört Donizetti zu den wichtigsten Komponisten des italienischen Melodramas. Allerdings blieb sein rastloses und innerlich zerrissenes Leben nicht ohne Folgen: Seine Arbeitswut – er schuf 611 Werke, darunter Messen, Märsche, Lieder und Quartette, Klavierstücke, Madrigale, Konzerte und 71 Opern –, sein ungeheurer Lebenshunger, sein zuweilen grandioser Egoismus, all dies forderte seinen Tribut. Als er fast mit Gewalt aus einem Sanatorium bei Paris, wo ihn dubiose Freunde unter Verschluss hielten, nach Bergamo entführt wurde, war es bereits zu spät. Er starb nur zwei Jahre später in geistiger Umnachtung. Zu seinen unbestrittenen Hauptwerken zählen **»Der Liebestrank«** (1832), **»Lucia von Lammermoor«** (1835) und **»Don Pasquale«** (1842).

Komponist

Eleonora Duse (1858 – 1924)

Eleonora Duse, 1858 in Vigevano geboren, stammte aus einer Komödiantenfamilie und musste schon mit zwölf Jahren in der Schauspieltruppe ihres Vaters auftreten. Schon mit 15 Jahren spielte sie in der Arena von Verona die Julia in Shakespeares Liebesdrama »Romeo und Julia«. Als Charakterdarstellerin verkörperte sie die Frauengestalten in den Dramen von Dumas, Ibsen, Maeterlinck und **Gabriele**

Schauspielerin

← *Stolz zeigt Dario Fo 1997 den erhaltenen Nobelpreis für Literatur.*

d'Annunzio. Mit Letzterem verband sie seit 1894 auch eine jahrelange Liebesbeziehung. Die Künstlerin hoffte darauf, gemeinsam mit d'Annunzio (▶ Baedeker Special S. 202) das italienische Theater reformieren zu können. George Bernard Shaw, der die Duse in Paris sah, war von ihr begeistert und sagte: »Die Duse hat mich in dem oft wankenden Glauben bestärkt, dass ein Schauspielkritiker tatsächlich Diener einer ... hohen Kunst ist.« Von 1906 bis 1921 unterbrach die Duse ihre Bühnentätigkeit. Im Jahr 1924 fuhr sie zu einem Gastspiel nach Pittsburgh in den Vereinigten Staaten, wo sie 1924 starb und ihrem Wunsch gemäß auf einem kleinen Friedhof in Asolo beigesetzt wurde. Während die Schauspielerin von vielen Menschen gefeiert wurde, war ihr Leben zeitweise von Angst und Depressionen überschattet.

Isabella d'Este (1474 – 1539)

Markgräfin von Mantua

Isabella d'Este gilt als eine der bedeutendsten weiblichen Persönlichkeiten der Renaissance. 1474 wurde sie als Tochter von Eleonora von Aragon und Ercole I. in Ferrara geboren. Mit 16 Jahren heiratete sie den Markgrafen von Mantua, Francesco Gonzaga. Isabella d'Este wird – ebenso wie ihre sehr jung gestorbene Schwester **Beatrice d'Este**, die mit Ludovico il Moro in Mailand residierte – als geistvoll und hochgebildet beschrieben. Unter der Führung der selbstbewussten Frau entwickelte sich der Hof von Mantua zu einem der glänzendsten der damaligen Zeit, die Atmosphäre war von humanistischen Idealen geprägt.

Leonardo da Vinci und Tizian fertigten Porträts von ihr, Andrea Mantegna arbeitete für sie. Bekannt ist ihr Wohnbereich im Palazzo Ducale mit dem Studierzimmer, das sie nach ganz eigenen Vorstellungen ausstatten ließ. In diesen Räumlichkeiten sind ihre zahlreichen, mitunter schwer zu entschlüsselnden Sinnsprüche und Symbole erhalten, für deren Erfindung sie viel Zeit aufbrachte. Mit zahllosen Personen pflegte sie Korrespondenz, ca. 2000 Briefe sind erhalten. Isabella d'Este hatte drei Töchter und drei Söhne. 1539 – zwanzig Jahre nach ihrem Mann – starb die Fürstin.

? WUSSTEN SIE SCHON …?

■ Isabella d'Este holte die damals führenden Künstler und Musiker nach Mantua und machte die Stadt damit zu einem kulturellen Zentrum der italienischen Renaissance. Sie war die **erste Kunstsammlerin der Renaissance** und verfügte über hervorragende Sachkenntnisse; die kostbarsten Bildwerke, u. a. von Correggio und Tizian, erwarb sie für ihren Hof.

Dario Fo (geb. 1926)

Schauspieler, Bühnenbildner, Dramatiker

»Ich wollte nicht Hamlet spielen, sondern Clown werden« – dieses Zitat aus seinem »Kleinen Handbuch des Schauspielers« sagt eine ganze Menge über den großen Mann der italienischen Literatur des

20. Jh.s: Dario Fo wurde 1926 in S. Giano/Leggiuno am Lago Maggiore als Sohn eines Eisenbahners und einer Bäuerin geboren. Seit den frühen fünfziger Jahren schreibt der studierte Architekt Theaterstücke, die die Geschichte Italiens widerspiegeln. Zunächst entwarf er politisch-satirische Revuen für Rundfunk und Fernsehen, von 1958 an entwickelte er dann mit seiner Frau **Franca Rame** volkstümliche Farcen in der Tradition der Commedia dell'arte. Ab 1970 machte er mit einer eigenen Truppe »La Comune« politisches Theater.

Bislang schrieb er rund 70 Stücke, die in 30 Sprachen übersetzt und unzählige Male inszeniert wurden. Allen gemeinsam sind die beißende Kritik an den herrschenden Klassen und dem Klerus, die Satire auf die bürgerliche Doppelmoral, aber auch die ironische Darstellung eines gutgläubigen Volkes, das sich so leicht über den Tisch ziehen lässt. Seine Auftritte zeichnen sich stets durch den direkten Kontakt mit dem Publikum und Provokation aus. Damit handelte er sich über 40 Gerichtsverfahren, Festnahmen direkt auf der Bühne und Auftrittsverbote im Fernsehen ein. 1997 erhielt Dario Fo den **Nobelpreis für Literatur**. Zu seinen bekanntesten Stücken zählen »Mistero Buffo« (1969), »Bezahlt wird nicht« (1974), »Der zufällige Tod eines Anarchisten« (1978), »Offene Zweierbeziehung« (1983), »Die Heroine« und zuletzt »Der Teufel mit den dicken Titten« (1997).

Claudio Monteverdi (1567 – 1643)

Claudio Monteverdi wurde am 15. Mai 1567 in Cremona geboren. Er gilt als innovativster Komponist seiner Zeit und als **eine der genialsten Persönlichkeiten in der Musikgeschichte** überhaupt. Von 1590 bis 1612 war er als Hofmusiker der Gonzaga in Mantua tätig, zunächst als Sänger und Violaspieler, dann ab 1601 als Kapellmeister. Anschließend verbrachte er dreißig Jahre in Venedig, dort war er bis

Hofmusiker, Komponist

zu seinem Tod am 29. November 1643 leitender Kirchenmusiker am Markusdom. Sein Leben war von schweren Zeiten überschattet. Seine Frau starb, als er 40 Jahre alt war, sein jüngster Sohn wurde von der Inquisition verhaftet, und in Venedig erlebte er eine große Pestepidemie mit.

Die Bedeutung Monteverdis liegt vor allem in der Entwicklung eines neuen Stils. Die Mehrstimmigkeit des Spätmittelalters und der Renaissance beherrschte er in vollendeter Form, wie seine frühen Stücke zeigen. Doch sehr bald verlagerte er das Gewicht auf eine einzelne Hauptstimme, die akkordisch begleitet wurde. Das Wort und dessen Inhalt bekamen nun entscheidende Bedeutung, die Musik wurde der Sprache untergeordnet und nicht umgekehrt. Unter Sprache verstand er die gesamte Bandbreite des menschlichen und leidenschaftlichen Ausdrucks. Diesen versuchte er in musikalische Motive umzusetzen, was Ende des 16. Jh.s eine unerhörte Neuigkeit war. Dass er zudem mit gewagter Harmonik arbeitete und für das damalige Ohr Dissonanzen produzierte, ließ die Kritiker aufhorchen und laut werden: Er verstoße gegen die musikalischen Regeln, wurde bemängelt. Das Anwendungsfeld für Monteverdis neuen Stil war die Oper, in der er seinen **»stile espressivo«** realisieren konnte. Die bahnbrechende Oper **»Orfeo«**, die das Zeitalter der Barockoper einleitete, wurde 1607 in Mantua uraufgeführt.

Plinius der Ältere (23/24 – 79)

Historiker, Schriftsteller

Eine der bekanntesten Persönlichkeiten der Antike ist der Historiker und Schriftsteller Plinius der Ältere, der im Jahr 23 oder 24 in Como geboren wurde. Gaius Plinius Secundus entstammte einem wohlhabenden Rittergeschlecht. Er war als kaiserlicher Beamter und Offizier tätig, zuletzt als Flottenkommandant. Die 37 Bücher der »Naturalis Historia«, eines seiner beiden großen historischen Werke, haben die Zeiten überdauert und dienten bis ins 18. Jh. hinein als wichtige Wissensquelle. Heute vermitteln sie einen hervorragenden Eindruck vom damaligen Wissensstand und Weltbild. Plinius d. Ä. kam am 24. August 79 in Stabiae beim Ausbruch des Vesuvs ums Leben. **Plinius d. J.** (61/62 – 113) war sein Neffe und Adoptivsohn. Er wirkte als Jurist, Staatsmann und Schriftsteller.

Giuseppe Verdi (1813 – 1901)

Opernkomponist

Giuseppe Verdi wurde am 10. Oktober 1813 in Le Roncole bei Busseto (Parma) als Sohn eines Gastwirts geboren. Als er sieben Jahre alt war, wurde ein Gönner auf sein Talent aufmerksam und ließ ihm Musikunterricht geben. Später heiratete Verdi die Tochter dieses

Mannes. Seine musikalische Karriere nahm ihren Lauf. Schon früh wurde er Leiter des örtlichen Orchesters. Mit 26 Jahren fiel er bei einem Gastdirigat in der Scala auf. Mit der Uraufführung des **»Rigoletto«** (1851) in Venedig – der Oper, die in Mantua spielt – begann eine Reihe von sich ständig steigernden Bühnenerfolgen. Weltruhm erlangte er mit dem »Troubadour« (1853), mit »La Traviata« (1853) und schließlich mit **»Aida«** (1871). Verdi war Sympathisant des Risorgimento, der nationalen Einigungsbewegung; seine frühen Werke wie **»Nabucco«** stehen damit in Zusammenhang. Privat verbrachte der als etwas verschlossen und zurückgezogen geschilderte Verdi die meiste Zeit auf seinem Landgut bei Busseto, wo er sich oft der Landwirtschaft und Gärtnerei widmete. Frühzeitig schon war Verdi sozial engagiert. Seine erste Frau und seine zwei Kinder starben. Seine zweite Ehe blieb kinderlos. Am

Ende seines Lebens wohnte er in Mailand in einer Suite des Grand Hotel de Milan, wo er am 27. Januar 1901 starb. Aus seinem Vermögen wird, so wollte es der Komponist, noch heute ein Altersheim für mittellose Musiker in Mailand finanziert.

Vergil (70 – 19 v. Chr.)

Am 15. Oktober 70 v. Chr. wurde Publius Vergilius Maro in Andes, **Dichter** dem heutigen Pietole, bei Mantua geboren und wuchs dort auf dem Landgut seiner Eltern in dem nach ihm benannten Landstrich Virgilio auf. Als durch Landverteilung an die Veteranen des Oktavian das Anwesen verloren ging, zog Vergil nach Rom, wo er in Maecenas, einem wohlhabenden und kunstsinnigen Freund von Kaiser Augustus, einen Gönner fand.

Fortan widmete Vergil, der nach Neapel umzog, sein Leben seinem dichterischen Werk. In seinen Hirtengedichten, in denen die Sehnsucht nach einem ungekünstelten Landleben zum Ausdruck kommt, zeigt er sich als einfühlsamer Naturbeobachter. Er traf damit genau den Nerv der überreizten Hauptstadtgesellschaft. Seinem Mäzen widmete er die **»Georgica«**, ein Lehrgedicht über die Landwirtschaft.

Die »Georgica«, die der städtischen Bevölkerung die Zusammenhänge und die Ordnung der ländlichen Welt erklärt und über Wetter, Baumzucht, Bienenkunde und Landbau informiert, gilt als eines der schönsten Werke der römischen Literatur überhaupt. Am bekanntesten ist aber seine **»Aeneis«**, ein Heldenepos, an dem er elf Jahre schrieb. Kurz vor der Vollendung starb Vergil nach der Rückkehr von einer Griechenlandreise in Brundisium (heute Brindisi); in Neapel liegt er begraben.

> **? WUSSTEN SIE SCHON …?**
>
> ■ … dass die Bezeichnung »Mäzen« von Maecenas, dem Förderer von Vergil und Freund von Kaiser Augustus, kommt?

Alessandro Volta (1745 – 1827)

Aus Como stammt der berühmte Physiker Graf Alessandro Volta – **Physiker** 1745 wurde er dort geboren. Volta war als Professor in Como und an der berühmten Universität in Pavia tätig. Er hat auf dem Gebiet der Elektrizität bahnbrechende Erkenntnisse erzielt: Der Anatom Luigi Galvani aus Bologna hatte zwar den elektrischen Strom entdeckt, aber erst Alessandro Volta gelang die wissenschaftliche Erklärung dieses Phänomens. Er entwickelte die **Voltasche Säule**, eine nach ihm benannte Serienschaltung spannungserzeugender Elemente, die als erste wirklich funktionierende elektrische Stromquelle gilt. In der Maßeinheit für die elektrische Spannung ist sein Name verewigt. In Como ist ihm der Tempio Voltiano gewidmet, in dem einige seiner Erfindungen zu sehen sind. Alessandro Volta starb am 5. März 1827 in Como.

Praktische Informationen

WAS DÜRFEN SIE AUF KEINEN FALL ZU HAUSE VERGESSEN? WAS HEISST »ICH SUCHE EIN ZIMMER« AUF ITALIENISCH? WIE SCHNELL DARF MAN AUF ITALIENS STRASSEN FAHREN? LESEN SIE ES NACH!

Anreise · Vor der Reise

Mit dem Auto Im Sommer, vor allem aber Anfang August, dem Ferienbeginn in Italien, muss mit zähflüssigem Verkehr auf den Autobahnen nach Süden gerechnet werden. Aktuelle Auskünfte über Autoverkehr, Alpenpässe, Baustellen sowie günstige Routen erteilt der ADAC. Die schnellste Verbindung für die Anreise aus dem Westen Deutschlands ist die Strecke über den Gotthard, aus dem Osten die über den Brenner. Je nach Zeit bieten sich landschaftlich sehr reizvolle, jedoch längere Strecken u. a. über den Lukmanier- oder Maloja-Pass sowie durchs Engadin an.

Über Österreich ▶ Für die Strecke über den Brenner nimmt man die Autobahn München – Rosenheim – Kufstein – Innsbruck. Die Autobahn führt dann weiter über Bozen in Richtung Süden, und man kann am Gardasee entlang in die Lombardei hineinfahren. Alternativ besteht die Möglichkeit, von Innsbruck aus die Autobahn in Richtung Landeck zu nehmen und dann über den Reschenpass (Grenzübergang) und das Stilfser Joch (im Winter geschlossen) ins Veltlin und zum Iseosee weiter zu fahren.

Stazione Centrale in Mailand: zentrale Station für Bahnreisende in die Lombardei

 **INFORMATIONEN ANREISE**

MIT DER BAHN

▶ **In Deutschland**
Fahrplanauskünfte:
Tel. 01 80/5 99 66 33
www.bahn.de

▶ **In Italien**
Trenitalia
Tel. 89 20 21
www.ferroviedellostato.it

MIT DEM BUS

▶ **Deutsche Touring**
Am Römerhof 17
60486 Frankfurt/Main
Tel. 069/790 35 01
www.touring.de

FLUGGESELLSCHAFTEN

▶ **Alitalia**
Tel. 01 80/5 07 47 47
www.alitalia.com

▶ **Air Berlin**
Tel. 01 80/5 73 78 00
www.airberlin.com

▶ **Easyjet**
Tel. 0 18 05/02 92 92
www.easyjet.com

▶ **TUIfly**
Tel. 0 18 05/75 75 10
www.tuifly.com

▶ **Lufthansa**
Tel. 0 18 05/80 58 05
www.lufthansa.com

▶ **Swiss**
Tel. 01 80/3 00 03 37
www.swiss.com

FLUGHAFEN

▶ **Mailand-Malpensa**
50 km nordwestlich von Mailand
Tel. 0 23 66 43 01 28
www.malpensa.it

Expresszüge in die Innenstadt:
www.malpensaexpress.it
Busse in die Innenstadt:
www.malpensashuttle.it

Eine westlichere Verbindung verläuft von Deutschland aus durch die
Schweiz. Man benutzt die E 43 ab Memmingen/Bregenz; sie verläuft
über S. Bernardino, Lugano, und Como in Richtung Mailand. Auf
dieser Strecke erreicht man schnell den Lago Maggiore, den Luganer
oder den Comer See. Man kann auch früher abzweigen und kommt
dann direkt über den Splügen-Pass an den Comer See. Die westlichs-
te Strecke führt über Zürich und Basel oder von Bern über den Sankt
Gotthard und dann ebenfalls über Lugano und Como weiter nach
Süden.   ◀ Über die Schweiz

Die Benutzung der Autobahnen ist in Österreich, der Schweiz und in
Italien meist gebührenpflichtig. Die **Vignetten** für Österreich und   ◀ Autobahn-
Schweiz sind in Deutschland bei Automobilklubs, vor Ort bei den   gebühren
Postämtern sowie an Grenzübergängen und Tankstellen erhältlich.
Zwischen Innsbruck und Brenner muss man zudem Mautgebühren
für die Brennerautobahn bezahlen. Die Autobahngebühren in Italien
bezahlt man entweder in bar, mit Kreditkarte oder mit der Viacard,

die man bei den Automobilklubs, an wichtige Mautstellen (»Punto Blu«), an Tankstellen und Raststätten erhält.

Mit der Bahn Bahnreisende kommen von jeder größeren europäischen Stadt aus über Zürich nach Mailand oder über den Brenner nach Trient und Verona, von wo es Busverbindungen zum Gardasee gibt. Von Mailand aus fahren Züge oder Busse in alle Städte der Lombardei und zu allen oberitalienischen Seen.

Die Züge aus Richtung Zürich kommen am **Mailänder Hauptbahnhof Stazione Centrale** an, für alle weiteren Verbindungen innerhalb der Lombardei muss man sich nach dem jeweiligen Abfahrtsbahnhof erkundigen. Die Verbindungen innerhalb der Lombardei sind nicht immer direkt. Die Fahrt von Frankfurt/Main nach Mailand dauert mit dem ICE gut 8 Stunden.

Mit dem Bus Verschiedene Veranstalter bieten Busreisen nach Italien an, u. a. die Deutsche Bahn über ihr Tochterunternehmen Touring Bus, die Ticket-Center in allen großen deutschen Städten unterhält.

Mit dem Flugzeug Direktverbindungen nach Mailand gibt es von Frankfurt/Main, Berlin, München, Düsseldorf, Hamburg, Köln-Bonn, Stuttgart, Wien und Zürich. Auch einige Billig-Fluggesellschaften haben Mailand in ihrem Flugplan.

Malpensa ▶ Der größere Teil des Flugverkehrs wird über Malpensa (ca. 50 km nordwestlich des Stadtzentrums von Mailand) abgewickelt. Zwei Buslinien verkehren abwechselnd alle 10 Minuten zum Airterminal am Hauptbahnhof. Die Fahrzeit beträgt ca. 50 Minuten. Außerdem gibt es Expresszugverbindungen in die Innenstadt.

Reisedokumente

Personalpapiere Obwohl es für EU-Bürger keine Passkontrollen mehr gibt, reist man natürlich nicht ohne Personalpapiere nach Italien. Für Deutsche, Österreicher und Schweizer genügt der Personalausweis. Kinder unter 16 Jahren müssen einen Kinderausweis besitzen oder im Elternpass eingetragen sein.

Fahrzeugpapiere Mitzuführen sind der Führerschein, der Kraftfahrzeugschein und die Internationale Grüne Versicherungskarte. Kraftfahrzeuge müssen das ovale Nationalitätskennzeichen tragen, sofern sie kein Euro-Kennzeichen haben.

Haustiere Wer Haustiere nach Italien mitnehmen will, benötigt für diese ein amtstierärztliches Gesundheitszeugnis, das höchstens 30 Tage alt sein darf, ferner ein mindestens 20 Tage und höchstens elf Monate vor der Einreise ausgestelltes Tollwut-Impfzeugnis. Maulkorb und Leine sind mitzuführen.

Zollbestimmungen

In Livigno im Nordosten der Lombardei gibt es eine zollfreie Einkaufszone mit ca. 200 Duty-free-Läden. **Zollfreie Zone**

Innerhalb der Europäischen Union ist der Warenverkehr für private Zwecke weitgehend zollfrei. Zur Abgrenzung zwischen privater und gewerblicher Verwendung gelten folgende **Höchstmengen**: 800 Zigaretten, 400 Zigarillos, 200 Zigarren, 1 kg Rauchtabak; 10 l Spirituosen, 20 l andere alkoholische Getränke bis zu 22 % Alkoholgehalt, 90 l Wein (davon max. 60 l Schaumwein) und 110 l Bier. Bei einer Kontrolle ist glaubhaft zu machen, dass die Waren nur für den privaten Verbrauch bestimmt sind. **EU**

Für Reisende aus Nicht-EU-Ländern (u. a. Schweizer Staatsbürger) liegen die **Freigrenzen** für Personen über 17 Jahre bei 200 Zigaretten oder 100 Zigarillos oder 50 Zigarren oder 250 g Rauchtabak, ferner bei 2 l Wein und 2 l Schaumwein oder 1 l Spirituosen mit mehr als 22 Vol.-% Alkoholgehalt oder 2 l Spirituosen mit weniger als 22 Vol.-% Alkoholgehalt, 500 g Kaffee oder 200 g Kaffeeauszüge, 100 g Tee oder 40 g Tee-Extrakt, 50 g Parfüm oder 0,25 l Eau de Toilette. Zollfrei sind zudem Geschenke bis zu einem Wert von 430 € für Flug- und Seereisende und von 300 € für Bahn- und Autoreisende. **Einreise aus Nicht-EU-Ländern**

Abgabenfrei für Personen ab 17 Jahren sind 200 Zigaretten oder 50 Zigarren oder 250 g Rauchtabak, an alkoholischen Getränken 2 l mit bis zu 15 Vol.-% Alkoholgehalt und 1 l mit mehr als 15 Vol.-% Alkoholgehalt als Höchstmenge; ferner Geschenke im Wert bis 300 CHF. **Wiedereinreise in die Schweiz**

Auskunft

IN ITALIEN

► **E N I T**
**(Ente Nazionale
Italiano per il Turismo)**
Via Marghera 2
I-00185 Roma
Tel. 06 44 49 91
www.enit.it

IN DEUTSCHLAND

► **Internet**
www.enit-italia.de

► **E N I T**
Barckhausstr. 10
D-60325 Frankfurt a. M.
Tel. 0 69/23 74 34
Fax 23 28 94
www.enit-italia.de

Prinzregentenstr. 22
D-80538 München
Tel. 0 89/53 13 17
Fax 53 45 27
muenchen@enit.it

IN ÖSTERREICH

▶ **ENIT**
Kärntner Ring 4
A-1010 Wien
Tel. 01/5 05 16 39
Fax 5 05 02 48
info@enit.at

IN DER SCHWEIZ

▶ **ENIT**
Uraniastr. 32
CH-8001 Zürich
Tel. 04 43 4 66 40 40
Fax 04 43 4 66 40 41
zurich@enit.it

REGIONALE AUSKUNFTSSTELLEN IN ITALIEB

▶ **Assessorato Regionale al Turismo Lombardia**
Via Sassetti 32
I-20124 Milano
Tel. 02 6 75 61
Fax 02 67 66 62 92
www.regione.lombardia.it

▶ **Provinz Bergamo**
APT
Viale Vittorio Emanuele 20
I-24121 Bergamo
Tel. 0 35 21 31 85
Fax 0 35 21 31 84
www.apt.bergamo.it

▶ **Provinz Brescia**
Ufficio Informazioni e Accoglienza Turistica
Vai Musei 32
I-25121 Brescia
Tel. 0 30 3 74 94 38
Fax 03 03 74 99 82
www.provincia.brescia.it

▶ **Provinz Como**
APT
Piazza Cavour 17
I-22100 Como
Tel. 0 31 3 30 01 11
www.lakecomo.com

▶ **Provinz Cremona**
APT
Piazza del Comune 5
I-26100 Cremona
Tel. 0 37 22 32 33
Fax 0 37 2 53 40 80
www.aptcremona.it

▶ **Provinz Lecco**
APT
Via N. Sauro 6
I-22053 Lecco
Tel. 03 41 36 23 60
Fax 03 41 28 62 31
www.aptlecco.com

▶ **Provinz Lodi**
APT
Piazza Broletto 4
I-26900 Lodi
Tel. 03 71 42 13 91
Fax 03 71 42 13 13
www.apt.lodi.it

▶ **Provinz Milano**
APT
Via Marconi 1
I-20123 Milano
Tel. 02 72 52 41, Fax 02 72 52 42 50
www.milanoinfotourist.it

▶ **Provinz Pavia**
APT
Via Fabio Filzi 2
I-27100 Pavia
Tel. 03 82 2 21 56, Fax 03 82 3 22 21
www.apt.pv.it

▶ **Provinz Sondrio**
Via C. Barttisti 12
I-23100 Sondrio
Tel. 03 42 51 25 00
Fax 03 42 21 25 90
www.valtellina.com

▶ Provinz Varese
APT
Via Carrobbio 2
I-21100 Varese
Tel. 03 32 28 36 04
www.varesottoturismo.com

AUSKUNFTSSTELLEN
IN DER SCHWEIZ

▶ Schweiz Tourismus
Tel. 00 800 100 200 30
Fax 00 800 100 200 31
www.myswitzerland.com

▶ Ticino Turismo
Via Lugano 12
CH-6500 Bellinzona
Tel. 0 91 8 25 70 56
Fax 0 91 8 25 36 14
www.ticino-tourism.ch

INTERNET

▶ www.regione.lombardia.it
Die Internetseite liefert Hinter-
grund, Politisches und
Administratives zur Region Lom-
bardei, allerdings nur auf
Italienisch.

▶ www.italianita.de
www.ratgeber-italien.de
Man findet auf dieser Seite zahlreiche Verweise zu allen erdenklichen Themen: von der Reise-
vorbereitung über Museen,
Parteien, Fußball, Mode, Sprach-
schulen bis zu Veranstaltung-
sprogramme.

▶ www.emmeti.it
Beschreibungen von Museen und
Unterkünften bietet diese Inter-
netadresse.

▶ www.beniculturali.it
www.museionline.it
Informationen zu Museen und
kulturellen Veranstaltungen.

▶ www.parks.it
Internetseiten der italienischen
Naturparks

DIPLOMATISCHE
VERTRETUNGEN

▶ Deutsche Botschaft
Via San Martino
della Battaglia 4
I-00185 Roma
Tel. 06 49 21 31
Fax 06 4 45 26 72
www.rom.diplo.de

▶ Österreichische
Botschaft
Via G. B. Pergolesi 3
I-00198 Roma
Tel. 06 84 40 14
Fax 0 68 54 32 86
www.austria.it

▶ Schweizer
Botschaft
Via B. Oriani 61
I-00197 Roma
Tel. 06 80 8 08 71
www.eda.admin.ch

▶ Deutsches Konsulat
Via Solferino 40
I-20121 Milano
Tel. 026 23 11 01
Fax 026 55 42 13
info@mailand.diplo.de

▶ Österreichisches Konsulat
Piazza de Liberty 8/4
I-20121 Milano
Tel. 02 78 37 43, Fax 02 78 36 25
mailand-gk@meia.gv.at

▶ Schweizer Konsulat
Viale Palestro 2
I-20121 Milano
Tel. 0 27 77 91 61
Fax 02 76 01 42 96
mil.vertretung@eda-admin.ch

Mit Behinderung unterwegs

Über Bahn- und Flugreisen (behindertengerechte Einrichtungen, Vergünstigungen etc.) informieren viele Reisebüros, die Deutsche Bahn sowie die Bundesarbeitsgemeinschaft der Clubs Behinderter und ihrer Freunde. Der Bundesverband Selbsthilfe Körperbehinderter (BKS) organisiert Gruppenreisen und vermittelt Reisepartner.

► **BSK-Reise-Service**
Altkrautheimer Str. 20
D-74238 Krautheim/
Jagst
Tel. (0 62 94) 4 28 10
www.bsk-ev.org

► **Bundesarbeitsgemeinschaft der Clubs Behinderter und ihrer Freunde e. V.**
Langenmarckweg 21
D-51465 Bergisch-Gladbach
Tel. (0 22 02) 9 89 98 11
Fax 4 21 31
www.bagcbf.de

► **Verband aller Körperbehinderten Österreichs (VAKÖ)**
Schottenfeldgasse 29
A-1070 Wien
Tel. (01) 9 14 55 62
Fax 5 12 36 61 30
www.sonnengarten.at

► **Mobility International Schweiz**
Froburgstr. 4
CH-4600 Olten
Tel. (0 62) 2 06 88 35
Fax 2 06 88 39
www.mis-ch.ch

Elektrizität

Das Stromnetz führt 220 Volt Wechselspannung. Im Allgemeinen passen Euronorm-Flachstecker, sonst braucht man einen Adapter (spina di adattamento).

Essen und Trinken

Pasta, Reis und Polenta

Die örtliche Küche ist so vielfältig wie die Landschaften der lombardischen Provinzen. Sie basiert vor allem auf **Nudeln** und dem um Pavia und Mailand angebauten **Reis**. Zudem spielt Polenta, der goldgelbe Maisbrei aus der bäuerlichen Küche des Veltlin, eine große Rolle. In den Alpentälern wird deftiger gekocht, zum Beispiel wird mit Butter anstelle von Olivenöl gebraten. Mailand bietet Typisches nicht nur aus allen Provinzen der Lombardei, sondern aus allen Küchen Italiens – und gilt nicht umsonst als Feinschmecker-Mekka. In der

Po-Ebene gibt es eine große Zahl von Schweine-, Kaninchen- und Geflügelzüchtern; Gänse aus Mortara sind europaweit bekannt. Lombardische Bauern produzieren ausgezeichnetes Olivenöl; außerdem kommt nahezu jeder zweite Käse Italiens aus dieser Region.

Das italienische **Frühstück** (prima colazione) beschränkt sich häufig auf einen Cappuccino (Espresso mit aufgeschäumter Milch) oder einen Caffè (Espresso) mit Gebäck, etwa einem frischen Hörnchen (cornetto). Die Hotels sind jedoch meist auf die Gewohnheiten ihrer ausländischen Gäste eingestellt und bieten ein mehr oder weniger reichhaltiges Frühstücksbuffet an. Zu empfehlen ist aber immer noch das Frühstück in einer ganz normalen Bar: am Tresen mit einem Tramezzino, einer Focaccia oder Ähnlichem mit Schinken, Salami, Käse, Thunfisch mit Ei oder gar einer Insalata Russa. Wer dann noch Lust auf etwas Süßes hat, kann unter herrlichen Dolci wählen. Das **Mittagessen** (pranzo) besteht meist aus einem antipasto (Vorspeise), primo (Pasta, Risotto oder Suppe), secondo (Fleisch oder Fisch) mit Gemüse (contorno) oder Salat (insalata). Anschließend kann man zwischen Käse (formaggio), dolce (Dessert), gelato (Eis) oder frutta (Obst) wählen.

Essgewohnheiten

> ### ℹ Historische Speisen
>
> ■ Die Erzeugnisse bestimmter ländlicher Regionen sowie die hervorragende Qualität sind teilweise historisch bedingt. Herrscherfamilien wie die Gonzaga in Mantua oder die Sforza in Mailand bestanden auf besten Zutaten für ihre Speisen; so war zum Beispiel die Gänseleber, bevor sie auf französischen Speiseplänen auftauchte, in der Lombardei lange schon bekannt.

Der Espresso beschließt das Mahl (nur Ausländer trinken einen Cappuccino). Manche bestellen ihn »corretto« (mit Grappa, Cognac, Amaro oder Sambuca »korrigiert«). Das **Abendessen** (cena), bei dem sich die Speisenfolge des Mittagessens wiederholt, wird selten vor 19.30 Uhr serviert.

Neben **Restaurants** (ristorante) gibt es **Trattorien** (trattoria), **Osterien** (osteria) und die als **»tavola calda«** (warme Küche) bezeichneten Lokale. In den Städten findet man auch Pizzerie und Selbstbedienungsrestaurants. Für einen Snack oder eine Tasse Kaffee zwischendurch setzt man sich in ein Café oder stellt sich an den Tresen einer Bar. Eine Besonderheit Italiens ist die **enoteca**, die Weinstube, in der man meist auch landestypisch essen und die Weine der Region probieren und kaufen kann.

Restaurants

In italienischen Restaurants ist es unüblich, sich seinen Tisch selbst auszusuchen. Man wartet, bis der Kellner den Platz zuweist. Zum normalen Preis für das Essen werden zum Teil Bedienung (servizio) und/oder Gedeck (coperto) zusätzlich berechnet. Das Trinkgeld legt man gesondert vom Rechnungsbetrag auf das Wechselgeldtellerchen. Wichtig: Im August haben – außer in Ferienorten – viele Betriebe geschlossen.

VON DER SONNE VERWÖHNT

»Gott mag die Zitrone erschaffen haben, doch es war der Conte Carlo Bettoni-Cazzago, der ihr Saft und Kraft verlieh.« Der Graf machte die Zitrone am Gardasee heimisch und diesen als »Garten Italiens« berühmt. Heute noch sieht man, vor allem am Westufer des Gardasees, die Reste der Limonaien, der ehemaligen Zitronengewächshäuser.

Zitrusfrüchte hatten schon die Römer an den Gardasee gebracht. In der Renaissance waren die viermal im Jahr Früchte bildenden Bäumchen mit den gelben Früchten beliebte Ziergewächse in geometrisch angelegten Gärten. Einen kommerziellen Anbau gab es jedoch wegen häufiger Nachtfröste nicht, bis im 18. Jh.s der in Bogliaco ansässige Conte Carlo Bettoni-Cazzago das Treibhaus für Zitronen erfand, angeregt vermutlich duch die französischen Orangerien. Zuvor hatte er 1768 in Salò eine Agrarakademie gegründet. Hier widmete er sich der Erforschung des Zitronenanbaus mit Erfolg: An den Westhängen, oberhalb von Bogliaco, ließ er Gelände terrassieren und Erde vom Ostufer des Sees antransportieren. Auf einer 20 m großen Fläche, den Campi, wurden drei Bäume hintereinander gepflanzt. Um ihnen ganzjährig ein günstiges Klima zu schaffen, wurden Seiten- und Rückwände der Zitronenhäuser mit Holzbalken geschlossen, lediglich die Vorderseite zum See blieb geöffnet.

Im Winter erhielten sie zusätzlich Dächer. Bis Ende des 18. Jh.s entstanden Tausende solcher Limonaien. Die Gardasee-Zitrone unterschied sich sogar durch lange Haltbarkeit, größeren Saftanteil und höheren Vitamin-C-Gehalt von ihrer »sizilianischen Schwester«. Dennoch war es genau die Sizilien-Zitrone, die dem Gardasee-Gewächs den Garaus machte. Nach 1866, als die Lombardei zum vereinten Königreich Italien gekommen und die damit verbundenen Grenzen und Schutzzölle gefallen waren, konnte Sizilien billigere Produkte auf den Markt bringen.

Das endgültige Aus kam dann kurz vor dem Ende des Ersten Weltkriegs. Die italienische Regierung beschlagnahmte die Campi, um Baracken für die Armee zu bauen. Während des besonders harten Winters 1928/1929 erfroren dann so gut wie alle Zitronenbäume am Gardasee. Heute gibt es nur noch wenige Limonaien: in Gargnano stehen die Reste unter Denkmalschutz; in Tignale und Limone wurden Limonaien rekultiviert.

Lombardische Küche

Als Antipasti gibt es oftmals **Oliven** (olive), **Artischocken** (carciofi), **Wurst** (salame) oder **Schinken** (prosciutto). In Mantua werden als Antipasto auch eine Art kleiner Ravioli in Bouillon (**agnolini in brodo**) angeboten. Im Veltlin isst man **Sciatt**, Teigklöße mit Käsefüllung, am Comer See werden als besondere Spezialität an der Luft getrocknete Fische, **Missoltitt** (Missoltini), als Vorspeise serviert. **Bresaola**, ein abgehangener Rinderschinken, der in dünnen Scheiben und mitunter mariniert auf den Tisch kommt, ist eine Spezialität aus dem Norden der Lombardei.

Antipasti

> ### *i* Preiskategorien
>
> - Fein & Teuer: ab 40 Euro
> - Erschwinglich: 20 – 40 Euro
> - Preiswert: bis 20 Euro
>
>   Für eine Mahlzeit

Als Primo Piatto kann man fast immer zwischen Spaghetti, Makkaroni, Lasagne, Ravioli und Tagliatelle wählen. Besondere Zubereitungen sind die **Tortelli di zucca**, Teigtaschen mit Kürbisfüllung, oder **Gnocchi di zucca**, Kürbisnocken, die man in Mantua bekommt. **Pizzoccheri**, Bandnudeln aus Buchweizenmehl, isst man im Norden der Lombardei, besonders im Veltlin. Sie werden mit Kartoffeln, Kohl

Pasta

Wichtiger Teil jedes südländischen Urlaubs: Abendessen im Freien

und geschmolzenem Käse zubereitet. In Brescia gibt es **Casonsei**, Teigtaschen mit Wurst und Käse. **Marubini**, ebenfalls eine Ravioli-Art, bekommt man in Cremona angeboten.

Suppen Alternativ zur Pasta kann man als ersten Gang die wohlschmeckenden Suppen essen, denen oft Nudeln beigemengt sind. Meistens werden Suppen mit verschiedenen Gemüsearten (**minestroni**) serviert oder eine **Bohnensuppe** (zuppa di fagioli), mitunter auch **Kirchererbsensuppe** (zuppa di ceci). Wer mag, kann eine Suppe aus Kutteln (**trippa**) bestellen. Die Mailänder Version heisst **Busecca**, sie wird besonders kräftig gewürzt. Bei einer **Stracciatella** handelt es sich um eine Kraftbrühe mit Eierstich.

Risotto Der in der Po-Ebene angebaute Reis steht in allen möglichen Risotto-Variationen auf der Speisekarte. Für einen guten Risotto benötigt man besonderen Reis, dessen Korn beim Kochen am äußersten Rand weich wird, innen aber fest bleibt. Den besten Ruf genießen in der Lomellina die Sorten Arborio, Carnaroli und Baldo. Am bekanntesten sind der **Risotto alla milanese** mit Safran und der **Risotto alla mantovana**, der mit Salamistücken serviert wird. Wer in der Provinz Pavia **Risotto con le rane** bestellt, sollte wissen, dass er Risotto mit Froschschenkeln bekommt. Auch der **Risotto alla certosina** ist mit Froschfleisch und weiter mit Barsch, Süßwassergarnelen und Gemüse angereichert.

Risotto: Unentbehrlicher Bestandteil lombardischer Küche

Polentagerichte Fleischgerichte werden oft mit Polenta serviert, so auch das typische lombardische Gericht Ossobuco, mit Gemüse gedünsteter Kalbshaxe, das aus dem Veltlin stammt. **Polenta e osei alla bergamasca** ist eine mit Wildgeflügel, Butter und Salbei zubereitete Polenta, die man in Bergamo als Spezialität anbietet. Zur Polenta isst man auch Cassoeula, einen Eintopf mit Schwein, Kohl, Sellerie und Karotten. Als Hauptgericht wird die **Polenta rustica mit Butter und Zwiebeln** gebraten, die **Polenta taragna** zusätzlich mit herzhaftem Käse gewürzt.

Fleisch und Fisch Verschiedene gegrillte Fleischsorten kann man unter »grigliata mista« bestellen. **Lombata** ist ein Lendenstück, **Stracotto** ein Schmorbraten, der regional unterschiedlich zubereitet wird. **Bollito misto**, ein traditioneller Eintopf aus Kalb-, Hühner- und Rindfleisch, oft auch Zunge und Wurst, wird je nach Region mit Salsa (Sauce), Mostarda di Cremona oder Mostarda mantovana, eingelegten Senffrüchten, serviert.

Typisch für die mantuanische Küche sind Gerichte mit Esel- und Pferdefleisch, sie kommen meistens als Schmorbraten auf den Tisch. **Carpaccio** ist sehr dünn geschnittenes rohes Fleisch oder roher Fisch und wird mit Olivenöl und Basilikum oder einer anderen Marinade gereicht.

An den oberitalienischen Seen dominieren Fischgerichte. **Stör** (storione), **Karpfen** (carpa), **Schleie** (tinca), **Aal** (anguilla), **Lachs** (salmone) und **Forelle** (trota) stehen auf dem Speiseplan. Am Comer See sind marinierte und gebackene **Alsen** (Agone alla comasca) eine Spezialität. Der gleiche Fisch stieg als Curadura vom Arme-Leute-Essen zum Gourmettipp auf: in Lorbeer eingelegt und in Holzfässchen gepresst.

Das schmackhafteste Dessert ist sicher die **Zabaione**, eine mit Eigelb hergestellte Weinschaumspeise. **Cotizze** sind frittierte Apfelstücke; unter **Cassata** versteht man Halbgefrorenes, **Gelato** ist Eis. In Mantua gibt es den als **Sbrisolona** bezeichneten trockenen Streuselkuchen zum Kaffee.   **Dolce**

Zahlreiche Käsesorten kommen aus der Lombardei. Außer **Taleggio**, **Gorgonzola** und **Mascarpone** sollte man auch den **Grana padano**, einen feinkörnigen Hartkäse, der sich zum Reiben eignet, oder den weichen **Bel casale** probieren. In einem Seitental des Veltlin erzeugt man den **Bitto**. Als junger Hartkäse ist er sehr mild, später wird er fest und pikant und kann schließlich gerieben werden. **Casera** und **Scimud** werden aus entrahmter Kuhmilch produziert, sie sind leicht säuerlich und pikant. Aus Bagolino in der Nähe des Idrosees kommt der **Bagoss**, ein würziger Hartkäse. Auch der **Cingherlin**, ein Ziegenkäse, der in dem Landstrich zwischen Varese und Como hergestellt wird, ist zu empfehlen.   **Formaggio**

Italien ist das Land des Aperitifs. Der **Campari**, den man mit Soda oder Orangensaft gemischt trinken kann, stammt aus Mailand. Standardgetränke zu den Mahlzeiten sind **Wein** (vino) und **Mineralwasser** (acqua minerale) mit oder ohne Kohlensäure (con oder senza gas). Das Wasser aus S. Pellegrino Terme ist das bekannteste regionale Mineralwasser. Außerdem kann man Limonaden (limonata) oder **Fruchtsäfte** (succo di ...) und verschiedene **Biere** (birra) bestellen, sowohl das leichte italienische als auch diverse ausländische.   **Getränke**

Tischweine werden offen serviert – in der Karaffe zu 1 Liter (un litro), 0,5 Liter (mezzo litro) oder 0,25 Liter (quarto litro) oder im Glas (un bicchiere). Teurere Weine werden in verkorkten Flaschen mit Etikett an den Tisch gebracht. Unter den Lombardischen Weinen sind die **Rotweine** aus dem Oltrepò Pavese (Barbera, Bonarda, Buttafuoco, Sangue di Giuda) sehr beliebt, aber auch die **weißen Riesling-, Pinot- und Moscato-Weine**. Im Oltrepò Pavese und in der Franciacorta werden hervorragende **Schaumweine** (Spumante) erzeugt. Im Velt-   **Weine** lin gewinnt man aus der Nebbiolo-Traube fruchtig-kernige Rotweine. Die bekanntesten sind Sassella, Grumello und Inferno. Ein angenehmer und erfrischender Weißwein ist der Lugana aus den Regionen südlich des Gardasees. Der Lambrusco aus der Provinz Mantua steht seinem berühmten Artgenossen aus der Emilia-Romagna nicht

Klassifizierung ▶ nach. Unter den lombardischen Weinen sind einige **DOC-Weine** (Denominazione di Origine Controllata). Im Gegensatz zu den Tafelweinen (Vino da tavola) stammen sie aus einem genau definierten Anbaugebiet, unterliegen Produktionsvorschriften und müssen vor der Vermarktung zur analytischen und geschmacklichen Prüfung eingereicht werden.

Feiertage, Feste und Events

▶ TERMINE

GESETZLICHE FEIERTAGE

▶ **1. Januar**
Neujahr (Capodanno)

▶ **6. Januar**
Hl. Drei Könige (Epifania)

▶ **25. April**
Nationalfeiertag
(Tag der Befreiung 1945)

▶ **März/April**
Ostern

▶ **1. Mai**
Tag der Arbeit
(Festa del Lavoro

▶ **15. August**
Mariä Himmelfahrt
(Ferragosto)

▶ **1. November**
Allerheiligen (Ognissanti)

▶ **8. Dezember**
Mariä Empfängnis
(Immacolata Concezione)

▶ **25./26. Dezember**
Weihnachten (Natale)

VERANSTALTUNGEN IM JANUAR

▶ **Albaville**
Am letzten Donnerstag im Januar wird das Gubiana-Fest gefeiert; eine Puppe, die den Winter symbolisiert, wird in einer Prozession durchs Dorf getragen und dann verbrannt; Musik, Tanz, Essen und Trinken.

▶ **Lodi**
19. Januar: Fest des Stadtpatrons hl. Bassiano mit Prozessionen und Märkten.

IM FEBRUAR/MÄRZ

▶ **Bagolino**
Karneval mit historischen Tänzen und Kostümen.

▶ **Mailand**
Carnevale Ambrosiana: Karneval der Stadt (Ende Feb. bis Anfang März, 1. Sa. der Fastenzeit.

IM MÄRZ

▶ Limone
Festa di Mezzaquaresima: uraltes Fest zur halben Fastenzeit mit Wein, Polenta und Fisch aus dem Gardasee.

▶ Pescarolo
Am letzten März-Wochenende werden zum Senigola-Fest überall in den Straßen Blumen zum Frühlingsanfang verkauft, dazu gibt es typische Speisen.

AN OSTERN

▶ In vielen Orten
Karfreitagsprozessionen

▶ Bormio
I Pasquali: Jedes Stadtviertel bringt ein Lamm zur Ostermesse, anschließend gibt es Lammbraten.

IM MAI

▶ Rogarò
3. Sonntag im Mai: Spargelfest mit Erntedank-Gottesdienst in der der Schwarzen Madonna geweihten Kirche; abends in den Gaststätten Spargelessen.

▶ Legnano
Letzter So. im Mai: Sagra del Caroccio, Umzug mit einem Ochsenkarren in historischen Kostümen zur Feier des Sieges der Lombardischen Liga von 1176.

IM JUNI

▶ Mailand
1. Sonntag im Juni: Festivale dei Navigli im Navigli-Viertel mit Wasserspielen und Schwimmwettkämpfen.

▶ Abbiategrasso
Fischfest: mit Fisch und Wein – entlang dem Ticino-Ufer.

▶ Limone
Letzter Junisonntag: Volksfest zu Ehren des heiligen Petrus mit viel Fisch und lokalem Wein, dazu Musik und Tanz im Freien.

▶ Lago di Como/Isola Comacina
Sagra di San Giovanni: die Johannisnacht wird mit einer beleuchteten Bootsprozession und Feuerwerk gefeiert.

▶ Lago di Orta
Festival für alte Musik auf der Isola San Giulio oder in Orta; italienische und internationale Orchester spielen auf Originalinstrumenten und in historischen Kostümen.

▶ Ascona
Ende Juni/Anfang Juli: New-Orleans-Festival mit verschiedenen Jazzrichtungen in der Altstadt von Ascona.

IM JULI – AUGUST

▶ Mailand
Milano d'Estate: Kulturelle Veranstaltungen im Sempione-Park.

IM JULI

▶ Lugano
Jazz-Festival ▶Tipp S. 244

▶ Casalmaggiore
Erste zehn Julitage: Fest mit Konzerten, Feuerwerken und Ruderregatten auf dem Po.

▶ Locarno
Ende Juli/Anfang August: internationales Filmfestival, auch unter freiem Himmel.

▶ Luganer See
Ende Juli: vielerorts nächtliches Seefest mit Illumination und Feuerwerk.

Umzug während des Palio delle Contrade in Garda

▶ **Gardone Riviera**
Konzerte und Freilichtaufführungen im Theater Vittoriale degli Italiani.

▶ **Salò**
Klassische Konzerte auf dem Domplatz.

▶ **Iseo**
Ende Juli/Anfang August: Jazz-Fest.

▶ **Casteldidone**
Letzter Samstag: Festa di melone, ein Volksfest im Castello Mina.

▶ **Salò**
Letzten Samstag: Carnevale del Sole, ein sommerlicher Fasching.

IM AUGUST

▶ **Introbio**
5. August: Fest der Madonna von Biadino mit Prozession zur Wallfahrtskirche Madonna della Neve.

▶ **An vielen Orten**
Mariä Himmelfahrt-Prozessionen am 15. August (ferragosto).

▶ **Locarno**
Filmfestvial ▶Tipp S. 224

▶ **Lumezzane**
16. August: Molete-Fest (Fest der Scherenschleifer); aus der ganzen Umgebung kommen Besucher, um das älteste Handwerk dieser Region zu feiern.

▶ **Curtatone**
13. – 17. August: Fiera di Grazie, Wettbewerb der Straßenmaler mit einem großen Fest.

▶ **Garda**
15. August: Palio delle contrade, eine Parade in historischen Kostümen und Wettrudern.

▶ **Ascona**
Ende August bis Mitte Oktober: klassische Konzerte an diversen Veranstaltungsplätzen.

IM SEPTEMBER

▶ **Lugano**
Blues to Bop & Worldmusic-Festival auf der Open-air-Bühne auf der Piazza Riforma.

► **Ascona**
Marionettenfestival mit Puppen-
spielern aus aller Welt.

► **Desenzano**
1. Sonntag: Entenfest mit Musik,
Essen und Trinken.

► **Mezzegra**
Mitte September: Beim Missolti-
no-Fest auf dem Kirchplatz
werden landwirtschaftliche Produkte der Region versteigert.

► **Chiavenna**
3. So.: Beim Fest in den Grotten
gibt es regionalen Spezialitäten.

► **Gerola Alta**
Bitto-Fest, bei dem es den leckeren
Bitto-Käse gibt, dazu viel Musik.

► **Lago Maggiore**
Settimane Musicali: Festival für
klassische Musik in Stresa und auf
der Isola Bella.

► **Bardolino**
Letztes Wochenende: Festa
dell' uva, Wein- und Traubenfest.

IM OKTOBER/NOVEMBER

► **Mailand**
Beliebter Konzertzyklus für alte
Musik in S. Maurizio am Corso
Magenta.

IM DEZEMBER

► **Mailand**
7. Dezember: Der Tag des hl. Ambrosius wird mit Prozession und
Märkten gefeiert; auch Saison-
beginn in der Scala.

Geld

Seit 2002 ist der Euro in Italien – wie in Deutschland, Österreich **Euro**
und den meisten anderen Ländern der Europäischen Union – das of-
fizielle Zahlungsmittel. 1 CHF entspricht etwa 0,68 €, für 1 € bekommt man 1,68 CHF.

Die Banken sind in der Regel von Mo. bis Fr. zwischen 8.30 und **Banken**
13.00 Uhr geöffnet; nachmittags variieren die Öffnungszeiten; sie gehen etwa von 14.30 bis 15.30 Uhr. An Tagen vor Feiertagen schließen
die Banken um 11.20 Uhr.

An Geldautomaten kann man mit Kredit- und Bankkarten und der **Geldautomaten,**
Geheimzahl rund um die Uhr Geld abheben. Beim Verlust der Bank- **Bankkarten**
karte sollte man umgehend den Zentralen Annahmedienst für Ver-
lustmeldungen anrufen (Tel. von Italien aus: 00 49/11 61 16).

Die meisten internationalen Kreditkarten werden von Banken, Ho- **Kreditkarten**
tels, Restaurants, Autovermietern und vielen Einzelhandelsgeschäften
akzeptiert. Weit verbreitet sind Visa und Eurocard, American Express
und Diners Club werden nicht überall akzeptiert. Auch beim Verlust
von Kreditkarten benachrichtige man die jeweilige Zentralstelle.

Gesundheit

Medizinische Versorgung

Vielerorts steht die **Guardia Medica** für die medizinische Versorgung zur Verfügung. Den ärztlichen Bereitschaftsdienst in der Nacht (20.00 – 8.00 Uhr) und an Feiertagen stellt die Guardia Medica notturna e festiva. Ärztlichen Notdienst bzw. Erste Hilfe (Pronto soccorso) leisten außer Krankenhäusern (Ospedali) u. a. das Weiße Kreuz (Croce Bianca), das Grüne Kreuz (Croce Verde) und das Rote Kreuz (Croce Rossa Italiana), deren Adressen auf den ersten Seiten des Telefonbuchs zu finden sind. **Zahnärzte** stehen im Telefonbuch unter dem Stichwort »Medici dentisti«.

Apotheken

Apotheken (farmacia) haben in der Regel von Mo. bis Fr. zwischen 8.30 und 12.30 sowie 15.00 und 19.00 Uhr geöffnet. Sie schließen wechselweise mittwochs oder samstags. Ein Verzeichnis mit den nachts und feiertags geöffneten Apotheken (Farmacie di turno) ist an den Apotheken ausgehängt.

Mit Kindern unterwegs

Die Italiener sind ausgesprochen kinderfreundlich. Da der Geräuschpegel in italienischen Orten sowieso höher ist, stellt Kinderlärm kein Problem dar. Erste Empfehlung für Familien mit Kindern ist natürlich der **Badeurlaub** an den oberitalienischen Seen. Hier sind Kinder gern gesehene Gäste und man ist bestens vorbereitet auf kleine Urlauber und ihre Familien. Die Auswahl an Ferienwohnungen, Appartements, Pensionen und Hotels mit familiengerechten Mehrbettzimmern ist groß. Ausflüge mit dem Boot oder zu Pferd bieten Abwechslung, und Fahrräder kann man an vielen Stellen mieten. **Freizeit- und Vergnügungsparks** sorgen für die Unterhaltung von Groß und Klein.

▶ KINDERAKTIVITÄTEN

FREIZEITPARKS

▶ **Fantasyworld**
  ▶Tipp S. 134

▶ **Gardaland**
  ▶S. 193

▶ **Parco della Preistoria Rivolta d'Adda**
  ▶175

▶ **Swissminiatur**
  ▶Tipp S. 238

MUSEEN

▶ **Museo della Bambola**
▶ S. 221

▶ **Museo Europeo dei Transporti**
Via Alberto 99
Ranco (bei Angera)
Geöffnet: Di. – So.
10.00 – 12.00
15.00 – 17.00 Uhr
Im Transportmuseum reicht die Palette der »mobilen« Ausstellungsstücke von der Pferdekutsche bis zum Weltraumschiff. Eine große Attraktion für Groß und Klein ist die riesige Modelleisenbahnanlage, die sonntagnachmittags in Betrieb ist.

WASSERPARKS

▶ **Canevaworld**
▶ Tipp S. 192

▶ **Aquapark California**
Balerna (bei Chiasso)
Via San Gottardo 4
Tel. 9 16 95 70 00
www.california-aquapark.ch
Geöffnet: Mo. – Fr. 8.30 – 22.00,
Sa., So. 9.00 – 20.00 Uhr
Nicht nur die Kinder können sich auf der Wasserrutsche vergnügen, sondern auch die Eltern finden im Whirlpool Entspannung.

TIERPARK

▶ **Parco Natura Viva**
▶ S. 192

Mit dem heißgeliebten Eis ist der Urlaub mit Kindern bestimmt ein Erfolg.

Knigge

Trinkgeld Im Allgemeinen wird ein Trinkgeld bei denselben Gelegenheiten und in ähnlicher Höhe gegeben wie von zu Hause gewohnt. In Restaurants und Cafés gibt man – zum Dank für gute Bedienung – etwa 5 – 10 % des Rechnungsbetrags. Wer mit Scheck- oder Kreditkarte zahlt, sollte den entsprechenden Betrag in bar übergeben. In Cafés und Bars lässt man einfach das Geld auf dem Tellerchen liegen. Auch Taxifahrer, Fremdenführer, Toilettenaufsicht und der Zimmerservice freuen sich über ein Trinkgeld.

Rauchverbot Seit 2005 darf in allen öffentlichen Gebäuden, also auch Restaurants und Cafés, nicht mehr geraucht werden. Nur in Lokalen, die über eine mit automatischen Türen verschlossene und gut belüftete Raucherzone verfügen, ist das Rauchen erlaubt. Außerdem ist es auch im Freien verboten.

Permesso, scusi Auch wer nur wenig Italienisch beherrscht, sollte sich zwei Ausdrücke, die man überall hört und gebrauchen kann, einprägen: permesso und scusi. Diese Entschuldigungsformeln helfen einem beispielsweise, wenn man irgendwo hindurchgehen oder jemanden überholen will.

Bella Figura Bella Figura, der schöne äußerliche Schein, ist für die meisten Italienerinnen und Italiener ein großes Bedürfnis. Auch wenn es sich bloß um den Gang zum Postamt oder einen Markteinkauf handelt – wer auf die Straße tritt, macht sich gern fein. Umso verständnisloser oder

So macht man eher keine »Bella Figura«.

amüsierter schaut man auf Touristen herab, die mit Badeschlappen in Kathedralen tappen, in Shorts Gemäldegalerien besichtigen oder gar mit nacktem Oberkörper durch die Altstadt wandeln.

Literaturempfehlungen

Sachbücher

Vini d'Italia: Gamero Rosso (Hallwag Verlag)
Vorstellung vom mehr als 18 00 der besten italienischen Weine und Kurzporträts vom mehr als 2000 Weinbauern – ein Muss für Weinliebhaber.

W. Braunfels: Dumont Geschichte der Kunst Italiens. Dumont, 2005.

Carmine Chiellino: Kleines Italien-Lexikon. Wissenswertes über Land und Leute. C. H. Beck 1989
Geschichte, Alltagskultur, Küche, Wirtschaft und Theater – als Reiseeinstimmung bestens geeignet.

Belletristik

Umberto Eco: Mein verrücktes Italien. Verstreute Notizen aus 40 Jahren. Wagenbach 2000. Wenn Umberto Eco seine Feder spitzt, müssen sich die Landsleute in Acht nehmen – 24 Kurzgeschichten voller Wortwitz, Sarkasmus und Weitsicht.

Michael Ennis, Die Herzogin von Mailand, Heyne 2002.
Der Roman spielt in der Renaissance-Zeit am Mailänder Hof und beschreibt die Beziehung der beiden schönen Cousinen Beatrice d' Este und Isabella von Aragon.

Johann Wolfgang von Goethe: Italienische Reise.
Berühmt sind die Reiseaufzeichnungen des Dichterfürsten: Dichtung und Zeitporträt in einem.

Martin Suter: Der Teufel von Mailand, Diogenes 2007
Die fantastischen Erlebnisse einer Städterin in einem Schweizer Bergdorf – spannend und rätselhaft bis zur letzten Seite.

Medien

Italienische Zeitungen

Große überregionale Zeitungen sind der in Mailand erscheinende »Corriere della Sera« sowie »La Stampa« und »La Repubblica«. Diese verfügt donnerstags über die Wochenbeilage Tutto Milano mit Veranstaltungshinweisen und Kinoprogrammen.

Was gibt es denn heute wieder Neues?

Ausländische Presse Deutschsprachige Zeitungen und Zeitschriften sind in Mailand und in den von Touristen viel besuchten Orten fast immer erhältlich.

Rundfunk Sendungen in deutscher Sprache strahlen aus: die staatliche Rundfunk- und Fernsehanstalt RAI (Radio Televisione Italiana; stündlich) und Radio Europa 23 (auf FM 91, 100,1 und 102,3 MHz). Straßenzustandsberichte und Verkehrsmeldungen werden jede halbe Stunde auf der RAI in allen drei Programmen in der Nachrichtensendung »Onda Verde Europa« auf Deutsch durchgegeben.

Notrufe

Auf den ersten Seiten der Telefonbücher (elenco telefonico) findet man unter dem Stichwort »avantielenco« die Notrufnummern der jeweiligen Orte.

▶ WICHTIGE RUFNUMMERN

▶ **Allgemeiner Notruf**
Tel. 1 13 (landesweit)

▶ **Ärztlicher Notruf**
Tel. 38 83

▶ **Polizei-Notruf**
(carabinieri, soccorso pubblico)
Tel. 1 12 (landesweit)

▶ **Feuerwehr**
(vigili fuoco)
Tel. 1 15 (landesweit)

▶ **Unfall und Krankendienst**
Tel. 1 18 (landesweit)

▶ **Pannenhilfe des ACI**
(soccorso stradale)
Tel. 80 31 16

▶ **ADAC Pannenhilfe und Notruf
in Italien (deutschsprachig)**
Tel. 02 66 15 91

▶ **ACE-Notrufzentrale Stuttgart**
Kranken- und Fahrzeug-

rückholdienst
Tel. 00 49/18 02/34 35 36

▶ **ADAC-Ambulanzdienst
München**
Tel. 00 49/89/76 76 76

▶ **DRK-Flugdienst Bonn**
Tel. 00 49/2 28/23 00 23

▶ **Deutsche Rettungsflugwacht
Stuttgart**
Tel. 00 49/7 11/7 90 15 40

Post · Telekommunikation

In den italienischen Postämtern kann man nicht telefonieren, sie sind nur für den Post- und Paketdienst zuständig. **Hinweis**

Geöffnet sind die Postämter in der Regel von Mo. – Fr. 8.30 – 14.00 sowie Sa. 8.30 – 12.00 Uhr. Erweiterte Öffnungszeiten haben in Mailand die Hauptpost (Via Cordusio 4): Mo. bis Fr. 8.00 – 19.30 und Sa. 8.00 – 17.00 Uhr; der Postbankschalter an der Piazza Cordusio: Mo. – Fr. 8.30 – 17.30 und Sa. 8.30 – 13.00 Uhr; und die Post am Hauptbahnhof: Mo. – Fr. 8.15 – 19.30 und Sa. 8.15 bis 15.30 Uhr. Alle Postämter haben am Monatsletzten kürzere Öffnungszeiten. **Öffnungszeiten der Post**

Briefmarken (francobolli) kann man sowohl in Postämtern als auch in Tabakgeschäften mit einem »T«-Schild kaufen. Ein Brief bis 20 g und eine Postkarte ins europäische Ausland kostet 0,65 €. **Briefmarken**

Orts- und Ferngespräche kann man von den Ämtern der Telecom sowie von öffentlichen Fernsprechern mit orangerotem Telefonhörersymbol führen. Sie funktionieren fast alle mit Telefonkarten (carta telefonica), die es in Bars, an Zeitungskiosken oder in Tabakgeschäften gibt (vor der Benutzung muss die perforierte Ecke abgebrochen werden). Die Ortsvorwahl ist Bestandteil der italienischen **Rufnummer**; sie muss auch bei Ortsgesprächen sowie bei Anrufen aus dem Ausland (einschließlich der führenden 0) mitgewählt werden. Davon ausgenommen sind Notfall-, Service- und Handy-Nummern (sie beginnen nicht mit einer Null). Servicenummern mit der Vorwahl 800 sind kostenlos. **Telefonieren**

Mit der CallingCard der Deutschen Telekom kann man bargeldlos und ohne Karte telefonieren. Informationen erteilt die Telekom. ◄ CallingCard

▶ TELEFON

TELEFONAUSKUNFT

Inland Tel. 412
Ausland Tel. 1 76
www.info412.it

LÄNDERVORWAHLEN

▶ **Nach Italien**
von Deutschland/Österreich/

Schweiz nach Italien
00 39

▶ **von Italien**
nach Deutschland: Tel. 00 49
nach Österreich: Tel. 00 43
in die Schweiz:
Tel. 00 41

Mobiltelefone ▶ Mobiltelefone der gängigen Netze funktionieren über Roaming in Italien problemlos, allerdings zu erhöhten Preisen. Wer viel in Italien unterwegs ist, kann sich einen Prepaid-Chip der italienischen TIM kaufen, das kommt günstiger. Tarifvergleiche gibt es z. B. im Internet unter www.billiger-telefonieren.de oder www.billig-tarife.de.

Preise · Vergünstigungen

Eintritt Besucher aus der EU, die unter 18 Jahre alt bzw. Rentner sind, erhalten zu vielen Sehenswürdigkeiten freien Eintritt. Für 18- bis 25-Jährige lohnt sich oftmals die Frage nach Jugendrabatt. In fast allen größeren Städten werden **Sammelkarten** angeboten, die zum Besuch der wichtigsten Museen berechtigen.

▶ WAS KOSTET WIE VIEL?

3-Gang-Menü
ab 25,00 €

Einfache Mahlzeit
ab 8,00 €

Doppel-zimmer
ab 60,00 €

1 Tasse Kaffee
2,00 €

Benzin (1l Super)
ca 1,50 €

Reisezeit

Klima Die Gebirgszonen im Norden verzeichnen lange schneereiche Winter. Die Wintersportgebiete gelten als schneesicher, bis März schneit
Hochgebirge ▶ es hier. Im April muss man mit häufigen Regenfällen rechnen. Die durchschnittliche Niederschlagsmenge ist in den einzelnen Tälern

sehr unterschiedlich. Bekannt sind die Gebirge für die milden Herbstmonate.

Das mit Abstand **angenehmste Klima der Lombardei** ist an den oberitalienischen **Seen** zu finden. Sie liegen quasi im Windschatten der Alpen, die die Landschaft vor nordischen Klimaeinflüssen schützen. Die Sommer sind angenehm warm und selten zu heiß, die Winter dagegen mit mittleren Temperaturen bei 4 °C und darüber nicht kalt. An den oberitalienischen Seen ist die Sonnenscheindauer doppelt so hoch wie in der Po-Ebene. Die **Po-Ebene** zeichnet sich durch feucht-warme bis heiße, oftmals schwüle Sommer aus. Die Winter sind dagegen relativ kalt. Mit 10,5 °C hat **Mailand** die niedrigste Jahresdurchschnittstemperatur der italienischen Großstädte, im Januar liegt sie bei 3,1 °C, im Juli bei 21,8 °C. Die Sonne scheint hier im Frühjahr 543 Stunden lang, im Sommer 757, im Herbst 365 und im Winter 170.

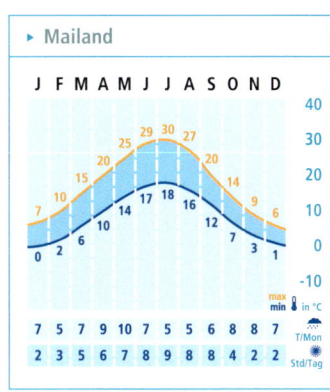

▶ Mailand

In der nördlichen Apenninregion ist das Klima etwas ausgeglichener, sowohl die Sommer als auch die Winter sind relativ mild. Diese Klimazone liegt bereits im Einflussbereich der Adria und des Tyrrhenischen Meeres.

◀ Apennin

Die ideale Reisezeit für die oberitalienischen Seen ist von Mai bis Ende September, aber auch die Wintermonate können hier sehr schön und mild sein. Im Juli und August sind die Temperaturen mit durchschnittlich 21 °C am höchsten, jedoch fällt in diese Zeit auch der größte Urlauberansturm. Insofern eignen sich Mai oder September für eine Reise zu den oberitalienischen Seen am besten. Lange Schlechtwetterperioden sind selten, mit kurzen, heftigen Regenschauern muss man aber jederzeit rechnen.

Reisezeit
◀ Oberitalienische Seen

Für eine Tour durch die Po-Ebene und zu den kleinen lombardischen Städten eignen sich grundsätzlich die Monate April bis Oktober. Da es in den Sommermonaten in der Po-Ebene **sehr heiß und schwül** werden kann sowie zudem im Juli und August Hauptreisezeit ist, sind die Frühlings- und Herbstmonate normalerweise günstiger. Auch sind während des Ferragosto (Mitte August) zahlreiche Museen und andere Einrichtungen in den Großstädten geschlossen. Im Spätherbst muss man schon mit den ersten Nebeln rechnen. Als winterliches Reiseziel eignet sich die Po-Ebene nicht, da es hier sehr häufig bedeckt und neblig ist und auch sehr kalt werden kann.

◀ Po-Ebene

In den Alpengebieten sind die Sommermonate meist sehr schön und nicht zu heiß; als erholsam gelten auch die recht trockenen Herbstmonate. Während der Wintersaison sind die **Skigebiete in den Alpen** bevorzugte Ferienziele. Weniger geeignet ist das frühe Frühjahr, da in dieser Zeit noch mit relativ viel Regen oder Schnee zu rechnen ist.

◀ Höhere Bergregionen

Shopping

Einkaufsparadies Ob Schuhe, Kleider, Haushalts- oder Designerwaren, Kulinarisches, ob auf Märkten oder in Boutiquen – die Lombardei ist ein großes Einkaufsparadies. Erste Adresse für Kunden mit gehobenen Ansprüchen ist **Mailand**, wo viele berühmte nationale und internationale Modeschöpfer vertreten sind. Weit verbreitet ist auch der **Einkauf direkt in der Fabrik** (Punto vendita diretto), wo manches Schnäppchen zu machen ist, u. a. Haushaltsgeräte von Alessi (Crusinallo bei Omegna am Ortasee), Kaschmirpullover von Lanificio (Romagnano Sesia, bei Varallo) und Krawatten, Blusen, Tücher aus Seide von Ratti (Guanzate, bei Como). Wegweiser zu diesen Verkaufsstellen gibt es in allen größeren Buchläden. Beim Einkaufen empfiehlt es sich, den Kassenbon (scontrino) aufzubewahren, denn dieser muss bei einer Kontrolle durch die Steuerfahndung vorgewiesen werden.

Mailand ist ein Einkaufsparadies für hochwertige Mode.

Einheimische Spezialitäten eignen sich besonders gut als Mitbringsel. Wie wäre es mit einer klebrig-süßen Portion **Torrone** aus Cremona, **Limonenlikör** aus Brescia, einer Flasche **Campari** aus Mailand oder einem **Amarettolikör** aus Saronno? Viele Agriturismo-Betriebe bieten hauseigene Spezialitäten an: Olivenöl, Konfitüren, Ravioli, Würste, Käse, Wein und Grappa. In der Franciacorta im Oltrepò Pavese, südlich des Gardasees und im Veltlin werden auf vielen Höfen und natürlich in vielen Weinkellereien **regionale Weine** verkauft.

Kulinarisches

Im Veltlin bekommt man **Specksteinprodukte** (Pietra ollare), die sich hervorragend zum Zubereiten und Aufbewahren von Speisen eignen. Ein charakteristisches Produkt der Region sind außerdem Flickenteppiche, die hier **Pezzotti** heißen und aus groben Stoffstücken gewebt werden.

Kunsthandwerk

Schwer wiegende, jedoch dauerhafte Souvenirs sind nachgearbeitete Kapitelle sowie sonstige Architekturfragmente, die mancherorts angeboten werden. Die wohl größte Auswahl gibt es in einem Laden (Piazza Ducale) in Sabbioneta.

Souvenirs

Handgefertigte Möbel gibt es auch in der Lombardei. Als besonders gute Handwerker gelten die Möbeltischler aus Cantù, wo auch Intarsienarbeiten angeboten werden.

Möbel

Opernfreunde können im Museum der **Scala** in Mailand eine CD mit historischen Aufnahmen aus der Scala kaufen. Auch andere Artikel zum Thema Oper – Bücher, Bildbände etc. – werden hier angeboten. Liebhaber von Streichinstrumenten können in einer Geigenbauwerkstatt in **Cremona** ein Instrument kaufen bzw. die Anfertigung in Auftrag geben.

Musik

Sicherheit

Auch in der Lombardei, besonders in Mailand und in den touristischen Zentren, ist die Kleinkriminalität verbreitet. Auf Taschen, Koffer, Fotoapparate und andere Wertgegenstände sollte man besonders achtgeben. Kraftfahrzeuge – auch Leihwagen mit italienischen Kennzeichen –, vor allem Wohnwagen, Kleinbusse und teure Autos werden häufig aufgebrochen oder entwendet. Man sollte auf keinen Fall Wertsachen, Papiere, Geld, Scheckkarten und Schlüssel im abgestellten Wagen lassen, sondern sie stets direkt am Körper tragen. Handschuhfach und Kofferraum leeren und nicht abschließen. Über Nacht sollte man sein Auto nach Möglichkeit in einer verschlossenen Garage abstellen.

Achtung Langfinger!

... und wenn es passiert ist
Die italienische Polizei ist hilfsbereit, steht aber dem Bandenwesen praktisch machtlos gegenüber. Nach einem Überfall, Raub oder Diebstahl setzt die Polizei ein Protokoll auf, das wichtig für die Schadensmeldung bei der Versicherung ist.

Sprache

Das Italienische hat sich aus dem Lateinischen entwickelt und steht diesem von allen romanischen Sprachen am nächsten. Es entstanden zahlreiche Mundarten, unter denen sich im Verlauf des 13. und 14. Jh.s das Toskanische durchsetzte und bis heute die gültige Schriftsprache blieb.

Aussprache

c, cc vor »e, i« wie deutsches »tsch«, Bsp.: dieci, sonst wie »k«

ch, cch wie deutsches »k«, Bsp.: pacchi, che

ci, ce wie deutsches »tsch«, Bsp.: ciao, cioccolata

g, gg vor »e, i« wie deutsches »dsch« in Dschungel, Bsp.: gente

gl ungefähr wie in »Familie«, Bsp.: figlio

gn wie in »Kognak«, Bsp.: bagno

sc vor »e, i« wie deutsches »sch«, Bsp.: uscita

sch wie »sk«in »Skala«, Bsp.: Ischia

sci vor »a, o, u« wie deutsches »sch«, Bsp.: lasciare

z immer stimmhaft wie »ds«

Betonung

Die Betonung liegt bei den meisten mehrsilbigen Wörtern auf der vorletzten Silbe; liegt sie auf der letzten Silbe, ist die Verwendung eines Akzents (Gravis, z. B. città) üblich. Wird auf der drittletzten Silbe betont, kann zur Verdeutlichung ein Akzent gesetzt werden.

Kleiner Sprachführer Italienisch

Zahlen

zero	0	diciannove	19
uno	1	venti	20
due	2	ventuno	21
tre	3	trenta	30
quattro	4	quaranta	40
cinque	5	cinquanta	50
sei	6	sessanta	60
sette	7	settanta	70
otto	8	ottanta	80
nove	9	novanta	90
dieci	10	cento	100
undici	11	centouno	101

dodici	12
tredici	13
quattordici	14
quindici	15
sedici	16
diciassette	17
diciotto	18

mille	1000
duemille	2000
diecimila	10 000
un quarto	¼
un mezzo	½

Auf einen Blick

Sì/No/Forse	Ja/Nein/Vielleicht
Per favore/Grazie/Tante grazie	Bitte/Danke/Vielen Dank!
Non c'è di che	Gern geschehen
Scusi!/Scusa!	Entschuldige / Entschuldigen Sie!
Come dice?	Wie bitte?
Non La/ti capisco	Ich verstehe Sie/dich nicht
Parlo solo un po' di ...	Ich spreche nur wenig ...
Mi può aiutare, per favore?	Können Sie mir bitte helfen?
Vorrei ...	Ich möchte ...
(Non) mi piace	Das gefällt mir (nicht)
Ha ...?	Haben Sie ...?
Quanto costa?	Wie viel kostet?
Che ore sono?/Che ora è?	Wie viel Uhr ist es?
Come sta?/Come stai?	Wie geht es Ihnen/dir?
Bene, grazie. E Lei/tu?	Danke. Und Ihnen/dir?

Kennenlernen

Buon giorno!	Guten Morgen!/Tag!
Buona sera!	Guten Abend!
Buona notte!	Gute Nacht!
Ciao!	Hallo!/Grüß dich!
Come sta?/Come stai?	Wie geht es Ihnen/dir?
Bene, grazie. E Lei/tu?	Danke. Und Ihnen/dir?
Arrivederci!/Ciao!	Auf Wiedersehen!/Tschüs!
A presto!/A domani!	Bis bald!/Bis morgen!

Unterwegs

a sinistra/a destra/diritto	nach links/nach rechts/geradeaus
vicino/lontano	nah/fern
Quanti chilometri sono?	Wie weit (in Kilometern) ist das?
Vorrei noleggiare ...	Ich möchte ... mieten
... una macchina	... ein Auto
... una bicicletta	... ein Fahrrad

... una barca	... ein Boot
Scusi, dov'è ...?	Bitte, wo ist ...?
la stazione centrale	der Hauptbahnhof
la metro(politana)	die U-Bahn
l'aeroporto	der Flughafen
all'albergo	zum Hotel
Ho un guasto.	Ich habe eine Panne.
Mi potrebbe mandare	Würden Sie mir einen
un carro-attrezzi?	Abschleppwagen schicken?
Scusi, c'è un'officina qui?	Gibt es hier eine Werkstatt?
Dov'è la prossima stazione di servizio?	Wo ist die nächste Tankstelle?
benzina normale	Normalbenzin
super/gasolio	Super/Diesel
deviazione	Umleitung
senso unico	Einbahnstraße
sbarrato	gesperrt
rallentare	langsam fahren
tutti le direzioni	alle Richtungen
tenere la destra	rechts fahren
zona di silenzio	Hupverbot
zona tutelata inizio	Beginn der Parkverbotszone
Aiuto!	Hilfe!
Attenzione!	Achtung!
Chiami subito ...	Rufen Sie schnell ...
... un'autoambulanza	... einen Krankenwagen
... la polizia	... die Polizei

Ausgehen

Scusi, mi potrebbe indicare ...?	Wo gibt es ...?
... un buon ristorante?	... ein gutes Restaurant?
... un locale tipico?	... ein typisches Restaurant?
C'è una gelateria qui vicino?	Gibt es hier eine Eisdiele?
Può riservarci per stasera un tavolo per quattro persone?	Kann ich für heute Abend einen Tisch für vier Personen reservieren?
Alla Sua salute!	Auf Ihr Wohl!
Il conto, per favore.	Bezahlen, bitte.
Andava bene?	Hat es geschmeckt?
Il mangiare era eccellente.	Das Essen war ausgezeichnet.
Ha un programma delle manifestazioni?	Haben Sie einen Veranstaltungskalender?

Einkaufen

Dov'è si può trovare ...?	Wo finde ich ...?
... una farmacia	... eine Apotheke
... un panificio	... eine Bäckerei

... un negozio di articoli fotografici	... ein Fotogeschäft
... un grande magazzino	... ein Kaufhaus
... un negozio di generi alimentari	... ein Lebensmittelgeschäft
... il mercato/supermercato	... den Markt/Supermarkt
... il tabaccaio	... den Tabakladen
... il giornalaio	... den Zeitungshändler

Übernachten

Scusi, potrebbe consigliarmi ...?	Können Sie mir ... empfehlen?
... un albergo	... ein Hotel
... una pensione	... eine Pension
Ho prenotato una camera.	Ich habe ein Zimmer reserviert.
È libera ...?	Haben Sie noch ...?
... una singola	... ein Einzelzimmer
... una doppia	... ein Zweibettzimmer
... con doccia/bagno	... mit Dusche/Bad
... per una notte	... für eine Nacht
... per una settimana	... für eine Woche
... con vista sul mare	... mit Blick aufs Meer
Quanto costa la camera ...?	Was kostet das Zimmer ...?
... con la prima colazione?	... mit Frühstück?
... a mezza pensione?	... mit Halbpension?

Arzt und Apotheke

Mi può consigliare un buon medico?	Können Sie mir einen guten Arzt empfehlen?
Mi può dare una medicina per ...	Geben Sie mir bitte ein Medikament gegen ...
Soffro di diarrea.	Ich habe Durchfall.
Ho mal di pancia	Ich habe Bauchschmerzen
... mal di testa	... Kopfschmerzen
... mal di gola	... Halsschmerzen
... mal di denti	... Zahnschmerzen
... influenza	... Grippe
... tosse	... Husten
... la febbre	... Fieber
... scottatura solare	... Sonnenbrand
... costipazione.	... Verstopfung.

Speisekarte

prima colazione	**Frühstück**
caffè, espresso	kleiner Kaffee ohne Milch

caffè macchiato	kleiner Kaffee mit wenig Milch
caffè latte	Kaffee mit Milch
cappuccino	Kaffee mit aufgeschäumter Milch
tè al latte/al limone	Tee mit Milch/Zitrone
cioccolata	Schokolade
frittata	Omelett/Pfannkuchen
pane/panino	Brot/Brötchen
pane tostato	Toast
burro	Butter
salame	Wurst
prosciutto	Schinken
miele	Honig
marmellata	Marmelade
iogurt	Joghurt

antipasti	**Vorspeisen**
affettato misto	gemischter Aufschnitt
anguilla affumicata	Räucheraal
melone e prosciutto	Melone mit Schinken
vitello tonnato	kalter Kalbsbraten mit Tunfischsauce

primi piatti	**Nudel- und Reisgerichte, Suppen**
pasta	Nudeln
fettuccine/tagliatelle	Bandnudeln
gnocchi	kleine Kartoffelklößchen
polenta (alla valdostana)	Maisbrei (mit Käse)
vermicelli	Fadennudeln
minestrone	dicke Gemüsesuppe
pastina in brodo	Fleischbrühe mit feinen Nudeln
zuppa di pesce	Fischsuppe

carni e pesce	**Fleisch und Fisch**
agnello	Lamm
ai ferri/alla griglia	vom Grill
aragosta	Languste
brasato	Braten
coniglio	Kaninchen
cozze/vongole	Miesmuscheln/Venusmuscheln
fegato	Leber
fritto di pesce	gebackene Fische
gambero, granchio	Garnelen
maiale	Schweinefleisch
manzo/bue	Rind-/Ochsenfleisch
pesce spada	Schwertfisch

platessa	Scholle
pollo	Huhn
rognoni	Nieren
salmone	Lachs
scampi fritti	gebackene Langustinen
sogliola	Seezunge
tonno	Tunfisch
trota	Forelle
vitello	Kalbfleisch

verdura	**Gemüse**
asparagi	Spargel
carciofi	Artischocken
carote	Karotten
cavolfiore	Blumenkohl
cavolo	Kohl
cicoria belga	Chicorée
cipolle	Zwiebeln
fagioli	weiße Bohnen
fagiolini	grüne Bohnen
finocchi	Fenchel
funghi	Pilze
insalata mista/verde	gemischter/grüner Salat
lenticchie	Linsen
melanzane	Auberginen
patate	Kartoffeln
patatine fritte	Pommes frites
peperoni	Paprika
pomodori	Tomaten
spinaci	Spinat
zucca	Kürbis

formaggi	**Käse**
parmigiano	Parmesan
pecorino	Schafskäse
ricotta	quarkähnlicher Frischkäse

dolci e frutta	**Nachspeisen und Obst**
cassata	Eisschnitte mit kandierten Früchten
coppa assortita	gemischter Eisbecher
coppa con panna	Eisbecher mit Sahne
tirami su	Löffelbiskuit mit Mascarponecreme

zabaione	Eierschaumcreme
zuppa inglese	likörgetränktes Biskuit mit Vanillecreme

bevande	**Getränke**
acqua minerale	Mineralwasser
bibita	Erfrischungsgetränk
bicchiere	Glas
birra scura/chiara	dunkles/helles Bier
birra alla spina	Bier vom Fass
birra senza alcool	alkoholfreies Bier
bottiglia	Flasche
con ghiaccio	mit Eis
digestivo	Digestif
gassata/con gas	mit Kohlensäure
liscia/senza gas	ohne Kohlensäure
secco	trocken
spumante	Sekt
succo	Fruchtsaft
vino bianco/rosato/rosso	Weiß-/Rosé-/Rotwein
vino della casa	Hauswein

Übernachten

Hotels

Neben Hotels, Pensionen, Ferienwohnungen und Ferienhäusern gibt es auch Unterkünfte auf dem Land (Agriturismo s. u.). Hotelverzeichnisse erhält man von den ENIT-Vertretungen sowie von den regionalen und örtlichen Fremdenverkehrsämtern (▶Auskunft).

Reservierung Während großer Messen in Mailand kann es eng werden und für die oberitalienischen Seen ist besonders zur Sommerzeit eine rechtzeitige Zimmerreservierung unbedingt zu empfehlen. Wer eine Reservierung vornehmen möchte, kann dies telefonisch oder per Fax, über ein Reisebüro, direkt beim Hotel oder über eine Reservierungszentrale oder im Internet machen.

i **Preiskategorien Hotels**

- Luxus: ab 250 Euro
- Komfortabel: 100 – 250 Euro
- Günstig: bis 100 Euro

für ein Doppelzimmer

Die Hotels in Italien sind amtlich in **fünf Kategorien** eingeteilt, vom Luxushotel mit fünf Sternen bis

Herrlicher kann man kaum »residieren« als im Hotel Villa Serbelloni in Bellagio am Comer See.

zur einfachen Unterkunft mit einem Stern. Zudem findet man auch kleinere, nicht klassifizierte Betriebe, die durchaus akzeptabel sind.

Eine empfehlenswerte Alternative zum Hotelaufenthalt bietet Bed & Breakfast Italia. Das Angebot reicht von Zimmern mit Badmitbenutzung (2 Corone) bis zu Unterkünften in bedeutenden historischen Gebäuden mit eigenem Bad etc. (4 Corone). **Bed & Breakfast**

Die Hotelpreise variieren je nach Jahreszeit, auch sind sie in den Großstädten generell höher. Ein einigermaßen akzeptables Doppelzimmer wird man selten unter 60 € finden; das breiteste Angebot gibt es in der Kategorie zwischen 120 und 160 €. Für ein Einzelzimmer bezahlt man 20 bis 25 % weniger als für ein Doppelzimmer. **Preiskategorien**

Agriturismo · Ferien auf dem Land

»Agriturismo« lässt sich am besten mit »Ferien auf dem Land« übersetzen. Die Auswahl der Unterkünfte reicht von Zeltplätzen und Zimmern auf einem Bauernhof bis zu gut ausgestatteten Appartements in Villen oder auf Weingütern in ländlicher Umgebung. Informationen erhält man bei den Fremdenverkehrsämtern (►Auskunft) und über den Interessenverband in Rom.

⏵ ÜBERNACHTUNGSANGEBOTE

AGRITURISMO

▶ **Agriturist**
Corso Vittorio Emanuele 101
I-00186 Roma
Tel. 0 66 85 23 42
Fax 0 66 85 24 24
www.agriturist.it

BED & BREAKFAST

▶ **Bed & Breakfast**
Association of Rome
Via A. Pcinotti 73, I-00146 Rom
Tel. 06 55 30 22 48
Fax 06 55 30 22 59
www.b-b.rm.it

CAMPING

▶ **Federazione Italiana del Campeggio e del Caravaning**
Via Vittorio Emanuele 11
I-50041 Calenzano
Tel. 0 55 88 23 91
Fax 05 58 82 59 18
www.federcampeggio.it
www.camping.it

HOTELS

▶ **Reservierungszentralen**
Tel. 06 42 03 15 55
Numero verde (gebührenfrei)
Tel. 01 80 5 47 70 00
www.hotelme.it

▶ **Weitere Adressen:**
www.initalia.it
www.italypass.com
www.hrs.de
www.familyhotels.com
italybikehotels.it

JUGENDHERBERGEN

▶ **Auskunft weltweit**
www.hihostels.com

▶ **Auskunft in Italien: Associazione Italiana Alberghi per la Gioventù**
Via Cavour 44
I-00184 Roma
Tel. 0 64 87 11 52
Fax 0 64 88 04 92
www.aighostels.com

▶ **Auskunft in Deutschland: DJH Service GmbH**
Bismarckstr. 8
D-32756 Detmold
Tel. (0 52 31) 74 01 -0
Fax (0 52 31) 74 01 -49
www.djh.de

Camping und Caravaning

Campingplätze In der Lombardei gibt es fast 200 Campingplätze, die überwiegend an den oberitalienischen Seen liegen. Hier werden oft Wohnwagenplätze für ein Jahr vermietet, so dass die Platzzahl für Kurzzeitgäste beschränkt ist. Vor allem während der Hochsaison von Mitte Juli bis Mitte September empfiehlt sich eine rechtzeitige Anmeldung. Viele Campingplätze sind nur in den Sommermonaten geöffnet. Wildes Zelten ist generell nicht erlaubt. Wer mit dem **Wohnmobil oder Wohnwagen** reist, kann eine Nacht auf einem Park- oder Rastplatz bzw. am Straßenrand verbleiben, wenn dies nicht ausdrücklich verboten ist.

Jugendherbergen

Die italienischen Jugendherbergen (Alberghi per la gioventù) sind dem Internationalen Jugendherbergsverband angeschlossen. Für die Übernachtung benötigt man einen internationalen Jugendherbergsausweis, der u. a. beim Deutschen Jugendherbergswerk in Detmold erhältlich ist. Die Preise schwanken abhängig von Lage und Ortsgröße; in der Regel liegen sie zwischen ca. 8 und 15 € pro Person und Tag. Eine frühzeitige Anmeldung ist in der Saison ratsam. Ein Verzeichnis mit Adressen der italienischen Jugendherbergen kann man beim Deutschen Jugendherbergswerk anfordern.

Über Berghütten im Norden der Lombardei erteilen die APT von Sondrio, Como und Lecco Auskunft (▶Auskunft).

Urlaub aktiv

Für Radfahrer gibt es in der Lombardei ein breites Spektrum an Möglichkeiten, das von geruhsamen Radtouren in der Ebene über Fahrten an den Seeufern bis hin zu Bergtouren reicht. Besonders schöne Landschaften kann man per Rad in den Naturparks Ticino, Mincio, Groane und Adda erkunden. In den Naturparks in der Po-Ebene gibt es häufig Fahrradverleihstationen. Die APT-Stellen in Pavia, Mantua und Lodi geben genauere Auskünfte und haben teilweise Karten, in denen kleinere Straßen eingezeichnet sind.
Vom **Allgemeinen Deutschen Fahrrad-Club (ADFC)** kann man das Buch »Gardasee mit Bike. Touren« und den Moser-Bike-Guide »Gardasee« mit zahlreichen Touren beziehen. Der Touring Club Italiano gibt die Broschüre »Mit dem Fahrrad durch die Lombardei« mit Radtouren heraus.

Radfahren

Schöne Wandergebiete sind das Chiavenna-Tal ganz im Norden, das Veltlin (Valtellina), das Malenco-Tal nördlich von Sondrio, der Stilfser-Joch-Nationalpark, die Valcamonica, der Adamello, das Westufer des Comer Sees, die Orobischen Alpen nördlich von Bergamo, die Grigne und die Resegone (Valsassina, Ostseite des Comer Sees), das Voralpengebiet bei Varese und die nördlichen Apenninregionen im Oltrepò Pavese.
Überall stehen Schutzhütten zur Verfügung. Bei der ENIT erhält man die Broschüre »Lombardia, Touristischer Bergführer Sommer/Winter« mit einzelnen Tourenbeschreibungen, Informationen über Schutzhütten und wichtigen Telefonnummern. Kleinere Karten mit eingezeichneten Wanderrouten geben auch die APT-Stellen vor Ort aus. Für noch detailliertere Informationen kontaktiert man den Italienischen Alpenverein CAI.

Wandern

WICHTIGE ADRESSEN

RADFAHREN

▶ **Internet**
www.cycling.it
www.italybikehotels.it

▶ **Allgemeiner Deutscher Fahrrad-Club (ADFC)**
Grünenstr. 120
D-28199 Bremen
Tel. (04 21) 34 62 90
www.adfc.de

▶ **Touring Club Italiano**
Corso Italia 10
I-20122 Milano
Tel. 0 28 5 26 76
www.touringclub.it.

WANDERN

▶ **Alpenverein CAI**
Via Petrella 19
I-20124 Milano
Tel. 02 2 05 72 31
Fax 02 2 05 72 32 01
www.cai.it

GOLF

▶ **Federazione Italiana Golf**
Viale Tiziano 74
I-00196 Roma (Lazio)
Tel. 0 63 23 18 25
www.federgolf.it

WASSERSPORT

▶ **WWWind Square Malcesine**
Loc. Sottodossi
Tel./Fax 0 45 7 40 04 13
www.wwwind.com

▶ **Windsurfcenter Domaso**
Domaso
Camping Paradiso 1
www.windsurfercenter-domaso.com

ANGELN

▶ **Federazione Italiana Pesca Sportiva e attivita subaque**
Viale Tiziano 70
I-00196 Roma
Tel. 0 63 20 17 11
www.portale.fipsas.it

WINTERSPORT

▶ **ADAC-Schneetelefon**
Informationen über die aktuelle Wintersportsituation
Tel. 0180/5 23 22 21

▶ **Federazione Italiana Sport Invernali**
Via Piranesi 44
I-20137 Milano
Tel. 02 7 57 31
Fax 02 7 57 33 68
www.fisi.org

Klettern In der Lombardei gibt es gute Kletterreviere, insbesondere sind hierbei die Valtellina, Valchiavenna, Val Brandet, Val di Campovecchio sowie den Stilfser-Joch-Nationalpark zu nennen. Mailänder Sportler klettern bevorzugt in der Nähe von Lecco, hier gibt es auch eine bekannte Kletter-Schule. Echte Kletterparadiese sind die **Kalktürme in der Grigna und die Granitfelsen im Mello-Tal**. In Arco am Nordende des Gardasees werden alljährlich im September sogar die **Kletter-Weltmeisterschaften** ausgetragen.

Reiten ist oft im Rahmen der Agriturismo-Angebote möglich. Viele der hier gemeldeten Betriebe bieten Reiter-Ausflüge an. Besonders schön sind die Reitwege in den Naturschutzgebieten im Flachland wie beispielsweise im Ticino-Park. Bei der ENIT (▶Auskunft) erhält man die Broschüren zum Agritourismus in der Lombardei, in dem alle Betriebe aufgeführt sind, in denen Reiten möglich ist.   **Reiten**

Insgesamt gibt es in der Lombardei 35 Golfplätze, die sich um Mailand und an den oberitalienischen Seen konzentrieren. Sie sind unter www.1golf.eu aufgeführt.   **Golf**

In der Lombardei findet man gute Wintersportmöglichkeiten besonders in den Hochalpengebieten der Provinz Sondrio. Aber auch in anderen Regionen gibt es zahlreiche kleinere Skiorte mit ausgebauten Abfahrtspisten und Langlaufloipen.   **Wintersport**

Wassersport

Alle oberitalienischen Seen sind ideale Segel- und Surfreviere – besonders der **Gardasee** ist bekannt für seine regelmäßigen, meist recht starken Winde. An allen Seen gibt es zahllose Segel- und Surfschulen. Außerdem kann man Boote mieten, muss dafür aber einen Segelschein vorlegen.   **Surfen und Segeln**

Guten Wind gibt es für Surfer vor allem am Gardasee.

Kanu- und Kajakfahren

Kanu- und Kajakfahren erfreuen sich zunehmender Beliebtheit. Wer eine längere Tour unternehmen möchte, kann von Mailand aus über den Naviglio Pavese, den Ticino und den Po bis zur Adria fahren. Ansonsten sind der obere Lauf der Adda im Veltlin, der Brembo nördlich von Bergamo und der Oglio nördlich von Brescia sehr gut geeignet. Genauere Auskünfte erhält man bei der lombardischen Regionalstelle des italienischen Kanu-Kajak-Clubs in Mailand. Die Region Lombardei hat den Führer **»Wasserwege der Lombardei«** herausgegeben. Unter www.meinelombardei.de kann man sich über die sechs angebotenen Bootstouren informieren.

Angeln

Zum Angeln braucht man eine Genehmigung, die man frühzeitig bei der italienischen Federazione Italiana Pesca Sportiva e attivita subaque in Rom bestellen muss.

Verkehr

Straßenverkehr

Autobahnen

Fast alle Autobahnen (autostrada) in Italien sind gebührenpflichtig (pedaggio). Die **Autobahngebühr** kann bar, mit der Kreditkarte oder mit der Viacard bezahlt werden. Diese erhält man in Italien bei den Automobilklubs, bei den ACI-Büros an den Grenzübergängen, an Autobahneinfahrten, in Raststätten (»Punto blu«), in Tabakgeschäften und an Tankstellen. Weitere Informationen im Internet unter www.autostrade.it.

Tankstellen

Die Einfuhr und der Transport von Benzin in Kanistern sind verboten. Es gibt Super (95 Oktan), SuperPlus (98 Oktan) und Diesel (gasolio). Die Tankstellen sind in der Regel von 7.00 bis 12.00 und zwischen 14.00 und 20.00 Uhr geöffnet. An den Autobahnen gibt es meist einen 24-Stunden-Service. An den Wochenenden, zunehmend auch mittags und nachts, kann an vielen Tankstellen nur an Zapfsäulen mit Automat getankt werden.

Verkehrsvorschriften

Die **Promillegrenze** liegt bei 0,5. Auf Autobahnen und Landstraßen muss man tagsüber mit Abblendlicht fahren, bei Regen sind auf der Autobahn maximal 110 km/h anstatt 130 km/h erlaubt. Ansonsten gelten folgende **Höchstgeschindigkeiten**: Pkws, Motorräder und Wohnmobile bis 3,5 t innerorts 50 km/h, außerorts 90 km/h, auf Schnellstraßen (2 Fahrstreifen in jeder Richtung) 110 km/h, auf Autobahnen (Autostrada) 130 km/h; Pkws und Wohnmobile über 3,5 t außerorts 80 km/h, auf Schnellstraßen 80 km/h und auf Autobahnen 100 km/h. Wer zu schnell fährt und erwischt wird, muss mit hohen Geldstrafen rechnen. Privates **Abschleppen** auf Autobahnen ist verboten. Im Fall einer **Panne** werden ausländische Auto- oder Motor-

▶ INFORMATIONEN VERKEHR

AUTOMOBILKLUBS

▶ **Automobile Club d'Italia (ACI)**
Via Marsala 8
I-00185 Roma
Tel. 06 4 99 81; www.aci.it

▶ **Pannendienst des ACI**
Tel. 80 31 16

▶ **Touring-Club Italiano (TCI)**
Corso Italia 10
I-20100 Milano
Tel. 0 28 52 61
www.touringclub.it

▶ **ADAC in Italien**
(Deutschsprachige Notrufstation)
Via Comune Antico 43
I-20100 Milano
Tel. 02 66 15 91

MIETWAGEN

▶ **Avis**
Tel. 0 18 05/5 05 21 77 02
www.avis.de

▶ **Budget**
Tel. 0 18 05/21 77 11
www.budget.de

▶ **Europcar**
Tel. 01 80/5 80 00
www.europcar.de

▶ **Hertz**
Tel. 0 18 05/33 35 35
www.hertz.de

▶ **Sixt**
Tel. 01 80/5 25 25 25
www.sixt.de

radreisende vom Pannendienst des italienischen Automobilclubs kostenlos zur nächsten Werkstatt abgeschleppt. Auf Motorrädern über 50 cm³ besteht Helmpflicht. Außerhalb geschlossener Ortschaften muss mit eingeschaltetem Abblendlicht gefahren werden. Bei Totalschaden ist der Zoll zu verständigen, da sonst unter Umständen für das Schadensfahrzeug Einfuhrzoll bezahlt werden muss.

Parken

Das Auto überhaupt und dann auch noch einigermaßen sicher und legal abzustellen, ist in den Städten der Lombardei nicht ganz einfach. Fast alle Städte sind mittlerweile im Zentrum verkehrsberuhigt oder völlig autofrei. Die Zufahrt zu den Hotels ist allerdings gestattet. In der Nähe von autofreien Innenstadtzonen gibt es meistens nur gebührenpflichtige Parkplätze. Auf blau gekennzeichneten Parkplätzen kann man mit einem Parkschein, den man an einem Automaten löst, parken. Weiß umrandete Parkplätze sind meistens mit Parkscheibe für eine Stunde gebührenfrei zu benutzen, mitunter auch ohne Parkscheibe.

Mietwagen

Um in Italien ein Auto mieten zu können, muss man mindestens 21 Jahre alt sein, eine Kreditkarte und seit mindestens einem Jahr einen nationalen Führerschein besitzen. Bei den internationalen Autover-

Mit dem Schiff lassen sich die Seen am besten erkunden.

mietern, die in allen größeren Städten Niederlassungen haben, kann man bereits von zu Hause aus buchen – das kommt in der Regel billiger. Die örtlichen Autovermieter findet man im Telefonbuch unter »Noleggio«.

Schiffsverkehr

Ausflüge Auf den oberitalienischen Seen und auf dem Po kann man an verschiedenen Ausflugsfahrten, teilweise auch als Komplettpaket mit Besichtigungen von Sehenswürdigkeiten, teilnehmen. Die Schiffe fahren während der Hauptsaison meistens täglich, in den Frühlings- und Herbstmonaten jedoch oft nur eingeschränkt. Auskünfte über Fahrpläne und Preise erteilen die lokalen Fremdenverkehrsämter. Informationen sind unter Tel. 8 00 55 18 01 oder www.navigazionelaghi.it zu erhalten.

Wellness

Die Lombardei ist die italienische Region mit den meisten Heilbädern. Viele Thermalquellen liegen in reizvollen Landschaften. In dem Führer »Thermalkurorte in der Lombardei« werden sämtliche Orte beschrieben. Herausgeberin ist die Regione Lombardia (▶ Auskunft). Genauere Auskünfte erteilen auch die APT-Büros der jeweiligen Provinz (▶ Auskunft). Im Nachfolgenden sind einige wichtige Kurorte aufgelistet.

S. Pellegrino Terme (354 m ü. d. M.)   Provinz Bergamo
Alkalische natriumbicarbonat- und schwefelhaltige Quelle (26 °C)
Indikationen: Frauenleiden, Rheuma und Hauterkrankungen. Heilbehandlungen: Massage, auch Wassermassage, Schlammbäder, Trink-
und Badekuren, Inhalation, Wärmebehandlung.
www.sanpellegrinoterme.provinciaberamasca.com

Boario Terme (221 m ü. d. M.)   Provinz Brescia
Alkalische kochsalz-, kalk- und sulfathaltige Quellen sowie kolloidale
Wässer mit katalysierender und hypotonischer Wirkung.
Indikationen: u. a. Verdauungsstörungen, Stoffwechselerkrankungen
und Gallenleiden. Heilbehandlungen: Trinkkuren, Thermalbäder, Inhalationen, Moorschlammbäder.
www.termediboario.it

Sirmione (68 m ü. d. M.)
Radioaktive, schwefelhaltige, hyperthermale Quelle mit Jod-, Brom-
und Chloranteilen (69 °C).
Indikationen: u. a. Atemwegserkrankungen, rheumatische Beschwerden. Heilbehandlungen: Massage, auch Wassermassage, Schlammbäder und -packungen, Badekuren, Wärmebehandlung, Inhalationen.
www.termedisirmione.com

Salice Terme (173 m ü. d. M.)   Provinz Pavia
Jodsalzhaltige Quelle und Schwefelwässer
Indikationen: rheumatische Beschwerden, Erkrankungen der Atemwege. Heilbehandlungen: Massage, auch Wassermassage, Schlammbäder und -packungen, Bäder, Wärmebehandlung, Inhalationen,
Trinkkuren.
www.termedisalice.it

Bagni di Bormio (1318 m ü. d. M.)   Provinz Sondrio
Thermalquellen mit einer Temperatur von 38 bis 40 °C
Indikationen: u. a. Atemwegserkrankungen, Verdauungsstörungen,
rheumatische Beschwerden. Heilbehandlungen: Massagen, auch Was-
sermassagen, Schlammbäder, Inhalationen, Trink- und Badekuren.
www.bagnidibormio.it

Zeit

In Italien gilt die Mitteleuropäische Zeit (MEZ). Für die Sommermonate (ab Ende März bis Ende Oktober) wurde die Mitteleuropäische
Sommerzeit (MESZ = MEZ + 1 Std.) eingeführt.

Touren

SIE WISSEN NICHT, WO
ES LANGGEHEN SOLL?
UNSERE ROUTEN-
VORSCHLÄGE HELFEN
IHNEN MIT TIPPS FÜR
BESONDERS INTERESSANTE
STRECKEN.

TOUREN DURCH DIE LOMBARDEI

Sie wissen noch nicht, wo es langgehen soll? Unsere Vorschläge helfen Ihnen bei der Reiseplanung. Auf den folgenden Seiten stellen wir Ihnen drei besonders schöne Rundfahrten durch die Lombardei vor.

━━ **TOUR 1** **Perlen der Lombardei**
Die Tour umfasst Mailand, die geschäftige Hauptstadt der Lombardei, und die bedeutendsten Kulturzentren der Region. ▶ **Seite 108**

━━ **TOUR 2** **Drei-Städte-Tour**
Tour 2 erschließt den Südosten der Lombardei mit weiteren kunsthistorisch bedeutenden Orten. ▶ **Seite 110**

━━ **TOUR 3** **Alpenrand- und Seentour**
Die Tour umfasst den Comer See und den Iseosee und führt weit in den bergigen Norden der Lombardei. ▶ **Seite 111**

Gardesana Occidentale: spektakuläre Küstenstraße am Gardasee

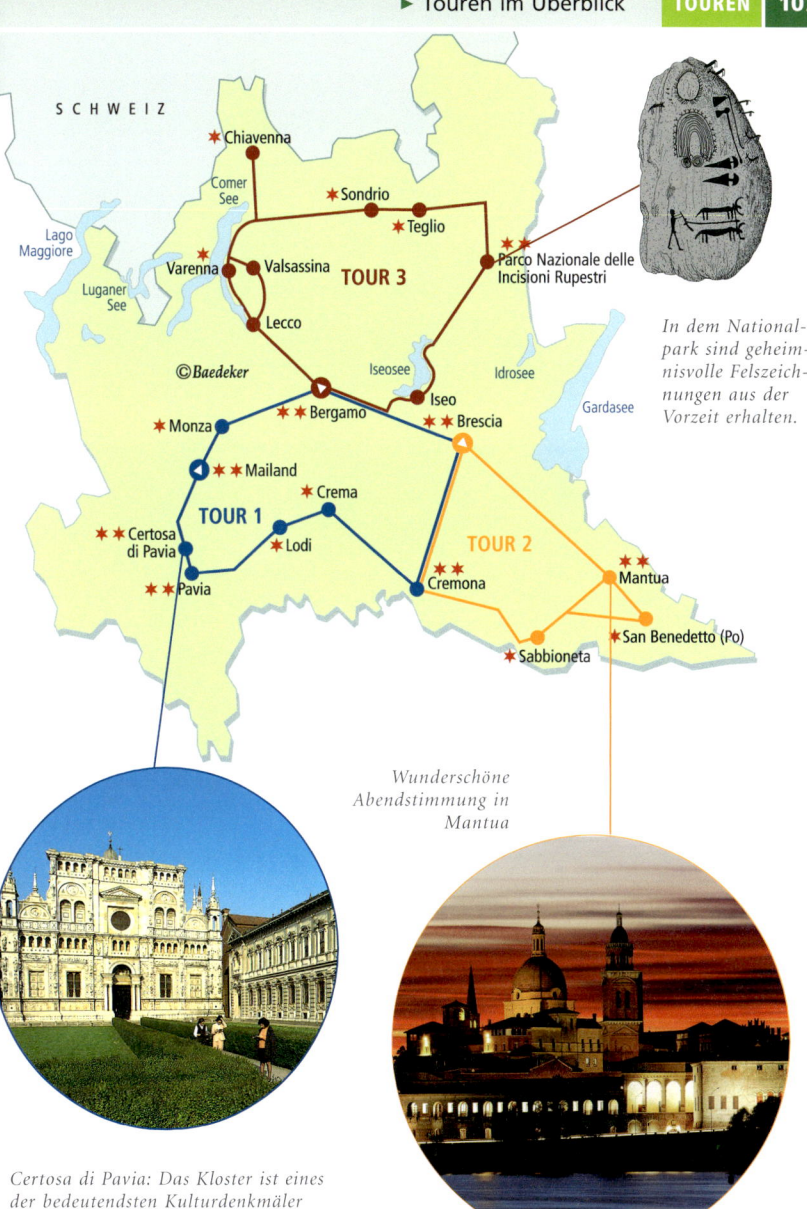

In dem National-
park sind geheim-
nisvolle Felszeich-
nungen aus der
Vorzeit erhalten.

Wunderschöne
Abendstimmung in
Mantua

Certosa di Pavia: Das Kloster ist eines
der bedeutendsten Kulturdenkmäler
der Lombardei.

Unterwegs in der Lombardei

Die folgenden Routenvorschläge skizzieren Strecken entlang der schönsten und wichtigsten Orte in der Lombardei. Die **oberitalienischen Seen** werden allerdings im Kapitel »Reiseziele von A bis Z« im Rahmen von Rundfahrten beschrieben, so dass der Schwerpunkt der Touren auf dem Südteil der Region liegt. Die Kilometerangaben beziehen sich auf die Hauptroute, Abstecher sind nicht mitgerechnet. Obwohl die Strecken für sich nicht allzu lang sind und auf den Staatsstraßen und den Autobahnen schnell zurückgelegt werden können, sollte man sich für jede Route einige Tage Zeit nehmen.

Welches Verkehrsmittel? Das Verkehrsmittel erster Wahl ist das **eigene Fahrzeug**, ob Auto, Motorrad oder Wohnmobil, vor allem wenn man in der Routenplanung unabhängig und spontan sein möchte und nicht viel Zeit zur Verfügung hat. Wer kein eigenes Fahrzeug mit sich führt, kann sich in allen größeren Städten ein Auto oder Motorrad mieten. Für ein eigenes Fahrzeug spricht auch, dass **Busse** zwar die größeren Orte in regelmäßigen Abständen anfahren, die abgelegenen Orte jedoch nur durch spärliche Busverbindungen erreicht werden können. So kann es dann passieren, dass man von diesen Orten am Abend nicht mehr wegkommt und man sich mit den dortigen Unterkunftsmöglichkeiten arrangieren muss – was nicht selten zu besonderen Erlebnissen führt. Intensiver noch lernt man Land und Leute kennen, wenn man aufs **Rad** umsteigt oder sogar **zu Fuß** unterwegs ist. Berühmt ist die Grande Taversata delle Alpi (GTA), die von der Schweizer Grenze bis zum Mittelmeer führt. Für Radfahrer und Mountainbiker werden in den letzten Jahren zusehends Routen ausgewiesen.

Wo übernachten? Bei den größeren angefahrenen Orten ist das Übernachten durch Pensionen und Hotels gesichert. Die Alternative auf dem Land sind die im Rahmen des Agriturismo angebotenen Unterkünfte auf Bauernhöfen und Weingütern, was vor allem Familien mit Kindern zu empfehlen ist.

Tour 1 Perlen der Lombardei

Start und Ziel: Mailand   **Strecke:** ca. 265 km

Die Rundfahrt, die man gut mit der Tour 2 kombinieren kann, bietet die Möglichkeit, fast alle kleineren und größeren Städte in der Po-Ebene kennen zu lernen. Man sollte dafür einige Zeit einplanen: für Mailand mindestens zwei Tage, für Bergamo und Brescia einen Tag, für Cremona und Pavia einen halben Tag.

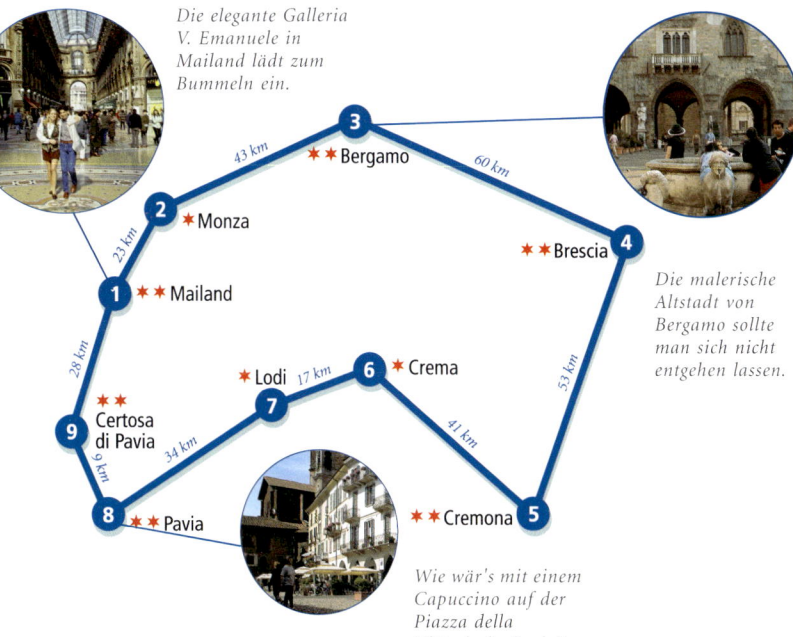

Die elegante Galleria V. Emanuele in Mailand lädt zum Bummeln ein.

3 ⋆⋆ Bergamo
43 km   60 km
2 ⋆ Monza
23 km
4
1 ⋆⋆ Mailand   ⋆⋆ Brescia

Die malerische Altstadt von Bergamo sollte man sich nicht entgehen lassen.

28 km
⋆ Lodi 17 km **6** ⋆ Crema
9 ⋆⋆ Certosa di Pavia   **7**
34 km   41 km
9 km   53 km
8 ⋆⋆ Pavia   ⋆⋆ Cremona **5**

Wie wär's mit einem Capuccino auf der Piazza della Vittoria in Pavia?

Die geschäftige Metropole ❶ ⋆⋆ **Mailand** ist ein guter Einstieg für eine Reise durch die Lombardei. Kulturschätze und lombardisches Leben bekommt man hier in Hülle und Fülle geboten. Starke Zersiedelung prägen nicht nur Mailand und sein Umland, sondern auch ❷ ⋆ **Monza**; einen schönen Ausgleich bietet der Abstecher in den riesigen Park der Villa Reale nördlich von Monza, in dem allerdings im Autodromo wiederum Autos ein Rolle spielen. Von Monza aus ist man über die Autobahn E 64 in Richtung Nordosten sehr schnell in ❸ ⋆⋆ **Bergamo**, dessen zauberhafte Città alta man unbedingt auch abends erleben sollte. Nächste Station ist Brescia, das man über die E 64 in Richtung Südosten nach ca. 48 km erreicht. ❹ ⋆ **Brescias** recht nüchtern wirkendes Zentrum ist voll kultureller Schätze, für die man sich Zeit nehmen sollte. Einen schönen Blick auf die Stadt hat man vom Kastell aus.

Von Mailand nach Brescia

Wiederum führt eine schnelle Verbindung über die Autobahn E 70 oder die Parallelstraße (SS 45 bis) zügig zum nächsten Ziel, nach ❺ ⋆⋆ **Cremona**, der Stadt des Geigenbaus. Die einzigartige Piazza kommt besonders abends, wenn sie beleuchtet wird, zur Geltung. Von Cremona aus kommt man über die SS 415 nach ❻ ⋆ **Crema**. Diese Stadt sollte man nicht verlassen, ohne der sehenswerten Kirche S. Maria della Croce am nördlichen Stadtrand einen kurzen Besuch

Von Brescia über Cremona nach Pavia

✓ NICHT VERSÄUMEN

- Mailand: die elegante und geschäftige Hauptstadt der Lombardei
- Die schöne Altstadt von Bergamo
- Die großartige und bedeutende Klosteranlage Certosa di Pavia

abzustatten. Über die SS 235 geht es weiter in Richtung Westen nach ❼ ✳ **Lodi**. Unbedingt lohnend ist ein Abstecher nach ✳ **Lodi Vecchio**, der Vorgängerstadt von Lodi. Man fährt von Lodi aus weiter die SS 235 in Richtung Westen. Pavia kündigt sich mit der Domkuppel – einer der größten in Italien – und ihren schlanken Geschlechtertürmen an. Die schönste Einfahrt in ❽ ✳✳ **Pavias** historisches Zentrum führt im Stadtgebiet am Ufer des Ticino entlang. Auf dem Rückweg nach Mailand gehört ein Halt zur Besichtigung der großartigen ❾ ✳✳ **Certosa di Pavia** nördlich von Pavia zu den eindrucksvollen Erlebnissen dieser Rundfahrt.

Tour 2 Drei-Städte-Tour

Start und Ziel: Brescia   **Länge :** ca. 191 km

Diese kürzere Tour ist vor allem kunstgeschichtlich interessant; für jede Stadt sollte man mindestens einen vollen Tag Zeit zur Verfügung haben. Die Tour lässt sich mit Route 1 gut kombinieren.

Von Brescia nach Mantua

Ausgangspunkt ist ❶ ✳✳ **Brescia**, die zweitgrößte Stadt der Lombardei, die auf den ersten Blick nicht besonders anziehend erscheint. Im Zentrum hat sie indes ein breites Spektrum an Sehenswertem zu bieten, das von der Zeit der römischen Herrschaft bis hin zur Platzanlage aus den 1930er-Jahren reicht. Von Brescia aus nimmt man die SS 236 in Richtung Südosten. Von Castiglione delle Stiviere mit der nach dem dort geborenen Luigi Gonzaga benannten Kirche S. Luigi geht es weiter in Richtung Mantua.

Wer die Einfahrt nach ❷ ✳✳ **Mantua** besonders eindrucksvoll gestalten möchte, kann vor Mantua auf die SS 482 abbiegen, die Stadt im Norden umfahren und über die Brücke von Nordosten aus direkt auf die Altstadt zufahren – das Panorama mit Kastell, mittelalterlichen Geschlechtertürmen, Kirchtürmen und der Kuppel von S. Andrea liegt in seiner ganzen Schönheit vor einem. Ein bis zwei Tage sind nötig, um die bedeutenden Sehenswürdigkeiten der Stadt zu besichtigen und die schönen Platzanlagen in Ruhe auf sich wirken zu lassen.

✓ NICHT VERSÄUMEN

- Mantua mit beeindruckendem Stadtbild
- Cremona: Abends auf der Piazza die Stimmung genießen

Wer Zeit hat, dem ist ein Abstecher in südöstlicher Richtung nach ❸ ✳ **S. Benedetto Po** zu empfehlen, wo die Besichtigung des Benediktinerklosters lohnt. Von Mantua führt die SS 413 dorthin.

remona:
om und
rrazzo mit
immungsvoller
eleuchtung

Der alte und der
neue Dom von
Brescia bilden ein
imposantes
gegensätzliches
Ensemble.

Man kann denselben Weg zurück nehmen und westlich von Mantua auf die SS 420 in Richtung biegen. Eine andere Möglichkeit ist die Fahrt über die kleinen Straßen direkt in Richtung Westen. Zunächst geht es eine hübsche Strecke am Po entlang; man kommt über Portiolo und Mottegiana, folgt der Straße nach Westen bis Campitello und biegt dort auf die SS 420 nach ❹ ✶ **Sabbioneta**, wo man die Gestaltung einer »idealen Stadt der Renaissance« kennen lernt. Von Sabbioneta geht es über die SS 420 nach Casalmaggiore, hier biegt man zunächst auf die SS 343 ein, anschließend folgt man den Schildern in Richtung ❺ ✶✶ **Cremona**. Nach Möglichkeit sollte man einen Abend in Cremona verbringen, denn die abendliche Stimmung auf der erleuchteten Piazza ist ein einzigartiges Erlebnis. Von Cremona aus ist man über die A 21 oder die parallel verlaufende SS 45 schnell wieder in **Brescia**.

Von Mantua über Sabbioneta nach Cremona

Tour 3 Alpenrand- und Seentour

Start und Ziel: Bergamo   **Länge:** ca. 262 km

Diese Route führt in den nördlichen Teil der Lombardei, d. h. vom südlichen Alpenrand in das Gebiet der oberitalienischen Seen und dann bis an den Rand der Hochalpen an der Schweizer Grenze. Man kann die Tour beliebig ausdehnen, z. B. mit einer Rundfahrt um einen der oberitalienischen Seen. Touren um die Seen werden in dem Kapitel »Reiseziele von A bis Z« beschrieben. Darüber hinaus bieten sich reizvolle Abstecher in die teils sehr schönen kleinen Nebentäler an.

Die Nacht senkt sich über Varenna am Comer See.

Polenta e Usei: eine Spezialität der Region Bergamo

Rätselhafte vorzeitliche Felszeichnungen

Von Bergamo nach Lecco

Nirgends wird die Alpenrandlage besser deutlich als in ❶ ✶ ✶ **Bergamo** mit der tiefer gelegenen Città bassa und der schönen, höher gelegenen Città alta. Eine Standseilbahn führt zur Altstadt hinauf, und von hier aus hat man einen weiten Blick nach Süden in die Po-Ebene. Man verlässt Bergamo in westlicher Richtung und fährt über die SS 342 auf Lecco am ✶ ✶ **Comer See** zu. Sehr schnell verlässt man die Ebene und kommt in das Gebiet der ersten, schon bis fast 600 m ansteigenden Berge. Bei Cisano biegt man auf die SS 639 und folgt nun dem breiten Adda-Tal. Der Fluss weitet sich dann zu mehreren Seen; zuerst passiert man den Lago di Olginate und fährt dann am Ufer des Lago di Garlate entlang bis nach ❷ **Lecco**. Die »Stadt der Verlobten« bietet nur wenige Sehenswürdigkeiten, hat aber einen kleinen, recht lebendigen Stadtkern, durch den ein Bummel lohnt, sowie ein besonders schönes Umland.

Von Lecco nach Varenna

Von Lecco aus bieten sich für die Weiterfahrt zwei Möglichkeiten: Für die erste Möglichkeit nimmt man die Straße direkt am Ufer des Comer Sees. Aufpassen muss man bei der Abzweigung gut 6 km nördlich von Lecco; hier sollte man die kleine Küstenstraße Richtung Varenna nehmen; die SS 36, die direkt nach Bellano führt, ist zwar schneller, jedoch sehr tunnelreich. Auf der kleineren Straße fährt man durch die Orte, die direkt am Ufer liegen. Besonders lohnend ist das malerische ❸ ✶ **Varenna** mit seinen alten Villen und Gärten. Von hier aus sieht man ✶ ✶ **Bellagio** auf einer kleinen Landzunge südlich liegen und am gegenüberliegenden Westufer ✶ **Menaggio**.

Die Streckenalternative führt ab Lecco durch das ✳ **Valsassina** und dann bei Bellano ans Ufer des Comer Sees. Sie dauert allerdings wesentlich länger, da die Straße zwar landschaftlich sehr schön, aber äußerst kurvenreich ist. Die Berge erreichen hier Höhen von über 2000 m. Man passiert die Bergorte

✔ NICHT VERSÄUMEN

- Bellagio: die »Perle des Lario« am Comer See mit bildschönen Villen
- Veltin: grandiose Berglandschaften
- Bedeutende vorzeitliche Felszeichnungen im Valcamonica

Ballabio, Introbio, Primaluna und Cortenova. Ab Bellano geht es dann weiter auf der kleineren Uferstraße. Man kommt durch den Ort Dervio und schließlich bei Colico an den nördlichsten Teil des Comer Sees.

Kurz hinter Colico führt die SS 36 in nördlicher Richtung nach ✳ **Chiavenna**. Die Straße führt am Lago di Mezzola vorbei und dann am Flussufer entlang in den Ort. Chiavenna ist bekannt für seine Grotti (ital. grotto = Höhle), eher einfache, gemütliche Gartenlokale, die teilweise in den Hang hineingebaut sind. Das Städtchen selbst hat einen kleinen, recht idyllischen Ortskern und einige Sehenswürdigkeiten.

Abstecher nach Chiavenna

An derselben Abzweigung wie nach Chiavenna folgt man der SS 38 nach Osten, die durch das gesamte ✳ **Veltlin/Valtellina** führt. Wer mit mehr Muße durch das Veltlin fahren möchte, kann an den meisten Stellen auf die kleinen Parallelstraßen ausweichen. Morbegno gilt als Eingang in das Tal.
Südlich und nordöstlich sind schon die ersten Abstecher in die Seitentäler Valle del Bitto und Valmasino möglich. Etwa 25 km hinter Morbegno erreicht man ❹ ✳✳ **Sondrio**, die Provinzhauptstadt. Die Gipfel, die um die kleine Stadt aufragen, sind meist schneebedeckt. Sondrio ist vergleichsweise untouristisch und lohnt einen kurzen Aufenthalt. Hübsch ist der Hauptplatz Piazza Garibaldi, besonders viele Sehenswürdigkeiten gibt es jedoch nicht.
Auch hier bietet sich ein Abstecher in ein Seitental an; das Valmalenco zieht sich direkt im Norden von Sondrio in das Hochgebirge. Von Sondrio in Richtung Osten sollte man in jedem Fall die Strada Panoramica dei Castelli nehmen. Bei schönem Wetter ist dies der wohl romantischste Teil der Fahrt durchs Veltlin. Von der Straße bieten sich nicht nur schöne Blicke, sie führt auch an hübsch gelegenen Kirchlein vorbei und ist von Weinhängen und kleinen Obstplantagen gesäumt. In ❺ ✳ **Teglio** lohnt eine Besichtigung des Palazzo Besta, des kulturellen Höhepunkts der Region.

Durch das Veltlin

Von Teglio aus kann man die Fahrt an der Adda entlang über Tirano und Grosio bis nach ✳ **Bormio** oder ✳ **Livigno** ausdehnen. Bormio ist ein hübscher Bergort mit altem Ortskern. Hinter Bormio steigt die Straße dann zum berühmten Stilfser Joch an (2757 m).

Abstecher nach Bormio und Livigno

Unterhalb von Teglio führt die SS 39 in Serpentinen den Hang hinauf, und man verlässt das Valtellina am Passo di Aprica. Weiter geht es über Aprica und Edolo durch waldiges Gebirge, und bei Edolo biegt man auf die SS 42, die durch das ✳ **Valcamonica** Richtung Süden führt. Sogleich fällt auf, dass das Valcamonica schmaler und weniger besiedelt ist als das Veltlin. Das Tal bietet imposante Landschaftseindrücke, die Berggipfel im Norden sind das ganze Jahr über schneebedeckt. Unbedingt zu empfehlen ist ein längerer Halt im ❻ ✳✳ **Parco Nazionale delle Incisioni Rupestri**, wo die berühmten Felsgravuren zu sehen sind. In Richtung Süden zum Iseosee hin wird das Tal etwas weiter. Kurz hinter Boario Terme muss man sich entscheiden, ob man am Westufer des Lago d'Iseo oder am Ostufer entlangfahren möchte.

Mit dem ✳ **Iseosee** erreicht man einen der schönen, aber unbekannten oberitalienischen Seen. Die Orte an der Ostküste sind relativ stark durch die Uferstraße beeinträchtigt, auf der man in kurzer Zeit nach ❼ **Iseo**, einem der beiden touristischen Hauptorte des Sees, gelangt. Wer mehr Zeit hat, fährt die kleine SS 469 am Westufer entlang. Man kommt zunächst durch das größere Lovere, dann durch einige untouristische Ortschaften und landet schließlich in Sarnico an der Südwestecke, dem anderen touristischen Hauptort des Sees. Auf jeden Fall sollte man eine Bootsfahrt zur Insel ✳ **Monte Isola** machen, der größten Insel auf einem europäischen Binnensee. Vom Lago d'Iseo sind es nur knapp 20 km bis zum verkehrsreichen Großraum von Bergamo.

Durch das Valcamonica zum Lago d'Iseo

← *Solche bezaubernden Impressionen wie hier am Ortasee bieten sich immer wieder an den oberitalienischen Seen.*

Reiseziele
von A bis Z

DER BOGEN DER ATTRAK-
TIONEN DER REGION REICHT
VOM MEDITERRANEN FLAIR
AN DEN SEEN ÜBER SHOPPING
IN DER MODESTADT MAILAND
BIS ZU VORZEITLICHEN FELS-
ZEICHNUNGEN.

✱✱ Ascona

E 4

Schweiz: Kanton Tessin
Einwohnerzahl: 5500

Höhe: 205 m ü. d. M.

Ascona erstreckt sich malerisch am Nordufer des ▶Lago Maggiore, in einer natürlichen Bucht. Zu Anfang des 20. Jh.s entdeckte eine Gruppe »Weltverbesserer« das beschauliche Fischerdorf und ließ sich auf dem Monte Verità nieder (▶Baedeker Special S. 215). Ihnen folgten alsbald Touristen, ebenfalls angezogen von dem überaus milden Klima, der schönen Lage und der mediterranen Vegetation, und Ascona entwickelte sich zu einem mondänen Kurort.

▶ ASCONA ERLEBEN

AUSKUNFT

Ente Turistico Lago Maggiore
Viale Papio 5
CH-6612 Ascona
Tel. 0 91 7 91 00 91, Fax 7 85 19 41
www.ascona-locarno.com

FESTE

Alljährlich finden von Ende August bis Mitte Oktober die Settimane Musicali di Ascona, die Musikwochen, statt (www.settimane-musicali.ch). Mitte September treffen sich zudem in Ascona die Puppenspieler aus aller Welt zum internationalen Marionettenfestival.

ESSEN

▶ Fein & Teuer/Erschwinglich

① *Da Ivo*
Via Collegio 7, Tel. 0 91 7 91 60 93
Das Restaurant in einem in der Altstadt gelegenen alten Patrizierhaus mit großer Terrasse ist bekannt für exzellente Gerichte.

② *Grotto Baldoria*
Vicolo S. Omobono 9
Tel. 0 91 7 91 32 98

www.grottobaldoria.com
Nur wenige Schritte von der Uferpromenade entfernt – und doch in einer anderen Welt; bestellt wird nicht, gegessen wird, was auf den Tisch kommt; relativ preisgünstig.

ÜBERNACHTEN

▶ Komfortabel

① *Carcani Mövenpick*
Piazza Motta
Tel. 0 91 7 85 17 17
Fax 0 91 7 85 17 18
www.restaurants-moevenpick.com
Freundlich wirkt dieses Kettenhotel am See; man wohnt zentral, aber mit schönem Blick.

② *Romantikhotel Castello Seeschloss*
Piazza Motta
Tel. 0 91 7 91 01 61
Fax 0 91 7 91 18 04
www.castello-seeschloss.ch
Die mittelalterliche Burg (13. Jh.) wurde in ein Hotel mit modernstem Komfort umgewandelt. Es liegt direkt an der Seepromenade; und im Sommer kann man auf der Terrasse mit Seeblick essen.

Auch der Maler ist von der Seelandschaft begeistert.

Mondäner Kurort

Heute erwartet den Ascona-Besucher ein alter, recht intakter, auto-
freier Borgo (Ortskern) mit reizvollen Bürgerhäusern, Galerien, Boutiquen und einigen kunsthistorischen Sehenswürdigkeiten. Die von
Leben und Treiben erfüllte **Piazza Motta**, die schöne Uferpromenade,
ist vom Frühling bis zum Herbst ein beliebter Treffpunkt und lädt
mit ihren gemütlichen Cafés und Restaurants zur unterhaltsamen
Entspannung ein.

Sehenswertes in Ascona

Uferpromenade
Piazza Motta

Ausgangspunkt einer Stadtbesichtigung ist die elegante Uferpromenade Piazza Motta mit Platanen und Palmen. Sie wird von prächtigen mit Loggien und Arkaden verzierten Gebäuden gesäumt. Das
Rathaus mit seinem Portikus entstand im 16. Jahrhundert.

★
Casa Serodine

Westlich gegenüber steht die Casa Serodine, auch Casa Borrani genannt, der 1620 erbaute **Stadtpalast der Familie Serodine**, allesamt
Baumeister und Künstler. Die prunkvolle dreistöckige Fassade zieren
barocke Stuckarbeiten (1587 – 1626) von Giovanni Battista Serodine,
Bruder des Malers Giovanni Serodine (um 1594 – 1630); über den
Fenstern erkennt man u. a. die Madonna mit Kind (Mitte), Adam
und Eva (links), König David und Bathseba (rechts). Der darüber
verlaufende Stuckfries erzählt die Geschichte dieser beiden alttesta-
mentlichen Paare.

Ascona Orientierung

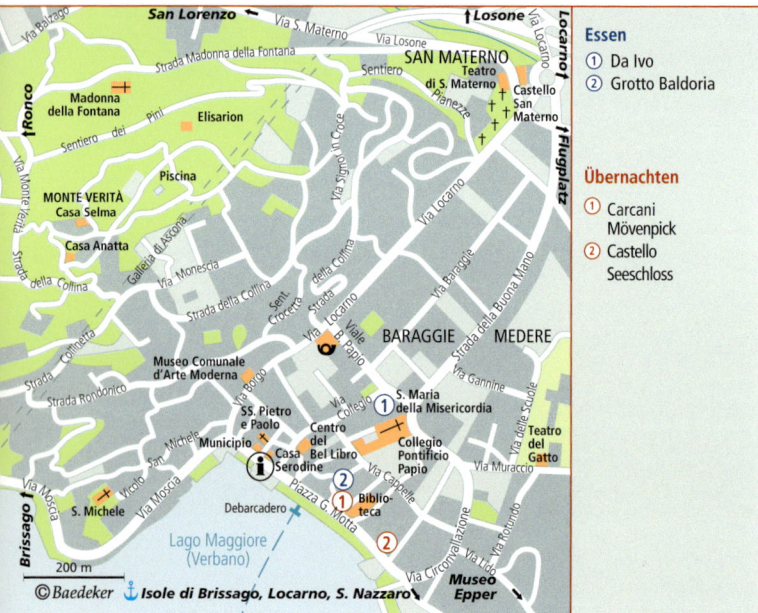

SS. Pietro e Paolo   An der Piazza S. Pietro erhebt sich die Kirche SS. Pietro e Paolo, eine **dreischiffige Säulenbasilika**, deren Campanile schon von weitem sichtbar ist. Im Jahr 1264 erstmals erwähnt, wurde sie von 1530 bis 1535 grundlegend erneuert.

Das **Innere** ist mit drei hervorragenden Altarbildern von Giovanni Serodine ausgestattet, eine Marienkrönung (um 1623), »Christus in Emmaus« und »Die Söhne des Zebedäus«. Die Gewölbefresken (1783) sind von Pietro Francesco Pancaldi-Mola. Dessen Bruder Giovanni Battista schuf das Grabmal der Brüder Vacchini im nördlichen Seitenschiff.

★
S. Maria della Misericordia   Durch enge Gassen gelangt man zur östlich der Pfarrkirche gelegenen Kirche S. Maria della Misericordia. Sie wurde von 1399 bis 1442 erbaut. Ihr Innenraum ist mit dem **bedeutendsten spätgotischen Freskenzyklus der Schweiz** geschmückt. Die Wandbilder im Chor – an der Nordwand Szenen aus dem Alten, an der Südwand Szenen aus dem Neuen Testament – entstanden im frühen 15. Jh., die Fresken des Schiffes im 16. Jahrhundert. Das Polyptychon des Hochaltars mit der Schutzmantelmadonna zwischen den Heiligen Dominikus und Petrus Martyr im Mittelpunkt malte der Asconeser Giovanni Antonio de Lagaia 1519. Beachtenswert ist außerdem das Fresko der Madonna della Quercia (»Madonna mit der Eiche«), umgeben von

den Pestheiligen Sebastian und Rochus, an der südlichen Langhauswand (Mitte 16. Jh.).

Das der Kirche angeschlossene Collegio Pontificio Papio ist eine Stiftung des Patriziers Bartolomeo Papio. Es entstand von 1585 bis 1602 nach Plänen von Pellegrino Tibaldi. Besonders schön ist der Innenhof mit seinen beiden Arkadengeschossen und den toskanischen Säulen. Das Gebäude beherbergt heute eine Privatschule.

Collegio Pontificio Papio

Ascona besitzt mehrere Museen. Das **Museo Comunale d'Arte Moderna** (Via Borgo 34) zeigt neben wechselnden Ausstellungen moderner Kunst vor allem das Werk der russischen Expressionistin Marianne von Werefkin, die einige Jahre bis zu ihrem Tod 1938 in Ascona lebte. Öffnungszeiten: Di.–Sa. 10.00–12.00, 15.00–18.00, So. 16.00–18.00 Uhr.
Im **Museo Epper** (Via Albarelle 14), dem erweiterten ehemaligen Atelierhaus des Künstlerpaares Ignaz (1892–1969) und Mischa Epper (1901–1978), werden Holzschnitte und Bilder des Schweizer Expressionisten und Skulpturen seiner Frau gezeigt. Öffnungszeiten: Di.–Sa. 10.00–12.00, 15.00–18.00 Uhr.

Museen

Umgebung von Ascona

Über die Via Borgo und die Strada della Collina erreicht man den 321 m hohen Monte Verità, den Hausberg des Ortes. An der Stelle der einstigen so genannten Licht-und-Luft-Hütten der Utopisten stehen heute das 1927 von Emil Fahrenkamp im Bauhausstil erbaute **Hotel Monte Verità** und im großen Park die **Casa Anatta**, einst Wohnsitz der Lebensreformer. In diesem »originellsten Holzhaus der Schweiz« sind heute die Ideen und die Geschichte der Reformbewegung in und um Ascona seit 1869 dokumentiert. (▶Baedeker Special S. 215). Zwei weitere Gebäude aus der Gründerzeit sind erhalten: die um 1900 als Gästehaus erbaute Casa Selma und ein Holzpavillon im Stil von 1900, wo das 1923 gemalte Panoramagemälde »Klare Welt der Seligen« ausgestellt ist. Gemeinsame Öffnungszeiten: Apr.–Okt. Di.–So. 13.30–18.30, Juli/Aug. bis 19.00 Uhr.

✴ Monte Verità

Ein markierter Weg führt zur turmlosen Wallfahrtskirche Madonna della Fontana, die von 1617 bis 1677 am Nordabhang des Monte Verità über einer Quelle erbaut wurde. Im Innern schmücken Fresken aus dem 17. Jh. die Wände. Nach der Überlieferung soll hier im 15. Jh. ein stummes Hirtenmädchen die Quelle entdeckt und ihre Sprache wiedergefunden haben. Vermutlich gab es hier jedoch bereits ein keltisches Quellheiligtum.

◀ Madonna della Fontana

Nordwestlich von Ascona erstreckt sich die Nachbargemeinde Losone mit schönen Granithäusern, den Rustici (15. bis 18. Jh.). Eine moderne Antwort hierauf ist die **Casa Bianda** (Via Ubrio 6), ein wehrhaft erscheinender Wohnzylinder des Tessiner Architekten Mario

Losone

Botta von 1989. Besuchenswert sind auch die drei Ortskirchen: **S. Lorenzo** wurde 1597 erbaut, um 1776 barockisiert und 1894 nochmals verändert. Sie besitzt einen bemerkenswerten Altar (1751) von Giuseppe Buzzi, Gemälde von Pancaldi und Orelli sowie kunstvolle Beichtstühle und ein schönes Taufbecken (1580). Die 1799 errichtete Kirche **S. Giorgio** im gleichnamigen Ortsteil geht auf einen Bau des 11. Jh.s zurück, von dem noch der Campanile und der Chor erhalten sind; im Kirchenraum sieht man Fresken von Nicolao da Seregno und Antonio da Tradate (14./15. Jh.). Das Innere von **S. Rocco**, 1584 erbaut und im 19. Jh. erweitert, malte Giovanni Antonio Vanoni 1860 aus. Das Gemälde der Muttergottes mit den Pestheiligen Sebastian und Rochus hinter dem Altar ist von 1614.

Arcegno Westlich oberhalb von Losone liegt inmitten von Kastanienwäldern das alte Bergdorf Arcegno (400 m) mit seinen urwüchsigen Häusern. Die Pfarrkirche Sant' Antonio Abate, im 14. Jh. erbaut und im 17. Jh. erweitert, besitzt eine bemalte Fassade (17. Jh.) sowie Freskenreste des 14. bis 16. Jh.s im Innern. An der Straße nach Losone steht die um einen Bildstock von 1692 erbaute barocke Kapelle **Madonna della Valle**; den Chor schmückt ein auf 1593 datiertes Fresko (Gottesmutter mit Kind zwischen den Hll. Antonius und Rochus).

Verscio Verscio, das kleine Dorf 5 km nördlich von Ascona, besitzt ein Kulturzentrum (1975) von internationalem Rang mit Theater und Hochschule für Bewegungstheater sowie dem ersten Schweizer Museum der Komik. Das alles ist das Werk eines besonderen Künstlers: Der **Clown Dimitri** ist mit Soloprogrammen, Theaterstücken, Regiearbeiten und Malereien ein whres Allroundtalent und weltweit gefeiert. Öffnungszeiten an Vorstellungstagen: März – Nov. 17.00 bis 24.00 Uhr; Informationen: Tel. 09 17 96 24 14, www.teatrodimitri.ch.

★ ★ **Bergamo**

L 6

Provinzhauptstadt	**Höhe:** 249 – 365 m ü. d. M.
Einwohnerzahl: 117 000	

Bergamo, die Hauptstadt der gleichnamigen Provinz, breitet sich am Fuß der Bergamasker Alpen aus, wo die beiden Alpentäler von Brembo und Serio in die Po-Ebene einmünden. Sie ist Verkehrs- und Handelszentrum mit großen Industrieansiedlungen.

▶ BERGAMO ERLEBEN

Polenta e Usei: eine Spezialität von Bergamo

AUSKUNFT

I. A. T.
Via Gombito 13
I-24100 Bergamo
Tel. 0 35 24 22 26, Fax 0 35 24 29 94
www.comune.bergamo.it
www.bergamotour.it

ESSEN

▶ Fein & Teuer

③ *Da Vittorio*
Brusporto, Via Cantalupa 17
Tel. 0 35 68 10 24
Geschl. Di., So.abend.
Hier kann man hervorragende Gerichte genießen.

▶ Erschwinglich

② *Osteria di Via Solata*
Via Solata 8
Tel. 0 35 27 19 93
www.osteriaviasolata.it
Geschl. Di., So.abend
Die in der Oberstadt gelegene
Trattoria ist in einem historischen
Bau eingerichtet strahl eine freundliche Atmosphäre aus.

▶ Günstig

① *Da Franco*
Via Bartolomeo Colleoni 8
Tel. 0 35 23 85 65
www.dafrancobergamo.it
Hier gibt es krosse Pizzen und deftige
Bergamesker Küche.

ÜBERNACHTEN

▶ Luxus

① *Excelsior San Marco*
Piazza Repubblica 6
Tel. 0 35 36 61 11
www.hotelsanmarco.com, 155 Z.
Sehr gutes Hotel in zentraler Lage in
der Nähe der Standseilbahn zur Città
alta; schöne Zimmer, hervorragender
Service, große Garage und Parkplatz;

das reichhaltige Frühstück wird im
8. Stock serviert; von dort hat man
einen wunderbaren Blick auf die
Türme der Città alta.

▶ Komfortabel

② *Il Gourmet*
Via S. Vigilio 1
Tel. 0 35 25 61 10
www.gourmet-bg.it, 11 Z.
Gutes Hotel mit angenehmer Atmosphäre und komfortabel ausgestatteten
Zimmern; Restaurant mit ausgezeichneter Küche.

▶ Günstig

③ *Agnello d' Oro*
Via Gombito 22
Tel. 0 35 24 98 83
www.agnellodoro.it, 20 Z.
Das einfache Hotel in einem Gebäude
aus dem 17. Jh. ist direkt im Zentrum
der Città alta gelegen – besonders an
Wochenenden kann es etwas laut sein,
dafür ist man mitten im Leben; ein
Restaurant ist angeschlossen.

④ *Bed & Breakfast Villa Luna*
Via al Pianone 4
Tel. 0 35 2 45 54
www.bbvillaluna.it
Man wohnt idyllisch in der Oberstadt,
etwas außerhalb des Zentrums mit
Blick ins Grüne.

Zwei Gesichter:
Unter- und
Oberstadt

Eigentlich besteht Bergamo aus zwei verschiedenen Stadtbereichen: In der Ebene breitet sich die Città bassa aus, die geschäftige Unterstadt, deren Bild durch moderne Bauten und Industriebetriebe geprägt ist. Auf einem Bergrücken, rund 120 m oberhalb des Flusses Serio, erstreckt sich die Città alta, die ganz mittelalterlich gebliebene Oberstadt mit ihrem Labyrinth enger Gassen und zahlreichen Kunstschätzen.

Geschichte

Als die Römer im 2. Jh. v. Chr. das Municipium Bergomum gründeten, bestand bereits seit über 300 Jahren eine keltische Siedlung namens Berghem (= Berg und Heim). Im Jahr 575 machten die **Langobarden** die Stadt zum Herzogssitz, ab 776 folgte die Herrschaft fränkischer Könige und später römisch-deutscher Kaiser. Bereits 1098 gründeten Kleinadelige, Händler und Zünfte in Bergamo eine Gegenregierung zum kaisertreuen Bischof. Der Konflikt erlebte 1165 seinen Höhepunkt, als die Stadt den Bischof entmachtete und die Stadtrepublik ausrief. Die beiden folgenden Jahrhunderte waren von inneren Kämpfen zwischen Ghibellinen (Kaisertreue) und Guelfen (Papsttreue) bestimmt. 1295 geriet Bergamo unter die Gewaltherrschaft der Mailänder Familie Visconti, aus der es sich 1428 befreite, indem es sich der Republik Venedig unterwarf.

1437 versuchten die Visconti, das vor ihren Toren gelegene Bergamo zurückzuerobern. Aber Bartolomeo Colleoni, Condottiere im Dienste Venedigs, bereitete ihnen eine vernichtende Niederlage. Zum Schutz vor weiteren Eroberungsversuchen wurde die Oberstadt ab 1561 ummauert und durch Bastionen gesichert. Nun folgte eine wirtschaftliche und kulturelle Blütezeit. Nachdem Napoleon die Republik Venedig aufgelöst hatte, fiel Bergamo 1815 an Österreich, 1859 an das Königreich Sardinien und im Zug der Einigung an Italien. Bergamo ist Geburtsstadt des Opernkomponisten **Gaetano Donizetti** (▶Berühmte Persönlichkeiten).

✸ ✸ Città alta

»Oberstadt«

Die Altstadt Bergamos besitzt unzählige historische Winkel, Gassen und Plätze mit schönen alten Gebäuden. Die einladenden gemütlichen bis luxuriösen Bars und Restaurants, die verführerisch duftenden Konditoreien und Bäckereien sorgen für das leibliche Wohl der Besucher. Die Oberstadt ist für den Autoverkehr gesperrt (die Zufahrt zu den Hotels jedoch gestattet). Es empfiehlt sich, zu Fuß oder mit dem Bus bis zum Viale Vittorio Emanuele zu fahren, wo die Talstation der seit 1887 verkehrenden **Standseilbahn**, Funicolare di Città alta, ist. Von hier aus ist man in wenigen Minuten auf dem ehemaligen Marktplatz, dem Mercato delle Scarpe. Über die Via Gombito gelangt man zur **Piazza Vecchia**, dem Ausgangspunkt der nun folgenden Beschreibung. Es gibt aber auch eine regelmäßige Busverbindung zwischen Unter- und Oberstadt oder man nimmt den Treppenweg, der unmittelbar hinter der Talstation beginnt (ca. 15 Min.).

Bergamo *Orientierung*

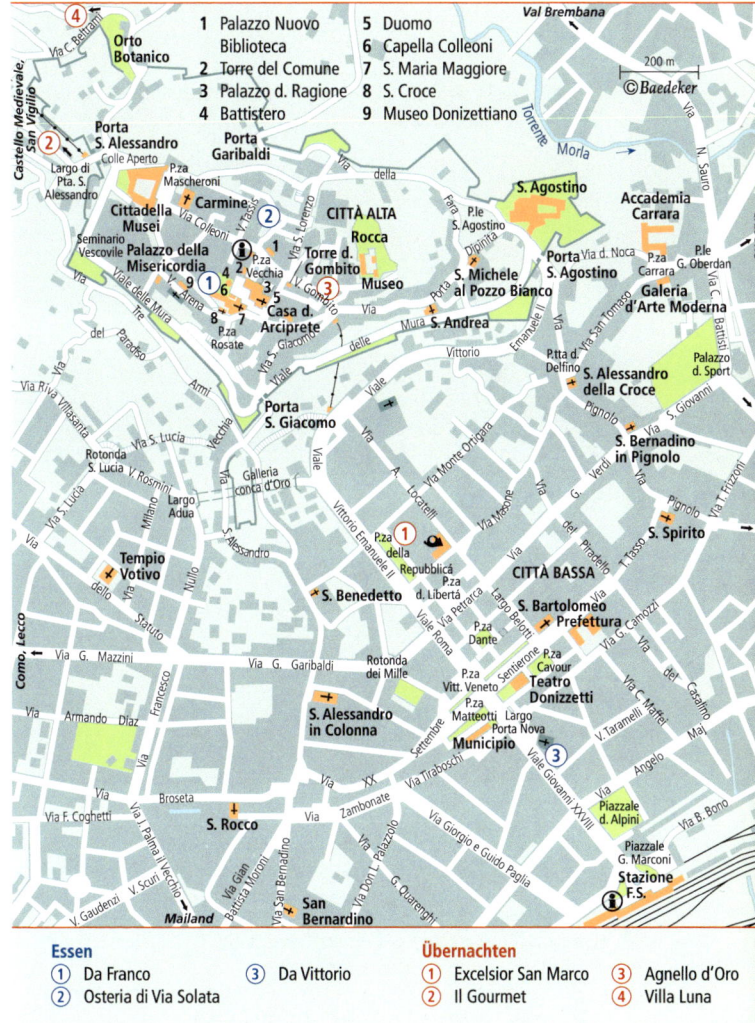

1	Palazzo Nuovo Biblioteca	5	Duomo
2	Torre del Comune	6	Capella Colleoni
3	Palazzo d. Ragione	7	S. Maria Maggiore
4	Battistero	8	S. Croce
		9	Museo Donizettiano

Essen
① Da Franco
② Osteria di Via Solata
③ Da Vittorio

Übernachten
① Excelsior San Marco
② Il Gourmet
③ Agnello d'Oro
④ Villa Luna

Le Mura

Bergamos Città alta wurde zwischen 1561 und 1590 im Auftrag Venedigs mit einem rund 5 km langen Mauergürtel und 16 Bastionen gesichert. Für die **besterhaltene Stadtbefestigung Oberitaliens** mussten zahlreiche Gebäude abgebrochen werden. Die vier Stadttore dienen auch heute noch als Durchgänge.

Die Piazza Vecchia ist das malerische Herz der Oberstadt.

Piazza Vecchia ✴ Die zwischen 1440 und 1493 angelegte Piazza mit ihrem von steinernen Löwen und Schlangen umgebenen Brunnen in der Mitte (1780) bildet mit dem Domplatz das Zentrum der Oberstadt.

Torre Civica ▶ Der 54 m hohe Stadtturm geht auf einen im 12. Jh. erbauten Wehrturm der Familie Suardi zurück; der Glockenaufsatz folgte im 17. Jahrhundert. Wer die 230 Stufen nicht scheut, genießt einen herrlichen Blick auf die Stadt und das Umland. Nur von hier oben übersieht man die durch mehrere Anbauten verdeckte Kirche S. Maria Maggiore mit ihrem mit Schiefer gedeckten Dach. Öffnungszeiten: ⏱ Apr. – Okt. Mo. – Fr. 9.30 – 19.00, Sa., So. bis 21.30, sonst nur Sa./So. 9.30 – 21.30 Uhr.

Palazzo della Ragione ▶ ✴ Der Palazzo della Ragione, das frühere Rathaus, nimmt den Süden des Platzes ein. Der heutige Bau mit seiner offenen Arkadenhalle im Erdgeschoss, dem venezianischen Maßwerk und dem Relief des Markuslöwen auf der Hauptfassade entstand von 1538 bis 1554. Die überdachte Außentreppe von 1453 führt zum Obergeschoss, in dessen Salone delle Capriate wertvolle Fresken des 14. bis 16. Jh.s zu sehen sind, die aus anderen Gebäuden abgenommen und hierher gebracht worden sind.

Unter den Arkaden des Palazzo befindet sich ein riesiger **Meridian** (1798) von Giovanni Albrici. Durch die Scheibe (im mittleren Bogen des Südportikus) fällt ein Sonnenstrahl, der übers Jahr hinweg jeweils zu Mittag der auf den Boden gezeichneten Kurve folgt. Vor dem Palast steht eine Statue des Dichters Torquato Tasso (1681) von G. B. Vismara.

Biblioteca Civica ▶ Den Norden des Platzes nimmt die zwischen 1611 und 1690 im Stil der Renaissance von Vincenzo Scamozzi erbaute Biblioteca Civica ein, deren Fassade erst 1919 vollendet wurde. Die Bibliothek besitzt u. a. einige großartige Werke der Buchmalerei und Handschriften.

Durchschreitet man die Arkadenhalle des Palazzo della Ragione, so steht man auf dem Domplatz, dem ältesten Kern von Bergamo, der ebenfalls von bedeutenden Bauten umgeben wird.

★ Piazza del Duomo

Hier erhebt sich der Dom mit seiner neoklassizistischen Fassade (1886). Die 1207 geschaffene romanische Basilika wurde im 15. Jh. nach Plänen von **A. Filarete** umgebaut und 1680 bis 1688 schließlich von C. Fontana vollendet. Die Kirche ist mit zahlreichen Werken aus dem 15. bis 18. Jh. ausgestattet. Beachtenswert sind das »Martyrium des Bischofs S. Giovanni« (1743) von Gian Battista Tiepolo in der Apsis und das Chorgestühl (17. Jh.) von Giovanni A. Sanz.

◄ Dom S. Vincenzo

Das beherrschende Gebäude des Domplatzes ist S. Maria Maggiore, in deren Langhausfassade ab 1472 die Cappella Colleoni eingebaut wurde. Die dreischiffige Kirche entstand in mehreren Phasen (1137 bis 14. Jh.). Sie besitzt keine Fassade, da sich im Westen der Bischofspalast anschließt. Auch im Osten steht die Kirche nicht frei; hier folgt auf ihre Apsis das 1810 im klassizistischen Stil erbaute Ateneo. Ihre beiden Zugänge im Norden und Süden des Querschiffs versah man um 1350 mit Vorhallen im gotischen Stil, deren Säulen tragenden Löwen man in der Lombardei öfters begegnet. Auffällig ist die Baldachinarchitektur über dem Nordportal: Im unteren Laubengang wird die **Reiterstatue des hl. Alexander** von zwei Heiligen eingerahmt; darüber thront eine **Madonna mit Kind** (1398), ebenfalls zwischen zwei Heiligen.

★ S. Maria Maggiore

Bis auf wenige Freskenreste aus dem 14. Jh. im Querhaus, darunter »Szenen aus dem Leben des hl. Eligius« und »Abendmahl« (gleich neben dem Nordeingang), stammt die Innenausstattung der Kirche vor allem aus dem 16. bis 18. Jahrhundert. Beachtenswert sind die toskanischen und flämischen **Wandteppiche** (16. und 17. Jh.), das **Wandgrab für Kardinal Guglielmo Longhi** (um 1330; im Südschiff), daneben das **Denkmal für Gaetano Donizetti** (1855) von Vincenzo Vela und der **Beichtstuhl** von Andrea Fantoni (1704).

Zu den Schätzen gehören jedoch das **Holzkruzifix** aus dem 14. Jh. und vor allem das Chorgestühl, das Gian Francesco Capoferro und Giovanni Belli von 1522 bis 1555 schufen. Die vorderen Brüstungsfelder sind Meisterwerke der Intarsienkunst (gewöhnlich sind sie hinter ornamentierten Holzplatten versteckt und nur sonntags zu sehen). Sie stellen, nach Vorlagen von Lorenzo Lotto, Szenen aus dem Alten Testament dar: »Zug durch das Rote Meer«, »Sintflut«, »Arche Noah«, »Judith und Holofernes« und »David und Goliath«.

★★ ◄ Chorgestühl

An die nördliche Vorhalle der S. Maria Maggiore grenzt die beeindruckende Cappella Colleoni mit ihrer überreich geschmückten Renaissance-Fassade aus schwarz-weiß-rotem Marmor. 1472 beauftragte Bartolomeo Colleoni den Paveser Bildhauer und Architekten **Giovanni Antonio Amadeo** mit dem Bau einer Familiengrabkapelle. Bei Colleonis Tod 1475 war die Kapelle noch nicht fertig, die Arbeiten an der Innenausstattung zogen sich bis ins 19. Jh. hin, das Bronzegitter vor der Kapelle folgte sogar erst im Jahr 1913. Die Fassadenplas-

★ ◄ Cappella Colleoni

Bauensemble von S. Maria Maggiore

tik, die Taten des Herakles im So-ckelfries, Medaillons mit Kaiser- und Heiligenporträts entlang der Eckpfeiler, dazwischen feine Orna-mente sollten die Taten und den Glanz des im Dienst Venedigs er-folgreichen Feldherrn aus altem Bergamasker Geschlecht verherrli-chen. Die Grabmäler der Colleoni im Kapelleninnern sind auch von Amadeo: Vier auf Löwen ruhende Säulen tragen den reliefierten gro-ßen Sarkophag des Bartolomeo, darüber ruht seine Gemahlin in ei-nem kleineren Sarkophag. Über al-lem thront die vergoldete Reitersta-tue des Condottiere, ein Werk des Nürnberger Schnitzers **Sixtus Frey** (1501); links befindet sich das Ni-schengrab Medea Colleonis (gest. 1470) mit einer lebensgroßen Lie-gefigur der Lieblingstochter Barto-lomeos, ebenfalls von Amadeo, aus der vom Vater gestifteten Domini-kanerkirche S. Maria della Basella bei Urgnano. Beachtenswert sind außerdem die **Fresken** (1743) zur Lebensgeschichte Johannes' des Täufers in der Kuppel von G. B. Tiepolo, die **»Heilige Familie«** (1789) von der Schweizer Malerin Angelika Kauffmann sowie zwei Chorbänke von Giovanni A. Sanz mit wertvollen Intarsien (1780–1785) von Giacomo Caniana.

Battistero ▶ Rechts von der Cappella Colleoni steht der 1340 von **Giovanni da Campione** erbaute Battistero. Das Marmorachteck befand sich ur-sprünglich in der Kirche S. Maria Maggiore. Nachdem die Taufe 1660 in den Dom verlegt wurde, baute man das Baptisterium ab und erst 1898 an der heutigen Stelle wieder auf. Die acht Ecken werden durch Statuen der Tugenden betont. Die Reliefs an den Wänden im Innnern schildern das Leben Jesu.

★
S. Croce Südwestlich von S. Maria Maggiore (links von ihrer südlichen Vor-halle) steht in einem ummauerten Vorgarten die romanische Kapelle S. Croce (11. Jh.), die erst 1885 an diese Stelle versetzt wurde. Durch die mit Fresken (13./14. Jh.) geschmückte Halle der **Aula**, des ehem. Bischofspalastes, gelangt man auf die Piazza Duomo zurück.

Rocca Über die Via Gombito und die Via San Lorenzo erreicht man die Rocca, die Festung. Mit dem Bau der Festung war 1331 unter Johann von Luxemburg begonnen worden, Azzone Visconti stellte sie fertig,

und die Venezianer verstärkten sie u. a. durch den Rundturm. Weitere Ausbauten folgten 1850 unter den Österreichern. Heute befindet
sich hier das Museo del Risorgimento (seit einiger Zeit geschlossen)
sowie der Parco delle Rimembranze, ein kleiner Park.

Sehr schön ist der Blick vom **Turm** auf die Ober- und Unterstadt Ber- ⊕
gamos. Öffnungszeiten: Di. – So. 9.30 – 13.00, 14.00 – 17.30; März bis
Sept. durchgehend bis 19.00 Uhr.

Die westliche Fortsetzung der Via Gombito ist die Via Colleoni. Bei **Via Colleoni**
Haus Nr. 3 gelangt man über einen Durchlass in einen Hof, in dem
eine Säule aus dem 16. Jh. einen auf den Hinterbeinen stehenden Löwen trägt, das Wappen der Suardi; Haus Nr. 4 ist das 1803 von Ludwig Pollak entworfene und 1807 eröffnete **Teatro Sociale**. Einst fasste
es über 1300 Zuschauer; heute finden hier Wechselausstellungen
statt. Öffnungszeiten: Di. – Sa. 10.00 – 13.00, 15.00 – 18.30, So. 15.00 ⊕
bis 19.00 Uhr. Haus Nr. 10 ist die **Casa Colleoni**, der erste Wohnsitz
des Condottiere Colleoni; 1466 gründete er hier den Luogo Pio della
Pietà, eine Stiftung für mittellose Mädchen. Im Erdgeschoss sind
Fresken aus dem 15. Jh. und in einem Saal das »Bildnis von Bartolomeo Colleoni« von G. Battista Moroni zu sehen; im ersten Stock ist
eine kleine Sammlung zum Leben Colleonis untergebracht.

Von der Piazza Mascheroni durchquert man die Torre della Campa- **Cittadella**
nella (1355; im 19. Jh. verändert) und steht dann auf der Piazza della
Cittadella, im Innenhof der 1355 von den Visconti erbauten Zitadelle. Im Innern sind Museen untergebracht: Das **Museo Civico Archeologico** zeigt prähistorische, frühchristliche und langobardische Funde, u. a. Werkzeuge, Keramiken und Münzen. Öffnungszeiten: Di. bis ⊕
Fr. 9.00 – 12.30, 14.00 – 18.00, Sa., So. 9.00 – 19.00 Uhr.

Im kleinen naturgeschichtlichen Museum **Museo di Scienze Naturali
E. Caffi** sind u. a. eine Schmetterlingssammlung, eine Kräutersamm-
lung sowie das Skelett eines Mammuts zu sehen. Öffnungszeiten: ⊕
Okt. – März Di. – So. 9.00 – 12.30, 14.30 – 17.30, Apr. – Sept. Di. – Fr.
9.00 – 12.30, 14.30 – 18.00, Sa., So. 9.00 – 19.30 Uhr.

Vor der Cittadella liegt der Colle Aperto, ein großer, belebter Platz. **San Vigilio**
Von hier sind es nur einige Schritte zur Station von Bergamos zweiter Standseilbahn (Funicolare), die nach San Vigilio hinauffährt.
Oben steht der 894 erstmals erwähnte **Castello**, der bis ins 15. Jh.
ausgebaut wurde. Ursprünglich war die Festung durch einen unterir-
dischen Gang mit der Città alta verbunden. Von hier oben genießt
man einen herrlichen Blick auf die Stadt und ihr Umland.

Die Via Arena beginnt auf der Rückseite der S. Maria Maggiore an
der gleichnamigen Piazzetta. Rechts liegt der Palazzo della Misericor- **Via Arena**
dia. Er beherbergt die Musikschule und das **Museo Donizettiano**.
Mit einigen Erinnerungsstücken, u. a. Noten, Briefen, Dokumenten
und Bildern, dem Flügel, auf die viele Werke entstanden, wird hier

Leben und Werk des **Komponisten Gaetano Donizetti** (►Berühmte Persönlichkeiten) dokumentiert. Öffnungszeiten: Di. – Sa. 9.00 bis 12.00, Sa. auch 14.00 – 17.00, So. 10 – 12.00, 14.00 – 16.00 Uhr.
Gegenüber erstreckt sich der Komplex des **Benediktinerinnen-Klosters Santa Grata**, dessen Außenwände ursprünglich mit Fresken verziert waren. Am Ende der Via Arena erreicht man das **Bischöfliche Seminar Giovanni XXIII.**, das 1819 erbaut und 1965 erweitert wurde. Es ist Papst Johannes XXIII. gewidmet, der 1881 in Sotto il Monte (15 km westlich von Bergamo) geboren wurde, das Seminar als Schüler besuchte und von 1958 bis zu seinem Tod 1963 Papst war.

Via Donizetti

★

Casa
dell'Arciprete ►

In der schönen Via Donizetti sind beachtenswert u. a. der **Palazzo Scotti** (Nr. 1), hier starb 1848 Gaetano Donizetti, und der prachtvolle Renaissance-Palast Casa dell'Arciprete (Nr. 3), das »Haus des Erzpriesters«, 1520 nach Plänen von Pietro Isabello gebaut. Hier ist ein Diözesanmuseum für sakrale Kunst im Aufbau.
Über die Via Porta Dipinta, vorbei an der **Kirche S. Michele al Pozzo Bianco** (12. Jh.) die im Innern mit Fresken aus dem 15./16. Jh. geschmückt ist, gelangt man zum **ehemaligen Kloster S. Agostino**. In der mittlerweile profanierten Kirche, die 1347 geweiht und im 15. Jh. erweitert wurde, finden heute kulturelle Veranstaltungen statt. Im Innern sind noch Freskenreste aus dem 14. und 15. Jh. erhalten; die beiden Kreuzgänge stammen aus der Renaissance.

Città bassa

Um die Piazza Matteotti

Mittelpunkt der äußerst geschäftigen Unterstadt ist die Piazza Matteotti mit ihren Arkadengängen, in denen sich luxuriöse Geschäfte und der Teatro Donizetti befinden. »Bummelstraßen« sind darüber hinaus die Via XX Settembre und Via Torquato Tasso. Etwas zurückversetzt steht die Kirche **SS. Bartolomeo e Stefano** (1604 – 1642) an der Ecke Largo Belotti/Via T. Tasso. Im Innern ist hinter dem Hochaltar die »Sacra Conversazione« zu sehen, eine schöne Madonna mit Kind (1516) von Lorenzo Lotto. Der Stadtkern entstand von 1914 bis 1930 auf dem Gelände der **Sant'-Alessandro-Messe**, einer der ältesten Messen Italiens. Seit dem 10. Jh. findet sie alljährlich in Bergamo statt (Ende August bis Anfang September). In der Umgebung gibt es zahlreiche Läden.

> ! **Baedeker** TIPP
>
> **Für Liebhaber von Klaviermusik ...**
> ... findet jedes Jahr zwischen Ende April und Mitte Juni in Bergamo und Brescia das Festival Pianistico Arturo Benedetti Michelangeli statt. Veranstaltungsort in Bergamo ist das prachtvolle Teatro Donizetti. Informationen: Tel. 0 30 29 30 22, www.festivalmichelangeli.it.

★

Via Pignolo

Eine recht interessante Straße mit einheitlicher Bebauung aus dem 16. und 17. Jh. ist die Via Pignolo, einst ein Waldweg (pignolo = Pinienzapfen), die sich zwischen der Porta S. Antonio im Osten, dem einstigen Stadttor zum gleichnamigen Vorort, und der kleinen Piazzetta del Delfino im Westen erstreckt. Gleich linker Hand (Ecke Via T. Tasso) steht die um 1525 nach Entwürfen von Pietro Cleris oder Pietro Isabello erbaute Kirche **S. Spirito**, Teil eines älteren Komplexes. Um 1730 wurde sie eingewölbt, um 1850 der Chor erweitert. Beachtenswert im Innern sind der Hochaltar, eine »Sacra Conversazione« von Lorenzo Lotto (1521) sowie die Heiligenskulpturen im Chor (15. Jh.), vermutlich Teile eines ehemaligen Grabmals.

Der schöne Renaissance-Retabel (1508) in der zweiten Kapelle von links von Ambrogio da Fossano, genannt Bergognone; in der fünften Kapelle befinden sich die Grabstätten von Domenico und Agostino Tasso, Mitbegründer der Post der Thurn und Taxis, die sich im 15. Jh. in ganz Europa etablierte. Von hier steigt die Via Pignolo leicht an. In der kleinen **Kirche S. Bernardino** (rechts) befindet sich eine Tafel des berühmten Hauptaltars von L. Lotto (in der Kirche S. Spirito). An der Einmündung der Via S. Tomaso steht man vor dem 1526 hier aufgestellten **Delphinbrunnen**. Folgt man ihr, so gelangt man zur Accademia Carrara.

Die Accademia Carrara (Piazza Carrara), ein klassizistischer Palazzo, 1796 errichtet und 1805 von Simone Elia umgebaut, ist eine der bedeutendsten Gemäldegalerien Norditaliens. Ihr Kern ist die Kunstsammlung des Grafen Giacomo Carrara, die durch spätere Stiftungen ergänzt wurde. Die Malerei Italiens ist mit hervorragenden Werken vertreten: die Lombardei durch die Schulen von Bergamo, Brescia, Cremona, Mailand, Mantua und Ferrara; die Venezianische Schule durch Bellini, Tizian, Tintoretto, Tiepolo u. a.; die Florentiner Schule durch Fra Angelico, Botticelli etc. und schließlich die Toskana und Umbrien durch Signorelli und Raffael. Zu den Schätzen gehören die **»Tarot-Karten«** von Bonifacio Bembo, eine **»Madonna«** von Andrea Mantegna (um 1465), zwei **Madonnen von Giovanni Bellini**, von denen die **»Madonna aus Alzano«** (um 1490) zu den schönsten Marienbildern der Renaissance zählt, Tizians **»Orpheus und Eurydike«** (16. Jh.), Pisanellos **»Porträt des Lionello d'Este«** (1441), und Sandro Botticellis **»Porträt Giuliano de'Medici«** (15. Jh.). Öffnungszeiten: Juni – Sept. Di. – Fr. 10.00 – 21.00, Sa. 10.00 – 23.00, Okt. bis Mai Di. – Fr. 9.30 – 17.30, Sa. 10.00 – 18.00 Uhr.

Accademia Carrara ✶✶

⊙

Gegenüber, in einem ehemaligen Kloster (Via S. Tomaso 53), ist die Galerie für Moderne und Gegenwartskunst untergebracht, die in Wechselausstellungen Kunst des 20. Jh.s präsentiert. Öffnungszeiten bei Ausstellungen: Di. – Fr. 15.00 – 19.00, Do. 15.00 – 22.00, Sa., So. 10.00 – 19.00 Uhr.

Galeria d'Arte Moderna e Contemporaneo ⊙

Umgebung von Bergamo

Bergamo ist von verschiedenen Alpentälern im Norden, Hügellandschaften im Westen und Osten sowie von einem kleinen Stück Ebene

Bergamasco

im Süden umgeben. So haben die beiden aus dem Norden heranfließenden Flüsse Brembo und Serio zwei lange, schmale **Täler** gegraben, die tief in die Hochalpen hineinreichen: Valle Brembana und Valle Seriana; zu den kleineren Tälern zählen u. a. Valle S. Martino, Valle Imagna, Val Taleggio – wo der gleichnamige Käse produziert wird – und Val Cavallina. Der Besuch dieser Regionen lohnt sowohl wegen der schönen, teilweise unberührten Landschaft als auch wegen zahlreicher Kunstschätze.

Valle S. Martino

Das kleine Tal S. Martino erstreckt sich zwischen Bergamo und Lecco (▶ Comer See). In **Pontida**, rund 17 km nordwestlich von Bergamo, gründete Alberto da Prezzate ein Kloster, das er 1076 der burgundischen Abtei Cluny übergab. Ihre Blütezeit erlebte die Abtei während des 12. Jh.s, und ihr Prior spielte, wie es üblich war, als Mittler bei politischen Auseinandersetzungen eine Rolle. So trafen sich in Pontida 1167 die freien Kommunen Bergamo, Brescia, Cremona, Mantua sowie Mailand und gründeten die **Lombardische Liga** zum Kampf gegen Kaiser Friedrich I. Barbarossa. Im 13. Jh. erlebte das Kloster seinen Niedergang; 1373 verwüstete Bernabò Visconti die Gebäude. 1798 wurde der Konvent aufgelöst und erst 1910 durch Benediktiner wieder genutzt. Die heutige Kirche S. Giacomo wurde 1310 errichtet, um 1500 und um 1700 umgebaut. Ihre Fassade und der obere Teil des Glockenturms stammen aus den Jahren 1826 bis 1832. In der Mauer der südlichen Chorwand sind die Überreste des Sarkophags des Alberto da Prezzate, in der Sakristei sind Fresken aus der venezianisch-lombardischen Schule aus dem 16. Jh. erhalten.

Valle Brembana

Das Valle Brembana mit seinen Nebentälern zieht sich im Norden von Bergamo auf einer Länge von 40 km bis in die Bergamasker Alpen hinein, wo der namensgebende Fluss Brembo entspringt. Das Tal wird im Nordosten vom Pizzo del Diavolo (2914 m) und im Nordwesten vom Pizzo dei Tre Signori (2554 m) begrenzt. Am Ende des Tals liegt **Foppolo** (1508 m), das sehr gute Wintersportmöglichkeiten bietet.

S. Pellegrino Terme

Der bekannteste Ort im Valle Brembana ist zweifellos S. Pellegrino-Terme (358 m), ein Kurort mit rund 5500 Einwohnern, der seine besten Zeiten hinter sich zu haben scheint. Ein paar noble, vom Verfall bedrohte Bauten erinnern an die einstige Größe und verbreiten eine melancholische Stimmung. Der elegante Badeort entwickelte sich zu Beginn des 19. Jh.s. Seinen Ruf verdankt der Kurort nicht nur den Quellen, aus denen das **angeblich beste Mineralwasser der Welt** sprudelt, sondern auch einer berühmten Besucherin: Königin Margherita, Ehefrau von Umberto I. Sie kam kurz nach 1900 in das Bad und zog illustre Personen des deutschen, italienischen, russischen und nordafrikani-

schen Adels hierher. S. Pellegrino ist heute Europas drittgrößter Mineralwasserproduzent. Direkt am Ufer des Brembo steht das renovierungsbedürftige **Grand Hotel**, dessen frühere Pracht sich noch erahnen lässt. Romolo Squadrelli und Luigi Mazzocchi waren die Architekten des Jugendstilbaus mit seiner langen Fassade. Auf der gegenüberliegenden Flussseite kommt man in das Kurviertel mit einem Kurgarten, in dem zwei Bauten derselben Architekten stehen: der **Kursaal Palazzo della Fonte**, heute dem Hotel Terme angegliedert, und das Kasino. Der Kursaal ist wunderschön in pompejanischem Stil ausgestaltet. Das berühmte Wasser sprudelt aus einem Fels hervor – 225 000 Liter pro Stunde mit einer gleich bleibenden Temperatur von 26 °C. Das **Kasino** wurde 1907 eröffnet. Bereits im Ersten Weltkrieg wurde der Spielbetrieb geschlossen und das Jugendstilgebäude in ein Kultur- und Veranstaltungszentrum umfunktioniert; heute steht der schöne Bau hauptsächlich für Kongresse und Feiern zur Verfügung.

◄ Kurviertel

Nordwestlich von Bergamo beginnt das Valle Imagna, ein kleines Tal zwischen Adda und Brembo. Kunstinteressierten bietet sich auf dem Weg dorthin ein Abstecher nach **Almenno S. Bartolomeo** an. Auf freiem Feld, etwa 1 km östlich des Dorfes, steht die kleine, um 1140 bis 1150 erbaute Rundkirche S. Tomé in Lémine, der Chor folgte 1180 bis 1200. Der Außenbau ist mit feinen Lisenen und Halbsäulen verziert; der Innenraum besteht aus einem überkuppelten Zylinder mit doppelgeschossigen Umgängen. Die Kapitelle der Säulen im Obergeschoss sind aus dem 12. Jh., die im Untergeschoss vermutlich etwas älter. Besichtigung: Mai – Sept. Sa., So. 14.00 – 17.00 Uhr.

Valle Imagna

★

◄ S. Tomaso in Lémine

☾

Über dem rechten Ufer des Brembo, etwa 3 km außerhalb des Ortes, thront die Renaissance-Kirche Madonna del Castello. Im Innern sind Wandfresken aus dem 15. und 16. Jh. zu sehen. Beachtenswert ist auch der Renaissance-Tempietto über dem Altar (15. Jh.). Rechts davon gelangt man zu einem romanischen Vorgängerbau (um 1100) mit einem Ambo, auf dessen Vorderseite die Evangelistensymbole einskulptiert sind (12. Jh.). Besichtigung: Tel. 0 35 64 00 83.

◄ Madonna del Castello

S. Nicola, die Kirche eines zu einem Restaurant umgewandelten Augustinerklosters, stammt aus dem frühen 16. Jh.; im 17. und 18. Jh. wurde ihr Innenraum im Barockstil u. a. unter Beteiligung von Giovanni A. Sanz ausgestattet, einige der Originalfresken sind jedoch erhalten. Sie waren, wie in vielen anderen Kirchen auch, während der Pest im 17. Jh. aus hygienischen Gründen übertüncht worden.

◄ S. Nicola

Der Fluss Serio entspringt nördlich von Bergamo am Monte Torena und mündet bei Montodino in die Adda. Hauptort des Serio-Tals ist **Clusone** (34 km von Bergamo). Historisches Zentrum ist die Piazza dell' Orologio mit Laubengängen und dem spätgotischen Rathaus, dem Palazzo Comunale, dessen Außenwände noch Freskenreste schmücken. Die Planetenuhr, die dem Platz ihren Namen gab, ist von Pietro Fanzago 1583 angefertigt worden.

Valle Seriana

✳
Oratorio dei
Disciplini ▶

Etwas oberhalb von Clusone thront die barocke **Kirche S. Maria Assunta**. Die Hauptsehenswürdigkeit ist die Totenkapelle Oratorio dei Disciplini daneben mit dem berühmten Totentanz-Fresko an der Außenwand (1485), das den Triumph des Todes über alle Würdenträger der spätmittelalterlichen Gesellschaft zeigt. Die Fresken (1471) im Innern haben Szenen aus dem Leben und der Leidensgeschichte Christi zum Thema, im Chor sind eine Majestas Domini und die Kirchenväter dargestellt. Beachtenswert ist schließlich auch die geschnitzte Verkündigungsgruppe.

Rovetta

Die **Pfarrkirche** des Nachbarortes Rovetta schmückt ein **Altarbild Tiepolos**. Die Casa Fantoni, in der vom 15. bis 19. Jh. die bedeutende Bildhauerfamilie Fantoni lebte und arbeitete, ist heute ein Museum.

Val Cavallina

Das Cavallina-Tal im Osten Bergamos erstreckt sich zwischen Bergamo und Lovere am ▶Iseosee. Zahlreiche Kastelle sicherten einst den Verkehrsweg, eine Verbindung zum ▶Valcamonica. Gleich am Taleingang liegt das im 11. Jh. gegründete Cluniazenserkloster **S. Paolo d'Argon**, das später jedoch vollkommen umgebaut wurde. So stammen die beiden Kreuzgänge mit Säulenarkaden aus dem 16. Jh., die Klosterkirche S. Paolo ist ein barocker Neubau von 1688. **Trescore Balneario**, ein Thermalbad, besitzt einen mittelalterlichen Ortskern. Am Ortsrand, im Park der Villa Suardi (16. Jh.), befindet sich die kleine Renaissancekirche S. Barbara. Der Venezianer Maler Lorenzo Lotto hat ihren Innenraum 1524 ausgemalt. Eingebettet in Landschaften, Städte und Architektur sind die Barbara-Legende (Nordwand) und an der Südwand die Geschichte der hl. Klara dargestellt.

Malpaga

Einige Kilometer südöstlich von Bergamo liegt die kleine Ortschaft Malpaga. 1456 erwarb der **Condottiere Bartolomeo Colleoni** diese Burg der Visconti und baute sie zu einer überaus prächtigen Residenz aus. Die Anlage ist gut erhalten und nach Voranmeldung zur vollen Stunde zu besichtigen (Tel. 0 35 84 00 03, www.castellomalpaga.it). Die Fresken im Innern entstanden teilweise im Auftrag Colleonis (um 1470) sowie auf Anordnung der Familie Martinengo, die die Burg nach dem Tod Colleonis übernommen hatte und das Wirken Colleonis auf Wandgemälden festhalten wollte. Ein Fresko stellt den Besuch des dänischen Königs Christian I. im Jahr 1474 dar.

Im Nachbarort **Cavernago** steht die spätgotische Wasserburg Castello Martinengo, ursprünglich eine einfache Wehranlage (14. Jh.), die Colleoni 1456 erworben hatte. Ab 1597 wurde sie durch ihren neuen

---

! **Baedeker** TIPP

Italien en miniature

Wer in kurzer Zeit von den Alpen bis Apulien laufen möchte, kann das in der Fantasy World Miniitalia (Via V. Veneto 52) bei Capriate S. Gervasio (14 km südwestl. von Bergamo) tun. Italien ist hier in Mini nachgebildet. Öffnungszeiten: Mitte März – Ende Okt. tgl. 9.30 – 19.00 Uhr; Tel. 02 90 9 01 69, www.leolandiapark.it.

Besitzer Graf Martinengo im Renaissancestil umgebaut. Der Innenhof mit seinen doppelgeschossigen Arkaden ist teilweise bemalt; imInnern sind Fresken aus dem 17. Jh. erhalten.

Ein hera usragendes Beispiel der lombardischen Industriegeschichte ist der Ort Crespi d' Adda, 15 km südwestlich von Bergamo. Der Unternehmer Cristoforo B. Crespi ließ hier Ende des 19. Jh.s nach britischem Vorbild eine human gestaltete **Arbeitersiedlung** aus Backstein in historisierenden Formen errichten, die Fabrikantendomizil, Wohnhäuser für die Arbeiter, Theater, Sportplatz sowie Kirche und Friedhof umfasst. Die letzten Bauten entstanden 1925, und 1995 wurde die Siedlung zum **Weltkulturerbe der UNESCO** erklärt.

✳
Crespi d' Adda

✱ ✱ Brescia

0 7

Provinzhauptstadt　　　　　　**Höhe:** 149 m ü. d. M.
Einwohnerzahl: 192 000

Brescia ist die Hauptstadt der im Osten der Lombardei gelegenen gleichnamigen Provinz, die mit 4784 km² die größte der Region ist und allein fast ein Fünftel der Gesamtfläche der Lombardei einnimmt. Nach Mailand ist es die zweitgrößte lombardische Stadt.

Brescia weist nach Mailand und Turin den drittgrößten Industrialisierungsgrad Italiens auf. Aufgrund von Erzvorkommen in der Provinz lebt man hier von der Metallindustrie. Maschinenbau und Waffenproduktion sind die wirtschaftlichen Tragpfeiler der Stadt.

Industriezentrum mit historischem Kern

Die Stadtentwicklung hatte ihren Ursprung auf dem Cidneo-Hügel im Nordosten der Innenstadt, auf dem heute das Kastell steht. Eine erste Besiedlung gab es hier vermutlich schon um 1200 v. Chr. durch die Ligurer. Im 4. Jh. v. Chr. machten keltische Cenomanen die Siedlung zu ihrem Hauptort. 49 n. Chr. wurde die Stadt dann unter dem Namen Brixia (brig = hoch gelegen) römische Kolonie und war in der Kaiserzeit ein bedeutendes Zentrum der römischen Provinz Gallia Cisalpina. Die Langobarden richteten im 6. Jh. ein Herzogtum in Brescia ein. Die Zeit von 1100 bis ins 15. Jh. war ausgesprochen konfliktreich. Brescia war als papsttreue Guelfenstadt **Mitglied in der Lega Lombarda** und geriet im 12. Jh. in Auseinandersetzungen mit den benachbarten Ghibellinenstädten Bergamo und Cremona.
Im 14. und 15. Jh. stritten die Anjou, die Visconti und die Malatesta um die Herrschaft in der Stadt. Von 1428 bis 1797 gehörte Brescia zur Republik Venedig, anschließend zur Cisalpinischen Republik und zum Napoleonischen Königreich Italien. Zur Zeit österreichischer Herrschaft zwischen 1815 und 1859 gab es in der Stadt den geschichtsträchtigen Aufstand (1849).

Geschichte

▶ BRESCIA ERLEBEN

AUSKUNFT

I. A. T.
Via Musei 32
I-25121 Brescia
Tel. 0 30 3 74 99 16
Fax 0 30 3 74 99 82
www.provincia.brescia.it

ESSEN

▶ **Erschwinglich**

① *L'Osteria della Zia Gabri*
Via Gallo 17
Tel. 0 30 2 05 65 85
Geschl. Mo., So.abend
Das nette Lokal in alten Gemäuern ist
sehr zentral gelegen. Gute regionale
Küche.

② *Al Frate*
Via dei Musei
Tel. 0 30 3 77 05 50
Restaurant im modernen Stil; gut
Weinauswahl; unbedingt Tartare di
Manzo probieren!

ÜBERNACHTEN

▶ **Luxus**

① *Hotel Vittoria*
Via X Giornate 20
Tel. 0 30 28 00 61
Fax 0 30 28 00 65
www.hotelvittoria.com
65 Z.
Das beste Hotel von Brescia und eines
der wenigen im Zentrum; hervor
ragende Ausstattung der Zimmer und
Suiten; angeschlossen ist ein erst-
klassiges Restaurant.

▶ **Günstig**

② *Igea*
Viale Stazione 15
Tel. 03 04 42 21
Fax 03 04 42 24
www.nh-hotels.com
85 Z.
Relativ preiswertes Hotel in günstiger
Lage am Rand der Innenstadt und in
der Nähe des Bahnhofs; Parkplatz.

Stadtbild Den ersten Eindruck von Brescia prägen Industrie und Vorstadtsied-
lungen. Im Zweiten Weltkrieg wurde die Stadt schwer bombardiert.
Umso erstaunlicher ist es, dass man im Zentrum einen historischen
Kern vorfindet, in dem zahlreiche Kulturdenkmäler nahezu lückenlos
Zeugnis von rund 2000 Jahren Geschichte ablegen. Auf die bedeutendsten Sehenswürdigkeiten trifft man an der Piazza Paolo VI., an
der sich westlich anschließenden Piazza della Loggia und an der Via
dei Musei etwas weiter östlich.

Sehenswertes in Brescia

Piazza Paolo VI. Die Piazza Paolo VI., benannt nach dem aus Brescia stammenden
Papst Paul VI. (1963 – 1978), wirkt verglichen mit anderen zentralen
Plätzen lombardischer Städte vollkommen unspektakulär. Im 18. Jh.
wurde sie in der heutigen Form rechteckig angelegt. An der Ostseite
des Platzes stehen nebeneinander der alte Dom, der neue Dom und
der Broletto, das alte Rathaus. Die drei Bauten entstanden in verschiedenen Jahrhunderten und erzeugen einen relativ uneinheitli-

Brescia Orientierung

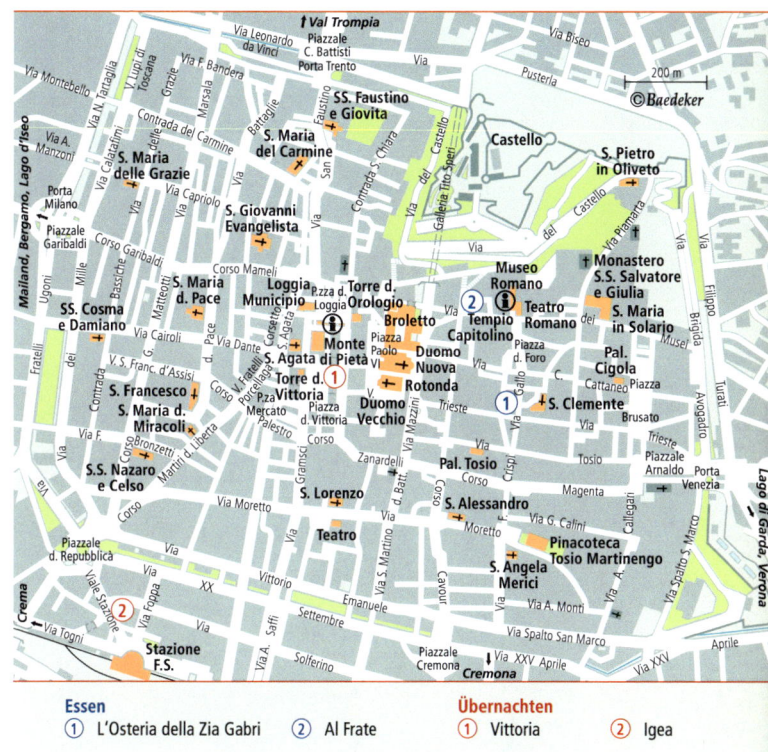

Essen
① L'Osteria della Zia Gabri   ② Al Frate

Übernachten
① Vittoria   ② Igea

chen Gesamteindruck. Lange Zeit war die Piazza geistlicher und kommunaler Mittelpunkt von Brescia.

Das beherrschende Bauwerk an der Piazza ist zweifellos der Duomo Nuovo, der neue Dom, mit dessen Bauarbeiten 1604 nach Plänen von **Giovanni Battista Lantana** begonnen wurde. Die Arbeiten zogen sich unter verschiedenen Baumeistern bis ins 19. Jh. hinein. Ende des 18. Jh.s setzte man die Fassade vor, 1821 konnte schießlich die **Kuppel** unter Leitung von Rodolfo Vantini aufgebaut werden. Die Kuppel ist mit 80 m Höhe die **drittgrößte ihrer Art in Italien** nach den Kuppeln von St. Peter in Rom und S. Maria del Fiore in Florenz. Im Zweiten Weltkrieg wurde sie während eines Bombenangriffs zerstört und anschließend wieder aufgebaut. Im Innenraum, der über einem griechischen Kreuz angelegt wurde, sind zahlreiche Skulpturen und Plastiken aus sechs verschiedenen Jahrhunderten zu sehen – auffällig sind die für eine lombardische Kirche dieser Größenordnung sehr seltenen modernen Arbeiten aus dem 20. Jahrhundert.

Duomo Nuovo

Starke architektonische Kontraste: Duomo Nuovo und Duomo Vecchio

Duomo Vecchio ⭐ Neben dem Duomo Nuovo scheint der alte Dom, der Duomo Vecchio fast zu verschwinden. Dennoch ist die **Rotonda**, wie die Kirche auch genannt wird, das eigentliche Schmuckstück des Platzes. Der romanische Bau besticht durch seine Schlichtheit und bauliche Ausgewogenheit und stellt damit einen architektonischen Gegenakzent zu dem benachbarten neuen Dom dar. Im 12. Jh. wurden die Mauern über den noch erhaltenen Resten der frühchristlichen Basilika S. Maria Maggiore aus dem 6. Jh. hochgezogen und das flache Kuppeldach über die Rotonda gespannt. Die Außenwände der Rotonda sind durch nur wenige Fenster bzw. blinde Öffnungen und den Fries unterhalb der Kuppel sparsam gegliedert. Auffällig sind die beiden Türöffnungen, die sich etwa auf dem Niveau der einstigen römischen Straßenanlage befinden.

Innenraum ▶ Wirkungsvoll ist auch der Innenraum, der allerdings im Aufbau durch seine unterschiedlich hohen Ebenen komplizierter erscheint. Einige Bildhauerarbeiten sind in der Rotonda zu sehen. Im Eingangsbereich trifft man zunächst auf den marmornen **Sarkophag des Bischofs Berardo Maggi**, auf dem der Friedensschluss zwischen Ghibellinen und Guelfen im Jahr 1298 dargestellt ist, an dessen Zustandekommen der Bischof maßgeblich beteiligt war. Zwei **weitere Bischofssarkophage** sind auf der gegenüberliegenden Seite in Wandnischen eingelassen, der des Domenico de Dominici aus dem späten 15. Jh. (links) und der des Lambertino Baldovino aus dem 14. Jh. (rechts). Im 15. Jh. erweiterte man die Rotonda nach Osten hin um einen Hauptchor und 1565 um zwei Nebenchöre. Die Mosaiken, die man im Boden unter Glas sieht, stammen aus der früheren Basilika S. Maria Maggiore. Unter dem Chor liegt die **Cripta di S. Filastrio**, die im 9. Jh. errichtet und im 12. Jh. zur Hallenkrypta umgebaut wurde. Dabei wurden die wunderschönen Kapitelle aus der Römerzeit sowie dem 9. Jh. baulich integriert. Öffnungszeiten: Mo. – Sa. 12.00 – 15.00, 19.30 – 24.00 Uhr.

Nördlich an den Duomo Nuovo schließt sich der Broletto, das kommunale Zentrum, an. Das Gebäude wurde ab dem 12. Jh. errichtet, aus dieser Zeit stammt auch der schlichte Torre del Popolo. Große Teile des Broletto wurden erst in der Gotik (13./14. Jh.) fertig gestellt, die venezianischen Änderungsarbeiten zogen sich bis ins 18. Jh. hin. In den nördlichen Block des Broletto integrierte man im frühen 15. Jh. die **Backsteinkirche S. Agostino** mit massiver Rosette.

Broletto

Unmittelbar hinter dem Duomo Nuovo kommt man in der Via Mazzini zur Biblioteca Queriniana, einem Gebäude aus dem 18. Jh. mit wunderschön gestalteten Lesesälen. Die Bibliothek verfügt über 300 000 Bücher und Handschriften. Öffnungszeiten: Di. – Fr. 8.45 bis 18.00, Sa. 8.30 – 12.30 Uhr.

Biblioteca Queriniana

Die Piazza della Loggia ist ein zweiter sehenswerter Platz im historischen Zentrum von Brescia. Der intimer wirkende Platz entstand ab dem ausgehenden 15. Jh.s, also zur Zeit, als Brescia der Republik Venedig unterstellt war. Insbesondere die Ostseite des Platzes mit den Arkadengängen und dem Uhrenturm, der **Torre dell' Orologio** aus dem Jahr 1595 mit den beiden Figuren, die die Glocke schlagen, ist denn auch deutlich an venezianischen Vorbildern orientiert. Auf der Piazza della Loggia trifft man sich, hier finden kulturelle und politische Veranstaltungen statt. Eine Stele unter den Arkaden der Ostseite erinnert an ein **Attentat**, das 1974 während einer Gewerkschaftskundgebung auf dem Platz verübt wurde. Damals kamen bei einer Bombenexplosion acht Menschen ums Leben.

★
Piazza della Loggia

Auffälligstes Gebäude am Platz ist die Loggia, der etwas wuchtige Palazzo Nuovo del Comune auf der Westseite. Baubeginn war im 15. Jahrhundert. Das Untergeschoss, das von 1492 bis 1506 nach Plänen von **Tommaso Formentone** gebaut wurde, entstand unter dem Eindruck der damals modernen Theorien des Florentiners Leon Battista Alberti (1404 – 1472). An den Entwürfen für das Obergeschoss arbeiteten u. a. Jacopo Sansovino und wahrscheinlich auch Andrea Palladio – Letzterer hat sich zumindest an einem Wettbewerb beteiligt. Das ursprüngliche Dach sowie drei Deckengemälde von Tizian wurden 1575 durch ein Feuer zerstört. Das jetzige Kuppeldach wurde erst 1914 konstruiert.

◀ Loggia

Monte di Pietà ► An der Südseite der Piazza steht der Monte di Pietà, das einstige Leihhaus. Die Renaissancefassade mit der zweibogigen Loggia und den sieben kleinen Bogenfenstern darüber ist ein Werk von Antonio Zurlengo (15. Jh.). Direkt östlich schließt sich der Monte Nuovo an, der um 1600 nach Plänen von **Pietro Maria Bagnadore** entstand.

S. Agata Im Corsetto di S. Agata westlich hinter der Loggia steht die spätgotische Saalkirche S. Agata (15. Jh.). Interessant sind die barocken Deckenmalereien (1683) mit Darstellungen der heiligen Agathe und der Himmelfahrt Christi. Durch Quadraturmalerei wird die Illusion eines sich nach oben hin öffnenden Raumes mit einem weiteren Säulengeschoss erweckt, aus dem sich obendrein noch kleine Kuppeln herausheben.

Piazza della Vittoria Südlich der Piazza della Loggia liegt die Piazza della Vittoria, die unter Mussolini in den 1930er-Jahren mit Monumentalarchitektur von Marcello Piacentini umbaut worden ist.

Corso Zanardelli Die schönste Einkaufsstraße von Brescia ist der Corso Zanardelli (Fußgängerzone). Das **Teatro Grande** hier ist relativ unscheinbar von außen, innen aber eines der schönsten Theater Oberitaliens mit einem Zuschauerraum im Empire-Stil mit fünf Rängen und einem Foyer mit Fresken (1782).

Via dei Musei An der Nordostecke der Piazza della Loggia kommt man durch die Porta Bruciata (»Verbranntes Tor« - so benannt nach einem Feuer im Jahr 1184), bei der es sich um Überreste der alten Stadtbefestigung handelt, in die Via dei Musei. Diese alte Straße, die sich unterhalb des Cidneo-Hügels nach Osten zieht, führte zur römischen Zeit an der Nordseite des antiken Forums entlang.

✱
Forum 1823 wurde an einigen Stellen des antiken Forums mit Ausgrabungen begonnen, heute findet man hier an der Via dei Musei das **bedeutendste archäologische Feld Norditaliens**. Das besterhaltene Gebäude ist der **Tempio Capitolino**, den Vespasian im Jahr 73 n. Chr. an der nördlichen Schmalseite des Forums erbauen ließ. Teile des Tempels sind im 20. Jh. rekonstruiert worden.
Hinter den Überresten des Portikus mit größtenteils erneuerten korinthischen Säulen liegen nebeneinander drei Zellen, in denen Bodenmosaiken des 2. Jh.s gefunden wurden. Man nimmt an, dass sich hier ursprünglich vier Zellen befanden, die östliche jedoch dem Bau eines Theaters zum Opfer fiel. Das **Teatro Romano** schließt sich unmittelbar an die Tempelanlage an und liegt heute zum Teil noch unter der Erde bzw. unter dem Palazzo Gambara. Öffnungszeiten: Di. - So. 9.00 - 19.00 Uhr.

Museo Romano ► Folgt man der Via dei Musei, gelangt man zum Museo Romano, in dem Grabungsfunde wie Büsten, Schmuckstücke und Gläser ausgestellt sind. Zurzeit wegen Restaurierung geschlossen.

Bedeutende archäologische Grabungsstätte: das antike Forum

Etwas weiter östlich folgt der Komplex San Salvatore e Santa Giulia. Er geht auf eine Gründung durch den Langobardenkönig Desiderius zurück, der im 8. Jh. das Kloster San Salvatore errichten ließ, und zwar an der Stelle eines römischen Privathauses, auf dessen Überbleibsel man erst kürzlich gestoßen war. Der Überlieferung nach starb hier Desiderius' Tochter Ermengarda, die bis zu ihrer Verstoßung mit Karl dem Großen verheiratet war.

★
Monastero di S. Salvatore e S. Giulia

Heute befindet sich in den restaurierten Räumen das **Santa Giulia Museo della Città**, in dem das Kulturgut der Stadt von zwei Jahrtausenden zu finden ist. Prunkstück ist die berühmte Vittoria, die römische Göttin des Sieges. Die bronzene Statue wurde offenbar nach dem Sieg Vespasians über Judäa im Jahr 71 n. Chr. aus einer flügellosen Venusstatue umgearbeitet und ist heute das Wahrzeichen von Brescia. Weitere herausragende Exponate sind das kostbare Croce di Desiderio, das **Desideriuskreuz**, aus dem 8. oder 9. Jh., das reich mit Steinen und Gemmen besetzt ist, und die Lipsanothek (4. Jh.), eine aus Elfenbein gefertigte Reliquienkassette. Der größte Schatz das ist das Purpurne Evangeliar, das vermutlich Teil einer im 6. Jh. von Kaiser Teoderich in Ravenna in Auftrag gegebenen Handschrift ist. Öffnungszeiten: Okt.–Mai 9.30–17.30, Juni–Sept. Di.–So. 10.00–18.00, Uhr.

★
◄ Vittoria

★ ★
◄ Pupurnes Evangeliar
🕐

◄ S. Salvatore

In der aus langobardischer Zeit stammenden Klosterkirche S. Salvatore sind im Mittelschiff noch Reste von karolingischen Bemalungen aus dem 9. Jh. erhalten. Damals waren mehrere Friese auf die Wände gemalt worden, die Szenen aus dem Leben Jesu zeigten. Die Kapitelle der Marmorsäulen stammen ebenfalls aus dem 9. Jahrhundert. Besonders hübsch ist ein außerordentlich fein gearbeitetes **Relief** (8. Jh.), das einen Pfau zeigt. Die doppelgeschossige romanische **Kapelle S. Maria in Solario**, die durch zwei Renaissance-Kreuzgänge mit S. Salvatore verbunden ist, wurde zwischen 1150 und 1180 gebaut und diente den Nonnen als Oratorium. Zu dem Klosterkomplex gehört weiterhin die **Kirche S. Giulia**, die von 1466 bis 1510 als neue Klosterkirche gebaut wurde und die heute das früheste Beispiel der Brescianer Renaissancearchitektur darstellt.

Castello
Colle Cidneo

Auf dem aussichtsreichen Cidneo-Hügel im Nordosten der Innenstadt wurde im 15. Jh., als Brescia der Republik Venedig angegliedert war, das Castello errichtet. Der Name leitet sich von den Ligurern her, die den kleinen Berg nach dem mythischen Gott Cidno benannt hatten. Aus frühchristlicher Zeit sind Reste einer Basilika erhalten, aus dem 12. Jh. der Burgturm, die **Torre Mirabella**. Öffnungszeiten: tgl. 8.00–20.00 Uhr. Im Kastell ist das **Museo delle Armi** (»Waffenmuseum«) untergebracht, in dem eine Sammlung von Waffen (15.–18. Jh.) zu sehen ist. Im ebenfalls hier untergebrachten **Museo del Risorgimento** werden mit Zeugnissen und Bildmaterialien die Freiheitskämpfe in Italien im 19. Jh. dokumentiert. Öffnungszeiten: Okt.–Mai Di.–So. 9.30–13.00, 14.30–17.00, Juni–Sept. 10.00 bis 17.00 Uhr.

Pinacoteca
Tosio-
Martinengo

Im Südosten der Innenstadt steht an der Piazza Moretto der **Palazzo Martinengo da Barco**, ein großzügiger Stadtpalast aus dem frühen 16. Jh., der zum Besitz der Familie Martinengo gehörte. Diese spielte jahrhundertelang eine dominierende Rolle in der Stadt. In dem Palast ist heute die Pinacoteca Tosio-Martinengo untergebracht. Ausgestellt ist eine reichhaltige Sammlung von italienischer Malerei des 13. bis 19. Jh.s mit Schwerpunkt auf Malschulen von Brescia und Venedig. Öffnungszeiten: Okt.–Mai Di.–So. 9.30–17.00, Juni–Sept. 10.30–18.00 Uhr.

Collezione d'Arte
Contemporanea

Die Collezione d'Arte Contemporanea (Via A. Monti 9) unweit südlich der Pinakothek führte bisher ein Schattendasein, obwohl in der umfangreichen modernen Kunstsammlung, die dem Brescianer Istituto Paolo VI. vom Vatikan in Gedenken an den bedeutenden Sohn der Stadt gestiftet wurde, zahlreiche Werke internationaler Künstler zu sehen sind. Neben namhaften Italienern wie Fontana und De Chirico sind Chagall, Dalí, Moore, Schmidt-Rottluff, Beckmann, Kokoschka und Giacometti vertreten. Öffnungszeiten: n. V., Anmeldung unter Tel. 0 30 3 75 30 02.

★
SS. Nazaro
e Celso

Unter den zahlreichen Kirchen von Brescia lohnt die SS. Nazaro e Celso am Corso Matteotti im Südwestteil der Altstadt einen Besuch. Der klassizistische Bau aus dem 18. Jh. ist unspektakulär, im Innern wird aber mit dem **Auferstehungsaltar (1522) von Tizian** ein bedeutendes Werk der italienischen Hochrenaissance aufbewahrt. Die fünf

Gemälde zeigen die Auferstehung Christi in der Mitte, links unten die Heiligen Nazarus und Celsus, rechts unten das Martyrium des heiligen Sebastian und oben die Verkündigung mit Gabriel (links) und Maria (rechts). Da die Kirche meistens verschlossen ist, muss man sich zur Besichtigung in der nahen Chiesa S. Maria dei Miracoli am Corso Martiri d. Libertà melden.

Die Bettelordenskirche S. Francesco in der Via S. Francesco d' Assisi ist zwischen 1254 und 1335 mit spätromanischen und frühgotischen Elementen gebaut worden. Im Innern ist das **Altargemälde von Gerolamo Romanino** (um 1520) sehenswert, das Maria mit dem Kind, umgeben von Franziskanermönchen, zeigt. Romanino gilt als einer der führenden Brescianer Maler der Hochrenaissance, die sich wesentlich an der venezianischen Malerei des 16. Jh.s orientierten. Wunderschön ist der angeschlossene Kreuzgang.

S. Francesco

S. Maria delle Grazie im Nordwesten der Altstadt, in der Via delle Grazie, entstand zwischen 1522 und 1530 als Renaissancekirche der Hieronymiten. Der heutige Eindruck im dreischiffigen Innenraum wird durch die frühbarocke Dekorierung bestimmt, die ab 1617 eingearbeitet wurde. Sehenswert sind die feinen Stuckaturen aus Putten, Köpfen und stilisierten Pflanzenteilen, die Bögen, Gewölbe und die

S. Maria delle Grazie

Oase der Ruhe und Harmonie: wunderschöner Kreuzgang von San Francesco

Kuppeln in den Seitenschiffen überziehen. Über einen kleinen Kreuzgang kommt man in ein 1876 wiederaufgebautes Santuario.

S. Giovanni Evangelista Die Kirche S. Giovanni Evangelista (Contrada di S. Giovanni, Seitenstraße des Corso G. Mameli) stammt aus dem 15. Jh., wurde im Innern jedoch im 17. Jh. stark verändert. An dem dritten südlichen Seitenaltar ist eine bekannte Darstellung des »Bethlehemitischen Kindermordes« (um 1532) zu sehen. Das Gemälde ist ein Werk des neben Gerolamo Romanino bedeutendsten Malers der Hochrenaissance in Brescia, Alessandro Bonvicino, genannt **Moretto**. Weitere Werke von Moretto sind im rechten Teil der Sakramentskapelle zu sehen, den linken Teil malte Romanino aus. Beide Maler arbeiteten 1531 gleichzeitig an der Ausgestaltung des Raumes.

SS. Faustino e Giovita In der Via S. Faustino nördlich der Piazza della Loggia kommt man zur barocken Kirche SS. Faustino e Giovita, die auf einen Bau aus dem 6. Jh. zurückgeht. Die Kirche ist von 1622 bis 1698 errichtet worden. Die namengebenden Heiligen Faustino und Giovita sind die **Schutzpatrone der Stadt**, sie werden als Märtyrer, welche die Stadt bei einem Überfall erfolgreich verteidigten, verehrt. Ihre Gebeine werden im Innern der Kirche, in der Arca (1620–1630) auf dem Choraltar, ein Werk von Antonio und Giovanni Carra, verwahrt.

S. Maria del Carmine S. Maria del Carmine wurde im 15. Jh. von Karmelitern gebaut. In einer Kapelle links vom Altarraum ist noch ein Teil der ursprünglichen spätgotischen Freskenmalerei zu sehen. Im 17. Jh. zog man die Gewölbedecke im Innern ein, die mit Quadraturmalerei wiederum von Tommaso Sandrino ausgestaltet worden ist. Zu beachten ist die dramatische **Beweinungsgruppe des Bildhauers Guido Mazzoni** in Terrakotta aus dem späten 15. Jahrhundert.

Umgebung von Brescia

Monte Maddalena Östlich des Stadtkerns führt eine Straße in Serpentinen hinauf zum Monte Maddalena (874 m). Von der Straße aus hat man eine **hervorragende Aussicht** auf Brescia.

✱
Val Trompia Im Norden von Brescia kommt man in das Val Trompia, das von jeher bekannt ist für sein reichhaltiges Erzvorkommen. Da auch das nötige Wasser zur Verfügung stand, wurde hier bereits in der Antike Eisen verarbeitet. **Gardone Val Trompia** ist seit dem 16. Jh. für seine Waffenindustrie bekannt – weltweit, denn seit ein paar Jahren sind selbst die US-amerikanischen Ordnungshüter mit Pistolen der Firma Beretta aus der Provinz Brescia ausgestattet. Das kleine Städtchen **Concesio**, wenige Kilometer nördlich von Brescia am Eingang des Tals, rühmt sich, **Geburtsort von Papst Paul VI.** zu sein. Nördlich von Gardone Val Trompia beginnt der höher gelegene und schönere Teil des Tals mit den hübschen kleinen Ortschaften **Bovegno** und

Collio, die das ganze Jahr über von Touristen besucht werden.

Die von landwirtschaftlicher Nutzung geprägte **Pianura Bresciana**, die »Brescianer Ebene«, die sich südlich der Stadt erstreckt, ist kein touristisches Ziel im eigentlichen Sinn. Dennoch gibt es einiges Sehenswertes wie das kleine Museo della Donna (Via Mazzucchelli 2) in **Cilverghe** östlich von Brescia (Öffnungszeiten: nnach Vereinbarung, Tel. 0 30 2 12 09 75), die romanische Chiesa di S. Pancrazio

! *Baedeker* TIPP

Herrenmode ab Fabrik

Schnäppchen gefällig? Norditalien ist eine Fundgrube für Freunde des Fabrikverkaufs. So fertigt beispielsweise Cesare Bruno in Castegnato (Via del Lavoro 47), nordwestlich von Brescia, Herrenmode der obersten Kategorie. Die Fabrik erreicht man, indem man im Industriegebiet in der großen Rechtskurve links abbiegt. Öffnungszeiten: werktags 9.00 – 12.00, 15.00 – 19.00 Uhr; Tel. 0 30 2 14 80 14.

(12. Jh.) etwas außerhalb von **Montichiari** südöstlich von Brescia oder den Santuario della Madonna in **Carpenedolo**, der im 18. Jh. von Antonio Marchetti entworfen wurde. Das landwirtschaftliche Zentrum südlich von Brescia ist **Verolanuova**; der Ort wartet in der Pfarrkirche mit zwei Gemälden von Giovanni Battista Tiepolo (»Das Opfer des Melchisedek« und »Mannaregen«; ca. 1738) auf.

✶ ✶ Certosa di Pavia

G 9

Provinz: Pavia   **Höhe:** 90 m ü. d. M.

Die Kartause von Pavia (9 km nördlich von Pavia) ist eines der bedeutendsten Kulturdenkmäler der Lombardei und eine der berühmtesten Niederlassungen des Kartäuserordens.

Zwischen dem ausgehenden 14. Jh. und der Mitte des 16. Jh.s ist hier ein Monumentalbau entstanden, der eindrucksvoll Zeugnis vom damaligen Herrschaftsdenken ablegt. Stilistisch sind überwiegend Elemente der Spätgotik und der Renaissance in den Bau eingeflossen.1390 gab **Gian Galeazzo Visconti** den Entwurf einer Grablege für seine Dynastie in Auftrag. Sie sollte in eine Klosteranlage integriert werden, die der Herzog von Mailand den Kartäusern stiften wollte. 1396 begann man mit den Bauarbeiten an der Kirche Madonna delle Grazie, kam aber zunächst nur langsam voran.

Entscheidende Anstöße für den Bau gab es erst 1450 mit **Francesco Sforza** als dem ersten Herrscher der nachfolgenden Dynastie. Er beauftragte die damaligen Baumeister des Mailänder Doms **Giovanni und Guiniforte Solari** mit den weiteren Arbeiten, außerdem war auch **Giovanni Antonio Amadeo**, der zuvor die Cappella Colleoni in Bergamo geschaffen hatte, an der Certosa di Pavia tätig. Vollendet wurde der Gebäudekomplex erst im Jahr 1549 mit letzten Arbeiten

🕐
Öffnungszeiten:
Di. – So.
9.00 – 11.30
14.30 – 17.30

CERTOSA DI PAVIA

✱ ✱ **Der Bau der Kartause wurde von Gian Galeazzo Visconti, Herzog von Mailand, 1390 als Grablege für seine Familie in Auftrag gegeben und von den Sforza, der nachfolgenden Herrscherfamilie in Mailand, weitergeführt. Heute ist sie eines der bedeutendsten Kunstdenkmäler der Lombardei.**

🕐 Öffnungszeiten:
Di. – So. 9.00 – 11.30, 14.30 – 17.30 Uhr

① Illusionsmalerei

Originell sind die Illusionsmalereien in den Obergaden über den Seitenkapellen des Südschiffs. So schauen beispielsweise zwei Mönche aus Fenstern in den Innenraum hinein und »beobachten« das Kommen und Gehen in der Kirche.

② Grabmal Moro/d'Este

Ein Meisterwerk der Renaissance ist das Grabmal für den Herrscher von Mailand und seine Gattin Beatrice d'Este, eine hochgebildete Frau, die bereits mit 22 Jahren starb. Es wurde 1497, nach dem Tod Beatrices, von Christoforo Solari

gestaltet. Ungewöhnlich fein sind die Gesichtszüge der Beiden dargestellt. Die Kleider mit ihren Dekorationen wirken höchst realistisch, darunter zeichnen sich die liegenden Körper ab.

③ Kleiner Kreuzgang

Auf den interessanten Terrakotta-Arkaden sind Heilige, umgeben von Putten und reichhaltigem Pflanzendekor, dargestellt. Das Lavabo (Handwaschbecken für den Priester) an der Südseite des Kreuzgangs wurde von Giovanni Antonio Amadeo gearbeitet.

④ Großer Kreuzgang

Zu sehen sind hier die für den Schweigeorden typische Zellenhäuschen der Mönche, die darin ihr ganzes Leben zubrachten.

Certosa di Pavia *Orientierung*

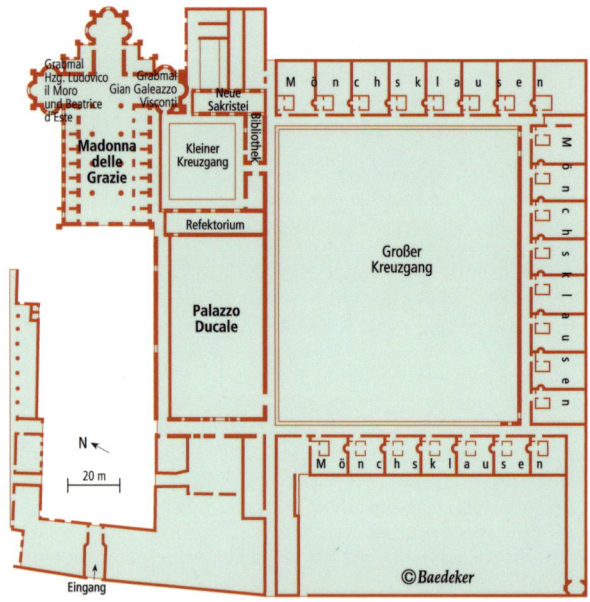

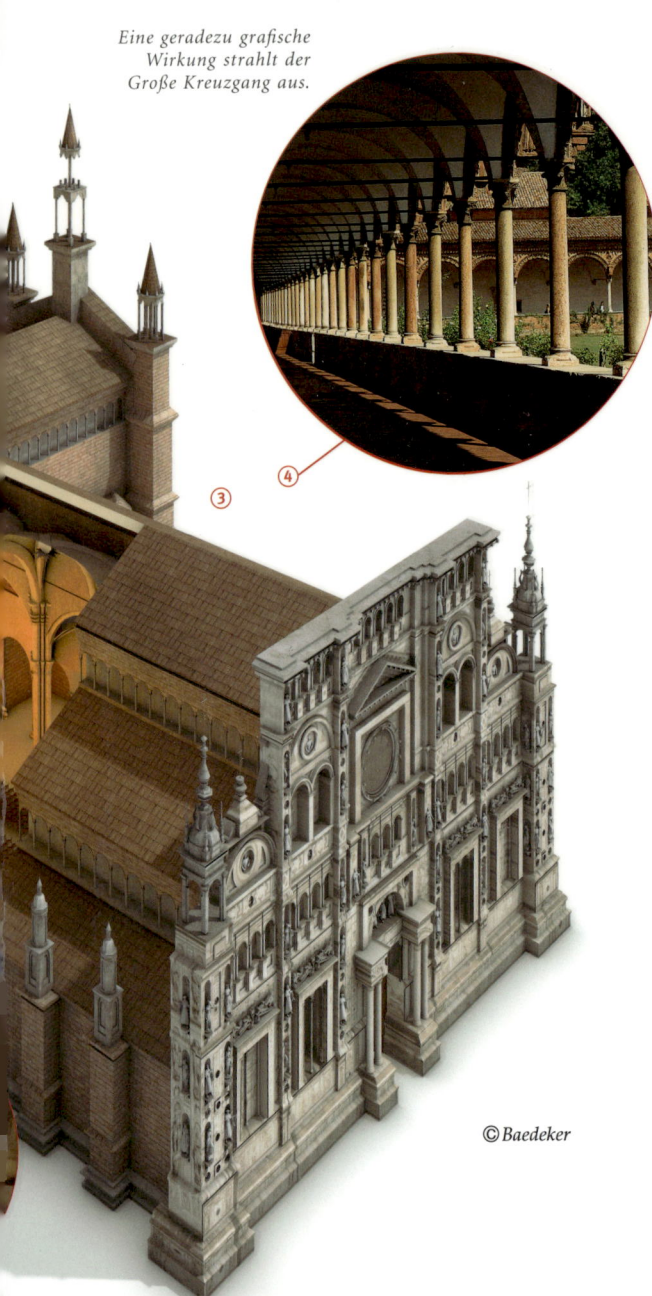

Eine geradezu grafische
Wirkung strahlt der
Große Kreuzgang aus.

④

③

© Baedeker

Illusionsmalerei: Wer beobachtet hier die Kirchenbesucher?

Prächtig ausgemalt: der Chorraum

Grabmal von Ludovico il Moro und Beatrice d'Este: ein herausragendes Kunstwerk der Renaissance

an der Kirchenfassade, als die Zeit beider Dynastien schon lange beendet war. Die Kartause wurde im Jahre 1782 aufgelöst und anschließend zeitweilig von Karmelitern genutzt. 1968 wurde die Certosa schließlich dem Zisterzienserorden übergeben, dessen Mönche Landwirtschaft betreiben.

✳ ✳ Klosteranlage

Madonna delle Grazie

Vom Haupteingang der Klosteranlage geht man direkt auf die Kirche Madonna delle Grazie zu, deren Fassade sich durch ausgewogene Proportionen im Aufbau und durch eine überreiche Renaissance-Dekorierung des Mauerwerks auszeichnet. Vorherrschende Schmuckelemente sind Inkrustationsarbeiten in mehrfarbigem Marmor, Reliefs sowie Marmorfiguren. Christliches und Heidnisches, Weltliches und Geistliches werden dargestellt. Dabei kommt die Überwindung des Heidentums durch das Christentum zum Ausdruck – ganz unten sind die Figuren römischer und orientalischer Herrscher zu sehen, darüber Basreliefs von Heiligen, Aposteln und Propheten. Die Gestaltung der Fassade stammt von Giovanni Antonio Amadeo sowie von Cristoforo und Antonio Mantegazza.

Innenraum

Im Innenraum ist der Übergang zwischen Gotik und Renaissance nachzuvollziehen. Während die ab 1473 entstandene Fassade im Aufbau alle Elemente der Renaissance aufweist, ist der Innenraum noch spätgotisch gestaltet. Dieser ist dreischiffig, die schmalen und flacheren Seitenschiffe werden durch mächtige Bündelpfeiler vom Hauptschiff abgeteilt. Der Chor und die beiden kurzen Querarme enden in Trikonchen. Über der Vierung erhebt sich ein oktogonaler Turm – ein Werk von Giovanni Solari –, dessen dekorative Wirkung am besten vom Kleinen Kreuzgang aus zu erkennen ist.
Die Fresken sind Ende des 15. Jh.s u. a. von Ambrogio Bergognone gemalt worden. Die Westwand sowie einige Seitenkapellen wurden im Barock ausgestaltet. Beachtenswert sind die **illusionistisch bemalten Obergaden** über den Seitenkapellen. Der Chor ist mit wertvollem Gestühl (1498) mit Einlegearbeiten ausgestattet. In der alten Sakristei neben dem Chor wird ein spätgotisches Elfenbein-Polyptychon (um 1400) aufbewahrt.

✳ Grabmal Ludovico il Moro und Beatrice d' Este ▶

Im nördlichen Querschiff ist mit dem Grabmal für Ludovico il Moro und seine im Alter von 22 Jahren gestorbene Ehefrau Beatrice d'Este ein außerordentlich eindrucksvolles Beispiel lombardischer Grabmalkunst der Renaissance zu sehen. **Cristoforo Solari** hat es 1497, nach dem Tod Beatrices, geschaffen.
Auf der gegenüberliegenden Seite im südlichen Querschiff findet man das **Grabmal von Gian Galeazzo Visconti**, dem Stifter der Klosteranlage. Es wurde erst 90 Jahre nach dem Tod des Herzogs von **Cristoforo Romano** 1492 begonnen, der eigentliche Sarkophag von Bernardo da Novate entstand erst 1562.

Certosa di Pavia: die Fassade beeindruckt durch reiche Dekorierung.

Vom südlichen Querschiff aus kommt man in den kleineren der beiden Kreuzgänge, der im 15. Jh. entworfen wurde. Sehr schön sind die hübsch verzierten Terrakotta-Arkaden mit Darstellungen verschiedener Heiligenfiguren inmitten reichhaltiger Putten- und Pflanzenornamentierungen. Das Lavabo (Handwaschbecken für den Priester) an der Südseite wurde von Giovanni **Antonio Amadeo** gearbeitet. Von hier aus hat man auch den besten Blick auf den von **Giovanni Solari** gestalteten Vierungsturm.

Kleiner Kreuzgang

Das Refektorium schließt sich westlich an den Kleinen Kreuzgang an. 1430 wurde es zunächst als Kirchenraum gebaut, erst 1497 richtete man darin das Refektorium ein, in dem die Kartäuser jedoch nur an Feiertagen gemeinsam aßen. Zum Essen wurde von der Kanzel aus der Bibel gelesen.

Refektorium

Der sich südlich anschließende **Große Kreuzgang** ist ebenfalls mit Terrakotta-Arkaden von **Rinaldo de Stauris** ausgestattet. Interessant sind die für den Schweigeorden typische Zellenhäuschen für jeweils einen Mönch an den Seiten des Kreuzgangs, wo er sein ganzes Leben lang wohnte.

> **!** *Baedeker* TIPP
>
> **Lombardische Weine**
>
> Wer nach dem Klosterbesuch noch Zeit hat, der kann nach den geistlichen nun den leiblichen Genüssen frönen. Das Vecchio »Al Mulino« ist nämlich ein empfehlenswertes Restaurant mit regionaler Küche und Fischspezialitäten. Via al Monumento 51, Tel. 0 30 2 14 80 14, Apr. – Okt. Mo., Di.mittag geschlossen.

✴ Chiavenna

J 3

Provinz: Sondrio
Einwohnerzahl: 7300

Höhe: 333 m ü. d. M.

Chiavenna breitet sich nördlich des Comer Sees im Valchiavenna aus, wo die Flüsse Mera und Liro zusammenkommen. Nach Norden führt die SS 36 aus der Lombardei hinaus über den Splügen-Pass (2115 m) in die Schweiz, in Richtung Osten kommt man auf der SS 37 über den Maloja-Pass (1815 m) nach Sankt Moritz ebenfalls in der Schweiz.

»Schlüssel« zu den Alpenpässen
Seit jeher stellen die alten Alpenpässe Splügen und Maloja eine Verbindung zwischen Norditalien und den nördlich anschließenden Ländern her – der **Ortsname** leitet sich von dieser Schlüsselposition ab (chiave = Schlüssel). Dadurch hat es in Chiavenna am oberen Ende der Chiavenna-Ebene stets Berührung mit verschiedenen Kulturen und Machthabern gegeben. Bereits die Römer errichteten hier eine Wegstation.

✴ Ortsbild
Chiavenna ist von hohen, etwas düsteren Bergen eingerahmt. Der Ort selbst nimmt sich hingegen recht idyllisch aus, insbesondere im alten Kern die Via Dolzino und in der Verlängerung die Via Pedretti mit den schmalen Seitengassen. Von der Brücke am Ende der Via Pedretti bietet sich ein schöner Blick auf die Mera mit den alten Häusern am Ufer.

 CHIAVENNA ERLEBEN

AUSKUNFT

I. A. T.
Piazzo Vittorio Emanuele
I-23022 Chiavenna
Tel./Fax 03 43 3 53 27
www.valtellina.it

ESSEN

▶ **Preiswert**
Ristorante Crotto Ombra
Viale Pratogiano 14
Tel. 03 43 3 34 03
www.crottoombra.com
Im Crotto Ombra – einer der für Chiavenna charakteristischen Crotti – sitzt man unter Felsen. Es gibt Gnocchetti alla Chiavennasca und Bresaola in verschiedenen Zubereitungen. Große Auswahl an nicht zu teuren Menüs.

ÜBERNACHTEN

▶ **Komfortabel**
Crimea
Via Pratogiano 16
Tel. 0 34 33 43 43, Fax 0 34 33 59 35
www.hotelcrimea.net, 30 Z.
Zentral und ruhig im Crotti-Viertel gelegenes solides Hotel mit familiärer Atmosphäre; angenehme und schlicht eingerichtete Zimmer; am Haus befindet sich ein Parkplatz.

Chiavenna präsentiert sich mit einem wildromantischen Ortsbild.

Sehenswertes in Chiavenna und Umgebung

Mehrere alte Paläste zeugen von einer bewegten Vergangenheit, so an der Piazza S. Pietro der Palazzo Pretorio mit Freskenwappen aus dem 16. Jh., die an die graubündischen Machthaber erinnern. An der Piazza Castello trifft man auf den spätgotischen Palazzo Balbiani (1477), den sich die Nachfolger der Visconti bauen ließen.

Paläste

An der Via Picchi steht die Kollegiatskirche S. Lorenzo, die 1538 gebaut und im Barock stark verändert wurde. Das **Baptisterium** birgt ein kunsthistorisch herausragendes Stück: Das runde romanische Taufbecken (1156) stammt aus der Vorgängerkirche; aus dem Monolithen wurde eine Taufszene als Halbrelief herausgearbeitet. Öffnungszeiten: März – Mai Sa., So. 9.00 – 12.00, 14.00 – 17.00 Uhr; Juni bis Sept. Di. – So. 9.00 – 12.00, 14.00 – 18.00 Uhr; Okt. Sa. 9.00 bis 12.00, 14.00 – 17.00 Uhr.

✳︎
Collegiata di S. Lorenzo

🕓

Highlight des angeschlossenen **Schatzmuseums**, das eine Sammlung wertvoller sakraler Gegenstände ausstellt, ist die Pace, der kostbare Vorderdeckel eines Evangeliars (11. Jh.), in dem Gold, Emaille, 97 Perlen und 94 verschiedene Schmucksteine verarbeitet sind. Die Symbole der vier Evangelisten sind als Goldreliefs um das Kreuz angeordnet – der Engel für Matthäus, der Adler für Johannes, der Löwe für Markus und der Stier für Lukas. Öffnungszeiten: Di. – Fr., So. 15.00 – 18.00, Sa. auch 10.00 – 12.00 Uhr

✳︎
◀ **Pace**

🕓

Parco Botanico e Archeologico del Paradiso
An der Via Quadrio ist der Eingang zum Parco Botanico e Archeologico del Paradiso, in dem exotische Pflanzen gedeihen und Reste der Stadmauer erhalten sind. Von den Hügeln Paradiso und Belvedere bieten sich schöne Blicke ins Tal. Öffnungszeiten: Apr. – Okt. Di. – Sa. 14.00 – 17.00 Uhr. Das **Museo della Valchiavenna** (Via della Marmirola 3) zeigt archäologische Funde der Region. Öffnungszeiten: n. V. unter Tel. 03 43 3 37 95.

! **Baedeker** TIPP

Grottenerlebnis

Ein Charakteristikum von Chiavenna sind die Grotti, natürliche Felshöhlen in den Bergwänden, die direkt am Ort aufsteigen. Hier werden typische Produkte der Region verkauft, in einigen sind urige Lokale eingerichte wie das Crotto ombra, wo man unter Felsen regionale Gerichte genießen kann (▶ S. 150).

Madesimo liegt in einem engen Tal zwischen Chiavenna und dem Splügen-Pass (1534 m). Im Osten wird der Ort von den Berggipfeln des Monte Mater (3023 m) und des Pizzo Groppera (2948 m) überragt. Bis zum Bau des Stausees Lago di Montespluga war er ein anerkannter Kurort, heute ist er als Wintersportort beliebt. Im Sommer ist Madesimo beliebter Ausgangspunkt für Ausflüge zu den Seen der Umgebung.

✶✶ Comer See · Lago di Como

G – J 3 – 6

Region: Lombardei
Wasserspiegel: 198 m ü. d. M.

Provinzen: Como und Lecco
Fläche: 146 km²

Der Comer See – auch Lario nach seinem römischen Namen Lacus Larius genannt – erstreckt sich zwischen den Luganer und den Bergamasker Alpen. Er ist 50 km lang und bis zu 4 km breit.

Landschaftsbild
Der Lago di Como ist für viele **der schönste oberitalienische See**, jedenfalls ist er mit 410 m einer der **tiefstes Seen Europas.**. Zum einen liegt das an der ihn umgebenden Bergkulisse, zum anderen an der mediterranen Vegetation. Aufgrund des milden Klimas gedeihen an den Seeufern Jasmin, Oleander, Zypressen und Feigenbäume; an den schon von den Römern zu Terrassen geformten Berghängen werden Wein und Oliven angebaut. Das Westufer bietet das mildeste Klima und besitzt die üppigste Vegetation. Besonders schön sind der von sanften Bergen umrahmte Abschnitt zwischen Menaggio und Cernobbio sowie die Halbinsel Bellagio, dieser Seeabschnitt war auch schon im 19. Jh. ein viel besuchtes Reiseziel. Der nördliche, nur noch von Bergausläufern umgebene Teil ist entsprechend ruhiger und als das **Surfrevier** am Comer See bekannt. Auch der im Südosten sich erstreckende Lago di Lecco, der von der steil abfallenden Grigne (2410 m) überragt wird, ist weniger touristisch geprägt.

Highlights Comer See

Villa Carlotta
Die bei Tremezzo liegende Villa ist vor allem sehenswert wegen ihres herrlichen Parks.
▶ Seite 157

Bellagio
Die »Perle des Lario«, so wird Bellagio,

der mondänste Ferienort am Comer See, genannt.
▶ Seite 162

Villa Melzi
Einen wunderbaren Park besitzt auch die Villa Melzi in Bellagio.
▶ Seite 164

Bereits im 2. Jh. n. Chr. ließen sich wohlhabende Römer die ersten Prachtvillen an den Seeufern des Lacus Larius erbauen. Als die Germaneneinfälle aus dem Norden zunahmen, wurde die Via Regia an seinem Westufer gebaut, die Militärstraße führte von Mailand über Como und Chiavenna bis ins gallische Rätien. Im 18. und 19. Jh. wurde der Lario dann bevorzugter Sommersitz von Adligen und Reichen. Noch heute erinnern **zahlreiche herrschaftliche Villen** in paradiesischen Gärten an die Epoche, als ihre Besitzer mit Schrankkoffern, Hutschachteln und Personal anreisten und hier wochenlang Hof hielten. Ihnen folgten die weniger betuchten Gäste, deren Namen jedoch den Geist mehr ansprechen wie Goethe, Flaubert, Stendhal, Bellini, Liszt und viele andere, die alle die Schönheit priesen und von der Dramatik dieser »Shakespeare-Landschaft«, wie Flaubert es nannte, schwärmten.

Heute leben die Anwohner des Comer Sees vor allem vom Wein- und Olivenanbau, von Fischerei und von Industrie, hauptsächlich Textilindustrie, Seidenverarbeitung. Auch der **Tourismus** spielt eine Rolle, allerdings werden nur 5 % der Gewinne der Region durch den Fremdenverkehr erwirtschaftet. Das Angebot für die Besucher ist groß: Wassersportarten, Wander- und Klettermöglichkeiten werden geboten, und auf der Grigna ist Wintersport möglich. Hinzu kommt ein breites kulturelles Angebot.

Geschichte

✹ ✹ Westufer

▶dort

Como

Folgt man von Como dem Westufer in Richtung Norden, erreicht man zunächst den fast mit Como zusammengewachsenen noblen Ferienort Cernobbio. Berühmt ist hier die 1568 nach Entwürfen von **Pellegrino Tibaldi** erbaute Villa d' Este. Bauherr war Kardinal Tolomeo Gallio, der noch zahlreiche weitere Villen am Comer See in Auftrag gab. Nach seinem Tod wechselte die Villa häufiger den Besitzer. Zu Beginn des 19. Jh.s ließ Karoline von Braunschweig-Wolfenbüttel

Cernobbio

✹
◀Villa d' Este

▶ COMER SEE ERLEBEN

AUSKUNFT

www.comersee-info.de
www.comer-see-italien.com

I. A. T. Bellagio
Piazza della Chiesa
Tel./Fax 0 31 95 02 04

I. A. T. Cernobbio
Villa Erba, Via Regina 23
Tel./Fax 03 1 51 01 98

A. P. T. Como
Piazzo Cavour 17
Tel. 03 1 33 00 11 12, Fax 03 1 26 97 11

I. A. T. Menaggio
Piazza Garibaldi 8
Tel. 0 34 43 29 24

U. I. T. Lecco
Via Nazario Sauro 6
Tel. 03 41 29 57 20, Fax 03 41 29 57 30
www.aptlecco.com

ESSEN

▶ Erschwinglich

Bilacus
Via Serbelloni 32
Bellagio
Tel. 0 31 95 04 80
außerhalb der Saison
Mo. geschl.
Das Lokal liegt etwas oberhalb der
Uferpromenade an einer Treppen-
gasse; man sitzt beim Essen auf einer
Dachterrasse; internationale Küche
steht auf der Speisekarte; sehr beliebt
auch bei Italienern.

La Darsena
Via al Porto 1
Bellagio-Loppia
Tel. 0 31 4 45 11 02
Geschl. Di.
Im Ortsteil Loppia hat das moderne

Restaurant mit kleiner Terrasse seinen
Platz gefunden.

Vecchia Varenna
Contrada Scoscesa 10, Varenna
Tel. 03 41 83 07 93
www.vecchiavarenna.it
Geschl. Mo., Jan.
Man sitzt sehr schön mit Blick auf den
See; auf der Karte steht u. a. Fisch aus
dem See, der sehr schmackhaft zube-
reitet wird.

ÜBERNACHTEN

▶ Luxus

Grand Hotel Menaggio
Via IV. Novembre 69
Menaggio
Tel. 0 34 43 06 40
Fax 0 34 43 06 19
www.grandhotelmenaggio.com, 87 Z.
Hervorragendes Hotel am Westufer
des Sees; hübsch eingerichtete Zim-
mer, ausgezeichneter Service, Garage
für Hotelgäste.

Grand Hotel Villa d'Este
Via Regina 40
Cernobbio
Tel. 0 31 34 81, Fax 0 31 34 88 73
www.villadeste.it, 156 Z.
Das legendäre Luxushotel ist in der
berühmten historischen Villa in ein-
maliger Lage eingerichtet – Strand und
Park gehören selbstverständlich dazu.

Grand Hotel Villa Serbelloni
Via Roma 1, Bellagio
Tel. 0 31 95 02 16
Fax 0 31 95 15 29
www.villaserbelloni.com, 86 Z.
Das Traditionshotel des Comer Sees in
einer alten Villa am Seeufer, die Pracht
und Charme vergangener Zeiten aus-
strahlt; Domizil vieler Größen aus
Politik und Film; Restaurant auf der

Terrasse vor dem Haus; Baden im Swimmingpool und im See möglich.

Royal Victoria
Piazza S. Giorgio 2, Varenna
Tel. 03 41 81 51 11
Fax 03 41 83 07 22
www.centrohotelslagocomo.it, 43 Z.
Hier stieg schon die englische Queen ab und blieb angeblich länger als geplant; Gebäude und Garten ziehen sich terrassenartig zum See hinunter; die gepflegten Zimmer haben entweder Blick auf den See oder auf den hübschen Dorfplatz. Restaurant mit Terrasse und Seeblick; Parkplatz.

▶ **Komfortabel**
Albergo Lenno
Via Lomazzi 23, Lenno
Tel. 03 44 5 70 51
Fax 03 44 5 70 55
www.albergolenno.com
In dem ruhigen Ort Lenno, direkt am Schiffsanleger gelegen; unbedingt ein Zimmer mit Seeblick verlangen.

Belvedere
Via Valsassina 31, Bellagio
Tel. 0 31 95 04 10
Fax 0 31 95 01 02

www.belvederebellagio.com, 58 Z.
Sehr beliebtes Hotel mit freundlicher Atmosphäre und Blick auf den östlichen Arm des Comer Sees; großes Gelände mit Liegewiese und Swimmingpool; Restaurant mit Seeblick.

Villa Cipressi
Via IV. Novembre 18, Varenna
Tel. 03 41 83 01 13
Fax 03 41 83 04 01
www.hotelvillacipressi.it, 21 Z.
Eine herrliche alte Villa aus dem 16. Jh., über dem Seeufer in einem Park mit altem Baumbestand gelegen, der bis zum Wasser hinunterführt; Terrasse mit Seeblick.

▶ **Günstig**
Albergo Olivedo
Piazza Martiri 4, Varenna
Tel./Fax 03 41 83 01 15
www.olivedo.it
Das wahrscheinlich schmalste Hotel Italiens, am Schiffsanleger; es ist mit alten Möbeln vollgestellt; nicht alle Zimmer mit Bad, davon empfehlenswert die Nr. 15 mit Bad und Balkon zum See.

La Pergola
Piazzo del Porto 4, Bellagio
Tel. 0 31 95 02 63
Fax 0 31 95 02 53, 10 Z.
Sehr einfaches Hotel, aber ausgesprochen hübsch in der Hafenbucht an der Ostseite von Bellagio gelegen; angeschlossen ist ein Restaurant mit Seeterrasse.

Albergo Fioroni
Carate Urio, Piazza Minoletti 1
Tel. 0 31 40 01 49
Fax 0 31 40 00 37
www.hotelfioroni.it
Hübsches Hotel mit Dependance daneben; gutes Preis-Leistungsverhältnis; Restaurant mit Seeterrasse.

! Baedeker TIPP

Schöne Ein- und Aussichten

Ein schönes Erlebnis sind Schiffsrundfahrten auf dem Comer See. Häufig wird dabei auch das Ufer gewechselt, und oft bieten sich vom Wasser aus die schönsten Blicke auf Villen und Gärten. Informationen unter Tel. 8 00 55 18 01 und www.navigazionelaghi.it.

das palastartige Gebäude dem Zeitgeschmack entsprechend umbauen. Seit 1873 ist die in einem prachtvollen barocken Garten gelegene Villa das **berühmteste Hotel am Comer See** und nur noch den Hotelgästen zugänglich.

Auf einem kurvenreichen Sträßchen gelangt man nach 16 km auf den **Monte Bisbino** (1325 m) hinauf, der mit einer schönen Aussicht und einer Wallfahrtskirche aufwartet. Bleibt man auf der alten Strada Regina, der Uferstraße bis nach Torrigia, passiert man kleine Orte, schöne Villen, Parks und kleine Häfen. Hat man es eilig, nimmt man die auf halber Höhe gelegene Nationalstraße S 340.

Argegno

Von Argegno kann man mit einer Seilbahn in wenigen Minuten **Pigra** in 870 m Höhe erreichen. Argegno ist außerdem Ausgangsort für einen Abstecher ins Intelvital und weiter an den ►Luganer See.

✶ Valle d'Intelvi

Das zwischen dem Comer und Luganer See gelegene Intelvital ist nicht nur landschaftlich besonders schön, vom 7. bis zum 18. Jh. war es auch die Heimat bedeutender Steinmetze und Baumeister, der **Maestri intelvesi** (► Baedeker Special S. 170). Die berühmtesten Maestri aus dem Intelvital sind die Carloni aus Scaria, die Solari aus Verna, die Bregno aus Osteno. Schöne Beispiele ihres Schaffens sind u. a. das Oratorio della Madonna del Restello in **Castiglione d'Intelvi**, die Kirche S. Antonio in **S. Fedele Intelvi**, die Kirche S. Lorenzo in **Laino** und die Pfarrkirche von **Scaria**. Einen großartigen Blick auf den Luganer See genießt man vom 1300 m hohen Sighignola, einem Bergrücken bei Lanzo.

Isola Comacina

Zwischen Sala Comacina und Ossuccio liegt nahe der Uferstraße die einzige Insel des Sees; Bootsverbindungen gibt es von beiden Orten. Jahrhundertelang spielte die kleine Insel eine wichtige Rolle als militärischer Stützpunkt. Im Mittelalter gab es hier eine Siedlung mit einer Burg und fünf Kirchen. Die Insel stand auf Seiten des kaiserfeindlichen Mailands, und bei den Auseinandersetzungen mit **Kaiser Friedrich Barbarossa** wurde sie »zur Strafe« vollkommen zerstört und aufgegeben. Erhalten sind die Grundmauern u. a. der Kirche S. Eufemia dell' Isola (11. Jh.) und die Kirche S. Giovanni (16. Jh.).

Ossuccio

In Ossuccio, im Ortsteil Ospedaletto, erhebt sich die romanische Kirche **S. Maria Maddalena**; ihr auffälliges Glockengeschoss erhielt der Campanile im 14. Jahrhundert. Rund 3 km nordöstlich oberhalb von Ospedaletto steht die Wallfahrtskirche **Madonna del Soccorso** (16. Jh.); die ab 1635 angelegte Via Crucis führt an 14 barocken Kapellen vorbei. In der romanischen Kirche **S. Giacomo** im Ortsteil Spurano sind etliche romanische und gotische Fresken erhalten. Ossuccio ist wie auch Lenno Ausgangsort für eine Wanderung ins **Val Perlana**; ein mögliches Ziel ist die romanische Kirche S. Benedetto (11. Jh.), die in rund 1 Std. Fußweg erreichbar ist. Anstrengend sind die Touren zu den großartigen Aussichtspunkten der **Monti di Tremezzo** (1700 m), **Monte di Lenno** (1589 m) und **Calbiga** (1698 m).

Zwischen Ossuccio und Lenno ragt die bewaldete **Halbinsel Punta di Lavedo** weit in den See hinein. An ihrer äußersten Spitze steht die malerische Villa del Balbianello, die nur mit dem Boot von Ossuccio aus erreichbar ist. Im 16. Jh. entstand im Auftrag des Kardinals Tolomeo Gallio hier die Villa Arconati Visconti. Im 18. Jh. gelangte sie an den lebenslustigen Kardinal Angelo Maria Durini, der sie stark veränderte und in Villa del Balbianello umbenannte. Der sehenswerte Park ist zugänglich: Mitte März – Mitte Nov. Di., Do. – So. 10.00 bis 18.00 Uhr.

✱
Villa del
Balbianello

☺

Nördlich der Balbianello-Landzunge erreicht man Lenno, dessen Name an die griechischen Kolonisten von der Insel Lemnos erinnert, die unter Cäsar hier angesiedelt wurden. Die Kirche **S. Stefano** entstand 1593, ihre illusionistische Ausmalung erhielt sie jedoch erst um 1750. Die darunter gelegene Hallenkrypta gehört wie auch das nebenstehende Baptisterium zu einem Vorgängerbau aus dem 11. Jahrhundert. Oberhalb von Lenno liegt die Abtei **Abbazia dell'Acquafredda** mit drei Gemälden (um 1620) von Giovanni Mauro della Rovere, genannt Fiammenghino.
Bei Giulino di Mezzegra (vom See etwa 200 m die Straße hinauf) markiert ein Kreuz die Stelle, an der Benito **Mussolini** und seine Geliebte Clara Petacci am 28. April 1945 bei dem Versuch, in die Schweiz zu fliehen, von Partisanen erschossen wurden.

Lenno

Tremezzo liegt etwa auf halber Strecke zwischen Como und Sorico. Der nun folgende Uferabschnitt bis Cadenabbia gehört zusammen mit der Halbinsel Bellagio zum **schönsten Teil des Comer Sees**, er wird auch Riviera Tremezzina genannt.
Hier befinden sich kleine Orte und einige der schönsten Villen, darunter die am Ortsende von Tremezzo gelegene Villa Carlotta. Sie wurde 1747 für **Giorgio Clerici**, Feldmarschall im Dienst von Maria Theresia, erbaut, um 1800 klassizistisch umgestaltet und 1850 nach ihrer neuen Besitzerin, der preußischen Prinzessin Charlotte von Sachsen-Meiningen, benannt. Der im italienischen Stil angelegte Terrassengarten und der Park im englischen Stil sind einen Besuch wert, vor allem im April und Mai während der Rhododendren- und Azaleenblüte. In der repräsentativen Villa, die heute ein Museum ist, sind Möbel, Uhren, Gemälde und Skulpturen ausgestellt. Neben dem Wandfries »Einzug Alexanders des Großen in Babylon« (um 1800) von **Berthel Thorwaldsen** sind Skulpturen von **Antonio Canova** zu

✱
Riviera
Tremezzina

✱
◄ Villa Carlotta

Der schöne, in italienischem Stil angelegte Terrassengarten der Villa Carlotta

🕐 sehen, wobei »Amor und Psyche« eine Kopie ist. Öffnungszeiten: Mitte – Ende März, Apr. – Mitte Okt. 9.00 – 18.00, Mitte Okt – Mitte Nov. 10.00 – 16.00 Uhr.

Cadenabbia Der Nachbarort Cadenabbia wirkt etwas mondäner. In der **Villa Margherita-Ricordi** komponierte Verdi um 1853 seine Oper »La Traviata«. Bekannter ist die **Villa La Collina**, in der **Konrad Adenauer** bis 1966 seine Sommerferien verbrachte; heute gehört sie der Konrad-Adenauer-Stiftung.

★
Menaggio Das auf einer kleinen Landzunge gelegene Menaggio ist das **wirtschaftliche und touristische Zentrum am Westufer** des Comer Sees. Es zeichnet sich durch seinen alten Ortskern sowie seine blumengeschmückte Uferpromenade aus. Hinter Menaggio wird die Landschaft gebirgiger. Nicht mehr Villen, sondern einfache Wohnhäuser prägen nun das Bild; statt Grand Hotels gibt es Campingplätze und Ferienwohnungen. Surfer finden hier gute Bedingungen.

Dongo In Dongo ist die romanische Kirche **S. Maria in Martinico** (12. Jh.) erwähnenswert; von Meistern des Intelvitals stammt die überreiche Ausstattung der barocken Kirche **S. Stefano**.

Gravedona ist das historische Zentrum des nördlichen Lario. Im Mittelalter war es vorübergehend eine unabhängige Stadtrepublik. Aus dieser Zeit stammt auch die romanische Kirche **S. Maria del Tiglio** (12. Jh.) am südlichen Ortsrand; das Kruzifix an der Hauptapsis und die Freskenreste an den Wänden sind aus dem 13. bis 15. Jahrhundert. Die direkt am See stehende Kirche **S. Vincenzo** wurde 1072 an Stelle eines frühchristlichen Vorgängerbaus errichtet, von dem noch die sehenswerte Hallenkrypta stammt; die Kirche selber wurde im 17. und 18. Jh. barock umgestaltet. Ebenfalls gleich am See steht der schlossartige **Palazzo Gallio**, der 1583 nach Plänen von Pellegrino Tibaldi für den Kardinal Tolomeo Gallio erbaut wurde.

Gravedona

✳ Ostufer

Seinen besonderen Reiz verdankt das Städtchen Colico seiner Lage: im Norden erheben sich die Berge von Chiavenna, im Osten der mächtige Monte Legnone (2609 m).

Colico

In Olgiasca, knapp 6 km südlich von Colico, zweigt ein kleines, aussichtsreiches Sträßchen in Richtung See ab. Es führt zunächst hoch über dem See durch ein Wohngebiet und dann durch ein Wäldchen hinab zum ehemaligen Benediktiner-, heute Zisterzienserkloster und seiner Kirche S. Nicolò. Der Blick von der Schiffsanlegestelle (direkt unterhalb der Kirche) fällt auf Gravedona am gegenüberliegenden Ufer. Das Kloster wurde von Bischof Agrippino von Como im 7. Jh. gegründet. Die heutigen Bauten entstanden von 1251 bis 1257. Im Chor sind noch Freskenreste des 13. Jh.s zu sehen. Die Zisterzienser der Abtei verkaufen selbst hergestellte Produkte: Honig, Liköre und auch Handarbeiten. ►Baedeker Special Guide.

✳ Abbazia di Piona

Ort der Ruhe: Abbazia di Piona

Auf halbem Weg zwischen Colico und Bellano passiert man **Corenno Plinio**, ein mittelalterliches Dörfchen, das sich bis hinunter zum See erstreckt. Die Festung war im 14. Jh. als Residenz der Grafen Andreani erbaut worden und ist heute Ruine. Der Industrieort **Dervio** liegt am Eingang ins Valvarrone, wo vom 15. bis 17. Jh. Eisen abgebaut wurde. Die Straße endet in

Premana, einem großen Bergdorf. Vom **Monte Legnone** (2609 m), den man in etwa 4 Std. ersteigt, bietet sich ein großartiger Rundblick.

Bellano

Die Altstadt Bellanos zieht sich hinter der Uferpromenade den Berg hinauf. Hier steht die von 1342 bis 1350 erbaute Pfarrkirche SS. Nazaro e Celso. Folgt man einem beschilderten Weg von der Kirche in Richtung Osten, erreicht man nach etwa 10 Min. **Orrido**, die sehenswerte Klamm der Pioverna, die hier als Wasserfall aus dem Valsassina austritt und der man sich auf Stegen nähern kann. Von dem darüber gelegenen Friedhof genießt man einen herrlichen Blick über den See.

★
Abstecher ins Valsassina

Bellano ist auch Ausgangsort für einen ca. 40 km langen Abstecher ins Val Muggiasca und weiter ins Valsassina. Im ersten Abschnitt ist die aussichtsreiche Strecke besonders steil; kurz vor Taceno biegt man auf die Straße nach Cortenova. Von hier steigt sie sanft an, durchquert die Ortschaften Cortabbio und Primaluna bis nach **Introbio** (550 m), dem Zentrum der örtlichen Käseproduktion. Nach einem Abstecher über Baiedo und Pasturo gelangt man jenseits des Colle di Balisio (723 m) nach **Ballabio**, einem beliebten Fremdenverkehrsort, der ebenfalls für seinen in Grotten gereiften Käse bekannt ist. Nach weiteren 8 km ist man in Lecco.

Varenna

Varenna liegt an der breitesten Stelle (5 km) des Sees. Der alte Ortskern zieht sich den Berg hinauf und wird von der Kirche S. Giorgio, die 1300 erbaut und im 17./18. Jh. umgebaut wurde, überragt. Über dem See steht auch die **Villa Cipressi** (16. – 19. Jh.) – heute Hotel – in

🕐 einem Garten, der zugänglich ist. Öffnungszeiten: Mai – Okt. tgl. 9.00 – 18.00 Uhr; Juni – Aug. bis 19.00 Uhr. Vom kleinen Hafen gibt es regelmäßige Fährverbindungen nach Bellagio und Menaggio.

Villa Monastero ►

Die langgestreckte Villa Monastero am Südende des Ortes geht auf ein 1208 gegründetes Nonnenkloster zurück. Nach der Klosterauflösung 1567 fiel das Gelände an einen Aristokraten aus dem Valsassina, der die prächtige Gartenanlage und das heutige Gebäude errichten ließ. Nach mehreren Besitzerwechseln gehört die Villa mit dem Garten seit 1953 dem italienischen Staat und ist nun als Museum zugänglich. Die Säle sind mit Originalmöbeln und Kunstobjekten

🕐 ausgestattet. Öffnungszeiten: März – Mai, Sept. – Nov. Sa., So., Fei. 9.00 – 13.00, 14.00 – 18.00, Juni – Aug. Mo. – Fr. 9.00 – 19.00 Uhr.

★
Park ►

Der terrassierte, auf einer Landzunge gelegene Park gilt als der schönste des Ostufers. Besonders attraktiv sind die exotischen Pflanzen. Architektonische Elemente wie Statuen, kleine Tempel und

🕐 Springenbrunnen setzen Akzente. Öffnungszeiten: Apr. – Okt. tgl. 9.00 – 19.00 Uhr; www.villamonastero.it.

Mandello del Lario

Bis Lecco bestimmen nun vor allem Industrieanlagen das Bild. Mandello del Lario, am Fuß der zackigen Berges Grigna Meridionale (2184 m), ist Stammsitz der im Jahr 1921 gegründeten, legendären Motorradwerke Moto Guzzi.

Friedliche Abendstimmung in Varenna

Die Provinzhauptstadt Lecco, die sich am gleichnamigen See ausbreitet, ist umgeben von den Bergen S. Martino (1046 m) und Resegone (1875 m) sowie dem Grigne-Massiv. Industrieanlagen (Eisen-, Stahl- und Zementwerke, Seidenindustrie) und Neubauten bestimmen das Stadtbild. Im Mittelalter stand Lecco auf der Seite Mailands und entwickelte sich früh zu einem wichtigen Handelszentrum. Auf die Visconti geht der zinnenbewehrte Turm Torre del Castello an der **Piazza XX. Settembre** zurück, auf der mittwochs und samstags ein bunter Wochenmarkt stattfindet. Der Überrest einer Visconti-Festung aus dem 15. Jh. ist heute Sitz des **Museo del Risorgimento e della Resistenza** mit Dokumenten zur Einigungsbewegung und den beiden Weltkriegen. Bereits im 14. Jh. ließ Azzone Visconti die nach ihm benannte, elfbogige Brücke über die Adda erbauen.

Im Ortsteil Caleotto steht die Villa Manzoni (18. Jh.; Via Guanella 1). ◀ Villa Manzoni
Im Erdgeschoss ist eine Ausstellung dem Schriftsteller Alessandro Manzoni gewidmet, der hier seine Jugendzeit verbrachte; im Obergeschoss zeigt die Galleria Comunale eine Gemäldesammlung. Im **Palazzo Belgioioso** (18. Jh.), im Stadtteil Castello (Corso Matteotti 32), sind Versteinerungen sowie vorgeschichtliche und römische Ausgrabungsfunde ausgestellt. Öffnungszeiten aller Museen von Lecco: Di. ⏱ bis So. 9.30 – 14.00 Uhr.

! *Baedeker* TIPP

Auf den Spuren der Brautleute

Literarisch unsterblich wurden Lecco und Landschaft durch die Beschreibungen in Alessandro Manzonis (1785 – 1873) berühmtem Roman »I promessi sposi« (»Die Brautleute«; 1826), eine aufregende Geschichte zweier Liebenden im 17. Jahrhundert. Ein Rundgang folgt den Spuren der Verlobten; dazu gibt es im Fremdenverkehrsamt einen Plan mit der Route.

Schön ist besonders Leccos Umgebung: Das bis 2400 m hohe Massiv der **Grigna** ist ein beliebtes Ausflugsziel für Bergwanderer. Mit der Schwebebahn erreicht man die im Osten sich erhebenden **Piani d' Erna** (1329 m) sowie die **Piani di Resinelli** (1276 m) im Norden (auch auf einer Serpentinenstraße über Ballabio zu erreichen), von wo man in 3 Stunden auf die Grigna Meridionale (2184 m) hinaufsteigen kann.

Civate Am Nordufer des Lago di Annone südwestlich von Lecco liegt Civate. Ausgesprochenen Liebhabern romanischer Kirchenarchitektur und -malerei sei das etwas schwierige Unternehmen, zur **Kirche S. Pietro al Monte** hinaufzupilgern, empfohlen. Die Kirche liegt an einem Berghang oberhalb von Civate und ist nur zu Fuß zu erreichen. S. Pietro al Monte bestand ursprünglich aus einem Kirchenschiff mit drei Apsiden. Da sich das Oratorium S. Benedetto etwas unterhalb des Chorraums befindet und man einen direkten Zugang schaffen wollte, öffnete man die Hauptapsis und legte hier einen neuen Eingang an. Ein neuer Chorraum wurde auf der gegenüberliegenden Seite geschaffen. Besonders schön sind die Fresken (um 1100), die unter dem Einfluss byzantinischer Kunst entstanden sind. Thematisch behandeln sie das Jüngste Gericht. Sehenswert sind zudem die Stuckreliefs. Im Oratorium S. Benedetto sind ebenfalls noch Fresken erhalten, auf denen Heiligenfiguren dargestellt sind.

Im »Dreieck« des Comer Sees

Torno Ausgangsort ist wiederum ► Como. Erster Ort auf der Uferstraße S 583 ist Torno, das prächtig auf einem Felsvorsprung liegt. Unter den zahlreichen Villen ragt die versteckt gelegene, nur vom Wasser aus zu besichtigende **Villa Pliniana** heraus, bei der es sich jedoch nicht um eine der beiden Villen handelt, die Plinius d. J. gehörte. Sie entstand 1575 für Giovanni Anguissola. Auf ihrem Grundstück befindet sich jedoch die schon von Plinius in einem Brief an seinen Freund Licinius erwähnte Quelle, die täglich ihren Wasserstand verändert. Im alten Ortskern von Torno steht die romanische **Kirche S. Giovanni** (12. Jh.), die im 15. Jh. und im Barock verändert wurde. Die schmale Uferstraße führt nun an malerischen Dörfern vorbei bis nach Bellagio.

★ ★
Bellagio Bellagio, die »Perle des Lario«, nimmt die Spitze der schmalen Halbinsel ein, die den Comer See in seine beiden südlichen Arme Lago di Como und Lago di Lecco teilt. Von ihr genießt man einen grandio-

Bellagio: die unumstrittene »Perle des Lario«, wie der See auch genannt wird

sen Ausblick auf alle drei Seearme sowie deren alpine Begrenzung. Fährverbindungen bestehen sowohl mit Menaggio als auch mit Varenna. Schon die Römer hatten die günstige Lage erkannt und hier die Siedlung Bilacus (bi = zwei, lacus = See) gegründet. Im 19. Jh. entdeckten dann wohlhabende Sommerfrischler das kleine Fischerdorf. Innerhalb kurzer Zeit entstanden die Prachtvillen und Adelspaläste entlang der beiden Seeufer. Deswegen ist Bellagio heute nicht nur der mondänste Fremdenverkehrsort des Sees, sondern auch landschaftlicher wie kunsthistorischer Höhepunkt. Gleich am Ortseingang liegt das öffentliche Strandbad Lido di Bellagio. Der auf der Westseite der Halbinsel gelegene **Borgo** (Ortskern) hat sein mittelalterliches Ortsbild erhalten; über Treppengassen gelangt man zur romanischen **Basilika S. Giacomo** (12. Jh.) hinauf, die im 17. Jh. umgestaltet wurde und ein Perugino zugeschriebenes Altarbild (um 1500) besitzt. Im Turm ist die Touristeninformation untergebracht. Oberhalb liegt die Villa Serbelloni. Der Bau geht im Kern auf einen 1492 von der sagenhaft reichen Cremoneser Adelsfamilie Stanga erbauten Renaissancepalast zurück. Heute beherbergt die Villa das elegante **Grandhotel** Villa Serbelloni mit einem wunderbaren Garten. Besichtigung des Gartens im Rahmen von Führungen, Informationen: Tel. 0 31 95 02 16.
Ebenfalls am Ostufer liegt die **Villa Giulia**, einst Residenz des belgischen Königs Lepold I. (Privatbesitz).

★
◄ Villa Serbelloni

Villa Melzi: wunderschöner Park vor traumhafter Kulisse

Villa Melzi ▶

Die zweite große Villa liegt am Westufer im Ortsteil Loppia, an der Straße nach Como. Die Villa Melzi wurde mit einem grandiosen Garten von 1808 bis 1815 nach Plänen von **Giocondo Albertolli** erbaut. Auftraggeber war **Francesco Melzi d'Eril**, der kurze Zeit unter Napoleon Oberhaupt der Cisalpinischen Republik war. Der Park ist eine Mischung aua italienischem und englischem Garten und mit Statuen und künstlichen Grotten versehen. Eine der vielen romantischen Geschichten um die Villen des Comer Sees spielte sich in der Villa Melzi ab. Hier verbrachten der Komponist **Franz Liszt** und die verheiratete **Gräfin d'Agoult** romantische Monate, und 1837 kam hier ihr gemeinsames Töchterchen Cosima zur Welt, die spätere Frau des Komponisten Richard Wagner. Öffnungszeiten: März, Okt. 9.30 bis 18.30 Uhr.

Auf derselben Uferseite liegt auch noch die **Villa Trivulzio**, auf deren Grundstück die romanische **Kirche S. Maria di Loppia** steht (11. Jh.); ihr Campanile stammt aus dem 12. Jahrhundert.

Von Bellagio bietet sich nun die Fahrt nach Erba (23 km) an. Die **Vallassina** kurvenreiche Straße führt durchs Voralpental Vallassina, wie das Hinterland Bellagios heißt. Dabei passiert man den kleinen Ferienort Civenna (623 m) und bei Magrelio die Kapelle **Madonna del Ghisallo** (755 m), der Schutzpatronin der Radfahrer. In der Kapelle hängen Rennräder, Trikots und Bilder von Radsportgrößen wie Eddy Merckx und Fausto Coppi. Über Asso, das dem ganzen Tal seinen Namen gegeben hat, und Canzo erreicht man die Industriestadt Erba, von wo es noch 17 km nach Lecco (s. oben) bzw. 15 km nach ►Como sind.

✶ Como

G 6

Provinzhauptstadt   **Höhe:** 200 m ü. d. M.
Einwohnerzahl: 83 000

Die Provinzhauptstadt Como breitet sich an der Südwestspitze des nach ihr benannten Sees aus. Seinen Wohlstand verdankt Como der Textil- und Seidenindustrie, nach Japan ist es das größte Zentrum der Seidenverarbeitung.

Die erste Erwähnung einer Manufaktur, die »pura seta di Como« **Stadt der Seide** herstellte, datiert von 1510. Doch erst im 18. Jh. hat man in der Brianza mit der Anpflanzung von Maulbeerbäumen und mit der Seidenraupenzucht begonnen, deren Geheimnis China jahrtausendelang gehütet hatte. Mittlerweile kommt allerdings der Großteil der Garne aus Asien, in der Gegend von Como werden sie dann zu Stoffen weiterverarbeitet.

Como hat zwei unterschiedliche Gesichter: Kommt man von Westen ✶ oder Süden, erinnert ein Gürtel hässlicher Industriebauten und **Stadtbild** Wohnanlagen daran, dass die verkehrsreiche Stadt ein bedeutendes Industrie- und Handelszentrum ist. Nähert man sich ihr dagegen von Norden, übers Wasser oder auf einer Uferstraße, offenbart sich der Zauber Comos, seine wundervolle Lage am wohl schönsten der oberitalienischen Seen. Como besitzt eine noch weitgehend ummauerte Altstadt, deren seewärts gerichtete rechteckige Anlage auf ein römisches Lager zurückgeht, und zahlreiche bedeutende Bauwerke.

Im Jahr 196 v. Chr. eroberten die Römer die alte keltische Siedlung **Geschichte** Como und gründeten Novum Comum als Grenzfeste. Dank der verkehrsgünstigen Lage entwickelte sich die Stadt gut. Im weiteren Verlauf wurde die Stadtentwicklung stark durch die **Rivalität zum mächtigen Mailand** bestimmt, dessen Handelswege nach Norden über die Alpen durch von Como kontrolliertes Gebiet führten. Ein Krieg (1118–1127) mit dem mächtigen Nachbarn führte zur Zerstörung

► COMO ERLEBEN

AUSKUNFT

I. A. T.
Piazza Cavour 17
I-22100 Como
Tel. 0 31 3 30 01 28, Fax 0 31 24 01 11
www.lakecomo.it

ESSEN

► Erschwinglich

① *L'Angelo del Silenzio*
Viale Lecco 25
Tel. 0 31 3 37 21 57
Geschl. Mo., Di.mittag
Das auch bei Einheimischen beliebte
Lokal, eines der ältesten der Stadt,
serviert sehr gute lombardische Küche
zu moderaten Preisen.

② *Le Colonne*
Piazza Mazzini 12
Tel. 0 31 26 61 66, geschl. Di.
Zentral, an dem ruhigen Platz gelegene
Pizzeria, die immer gut besucht ist.

ÜBERNACHTEN

► Luxus

① *Palace Hotel*
Lungolarion Trieste 16

Tel. 0 31 2 33 91
Fax 0 31 30 31 70
www.palacehotel.it, 99 Z.
Prächtig ausgestattetes Hotel in herrlicher Lage am See und im Zentrum.

► Komfortabel

② *Firenze*
Piazza Volta 16
Tel. 0 31 30 03 33
Fax 0 31 30 01 01
www.albergofirenze.it
Schickes Hotel, zentral und ruhig an
dem netten Volta-Platz gelegen, in
einem historischen Gebäude.

③ *Tre Re*
Piazza Boldoni 20
Tel. 0 31 26 53 74
Fax 0 31 24 13 49
www.hoteltrere.com, 41 Z.,
Schöner Albergo mit Restaurant im
Herzen der autofreien Innenstadt; hier
schläft man ruhig, und der Weg zum
Einkaufsbummel ist nicht weit.

*Auch heute noch gibt es in der »Stadt der
Seide« Seidenwaren in Hülle und Fülle
zu kaufen.*

Comos. Die Comasken rächten sich, als sie auf Seiten von Kaiser Friedrich Barbarossa 1162 Mailand eroberten und vollständig verwüsteten. Nach dem Ende der Stauferzeit fiel Como 1335 an das übermächtige Mailand und 1521 an die spanischen Habsburger, deren Schreckensherrschaft bis ins 18. Jh. dauerte. Erst unter den österreichischen Habsburgern erlebte die Stadt einen erneuten Aufschwung. Die berühmtesten Söhne Comos waren der Physiker **Alessandro Volta** (1745 – 1827), der Erfinder der Batterie, der römische Historiker **Plinius d. Ä.** (23/24 – 79 n. Chr.), Verfasser der 37-bändigen »Naturalis Historia« (beide ►Berühmte Persönlichkeiten), sowie Plinius' Neffe, der Jurist Plinius d. J. (61/62 – um 111).

Sehenswertes in Como

Die Stadtbesichtigung beginnt am Domplatz, der wegen häufiger Überschwemmungen etwas erhöht in der Innenstadt und nicht am See liegt. Im Osten wird er von Dom, Broletto und Torre Comunale abgeschlossen. Der Stadtturm und das ehemalige Rathaus (Broletto) mit seiner offenen Arkadenhalle im Untergeschoss stammen im Kern aus dem frühen 13. Jahrhundert.

✳ **Piazza del Duomo**

Die Arbeiten am Dom S. Maria Maggiore begannen 1396 und dauerten bis 1744. Damit gehört das Gotteshaus zu den letzten bedeutenden gotischen Bauwerken Italiens. Der Bau ist das Meisterwerk der einheimischen Steinmetz- und Bildhauerschule, der **Maestri comacini** (►Baedeker Special S. 170), die für ein Jahrtausend die Architektur nicht nur in Ober- und Mittelitalien, sondern in ganz Europa entscheidend bestimmt hat.
Die 1457 begonnene Westfassade gehört zu den Meisterwerken der lombardischen Frührenaissance. Die **Brüder Rodari** schufen u. a. das Relief »Anbetung der Könige« im Wandfeld über dem Hauptportal sowie die beiden Sitzfiguren links und rechts vom Hauptportal, die Plinius d. Ä. und Plinius d. J. darstellen, eine seltene Ehrung zweier »Heiden« an einer Kirche . Noch überbordender ist die schmuckreiche Porta della Rana, das »Froschportal« im Norden des Doms, das seinen Namen einem kaum noch sichtbaren eingemeißelten Frosch verdankt. Im Innern stehen das dunkle gotische Langhaus, die helle Vierung vor dem Renaissance-Chor und die barocke Tambourkuppel in lebhaftem Kontrast. Ein Großteil der Ausstattung stammt aus dem 17. Jh.; hervorzuheben sind besonders die prunkvollen **Bildteppiche** aus Werkstätten in Ferrara, Florenz und Flandern aus dem 16. und 17. Jh., eine **Kreuzabnahme** im nördlichen Seitenschiff (1498), einige **Altarbilder**, u. a. eine Flucht nach Ägypten von Gaudenzio Ferrari, eine Anbetung der Könige und eine Madonna mit den hll. Hieronymus und Ambrosius von Bernardino Luini (um 1500). Die Säulen tragenden Löwen der beiden Taufbecken im Mittelschiff stammen noch aus dem Vorgängerbau des 11. Jh.s. Öffnungszeiten: 7.00 bis 12.00, 15.00 – 19.00 Uhr.

✳ ✳ **Dom**

◄ Innenraum

Como Orientierung

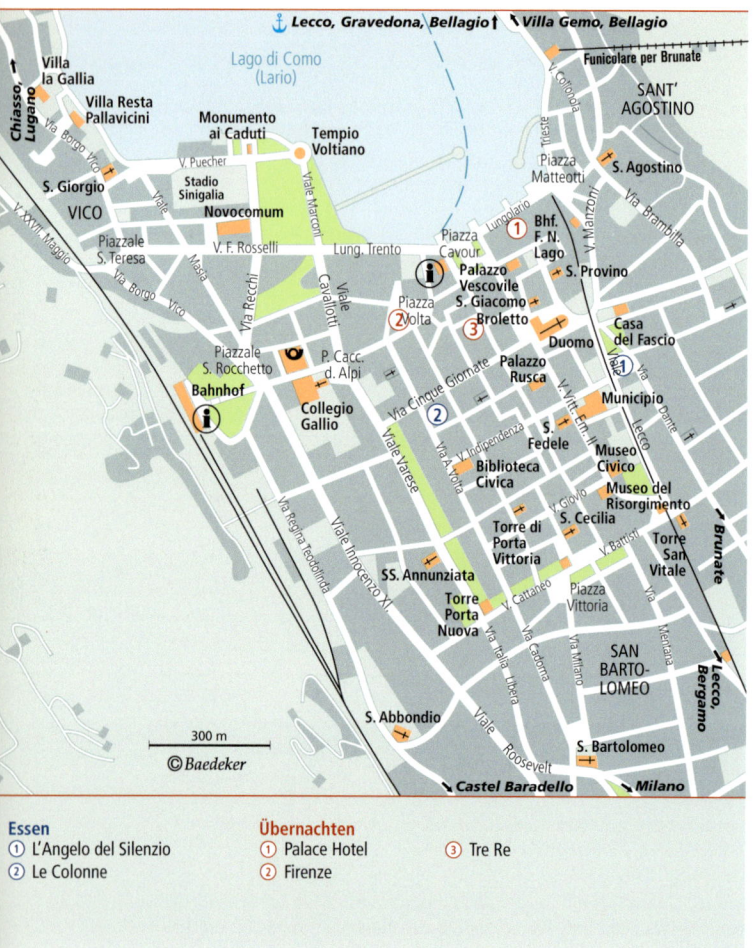

Essen
① L'Angelo del Silenzio
② Le Colonne

Übernachten
① Palace Hotel
② Firenze
③ Tre Re

S. Fedele Über die Via Vittorio Emanuele II. gelangt man zur Rückseite der im 12. Jh. auf dem Grundriss in Form eines vierblättrigen Kleeblatts errichteten Kirche S. Fedele. Interessantester Teil ist die von einem eleganten Bogengang verzierte Apsis. Beachtenswert sind außerdem ihr schmuckvolles **Nordportal** und **Freskenreste** im Innern aus dem 12. und 13. Jahrhundert. Die Kirche steht auf der schönen **Piazza Fedele**, die im Westen von zwei Fachwerkhäusern aus dem 16. Jh. begrenzt wird. Am 1. Samstag im Monat findet auf diesem Platz ein Flohmarkt statt.

Auf nahezu vier Jahrhunderte Bauzeit brachte es der Dom.

Sehenswert ist auch das etwas südlich in der Via Vittorio Emanuele II. gelegene Stadtmuseum mit einer beeindruckenden Sammlung archäologischer, römischer und mittelalterlicher Zeugnisse. In der **Gemäldegalerie** sind Werke lombardischer Künstler des 16. bis 18. Jh.s ausgestellt.

Museo Civico

Im benachbarten Risorgimento-Museum wird die Geschichte der italienischen Einigungsbewegung dargestellt. Öffnungszeiten beider Museen: Di. – Sa. 9.00 – 12.00, 14.00 – 17.00, So. 10.00 – 13.00 Uhr.

Museo del Risorgimento
🕐

Von der mittelalterlichen Befestigungsanlage aus dem 12. Jh. sind noch große Teile erhalten, darunter die drei Türme Torre di Porta Nuova, Torre di S. Vitale und die 40 m hohe Torre di Porta Vittoria am Ende der Via Cantù.

Türme

Von hier ist es nicht weit zur 1095 geweihten Kirche S. Abbondio. Die fünfschiffige Basilika, deren Äußeres durch Lisenen und Rundbogenfriese gegliedert wird, gehört zu den bedeutendsten Sakralbauten der lombardischen Frühromanik. Die **Fresken** in der Apsis im Innern der Kirche, Szenen aus dem Leben Christi und der Apostel Petrus und Paulus, schuf ein unbekannter Sieneser Meister um 1350. Im Norden schließt ein Kreuzgang aus dem 16. Jh. an.

★
S. Abbondio

Meisterhafte Bauplastik am Dom von Como von den Maestri comacini

WANDERARBEITER FÜR DIE KUNST

Sie kamen aus einem abgelegenen Tal zwischen Comer und Luganer See. Als Steinmetze, Baumeister, Stuckateure und Maler waren die so genannten Maestri comacini oder Comasken, Maestri intelvesi und Maestri campionesi sehr gefragt und zogen jahrhundertelang durch Europa.

Zwischen dem 7. und 18. Jh. arbeiteten die nach ihrer Herkunft aus Como, dem Intelvital oder Campione am Luganer See benannten Meister der Steinmetzkunst in familiär organisierten Bauhütten. Wissen und handwerkliche Fähigkeiten wurden von den Vätern auf die Söhne weitergegeben. In einer Zeit, in der die römische Kultur zusammengebrochen und durch die Wirren der Völkerwanderung viel Wissen verloren gegangen war, bewahrten sie die **Kenntnisse aus der Antike**. Ab dem 14. Jh. zogen die Maestri als Wanderarbeiter von Großbaustelle zu Großbaustelle. Überall lernten sie andere Bauweisen und -stile kennen. Was ihnen zusagte, wurde übernommen. Auf diese Weise sammelten sie ungeheures Wissen. Niemand verstand es besser, Flechtbänder, Akanthusblätter, Tierfiguren, menschliche und dämonische Gesichter, profane und mythologische Szenen in Stein zu verewigen. Sie hinterließen ihre Spuren an vielen bekannten Bauten, in Mailand an den Kirchen S. Ambrogio und S. Maria delle Grazie, an der Certosa di Pavia, in Como an S. Abbondio und an den Domen von Mailand, Monza, Parma, Ferrara sowie Modena. Sie wirkten auch außerhalb Italiens, ihr Einfluss reichte bis ins schwedische Lund, wo der Comaske **Donatus** den Dom errichtete. In Frankreich leitete sich von Comacini das heute noch gebräuchliche Maçon (Maurer) ab.

In Deutschland ist ihre Mitarbeit an den Domen in Mainz und Speyer überliefert. Ein gewisser Quaglio aus Laino im Intelvital baute für den Kronprinzen Maximilian 1832 das bayerische Hohenschwangau wieder auf. Der Passauer Dom wurde von Carlo Antonio Carlone gebaut, dessen Familie aus dem wenige Kilometer von Laino entfernten Scaria stammte. Auch der Freskenmaler **Carlo Carlone** war nördlich der Alpen tätig und hinterließ Zyklen in Schloss Ludwigsburg, in Ansbach, Einsiedeln und Wien. Und wer weiß schon, dass ein gewisser Solari aus Verna, einem Nachbardorf von Scaria, unter Iwan dem Großen im 15. und 16. Jh. an den Bauten des Kreml mitgewirkt hat?

Uferpromenade

Folgt man der an der Piazza Cavour beginnenden Uferpromenade, die bis zur Villa d'Olmo führt, so kommt man zum klassizistischen **Tempio Voltiano** (1927). Dieser beherbergt ein kleines **Naturwissen-schaftliches Museum**, das dem 1745 in Como geborenen Physiker **Alessandro Volta** gewidmet ist und sich mit dem Thema Elektrizität befasst. Öffnungszeiten: Apr.–Sept. Di.–So. 10.00–12.00, 15.00 bis 18.00, Okt.–März 10.00–12.00, 14.00–16.00 Uhr.

◄ Villa d'Olmo

Am westlichen Seeufer reihen sich aufwändig gestaltete Villen anei-nander. Das berühmteste Landhaus ist vermutlich die Villa d'Olmo. Der klassizistische Bau mit einem kunstvoll angelegten Park entstand von 1782 bis 1787 für den **Marchese Innocenzo Odescalchi**. Heute finden in den verschwenderisch ausgestatteten Räumen Konzerte, Theateraufführungen und Kongresse statt. Die Villa nur bei Auffüh-rungen geöffnet. Öffnungszeiten des Parks: Apr.–Okt. Mo.–Sa. 9.00–12.00, 15.00–18.00 Uhr.

◄ Weitere Villen

In der Nachbarschaft befinden sich noch zwei weitere Villen: Die **Vil-la Gallia** entstand bereits 1615 für den Kardinalsneffen Marco Gallio Tibaldi. Im Festsaal sind Fresken aus der Entstehungszeit von Pier Francesco Morazzone erhalten. Die **Villa Rotonda** aus dem 18. Jh. ist heute Sitz der Provinzialregierung.

Äußerst stilvoll: die klassizistische Villa d'Olmo mit gepflegtem Park

> ! *Baedeker* TIPP
>
> **Anregender Genuss**
>
> Im Caffè & Caffè (Via B. Luini 27) kann man einige köstliche Espressosorten kaufen und alte Espressomaschinen bewundern. Und natürlich gibt es auch einen aromatischen Espresso.

Alles über die Kunst der Seidenherstellung erfährt man im **Museo Didattico della Seta** (Via Castelnuovo 9) anhand von Originalgeräten. Öffnungszeiten: Di.–Fr. 9.00 bis 12.00, 15.00–18.00 Uhr.

Von der Piazza Funicolare fährt eine Standseilbahn in 10 Minuten zum Villenvorort **Brunate** (716 m)

★
Aussicht ▶

hinauf; dorthin führt auch eine Straße. Von hier genießt man einen schönen Blick auf Como und die Bucht. Noch umfassender ist die Aussicht vom Ortsteil **S. Maurizio** (906 m). Eine schöne Wanderung führt in etwa 6 Std. von Brunate auf den **Monte Boletto** (1234 m) und weiter bis zum **Monte Palanzone** (1436 m).

Castel Baradello

Etwa 3 km südlich außerhalb des Stadtzentrums ist auf dem 536 m hohen Monte della Croce noch die Ruine des Castel Baradello vorhanden. Die Festung entstand 1158 im Auftrag **Kaiser Friedrich Barbarossas** zum Schutz vor Mailand; 1527 wurde sie zerstört. Der für seine Grausamkeit berüchtigte Bischof Ottone Visconti soll 1277 seinen Gegner Napo Torriani in einen Gitterkäfig gesteckt und am staufischen Bergfried aufgehängt haben, bis dieser verhungert war. Anfahrt: von der Piazza S. Rocco über die Bahngleise und dann die Serpentinen hinauf. Öffnungszeiten: Do., Sa., So. 9.30–17.00 Uhr.

S. Carpoforo

Am Fuß des Monte della Croce steht S. Carpoforo, die vermutlich im 4. Jh. gegründete erste Kathedrale Comos. Der heutige Bau entstand ab 1025.

★ Crema

L 8

Provinz: Cremona	**Höhe:** 79 m ü. d. M.
Einwohnerzahl: 33 000	

Crema, in einer weiten Ebene am rechten Ufer des Flusses Serio gelegen, ist ein lebendiges Landstädtchen, das über viel Industrie verfügt. Im Zentrum hat sich ein recht einheitlicher historischer Kern erhalten, der von einem mittelalterlichen Mauerring eingefasst ist.

Sehenswertes in Crema

Piazza del Duomo

Die Piazza del Duomo war stets religiöses und kommunales Zentrum von Crema. Der von den hohen Mauern des Doms beherrschten Piazza fehlt die großzügige Weite anderer italienischer Plätze, sie

CREMA ERLEBEN

AUSKUNFT

I. A. T.
Via Racchetti 8
I-26013 Crema
Tel. 03 73 8 10 20
Fax 03 73 25 57 28
www.prolococrema.it

ESSEN

► **Erschwinglich**
Pata Negra
Via XI. Febbraio 38
Tel. 0 37 38 59 67
Geschl. Mo.
Restaurant auf drei Ebenen mit modern eingerichteten Räumen; man kann entweder ausgiebig gut essen oder auch nur einen Imbiss zu sich nehmen; kleines, aber ausgesuchtes Weinangebot.

ÜBERNACHTEN

► **Luxus**
Hotel Palace
Via Cresmero 10
Tel. 0 37 38 14 87
Fax 0 37 38 68 76
42 Z.
Das in einem kleinen Park gelegene, gut geführtes Hotel verfügt über Zimmer mit Klimaanlage und eine Garage für die Hotelgäste.

zeichnet sich aber durch ein recht einheitliches Architekturbild aus. An der Westseite steht der **Palazzo del Comune** aus dem 16. Jh., der als Torrazzo bezeichnete Rathausturm stammt aus derselben Zeit, wurde aber erst im 17. Jh. vollendet. Zwei Paläste (1525), der sich nördlich an das Rathaus anschließende Palazzo Pretorio und der Bischofspalast, der Palazzo Vescovile östlich des Doms, runden das städtebauliche Ensemble ab.

Der Duomo S. Maria Assunta wurde in den Jahren zwischen 1284 und 1341 im Stil der lombardischen Gotik errichtet. Auffällig ist die kulissenartig überhöhte Hauptfassade, die mit Rosette, Zwerggalerie und Maueröffnungen ausgestattet ist und den Blick in den Himmel freigibt.
Der basilikale Innenraum zeichnet sich durch erstaunliche Höhe aus, mächtige Bündelpfeiler trennen das Hauptschiff von den Seitenschiffen. Als älteste Ausstattungsstücke sind noch ein **Kruzifix** aus dem 14. Jh. und ein barockes **Altargemälde »Christus erscheint dem gefangenen Markus«** von Guido Reni erhalten.

✳
Duomo S. Maria Assunta

Östlich vom Domplatz trifft man in der Via Dante Alighieri 49 auf die Gebäude des Klosters S. Agostino. Von dem im 15. Jahrhundert gebauten Augustinerkloster sind noch zwei Kreuzgänge und das Refektorium erhalten. In dem Gebäude befindet sich das Museo Civico u. a. mit einer archäologischen Sammlung. Öffnungszeiten: Mo. 14.30 – 18.30, Di. – Fr. 9.00 – 12.00, 14.30 – 18.30, Sa., So. 10.00 bis 12.00, 16.00 – 19.00 Uhr.

S. Agostino/ Museo Civico

🕐

★ ★
**S. Maria
della Croce**

Nordöstlich außerhalb des Stadtzentrums findet man die Hauptsehenswürdigkeit von Crema, die Wallfahrtskirche S. Maria della Croce. Die Gründung der Kirche geht auf eine Marienerscheinung zurück. Der Renaissancebau wurde ab 1490 nach Plänen von **Giovanni Domenico Battagio** errichtet. Zwischen vier halbhohen Kapellen ragt die Backsteinrotunde empor, deren Innengrundriss ein Achteck bildet. Sowohl manieristische wie barocke Ausmalungen steigern den feierlichen Raumeindruck.

Rundbau der S. Maria della Croce

Umgebung von Crema

In dem hübschen Landstädtchen **Soncino**, knapp 20 km nordöstlich von Crema, ist die **Rocca** sehenswert, eine der bedeutendsten und besterhaltenen Burgen der Lombardei. Sie wurde zwischen 1473 und 1475 über einem quadratischen Grundriss erbaut und mit mehreren Türmen versehen. Öffnungszeiten: Di. – Fr. 10.00 – 12.00, Sa., So. 10.00 – 12.30, 14.30 – 17.00; im Sommer bis 19.00 Uhr.

Lohnend ist ein Besuch der etwa 1 km südlich von Soncino in der Landschaft gelegenen **Kirche S. Maria delle Grazie**. Die Kirche wurde zwischen 1492 und 1528 für die Karmeliter errichtet. Besonders beachtenswert sind die gut erhaltenen manieristischen Fresken im Innern. Öffnungszeiten: im Sommer 10.00 – 12.00, 16.00 – 19.00 Uhr.

★
Caravaggio

Caravaggio, 20 km nördlich von Crema, kann sich rühmen, die Geburtsstadt des **Malers Caravaggio**, eigentlich Michelangelo Merisi, zu sein, der 1573 hier zur Welt kam. Bekannt ist Caravaggio für das **Santuario della Madonna** südwestlich außerhalb des Städtchens, zu dem alljährlich 1,5 Mio. Menschen pilgern. Die Kirche, zu der eine lange Kastanienallee führt, wurde 1451 an der Stelle einer Marienerscheinung erbaut und 1575 im Stil der Spätrenaissance erneuert. Schon von weitem fällt die hohe Vierungskuppel auf. Die heilige Quelle im Innern soll im Anschluss an die Marienerscheinung hier hervorgesprudelt sein.

Rivolta d'Adda

Der kleine Ort Rivolta d'Adda (32 km nordwestlich von Crema) verfügt mit der Kirche S. Maria e S. Sigismondo über eine bedeutende Sehenswürdigkeit der Romanik. Der wehrhafte Backsteinbau ent-

Mächtig und wehrhaft präsentiert sich die Rocca von Soncino.

stand im 11. Jh., war zur Zeit des Barock umgestaltet worden und wurde zu Beginn des 20. Jh.s weitgehend rekonstruiert. Aus dem 12. Jh. stammen der fantasievolle **Kapitellschmuck** und die **romanischen Fresken** in den beiden Nebenapsiden.

Eine Freude für Groß und Klein bringt der Parco della Preistoria (Via Ponte Vecchio 21), denn hier wird die Entwicklungsgeschichte der Dinosaurier anhand von lebensgroßen Modellen aufgezeigt. Der Park umfasst auch einen Botanischen Garten. Öffnungszeiten: in der Saison tgl. 9.00 – 18.30, sonst 17.00/17.30 Uhr; Internet:I www.parco delllapreistoria.it.

◀ Parco della Preistoria

🕐

✶ ✶ Cremona

Provinzhauptstadt
Einwohnerzahl: 71 600

Höhe: 47 m ü. d. M.

Die Stadt Cremona am Po ist bekannt als Wiege des Geigenbaus, stammen doch die Geigenbauer-Familien Amati, Guarneri, Bergonzi und Stradivari aus der Kleinstadt (▶Baedeker Special S. 181).

Noch heute gibt es in der Stadt eine bekannte Geigenbauschule und zahlreiche Werkstätten, und alle drei Jahre findet im Oktober die **Internationale Triennale für Streichinstrumente** statt. Dazu sorgt ein abwechslungsreiches Konzertprogramm das ganze Jahr über für ein

Stadt des Geigenbaus

CREMONA ERLEBEN

AUSKUNFT

I. A. T.
Piazza del Comune 8
I-26100 Cremona
Tel. 03 72 40 75 84, Fax 03 72 40 70 35
www.turismo.comune.cremona.it

ESSEN

▶ **Erschwinglich**

① *La Sosta*
Via Sicardo 9
Tel. 0 37 2 45 66 56
www.osteriasosta.it, Geschl. Mo.
In der Nähe der zentralen Piazza liegt
das Lokal mit regionaler Kost und gut
sortiertem Weinkeller.

ÜBERNACHTEN

▶ **Komfortabel**

① *Continental*
Piazza della Libertà 26

Tel. 0 37 2 43 41 41
Fax 0 37 2 45 48 73
www.hotelcontinentalcremona.it
62 Z.
Sehr gut geführtes Haus am Rand des
historischen Zentrums; gediegene
Räumlichkeiten; die Gäste erwarten
gepflegte, schön ausgestattete Zimmer
und ein Parkplatz, außerdem ein
großes Restaurant.

② *Duomo*
Via Gonfalonieri 13
Tel. 0 37 23 52 42
Fax 0 37 2 45 83 92
www.hotelduomocremona.com, 23 Z.
Das kleine sympathische Hotel, sehr
hübsch direkt im Zentrum am Dom
gelegen, strahlt eine angenehme Atmosphäre aus; das gute Restaurant ist
auch bei Einheimischen beliebt.

Weiterleben der langen Tradition. Ein wichtiger Musikername ist mit
der Stadt verbunden: **Claudio Monteverdi** (▶Berühmte Persönlichkeiten) wurde 1565 hier geboren. Außergewöhnlich war auch **Sofo-
nisba Anguissola**, die hier um 1535 geborene Malerin. Steht die Stadt
auch ganz im Zeichen der Musik, so lebt sie doch von der Landwirtschaft – und das nicht schlecht: Die Provinz Cremona hat eines der
höchsten Pro-Kopf-Einkommen Italiens.

Geschichte Zunächst ein Zentrum der keltischen Cenomanen, wurde Cremona
ab 218 v. Chr. römische Militärkolonie. 603 fielen die Langobarden
in Cremona ein. In den folgenden Jahrhunderten erblühte die Stadt,
trieb Schiffshandel mit Byzanz und wurde im späten 11. Jh. zur
freien Kommune. In den Auseinandersetzungen des 12. und 13. Jh.s
stand die Stadt meistens auf Seiten der Kaiser Friedrich Barbarossa
und Friedrich II. Im 14. Jh. kamen die Visconti an die Macht, 1441
dann die Sforza durch die Heirat zwischen der 17-jährigen Bianca
Maria Visconti und den 23 Jahre älteren Francesco Sforza. Zur Zeit
der spanischen Herrschaft im 16. Jh. setzte in Cremona eine kulturelle Blüte ein. Es entstand die **erste Geigenbauwerkstatt** der Patrizier-
familie Amati; es folgten die Familien Guarneri und Stradivari. Auch
die Malerei erlebte einen Aufschwung: In den Kirchen der Stadt sind

Der Geigenbau, für den Cremona berühmt ist, wird heute noch ausgeübt.

Fresken einiger berühmter Cremoneser Malerfamilien aus dieser Zeit erhalten. Ab 1714 stand die Stadt unter österreichischer Herrschaft.

★ ★
Altstadt

Bei aller großen kulturellen Vergangenheit vermittelt Cremona eher den Eindruck einer stillen Provinzstadt. Die kleine Stadt hat aber – und das ist weniger bekannt als das musikalische Erbe – einige architektonische Besonderheiten zu bieten, die einen Besuch lohnen. Vor allem beeindruckt das Fünferensemble im historischen Zentrum an der Piazza del Comune: Dom, Torrazzo, Baptisterium, Stadthaus und Loggia dei Militi.

Sehenswertes in Cremona

★ ★
Duomo

Mit seinen überraschenden Ausmaßen, der klar gegliederten Marmorfassade, dem immensen Campanile und den zwei flankierenden Backsteintürmchen zieht der Dom von Cremona die Blicke auf sich. Die Kathedrale wurde 1117 begonnen und konnte bereits 1190 geweiht werden. Erst später baute man die gotischen Querschiffe an, zunächst das nördliche bis 1288, bis 1342 dann das südliche. An der zur Piazza gerichteten **Westfassade**, die 1180 bis 1190 errichtet und um 1500 mit Marmor verkleidet wurde, fallen insbesondere die Zwerggalerien, die große Rosette und die Porta Regia, das Hauptpor-

Besonders beeindruckend: der Dom und der Torrazzo bei abendlicher Beleuchtung

tal, mit den insgesamt sechs Säulen tragenden Löwen ins Auge. Neben der Marienfigur sind die Kirchenpatrone Imerio und Omobono
(»der gute Mensch«) zu sehen. Über der Rosette (1274) erkennt man
vier Prophetenfiguren: Jeremia, Jesaia, Daniel und Ezechiel. Die architektonische Verbindung zum Campanile bildet ein Arkadengang,
der **Portico della Bertazzola**, dessen aufgesetzte Skulpturen allegorische Figuren und Heilige darstellen. An der Nordfassade sind am
Portal wiederum die Säulen tragenden Löwen beachtenswert. Die
Darstellung von Christus und den Aposteln stammt noch aus der
frühesten Bauphase (1130 – 1140). Geht man um den Dom herum,
fallen die zahlreichen von der Westseite aus verborgenen schlanken
Schmucktürme auf.

Innenraum ▶ Im dreischiffigen Innenraum beeindrucken in erster Linie im Lang-
haus die Fresken zum Marien- und Passionszyklus von Biccaccio
Boccaccino und anderen, die ab 1514 in 15 Jahren eine großartige
Raumgestaltung der Renaissance schufen. Das Querhaus dagegen
wurde erst im Jahr 1812 dekoriert. An den Pfeilern hängen teilweise
Brüsseler Gobelins (um 1685) mit der Samson-Geschichte. Im tiefen
Chor mit dem barocken Marmoraltar (1723) von G. B. Zaist fällt das

Cremona *Orientierung*

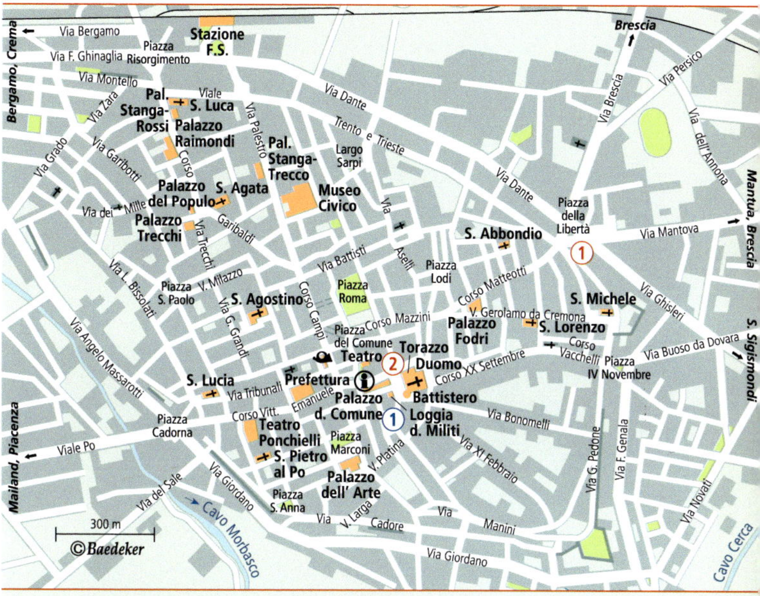

Cremona Stadtplan mit den folgenden beschrifteten Orten und Straßen:

Via Bergamo, Piazza Risorgimento, Stazione F.S., Brescia, Via F. Ghinaglia, Via Montello, Via Grado, Via Zara, Via Dante, Via Brescia, Via Persico, Via dell'Annona, Pal. S. Luca, Viale, Stanga-Rossi, Palazzo Raimondi, Pal. Stanga-Trecco, Trento e Trieste, Largo Sarpi, Via Dante, Palazzo del Populo, S. Agata, Museo Civico, S. Abbondio, Piazza della Libertà, Via Mantova, Mantua, Brescia, Palazzo Trecchi, Via dei Mille, Via Trecchi, Via Garibaldi, Piazza V. Mazzini, S. Paolo, Via G. Grandi, Piazza Roma, Via Battisti, Piazza Lodi, Aselli, Corso Matteotti, S. Michele, Via Ghisleri, S. Sigismondi, Via L. Bissolati, Piazza S. Agostino, Corso Garibaldi, Corso Campi, Piazza Camp., Corso Mazzini, V. Gerolamo da Cremona, S. Lorenzo, Corso Vacchelli, Piazza IV Novembre, Via Buoso da Dovara, Via Angelo Massarotti, Palazzo Fodri, Torrazzo, Teatro, Duomo, Corso XX Settembre, S. Lucia, Via Tribunali, Prefettura, Emanuele II, Palazzo d. Comune, Battistero, Loggia d. Militi, Via Bonomelli, Via G. Pedone, Via F. Genala, Corso Vitt., Teatro Ponchielli, Piazza Marconi, Via Platina, Via XI Febbraio, Piazza Cadorna, Viale Po, Mailand, Piacenza, S. Pietro al Po, Palazzo dell'Arte, Piazza S. Anna, Via del Sale, Via Giordano, Cavo Morbasco, Via V. Large, Cadore, Via Manini, Via Giordano, Cavo Cerca, Via Novati, 300 m, © Baedeker

Essen
① La Sosta

Übernachten
① Continental
② Duomo

Gestühl der Frührenaissance mit hübschen Einlegearbeiten auf. Beachtenswert sind die Architekturdarstellungen des ausgehenden 15. Jh.s, die u. a. die damalige Westfassade des Doms und den Flusshafen zeigen. Öffnungszeiten: tgl. 8.00 – 12.00 16.00 – 19.00 Uhr.

Torrazzo

Das Wahrzeichen der Stadt ist der mit 111 m **höchste Glockenturm Italiens**. Der von den Cremonesern als Torrazzo bezeichnete Campanile entstand Mitte des 13. Jh.s über einem viereckigen Grundriss. Im unteren Bereich sind die wehrturmähnlichen Mauern nur sparsam durch gotische Fensteröffnungen aufgebrochen, während der Turm nach oben hin zu dem achteckigen Aufbau mit den Schallarkaden immer leichter und durchlässiger wirkt. Ein spitz zulaufendes Kegeldach bildet den Abschluss. Das Schmuckstück an der Westseite zum Platz hin ist die große **Renaissance-Uhr**, die früher sowohl die Uhrzeit als auch das Datum anzeigte und darüber hinaus astronomische Auskünfte gab. Man kann auf den Torrazzo hinaufsteigen und hat von oben einen hervorragenden Blick auf den Dom, dessen Ausmaße man aus dieser Perspektive erst richtig erfassen kann.

Battistero

★ Von harmonischer Ausgewogenheit ist das Baptisterium, das sich auf achteckigem Grundriss erhebt. Mit dem Bau der Taufkirche begann man in der zweiten Hälfte des 12. Jh.s – also während der Dombauarbeiten. Dem Oktogon aus Backstein sitzt eine Kuppel mit Laterne auf, die wiederum von einer gotischen Figur des Erzengels Gabriel (1370) gekrönt wird. Auch am Baptisterium fällt die später und nicht vollständig ausgeführte Marmorverkleidung auf – man wollte damit den Bezug zur ebenfalls nachträglich mit Marmor gestalteten Domfassade herstellen. Die Innenwände des Baptisteriums sind durch Säulenarkaden und Emporengeschosse gegliedert, die sparsame Ausstattung erfolgte überwiegend in der Renaissance und im Barock. Besonders hübsch ist das rotmarmorne **Taufbecken** (16. Jh.).

Loggia dei Militi

★ Gotische Architektur zeigen die beiden Stadtpaläste an der Westseite der Piazza del Commune. Die etwas kleinere gotische Loggia dei Militi (1292) war der Palast der Stadtmiliz. Über der halb offenen Arkadenhalle liegt der durch Triforien erhellte Versammlungssaal.

Raccolta dei Violini di Palazzo del Comune

★ Daneben steht der Palazzo del Comune, der zwischen 1204 und 1246 im Übergangsstil der Romanik zur Gotik errichtet wurde, jedoch im 16. und 19. Jh. umgebaut und verändert wurde. Im Palazzo del Comune befindet sich das musikalische Herz Cremonas: die **Sala dei Violini**. Hier sind die bekanntesten Geigen ausgestellt – die kleine »il Cremonese«, die 1715 von Antonio Stradivari hergestellt wurde, »l' Hammerle« (1658) von Nicolò Amati, eine Geige für den französischen König Karl IX. (1566) von Andrea Amati und eine Violine von Giuseppe Antonio Guarneri aus dem Jahr 1734, die lange von Pinchas Zukerman gespielt wurde. Öffnungszeiten: Di. – Sa. 9.00 bis 12.00, 14.00 – 18.00, So. 10.00 bis 18.00 Uhr.

Ausstellung in schönem Rahmen: Geigen im Violinmuseum

Nordöstlich der Piazza liegt am Corso Matteotti der **Palazzo Fodri**, ein typischer Stadtpalast der frühen Renaissance, den sich der wohlhabende Kaufmann Benedetto Fodri 1490 bauen ließ. Ein Schmuckstück ist der **Cortile**, der zweistöckige Innenhof, der als einer der schönsten seiner Art in der Lombardei gilt. Über dem Arkadengang und über der oberen Fensterreihe sind zwei kunstvoll gearbeitete Terrakottabänder mit Kampfdarstellungen zu sehen.

Denkmal für den Mann, der Cremona berühmt gemacht hat: der Geigenbauer Antonio Stradivari

DER HIMMEL VOLLER GEIGEN

War es das Holz, die Zusammensetzung des Lacks oder das kleine Holzstäbchen, das zwischen Geigenboden und -decke geklemmt wird? Es gibt viele Theorien, aber keine befriedigende Erklärung, wie der traumhafte Klang der Stradivari-Geigen zustande kam.

Als Holz verarbeitete man weiche Tanne oder Fichte mit guten Schwingungseigenschaften für die Geigendecke und Ahorn für den Boden. 150 bis 180 Arbeitsstunden waren nötig, um eine Geige herzustellen, die aus etwa 70 Einzelteilen besteht. Wenn Boden und Decke mit den für den Klang äußerst wichtigen f-Löchern durch den Zargenkranz rundherum verbunden sind und schließlich das Griffbrett mit der Schnecke angesetzt ist, werden die Geigen wie Wäsche auf die Leine gehängt und »gereift«. 602 echte Stradivari-Instrumente sind noch erhalten: 540 Geigen, 12 Bratschen und 50 Celli. Wer war dieser **Antonio Stradivari**, dem 1200 Instrumente zugeschrieben werden? Er wurde um 1644 geboren, war zweimal verheiratet und hatte elf Kinder, viel mehr ist nicht belegt. Offenbar war er sich seiner hochwertigen Arbeit auch bewusst, denn er nahm viel Geld für seine Instrumente.

Stradivari war unbestritten der größte, aber nicht der erste Geigenbauer in Cremona. Etwa 100 Jahre vor seiner Geburt hatte **Andrea Amati** bereits eine Geigenbauwerkstatt in der Stadt. Sein Enkel Nicolò Amati war der Lehrer von **Andrea Guarneri** und von Antonio Stradivari. Die Amati, die Guarneri, die Stradivari und die Bergonzi bildeten regelrechte Dynastien. Über Generationen gaben sie ihr Wissen weiter und verfeinerten es dabei ständig.

Mit Stradivari hatte der Geigenbau seinen Höhepunkt erlebt. Über einen längeren Zeitraum gab es keinen nennenswerten Instrumentenbau mehr in der Stadt, bis anlässlich der Feierlichkeiten zu Stradivaris 200. Todestag 1937 eine **internationale Geigenbauschule** eröffnet wurde. International ist sie wirklich, denn die Schüler kommen aus der ganzen Welt. Heute sind nahezu alle noch existierenden Stradivari in Händen von Museen, Künstlern oder Sammlern. Zu den Besitzern einer Stradivari zählen beispielsweise die Geigenvirtuosin Anne-Sophie Mutter, der Walzerkönig André Rieu oder der Geiger Itzhak Perlman, dessen Instrument vorher schon von dem weltberühmten Yehudi Menuhin gespielt wurde.

S. Michele Die Kirche S. Michele am Ende der Via Gerolamo da Cremona wurde im 7. Jh. gegründet und im 12. Jh. erweitert. Während die Fassade eine historisierende Schöpfung des 19. Jh.s ist, zeigt das Innere gotisches Aussehen des späten 12. Jh.s mit Freskenresten.

★
Piazza Roma Ideal für eine Ruhepause ist die weitläufige Piazza Roma, eine schöne Grünanlage mit hohen Bäumen, Blumenrabatten und Bänken. Man findet im vorderen Teil eine kleine, verwitterte Steinplatte, die die Aufschrift trägt: »Sepolcro di Antonio Stradivari e suoi eredi anno 1729« – die Grabplatte hat sich von einem Familiengrab der Stradivari erhalten, daher ist auch die Jahreszahl nicht als Todesjahr des berühmten Stradivari zu lesen; das Grab befand sich in einer Dominikanerkirche, die an dieser Stelle stand. In dem Dominikanerkloster hatte die Inquisition einst ihren Sitz, das ungeliebte Gebäude wurde im 19. Jh. niedergerissen, wodurch die Freifläche entstanden ist.

? WUSSTEN SIE SCHON ...?

■ Die berühmteste von Cremonas leckeren Süßigkeiten ist der Torrone, ein Nougat. Der Name leitet sich von der Hochzeitstorte von Bianca Maria Visconti und Francesco Sforza ab, die mit Honig und Mandeln in Form des Torrazzo als Turmaufbau hergestellt wurde.

★
Museo Civico, Über die belebte Geschäftsstraße Corso Campi kommt man in die
Museo Via Palestro, in der der Palazzo Affaitati steht, ein Patrizierpalast
Stradivariano (16. Jh.). Hier sind zwei Museen untergebracht: Im Museo Civico (Eingang Via Ugolani Dati 4) werden Werke einheimischer Maler des 16. Jh.s ausgestellt. Der Zugang zum Stradivari-Museum im selben Haus erfolgt aber über die Via Palestro 17. Hier sind wertvolle Dokumente, Arbeitsgeräte, Entwürfe und Modelle aus der Werkstatt Stradivaris zu sehen sowie verschiedene Streichinstrumente unterschiedlicher Instrumentenbauer. Öffnungszeiten: Di.–Sa. 9.00–18.00, So. 10.00–18.00 Uhr.
In der unmittelbaren Umgebung befinden sich mehrere Geigenbauerwerkstätten, die Liuterie: in der Via Palestro 25 sowie am Corso Garibaldi 45 und 95.

Palazzo del Einst waren im Palazzo del Popolo (1256) am Corso Garibaldi **Ver-**
Popolo **sammlungsräume der Guelfen** untergebracht, er wurde somit von der Opposition genutzt – im Palazzo Comunale, dem Regierungssitz, saßen zur selben Zeit die Ghibellinen.

★
S. Agata Gegenüber dem Palazzo del Popolo steht die Kirche S. Agata aus dem 15. Jh.; Mitte des 19. Jh.s setzte man ihr die heutige klassizistische Fassade vor. Ein bedeutendes Werk wird im Innern der Kirche verwahrt: die ikonenartige **Tavola di S. Agata**, die als eines der wichtigsten Tafelbildes des späten 13. Jh.s in der Lombardei gilt. Es wurde von einem unbekannten Maler erstellt und zeigt Szenen aus dem Leben der heiligen Agathe.

Der Palazzo Raimondi am Corso Garibaldi 178 wurde 1496 von Bernardino de Lera gebaut. In dem Gebäude ist die **Geigenbauschule** von Cremona untergebracht.

Palazzo Raimondi

An der Ecke Corso Garibaldi/Viale Trento e Trieste steht die Kirche S. Luca, ein Backsteinbau aus dem 13. Jh., also aus frühgotischer Zeit. 1471 wurde sie umgebaut und die heutige Fassade vorgesetzt. Außergewöhnlich ist das überkuppelte Oktogon neben der Fassade, das im 16. Jh. anlässlich einer überstandenen Seuchenperiode wiederum von Bernardino de Lera gebaut wurde.

S. Luca

Unter den kleineren Kirchen Cremonas ist S. Agostino an der gleichnamigen Piazza wohl die hübscheste. Sie wurde im 14. Jh. gebaut und im 15. und 16. Jh. umgestaltet; den Campanile fügte man 1461 an. Im Innern bemerkenswert sind die Fresken (um 1452) von Bonifacio Bembo in der Nebenchorkapelle rechts, die eine große Anzahl von Szenen aus dem Leben des heiligen Augustinus zeigen.

S. Agostino

S. Sigismondo, östlich der eigentlichen Innenstadt gelegen, wird als **eines der bedeutendsten Renaissance-Bauwerke der Lombardei in der Zeit vor Bramante** bezeichnet. Die leider oft verschlossene Kirche ist eine Stiftung von Bianca Maria Visconti und Francesco Sforza, die in einer kleineren Vorgängerkirche an dieser Stelle getraut wurden. Baubeginn war 1463. Das **Innere**, ein tonnengewölbtes Raumkreuz, ist von wunderbaren Freskenmalereien der berühmten Cremoneser Maler des 16. Jh.s überzogen. Durch eine Tür gelangt man in den Renaissance-Kreuzgang.

★
S. Sigismondo

★ ★ Gardasee · Lago di Garda

Q – S 5 – 8

Regionen: Lombardei, Venetien, Trentino-Südtirol
Fläche: 370 km²

Wasserspiegel: 65 m ü. d. M.

Einwohnerzahl: 160 000

Die Venezianer nannten die Gegend »magnifica patria« (»herrliche Heimat«), für Goethe war er ein »köstliches Schauspiel«, für den römischen Lyriker Catull ein »Augenstern«. Die Rede ist vom Gardasee, dem Lago di Garda oder lateinisch Benaco. Mitten in den Voralpen, nahe der Grenze, werden die Träume der Nordländer vom strahlenden Licht des Südens zum ersten Mal Wirklichkeit.

Mit seiner Fläche von 370 km² ist der Gardasee der größte und vermutlich kontrastreichste See Italiens. Gewaltige Gletscher hoben während der Eiszeiten sein 52 km langes, zwischen 2 und 17 km breites und bis zu 346 m tiefes Bett aus. Zeugen dieser Zeit sind die Marmitte dei Giganti, die berühmten Gletschermühlen bei Nago (s. u.,

Italiens größter See

▶ GARDASEE ERLEBEN

AUSKUNFT

Garda
I. A. T.
Lungolago Regine Adelaide 13
Tel 0 45 6 27 03 84, Fax 0 45 7 25 67 20
www.tourism.verona.it

Gargnano
Consorzio Riviera dei Limoni
Via Oliva 32
Tel. 03 65 79 11 72
Fax 03 65 79 14 84
www.rivieradeilimoni.it

Riva
I. A. T.
Via Verdi 1
Tel. 0 18 54 5 70 11
Fax 0 18 54 5 95 75
www.turismoinliguria.it

SCHIFFSVERKEHR

Da sich viele Orte vom Wasser aus von ihrer schönsten Seite zeigen, gehört eine Bootsfahrt auf dem Gardasee zu den schönsten Erlebnissen. Alle wichtigen Orte sind durch Fährlinien miteinander verbunden. Man kann zwischen den schnellen Tragflügelbooten (Aliscafi) und den gemütlichen Ausflugsdampfern wählen. Im Juli und August werden täglich Kreuzfahrten angeboten.

ESSEN

▶ Erschwinglich

Agli Angeli
Via Dosso 7
Gardone Riviera
Tel. 03 65 2 08 32
www.agliangeli.com, geschl. Mo.
Gemütliche Trattoria im Ortskern von Gardone; Reservierung empfehlenswert, vor allem wenn man draußen sitzen möchte.

La Forgia
Via Calle 26
Lazise
Tel. 04 57 58 02 87
Das besonders für seine Fischgerichte bekannte Restaurant liegt nahe der Uferpromenade in der Altstadt. Die meist junge Bedienung ist flink und freundlich.

Miralago
Piazza Cozzaglio 2
Pieve
Tel. 03 65 95 30 01
Ein Restaurant, in dem man vor Begeisterung über den spektakulären Ausblick fast das Essen vergessen könnte: Das Miralago liegt in Pieve auf der Hochebene Tremosine am Rand eines steilen Felsabbruches.

Trattoria Antica Contrada
Via Colombare 23
Sirmione
Tel. 03 09 90 43 69
Geschl. Mo., Di.mittag
Restaurant der gehobenen Preisklasse. Internationale Gerichte, aber auch hervorragende Zubereitungen von Fisch aus dem See. Vielfältige Weinkarte.

La campagnola
Via Brunati 11
Salò
Tel. 0 36 52 21 53
Geschl. Mo., Di.mittag
In dem Lokal Campagnola sollte man Fisch aus dem Gardasee probieren: Forelle, Schleie, Hecht und Renke. Außerdem gibt es eine reichhaltige Auswahl an Fleischgerichten und Gemüse – alle Gerichte werden mit dem ausgezeichneten Olivenöl vom Gardaseezubereitet.

ÜBERNACHTEN

▶ Luxus

Palace Hotel Villa Cortine
Via Grotte 6
Sirmione
Tel. 03 09 90 58 90
Fax 03 09 1 63 90
www.palcehotelvillacortine.it
55 Z.
Luxushotel in einer alten Villa mit
Park mit wunderschönem Baumbe-
stand; Hauptgebäude aus dem Jahr
1957; exklusive Ausstattung, hervor-
ragender Service. Swimmingpool,
Tennisplatz und Privatstrand.

▶ Komfortabel

Duomo
Lungolago Zanardelli 63
Salò
Tel. 03 65 2 10 26
Fax 03 65 2 10 27
www.hotelduomosalo.it
22 Z.
Sehr gut geführtes Hotel am Seeufer;
hübsch ausgestattete Zimmer, guter
Service; Restaurant.

Flaminia
Piazza Flaminia 8
Sirmione
Tel. 03 09 1 60 78
Fax 03 09 1 61 93, 45 Z.
Gepflegtes Hotel mitten in der Alt-
stadt und direkt am See mit wun-
derschöner Sonnenterrasse.

Montefiori
Via dei Lauri 8
Ortsteil Morgnaga
Gardone Riviera
Tel. 03 65 29 02 35
Fax 03 65 2 14 88
www.hotelvillemontefiori.it, 31 Z.
Außerordentlich schön gelegenes
Hotel in historischem Gebäude mit
Blick über den See; Parkanlage,
Swimmingpool, Restaurant.

Villa Paradiso
Via Zanardelli 254
Gardone Riviera
Tel. 0 36 52 18 83
Fax 0 36 52 9 48 11
www.villaparadiso.com
36 Z.
Zentrales, sehr hübsches Hotel mit
kleiner Parkanlage, Swimmingpool
und hauseigenem Parkplatz.

Villa Sofia
Via Cornella 9
Gardone Riviera
Tel. 03 65 2 27 29
Fax 03 65 2 23 69
www.savoypalace.it
30 Z.
Eines der neuesten Hotels am See, in
einer alten Villa mit einem herrlichen
Park; von den oberen Stockwerken
traumhafter Seeblick.

▶ Günstig

Panoramica
Via del Panorama 28
Salò
Tel. 03 65 4 14 35
Fax 03 65 52 12 10
www.panoramica.org, 20 Z.
Das preisgünstige Hotel liegt etwas
außerhalb oberhalb des Sees, von wo
man eine schöne Aussicht hat;
Gartenanlage und Parkmöglichkeit.

Torbole). Alljährlich besuchen über fünf Millionen Menschen den Gardasee, über die Hälfte kommt aus Deutschland. Vor allem in den Sommermonaten sind hier wie an keinem der anderen Seen die Auswirkungen des Massentourismus zu spüren. Viele kommen wegen des sauberen und klaren Seewassers. Der Abschnitt zwischen Riva und Torbole gilt als **das Surf- und Segelrevier**. Die hier herrschenden Winde sind ideal: Von Mitternacht bis Mittag bläst der Bergwind »Sover«, auch »Tramontana« genannt, von Riva in Richtung Süden; nachmittags wird er vom etwas stärkeren, aus südlicher Richtung kommenden »Ora« abgelöst. Darüber hinaus laden die umliegenden Hügel und Berge zu Fahrrad- und Wandertouren ein.

★ ★
Landschaftsbild

Seinen besonderen Reiz verdankt der Gardasee seiner Lage am Rand der Alpen, dem besonders milden Klima und der Pflanzenvielfalt, die die Flora des Mittelmeers vorwegnimmt. Der sehr schmale Nordteil des Sees erstreckt sich wie ein Fjord zwischen den steilen Felswänden des Monte-Baldo-Massivs (2218 m) im Osten und den Brescianer Alpen im Westen. Hier wachsen die **nördlichsten Olivenbäume Italiens**. Im Süden weitet sich der See zu einem kleinen Meer und reicht weit in die Po-Ebene hinein. Die flacheren und dichter besiedelten Seeufer im Westen und Süden sind mit Feigen und Weinbergen bedeckt. Einst wurden hier in großem Stil Zitronen angebaut (▶Baedeker Special S. 70). Dazwischen gedeihen Oleander, Mimosen, Akazien, Hibiskus, Bougainvilleen sowie Palmen.

Die Villen- und Gartenkultur der übrigen oberitalienischen Seen ist am Gardasee nicht so ausgeprägt. Das liegt zum einen an den Uferpartien, die sich nicht für große Villen eigneten. Auch bauten die Kardinäle ihre Landsitze lieber an den Ufern des konservativeren, von spanischen Habsburgern beherrschten Comer Sees als im liberaleren venezianischen Gebiet. Diese Unberührtheit begeisterte u. a. **Goethe**, der auf seiner Italien-Reise im September 1786 den Gardasee als grandioses Naturschauspiel pries. Er war nicht der Einzige, den es hierher zog. Auch Dante, Franz Kafka, Rainer Maria Rilke, Adalbert Stifter, André Gide, Stendhal und der umstrittene Gabriele d'Annunzio, dessen Vittoriale in Gardone zu besichtigen ist (▶Baedeker Special S. 202), ließen sich hier inspirieren.

Die ältesten Siedlungsspuren sind Überreste prähistorischer Pfahlbauten zwischen Desenzano und Lonato sowie am Ledrosee, ferner Felsritzungen an den Hängen des Monte Baldo bei den Torri del Benaco. Systematisch kultivierten ab dem **Römer** ab dem 2. Jh. v. Chr. die Gegend. 1405 eroberte **Venedig** den

? WUSSTEN SIE SCHON …?

■ Zur besseren Verteidigung des Gardasees unternahmen die Venezianer 1437 einen riesigen Kraftakt: Innerhalb von zwei Wochen schleppten 2000 Ochsen eine Kriegsflotte die Etsch flussaufwärts und weiter auf dem Landweg den Nago-Pass hinauf. Anschließend wurden die sechs Galeeren und 25 kleineren Kriegsschiffe auf Tausenden von Baumstämmen ans Ufer von Torbole hinuntergerollt.

Der Gardasee bezaubert durch mediterrane Landschaften.

Gardasee und Verona. Die Herrschaft der Venezianer dauerte bis 1797, als Napoleon die Lombardei und Venetien eroberte. Von nun an teilte der Gardasee das Schicksal Oberitaliens. 1866 wurden zwar die Lombardei und das Veneto dem neu gegründeten italienischen Königreich angeschlossen, das Trentino mit Riva blieb jedoch bis zum Ende des Ersten Weltkriegs bei Österreich.

Benito Mussolini, il Duce, sorgte dafür, dass der kleine Ort Salò in die Geschichtsschreibung des Zweiten Weltkriegs einging, als er dort 1943 die Repubblica Sociale Italiana ausrief. 1945 erschossen ihn Partisanen auf der Flucht in die Schweiz am Comer See. 1946 wurde Italien Republik und der Gardasee in drei Regionen aufgeteilt: Der nördliche Teil (Torbole und Riva) gehört zum Trentino – Alto Adige, das Brescianer Ufer zwischen Limone und Sirmione zur Lombardei und das Veroneser Ufer (von Peschiera bis weit über Malcesine hinaus) zur Region Veneto.

Ostufer · Gardesana Orientale

Die bereits in der Römerzeit besiedelte Stadt Riva liegt, wie auch das benachbarte Torbole, windgeschützt in einer Bucht am Nordende des Gardasees. Sie wird vom 374 m hohen Monte Brione überragt. Aufgrund seiner strategisch günstigen Lage – es war Warenumschlag-

✱
Riva

Highlights Gardasee

Sirmione

Außer der malerischen Altstadt ist vor allem die Rocca Scaligera, die schönste Wasserburg Oberitaliens, sehenswert.

▶ **Seite 193**

Monte Baldo

Auf den Monte Baldo, den man von Malcesine mit der Seilbahn erreichen kann, wandert man nicht nur wegen der herrlichen Aussicht auf den See, sondern auch wegen der seltenen Bergflora.

▶ **Seite 189**

Gardone Riviera

Der eleganteste Ferienort am See wartet mit einer Besonderheit auf: dem Vittoriale degli Italiani, dem Wohnsitz des Exzentrikers Gabriele d'Annunzio.

▶ **Seite 199**

platz auf dem Weg zu den Alpenpässen – war das Städtchen im Mittelalter sehr umkämpft und wechselte häufig die Besitzer. Erst 1919 gelangte es mit dem nördlichen Teil des Sees ans Königreich Italien. Heute ist das 13 000 Einwohner zählende Riva zweitgrößte Stadt des Sees. Trotz zahlreicher Umbauten und Erweiterungen hat sich das touristisch geprägte Städtchen einen mittelalterlichen Kern mit arkadengeschmückten Gassen und Plätzen erhalten.

Mittelpunkt des Borgo ist die **Piazza III. Novembre**, die im Osten von der Torre Apponale aus dem 13. Jh. und im Westen vom Palazzo Pretorio (um 1370) und dem Palazzo Municipale (1475 – 1482) begrenzt wird. Etwas östlich steht die im 12. Jh. von den Scaligern erbaute Wasserburg. Heute beherbergt sie u. a. das **Museo Civico** (Stadtmuseum), das archäologische Funde der Region zeigt und eine Pinakothek mit Gemälden des 16. – 20 Jh.s besitzt. Öffnungszeiten: Di. – So. 10.00 – 12.30, 13.30 – 18.00, Juli – Sept. auch montags.

Einen Besuch lohnt auch der Kuppelbau der **Kirche dell'Inviolata**, die 1603 nach den Plänen eines portugiesischen Architekten errichtet wurde (sie steht am Ende des Viale Roma an der Straße nach Arco). Ihr Inneres ist überreich mit Stuck und Fresken ausgeschmückt.

Cascata Varone ▶

Von hier sind es noch etwa 3 km bis zum Cascata Varone (ausgeschildert), einem Wasserfall, der knapp 100 m tief durch einen begehbaren Felsentrichter fällt. Öffnungszeiten: Jan., Feb., Nov. Dez. tgl. 10.00 – 17.00, März, Apr., Sept., Okt. tgl. 9.00 – 17.00, Mai – Aug. 9.00 – 19.00 Uhr.

Nago-Torbole

Rivas Nachbarstadt Nago-Torbole, an der Mündung der Sarca gelegen, ist dank seiner günstigen Windverhältnisse **Europas Surfmetropole**. Am Bogengang der Casa Alberti (Piazza Vittorio Veneto) erinnert eine Tafel an Goethe, der hier 1786 auf seiner Italien-Reise Station machte. Die **Pfarrkirche S. Andrea** auf einer Anhöhe besitzt ein schönes Hochaltar-Gemälde, das »Martyrium des hl. Andreas« von Giambettino Cignaroli.

Torbole liegt windgeschützt am Nordende des Sees.

Von Torbole lohnt ein Ausflug zu den Marmitte dei Giganti. Man findet sie etwa 3 km entfernt, inmitten von Olivenbäumen, an der Straße nach Nago. Es handelt sich bei den »Riesentöpfen« um gewaltige Löcher im steilen Fels, die in der Eiszeit entstanden, als sich das Geröll, das die Gletscher vor sich herschoben, in den Berg bohrte.

◀ Marmitte dei Giganti

Ein paar Kilometer weiter südlich beginnt die Riviera degli Ulivi, der »Olivenriviera« genannte Küstenabschnitt. Der malerische Ferienort Malcesine entwickelte sich im Schutz einer zinnenbewehrten Scaligerburg, die einen steil zum See hin abfallenden Felssporn krönt. Das **Castello Scaligero** wurde im 13./14. Jh. erbaut, im 17. Jh. erweitert und besteht aus einem unteren und einem oberen Palast sowie drei Innenhöfen. Im Innern befindet sich ein kleines **Museum** mit Sammlungen zu Naturkunde und Fischfang. Öffnungszeiten: Apr. bis Sept. 9.30 – 20.00 Uhr. Hier wurde **Johann Wolfgang von Goethe** 1786 fast Opfer eines Missverständnisses: als er die Burg abzeichnete, wollte man ihn als österreichischen Spion verhaften. Dieses Ereignis hat er in der »Italienische Reise« beschrieben. Der **Palazzo dei Capitani** (16. Jh.) am Hafen war bis zum Ende der venezianischen Herrschaft 1797 Sitz des Capitano, der venezianischer Gouverneur war. Öffnungszeiten: tgl. 9.30 bis abends.

✱ **Malcesine**

🕐

🕐

Ein Ausflug auf den Monte Baldo lohnt sich vor allem wegen der nur hier vorkommenden Pflanzen. Von Malcesine fährt von April bis Oktober eine Seilbahn auf den Gipfel. Unterhalb des Gipfels, auf 1200 m Höhe kann man im Botanischen Garten etwa 600 Alpenpflanzen anschauen.

✱ **Monte Baldo**

Das kleine, nach dem lateinischen Namen des Gardasees benannte Hafenstädtchen Torri del Benaco liegt an einem besonders schönen Küstenabschnitt der Olivenriviera, gegenüber von Maderno. In den Sommermonaten verkehrt täglich von 8.00 bis 19.00 Uhr eine Autofähre zwischen den beiden Orten. Die mächtige, zinnenbewehrte

Torri del Benaco

Scaligerburg wurde 1383 zum Schutz des Hafens errichtet. Im Innern ist ein kleines **Museum** über die Geschichte der Gardasee-Fischerei und über die Olivenverarbeitung untergebracht Öffnungszeiten: tgl. 9.30 – 18.30 Uhr). An der Südmauer des Castello wächst noch eine der letzten Limonaie, der Zitronengewächshäuser (►Baedeker Special S. 70). Ortsmittelpunkt ist der hübsche Hafen, der von typischen ehemaligen Fischerhäusern und der kleinen Chiesa della Trinità mit Fresken aus dem 14. Jh. (heute Kriegerdenkmal) eingerahmt ist. Am Stadtrand erinnert der **Torre di Berengario** an den so genannten italienischen Nationalkönig Berengar I (ermordet 924).

Die Schönheit der Garda vorgelagerten Landzunge Punta S. Vigilio, eines Ausläufers des Monte Baldo, erkennt man am ehesten vom Boot aus. In dem exklusiven **Hotel San Vigilio** logierten schon Otto Hahn, Winston Churchill und Prinz Charles. Auf der Spitze der Landzunge, mitten in einem schönen Park, steht die Villa Guarienti (Privatbesitz). Sie wurde um 1540 nach Plänen von Michele Sanmicheli für Agostino di Brenzone erbaut.

★ Punta S. Vigilio

Das schon seit der Steinzeit besiedelte Garda, das dem See den Namen gab, liegt in einer weiten, von Berghängen, Zypressen- und Olivenhainen umgebenen Bucht. Wahrzeichen ist die 294 m hohe **Rocca di Garda**, auf der vermutlich der Ostgotenkönig Theoderich im 5. Jh. ein Kastell errichten ließ. Der viel besuchte Ort besitzt einen mittelalterlichen Ortskern und eine weitläufige Seepromenade. An der hübschen Piazza Catullo steht der im 13./14. Jh. im venezianischen Stil erbaute **Palazzo dei Capitani**.
Die Pfarrkirche **S. Maria Maggiore** im südlichen Ortsteil stammt aus dem 16. Jh.; ihr Campanile ist jedoch älter. Der benachbarte Kreuzgang gehörte ursprünglich zum Kloster Chiostro della Pieve (14. Jh.). An der Straße nach Costermano liegt **einer der größten deutschen Soldatenfriedhöfe in Italien**. Von hier lohnt die Weiterfahrt zur **Wallfahrtskirche Madonna della Corona**, die 600 m über dem Etschtal an einem Felsen zu kleben scheint Das bedeutendste Bauwerk Gardas, die **Villa Albertini**, am nördlichen Ende der Altstadt versteckt sich hinter einer hohen Mauer. Der ältere Teil der Villa ist an der gelben Fassade zu erkennen und entstand 1779, die roten Türme mit Zinnenkränzen wurden im 19. Jh. angefügt. Da sie sich in Privatbesitz befindet, ist eine Besichtigung nicht möglich.

Garda

Der hübsche Ferienort Bardolino ist das Zentrum des gleichnamigen Weinanbaugebietes. Die bedeutendsten Rebsorten des rubinroten trockenen Bardolino sind Corvina, Rondinella und Molinara (bis 20 %), aus denen auch der bekanntere Valpolicella gewonnen wird. Die gut ausgeschilderte **Strada del Vino** (»Weinstraße«) im Hinterland führt zu etwa 50 Weingütern. Informationsmaterial dazu erhält

★ Bardolino

← Der Gardasee lässt Surferherzen höher schlagen.

Mit der reichen Ernte ist das nächste Weinfest in Bardolino gesichert.

man im Fremdenverkehrsamt. Bardolino besitzt zwei kunsthistorisch bedeutsame Kirchen: Die romanische Basilika **S. Severo** steht mitten im Ort. Besonders eindrucksvoll ist ihr Ostteil mit drei Apsiden. Sie wurde im 12. Jh. errichtet, die hinter dem Altar ausgegrabene Krypta stammt aus dem 9. Jahrhundert. Etwas oberhalb steht in einem Innenhof die Kirche **S. Zeno**. Der kleine, tonnengewölbte Bau wurde im 9. Jh. von den Karolingern auf kreuzförmigem Grundriss errichtet; an den Wänden sind Reste des alten Freskenschmucks erhalten.

In **Cisano** (2 km südlich) erhält man im **Museo dell' Olio** (»Ölmuseum«) Einblick in die Olivenverarbeitung, und kann Olivenöl kaufen. Öffnungszeiten: Mo.–Sa. 9.00 bis 12.30, 14.30–19.00, So. 9.00 bis 12.30 Uhr.

Der im Süden der Olivenriviera gelegene **Ferienort Lazise** besitzt neben seinem sehr schön erhaltenen mittelalterlichen Ortskern einen malerischen Hafen, der von Restaurants gesäumt wird. Am Hafen stehen die romanische **Kirche S. Nicolò** (12. Jh.) und die **Dogana**, das ehemalige Zollhaus der Venezianer aus dem 16. Jh., heute Ausstellungs- und Konzertsaal. Nicht weit entfernt erhebt sich das prächtige **Castello Scaligero** (15. Jh.).

★

Canevaworld ▶

Auf dass beim Familienurlaub alle auf ihre Kosten kommen: die Canevaworld (Loc. Fossalta 58; 3 km südlich von Lazise) ist einer der größten Wasserparks Italiens. Neben Wellenbad und Sprungtürmen sind vor allem die Riesenwasserrutschen eine große Attraktion. Angeschlossen sind die Movie Studios mit diversen Shows. Internet: www.canevaworld.it

Parco Natura Viva

☉

Ein Erlebnis ist der Besuch des Parco Natura Viva (8 km südöstlich von Lazise), der eigentlich aus zwei getrennten Parks mit separaten Eingängen besteht. Im **Safari-Park**, den man nur mit dem Auto durchfahren kann, laufen Giraffen, Zebras, Emus und Nashörner frei herum. Der zweite Park, der **Parco Faunistico**, hat außer Kängurus, Affen und Nilpferden auch eine Vogel- und Reptilienanlage. Eine Attraktion sind auch die Dinosauriernachbildungen in Lebensgröße. Öffnungszeiten: Feb.–Nov. 9.00–18.00 Uhr; Internet: wwwparcona turabviva.it.

Eine weiterer Anziehungspunkt ist Gardaland. Der große und sehr beliebte Vergnügungspark zwischen Lazise und Peschiera gilt als der **»kleine Bruder« von Disney World**. Zu seinen Attraktionen gehören ein großes Delfinarium, artistische Vorführungen und Abenteuerwelten, darunter ein Piratenschiff, ein Wildwestdorf oder das nachempfundene ägyptische Tal der Könige. Darüber hinaus gibt es eine Achterbahn, Karussells, und Wildwasserfahrten. Öffnungszeiten: Saison tgl. 10.00 – 18.00, Sommer bis 23.00 Uhr; www.gardaland.de.

Gardaland

Der früh besiedelte Ort am Südostende des Gardasees, wo der Mincio den See verlässt, wird beherrscht von der mächtigen Festungsanlage aus dem 16. Jh. mit Bastionen und Wassergräben. Montags findet in der kleinen Altstadt ein Markt statt.

Peschiera

Der Naturpark Giardino Sigurtà, 8 km südlich von Peschiera bei Valeggio sul Mincio gelegen, gilt als **eine der schönsten Gartenanlagen Europas**. Ursprünglich dehnte sich hier ein trockenes Gelände aus, das der Graf Carlo Sigurtà (1898 – 1983) erwarb und in eine blühende Parklandschaft verwandelte. Große Wiesen mit Blumenbeeten und Teichen, die die sanft hügelige Landschaft wie große Polster überziehen, wechseln mit kleinen Wäldchen, Zypressenalleen, Buschwerk und rosengesäumten Wegen. Gepflasterte Straßen führen durch das Gelände. Öffnungszeiten: Apr. – Sept. tgl. 9.00 – 19.00, März, Okt., Nov. bis 18.00 Uhr; www.sigurta.it.

◄ Parco Sigurtà Giardino

Sirmione: Romantische Kulisse für einen Stadtbummel

SKALIGERBURG VON SIRMIONE

✳ ✳ **Die mächtige Burg der Familie della Scala ist das Wahrzeichen der Stadt und gleichzeitig der schützende Eingang zur Altstadt. Die Wasserburg, das bedeutendste Exemplar an Festigungsanlagen am Gardasee, entstand um 1300. Doch ihr Alter sieht man ihr nicht an, die Geschichte scheint fast spurlos an ihr vorübergegangen zu sein.**

🕑 Öffnungszeiten:
Apr. – Sept. Di. – So. 8.30 – 19.00
Nov. – März Di. – So. 8.30 – 16.30 Uhr

① Mauerwerk
Die Bautechnik der Burg ist bemerkenswert, denn die Mauern bestehen sowohl aus Ziegelsteinen, die in der Nähe gebrannt wurden, als auch aus Naturstein, der vom nahegelegenen Hügel Cortine stammt.

② Tor und Zugbrücke
Ehemals war am Tor der Burg eine Zugbrücke angebracht, die heute durch eine feste Brücke ersetzt ist. Man kann am Tor aber noch gut erkennen, dass dort eine Zugbrücke mittels Hebelkraft elegant zu schließen war, und zwar mit den so genannten Schwungruten, lange Hebel, die beim Schließen in schartenähnlichen Schlitzen verschwanden, die über dem Tor zu sehen sind. Die Ruten hatten ihren Drehpunkt in den Mauerschlitzen und ihr äußeres Ende war durch die Ketten am Ende der Brücke befestigt. So wurde dann das innere Balkenende nach unten gezogen, und die Brücke hob sich an.

③ Innenhof
Der Innenhof ist rechteckig angelegt und macht eher einen düsteren Eindruck, da er fest von den massiven Mauern eingeschlossen wird.

④ Turmkomplex
Die Ecktürme der Burg sind durch Wehrgänge miteinander verbunden, zu denen Treppen hinaufführen. Von hier aus geht es weiter zum 47 m hohen Hauptturm, dem Mastio. Von dort genießt man eine herrliche Aussicht über den unteren See.

⑤ Hafen
Der riesige ummauerte und mit Zinnen versehene Kastellhafen ist einzigartig im europäischen Festungsbau. Einst diente er der Versorgung und Verteidigung der Stadt Sirmione, doch heute ist hier Ruhe eingekehrt, und er ist von Seerosen bewachsen.

Tausende von Touristen überqueren heute den Steg zur Burg, wo früher eine Zugbrücke die Feinde abhielt.

Vom Mastio, dem 47 m hohen Turm, hat man einen herrlichen Blick über Sirmione und die Grotten des Catull (hier im Bild).

© Baedeker

...em solch romanti-...blick lässt sich der ...bend gut genießen.

Am Burgtor ist die Funktionsweise der Schwungruten gut zu erkennen.

Bei e
schen A

★ ★
Sirmione

Die schmale Halbinsel Sirmione ragt zwischen dem Golf von Desenzano und Peschiera 4 km weit in den See hinein. Zum Ort gehören auf dem Festlandufer Colombare, Lugana und Rovizza. Der malerische alte Ortskern liegt dagegen auf der äußersten Spitze der Halbinsel. An Wochenenden und in den Sommermonaten muss er bis zu 10 000 Besucher täglich verkraften. Das Tor zum Borgo dürfen nur Autos von Einheimischen und von Besuchern passieren, die ein Zimmer im alten Ortskern gebucht haben.

★ ★
Rocca Scaligera ▶

Die strategisch günstige Lage nutzten die Scaliger, als sie um 1250 hier die Burg Rocca Scaligera (▶ 3 D-Zeichnung S. 195) erbauten. Sie gilt als die **schönste Wasserburg Oberitaliens**. Eine Zugbrücke im Süden und eine im Westen bildeten die Zugänge. Bei der Besichtigung hat man Gelegenheit, die römischen und mittelalterlichen Funde aus der Umgebung, die in einem kleinen **Museum** ausgestellt sind, zu betrachten und durch das im Innern überraschend düstere Kastell mit all seinen Treppen, Türmen, Höfen und Wehrgängen zu gehen. Der von Mauern fast gänzlich umschlossene Hafen war unter den Römern der Osthafen von Sirmione, und wurde von den Skaligern in die Festungsanlage integriert. Der Aufstieg zum 47 m hohen Hauptturm wird mit einem grandiosen Blick belohnt. Öffnungszeiten: Apr. – Sept. Di. – So. 8.30 – 19.00, Nov. bis März Di. – So. 8.30 – 16.30 Uhr.

Etwas nördlich der Rocca steht die im 15. Jh. erbaute Kirche **S. Maria Maggiore** mit Fresken aus dieser Zeit. Die 69 °C warme Boiola-Quelle, eine Schwefelquelle, war bereits im Altertum bekannt. Das **Thermalbad**, ein moderner Zweckbau, befindet sich auf der Westseite der Halbinsel.

Grotte di Catullo

Die archäologische Attraktion sind die Grotten des Catull an der Spitze der Halbinsel Sirmione. Man erreicht sie entweder mit der kleinen Touristenbahn, die beim Thermalbad abfährt, oder zu Fuß. Auf dem Weg sollte man die kleine, bereits 760 erwähnte Kirche **S. Pietro in Mavino** besichtigen. Sie liegt etwas versteckt in einem Olivenhain zwischen der Ortschaft und dem archäologischen Gebiet. Die mächtige Ruine der Grotte di Catullo nimmt die äußerste Spitze der Halbinsel ein. Der Überlieferung nach soll es sich bei der noch nicht vollständig ausgegrabenen, zwischen schönen alten Olivenbäumen gelegenen Ruine um das Landhaus des römischen **Dichters Catull** (etwa 87 bis 54 v. Chr.) handeln. Archäologen datieren die Gebäudereste jedoch rund 200 Jahre später. Einmalig sind die herrliche Lage auf den weißen Klippen oberhalb des Sees und die gewaltigen Ausmaße der Anlage von mehr als 20 000 m², die sie zur größten ihrer Art in ganz Italien machen.

Erbaut wurde sie um 150, eingestürzt ist sie wohl im 4. Jahrhundert. Nimmt man den nördlichen und südlichen Vorbau der Villa aus, so hat man eine rechteckige Anlage von 167 x 105 m vor sich. Da das Gelände, auf dem der Komplex erbaut wurde, nicht eben ist, wurden z. T. Untergeschosse errichtet oder in den Fels gehauen.

Diese Unterbauten sind es im Wesentlichen, die man heute noch sehen kann, von den darüber liegenden zwei Stockwerken mit Herrschaftsräumen sind keine Reste erhalten. Über auf dem Seeboden verlegte Bleirohre wurde ein großes Schwimmbecken mit dem Schwefelwasser der Boiola-Quelle gespeist. Am Eingang des Geländes befindet sich ein kleines **Museum**, in dem Giebel- und Freskenreste sowie Rekonstruktionszeichnungen zu sehen sind. Besonders schön ist der Ausblick von hier oben auf die südliche Seehälfte. Den umfassendsten Eindruck von der Ruine gewinnt man jedoch, wenn man mit einem Boot um die Halbinsel herumfährt. Öffnungszeiten: März bis Okt. Di.–So. 9.00–19.00 Uhr.

Westufer · Gardesana Occidentale

Desenzano, die mit 23 000 Einwohnern **größte Stadt am Gardasee**, war seit den Römern ein wichtiger Handelsplatz und ist lange nicht so vom Fremdenverkehr geprägt wie die Nachbarstädte Sirmione und Salò. Der moderne große Hafen ist Startpunkt der großen Fähren, die bis nach Riva am Nordende des Sees fahren. Hinter dem hübschen kleinen alten Hafenbecken zieht sich die Altstadt mit ihren Bürgerhäusern den Hügel hinauf. Oberhalb sind Reste eines Kastells

Desenzano

Ganz italienisch: der von alten Palazzi gesäumte Porto Vecchio in Desenzano

! *Baedeker* TIPP

Lust zum Stöbern

Ist es nicht ein besonderes Vergnügen, einige Zeit auf einem Markt zu »verbummeln«? In Desenzano findet dienstags an der Uferpromenade ein Markt statt, auf dem es alles Mögliche zu kaufen gibt: nicht nur Lebensmittel, sondern auch Kleidung.

aus dem 14./15. Jh. erhalten. Die Pfarrkirche **S. Maria Maddalena** entstand ab 1586; die Sakramentskapelle schmückt ein »Abendmahl« von Tiepolo (um 1760). An die römischen Stadtgründer erinnert die **Villa Romana** (Via degli Scavi) nordwestlich des Hafens. Sie entstand im 4. Jh. n. Chr. auf den Mauern eines älteren Bauwerks. Berühmt ist sie wegen ihrer zum Teil sehr gut erhaltenen Bodenmosaiken mit geometrischen Ornamenten, Jagdszenen und mythologischen Motiven. In einem kleinen Museum sind weitere Fundstücke ausgestellt. Öffnungszeiten: Anfang März – Ende Okt. Di. – So. 8.30 bis 19.00, Anfang Nov. – Ende Feb. Sa. 8.30 – 17.00 Uhr.

Abstecher nach Süden, Solferino

»In Solferino wurde die Idee des **Roten Kreuzes** geboren« steht auf den Ortsschildern. Im Jahr 1859 fand hier (18 km von Desenzano) eine Schlacht zwischen Italienern, Franzosen und Österreichern statt, an deren Ende über 40 000 Tote und Verwundete hilflos ihrem Schicksal überlassen wurden. Der Schweizer **Henri Dunant** hielt sich zu diesem Zeitpunkt in der Region auf. Angesichts der verheerenden Situation kam ihm die Idee – für die er 1901 den Friedensnobelpreis erhielt – zur Gründung einer Hilfsorganisation, aus der später das internationale Rote Kreuz entstand. Im Ortskern erinnert das **Museo Storico Risorgimentale** an den Krieg von 1859. Zurzeit wegen Renovierung geschlossen. Eine Zypressenallee führt von hier zur **Chiesa Ossario** (Beinhaus), in der 1413 Schädel und die Knochen von etwa 7000 weiteren Opfern aufbewahrt werden. Einen schönen Rundblick hat man von der **Piazza Castello**, wo die 23 m hohe Rocca aufragt, ein mittelalterlicher Viereckturm (1. Jh.). Etwas außerhalb des Ortes steht die Pfarrkirche **S. Nicola** von 1572.

Valtenesi

Nördlich von Desenzano beginnt die Valtenesi, eine fruchtbare, hügelreiche Landschaft, in der viel Wein- und Olivenanbau betrieben wird. Während der **Chiaretto** ein lebhafter, hell-kirschroter Sommerwein ist, gehört der rubinrote **Groppello**, der mehrere Jahre reifen kann, zu den charaktervollen Rotweinen. Festungsanlagen oder deren Überreste auf zahlreichen Hügeln zeugen von einer umkämpften Vergangenheit. Die Gegend ist dicht besiedelt. Zwischen Desenzano und Salò verläuft die Hauptstraße nicht mehr am See entlang, stattdessen erreicht man die Fremdenverkehrsorte am See über kleine Stichstraßen. Einen schönen Ausblick hat man von der **Punta Belvedere** auf die kleinen Inseln S. Biagio und Conigli sowie auf die Bucht von **S. Felice del Benaco**. Dieser seit 1928 mit Portese zusammengelegte Fremdenverkehrs- und Landwirtschaftsort ist das Zentrum der Halbinsel S. Fermo.

Die dicht vor der Landzunge S. Fermo gelegene, gut 1 km lange Isola di Garda ist die **größte Gardasee-Insel**. Mitsamt ihrer stattlichen Villa aus dem späten 19. Jh. und dem üppigen Park gehört sie der Familie Borghese.

Isola di Garda

Das geschäftige Städtchen Salò breitet sich am Ende einer tiefen Bucht und am Fuß des Monte S. Bartolomeo (568 m) aus. Schon unter den Venezianern war es das politische Zentrum des Westufers. In die Schlagzeilen geriet die Stadt, als sie von 1943 bis 1945 Sitz der Repubblica Sociale war, der mit deutscher Hilfe errichteten Regierung des aus Rom vertriebenen Diktators Benito Mussolini.

★ *Salò*

Der von 1453 bis 1502 erbaute, gewaltige Dom S. Maria Annunziata ist das **bedeutendste Bauwerk der Spätgotik am Gardasee**. Seine Fassade (1506–1509) blieb unvollendet. Das schöne Figurenportal geht auf die Tessiner Antonio della Porta und Gaspare da Cairano zurück. Seine Ausstattung erfolgte durch Brescianer und Venezianer Künstler, die illusionistische Ausmalung des Langhauses ist von Tommaso Sandrino.

★ ◀ *S. Maria Annunziata*

Im Jahr 1901 wurde die Stadt durch ein Erdbeben stark zerstört. Im Anschluss daran baute man die breite Uferpromenade Lungolago Zanardelli aus. Hier stehen der **Palazzo della Podestà** (14. Jh.), das Rathaus, der durch einen Arkadengang mit ihm verbundene **Palazzo della Magnifica Patria** aus dem 16. Jh.; heute ist hier das **Museo Civico** mit einer archäologischen Sammlung untergebracht. Öffnungszeiten: Di.–So. 10.00–12.00, 17.00–19.00 Uhr. Die Altstadt beginnt hinter der Piazza della Vittoria.

🕐

Im Ortsteil Barbarano, 2 km nordöstlich, steht der prachtvolle **Palazzo Martinengo**, der 1577 für den Marchese Sforza Pallavicino erbaut wurde. Er ist jedoch nur von der Seeseite aus zu sehen.

Gleich hinter Salò beginnt die sich bis Gargnano erstreckende »Brescianer Riviera«. Die Berge treten näher ans Ufer, die Straße verläuft nun wieder direkt am See inmitten einer üppig tropischen und subtropischen Pflanzenwelt. Bereits Ende des 19. Jh.s hatten wohlhabende Reiselustige diesen Küstenabschnitt für sich entdeckt. Davon zeugen heute noch einige Hotelpaläste, prachtvolle Villen und exotisch bewachsene Gärten und Parks.

★ *Riviera Bresciana*

Noble Hotelpaläste wie das altehrwürdige Grand Hotel mit seiner großen Seeterrasse und prachtvolle Villen begründen Gardones Ruf als **elegantesten Ferienort des Gardasees**, der Persönlichkeiten wie den ägyptischen König Faruk, Kaiser Wilhelm II. und die österreichische Kaiserin Elisabeth zu seinen Gästen zählte. Noch heute prägen das Ortsbild elegante Hotels, noble Sommersitze und Prachtvillen. Oberhalb der Gardesana (Corso Zanardelli) schmiegt sich der alte Ortskern, Gardone Sopra, an den grünen Hang. Die Berge schützen den Ort vor den kühlen Tramontana-Winden und bescheren ihm ein **mediterranes Klima**, das die Gestaltung eines einzigartigen Bota-

★ *Gardone Riviera*

Kaiser und Könige verbrachten den Sommer in Gardone, das seit dem Ende des 19. Jh.s zu den vornehmsten Orten am Gardasee gehört.

nischen Gartens möglich machte. Nach Süden hin gehen Gardone und Salò fast ineinander über: Hinter Palmen, Zypressen und Oleander verborgene Palazzi bilden die Verbindung zwischen den Orten.

Vittoriale degli Italiani ▶ ✳ Größte Attraktion von Gardone Sopra ist jedoch der Vittoriale degli Italiani, das »Siegesdenkmal der Italiener«. Hierbei handelt es sich um den letzten **Wohnsitz von Gabriele d'Annunzio** (1863 – 1938; ▶ Baedeker Special S. 202). Der Dichter, Kriegsheld und Anhänger Mussolinis hatte 1921 die Villa Cargnacco gekauft. Unter dem Namen »Vittoriale« vermachte er den aus Villa und Park bestehenden Komplex seinem »geliebten Italien«.

Das Haupthaus ist heute ein Museum und enthält eine Fülle von Erinnerungsstücken an den umstrittenen Exzentriker, der seine Bekanntheit u. a. auch einer Liaison mit der Schauspielerin Eleonora Duse (▶Berühmte Persönlichkeiten) verdankt. Das Vittoriale umfasst außerdem ein kleines offenes Theater, in dem im Sommer Veranstaltungen stattfinden. An höchster Stelle im Park steht das **Mausoleum** mit dem Sarkophag des Bauherrn im »trauten Kreise« seiner Legionäre aus Fiume. Außerdem gibt es ein **Kriegsmuseum**, in dem Gegenstände zusammengetragen wurden, die mit den Kriegserlebnissen d'Annunzios verbunden sind. Dazu gehört der Motor des Doppeldecker, mit dem er 1918 in einer gewagten Aktion nach Wien geflogen war, um über der Stadt anti-österreichische Flugblätter abzuwerfen. Ein außergewöhnliches Monument ist das von Zypressen umgebene Vorschiff des Kreuzers »Puglia«. 1919 war ein Teil seiner Besatzung bei einem Einsatz bei Fiume (heute Rijeka) zu Tod gekommen. Der vordere Teil des abgerüsteten Kriegsschiffs wurde abmontiert und im Vittoriale eingemauert.

Im Wohnhaus d' Annunzios, der **Prioria**, sollte man wegen des meist großen Andrangs Wartezeiten einrechnen. Doch als skurriles Erlebnis lohnt es sich: Jeder Raum hat seinen eigenen Namen (Schreibzimmer des Verstümmelten, Zimmer der Weltkugel usw.) und ist anders eingerichtet, doch düster und überfüllt mit einem Sammelsurium aus Möbeln, Statuen, Bildern, Kissen u. v. m. Öffnungszeiten: Vittoriale Apr. – Sept tgl. 8.30 – 20.00, Okt. – März tgl. 9.00 – 17.00 Uhr, Führungen in der Prioria und im Museo della Guerra: Apr. bis Sept. Di. – So. 9.30 – 19.00, Okt. – März 9.00 – 13.00, 14.00 – 17.00 Uhr; www.vittoriale.it.

Ein Idyll ganz anderer Art ist der wenige Minuten unterhalb des Vittoriale liegende Giardino Botanico. Er geht auf den österreichischen Arzt **Artur Hruska** zurück, der 1910 damit begonnen hatte, Teiche und Wasserläufe anzulegen. Er pflanzte Bäume und zahlreiche botanische Souvenirs, die er von seinen vielen Weltreisen mitgebracht hatte. Jahrzehntelang war der Garten sich selbst überlassen und ziemlich verwildert. In den 1980er-Jahren übernahm ihn der Wiener Künstler **André Heller** und ließ ihn wieder aufleben. Heute wachsen hier vielerlei subtropische, tropische und alpine Pflanzenarten, zwischen denen Skulpturen aus Hellers Privatsammlung aufgestellt sind. Öffnungszeiten: März – Okt. tgl. 9.00 – 19.00 Uhr. ▶ Baedeker Special Guide.

◀ **Giardino Botanico**

Die Doppelgemeinde Toscolano-Maderno breitet sich zu Füßen des 1582 m hohen Monte Pizzocolo am Delta des Fiume Toscolano aus, der bis ins 20. Jh. Grundlage der örtlichen Papierindustrie war. In Maderno steht die um 1130 erbaute romanische Kirche S. Andrea mit einem spätgotischen Campanile (1469). Besonders eindrucksvoll ist ihr reich skulptiertes Stufenportal. Im Innern ersetzt seit dem 16. Jh. ein Renaissance-Chor die Apsis. Die Kapitelle der mächtigen Pfeiler sind ebenfalls Meisterwerke lombardischer Steinmetze; die Wandmalereien entstanden um 1500.
Die benachbarte Pfarrkirche **S. Ercolano** datiert aus dem 18. Jh., und die im Jaht 1584 erbaute Kirche **SS. Pietro e Paolo** von Toscolano ist im Innern mit schönen Fresken von Andrea Celesti aus dem 17. Jh. verziert.

Toscolano-Maderno
✱
◀ S. Andrea

Gargnano ist ein ruhiges kleines Städtchen. An die Beschießung des Ortes durch österreichische Kanonenboote 1866 während der italienischen Einigungskämpfe erinnern zahlreiche Kanonenkugeln, die noch heute in den Fassaden der am Hafen gelegenen Palazzi stecken. Der **Palazzo Feltrinelli** nördlich vom Hafen war von 1943 bis 1945 Sitz von Mussolinis »Republik von Salò«; heute finden hier Sommerkurse der Universität von Mailand statt. In der **Villa Feltrinelli** (1 km in nördlicher Richtung), heute Grandhotel, hatte der Duce sein Quartier aufgeschlagen. Im südlichen Ortsteil **S. Francesco** lohnt die 1289 von Franziskanermönchen erbaute gleichnamige Kirche einen Besuch. Im 17./18. Jh. wurde sie bis auf die Fassade barockisiert; der

Gargnano

◀ weiter auf S. 204

Einmaliger Exzentriker, »Kriegsheld« oder bedeutender Dichter: an d'Annunzio scheiden sich die Geister.

EXZENTRISCHE INSZENIERUNGEN

Wer war der Mann, zu dessen Mausoleum heute noch jedes Jahr 300 000 Menschen pilgern und der den Räumen seiner Villa Namen wie »Schreibzimmer des Verstümmelten« und »Zimmer des Aussätzigen« gab? Wer war dieser Gabriele d'Annunzio?

Zur Verdeutlichung: Der Hausherr d'Annunzio wollte sich als Aussätziger im mittelalterlichen Sinn verstanden wissen, als diese nämlich als »von Gott berührt« bzw. als heilig galten. Ein **Exzentriker** sondergleichen muss er gewesen sein, von gierigem Lebenshunger besessen, mit einem Hang zum Opium und zu schönen Frauen, zudem voll grenzenloser Selbstgefälligkeit und Eitelkeit. Gabriele d'Annunzio (1863–1938) war ein bedeutender wortgewaltiger italienischer Dichter, ein »Kriegsheld« und ein erfolgreicher Casanova. Er bezeichnete sich selbst als »Interpret des menschlichen Wahnsinns«. Ob er nicht mehr als ein Interpret, vielleicht doch eher ein Vertreter dieser Spezies war, diese Frage tut sich zwangsläufig auf, wenn man seine berühmte Residenz am Gardasee, das Vittoriale degli Italiani, in Gardone Riviera betritt. Von 1921 bis zu seinem Tod lebte d'Annunzio in Gesellschaft seiner Frau und mehrerer Geliebten in dieser skurrilen Villa. Wenn er sich selbst zuviel wurde, zog er sich in das »Zimmer des Aussätzigen« zurück

und nahm asketische Meditationen vor. Wenige Tage vor dem Erwerb des Hauses hatte er die eigenmächtige, 16-monatige Besetzung von Fiume (heute Rijeka) beenden müssen: Entgegen dem Waffenstillstandsabkommen hatte er 1919 die Stadt, die Jugoslawien zugesprochen worden war, mit einer kleinen Gruppe von Bewaffneten besetzt, um sie für Italien zurückzuerobern. Ein anderes verrücktes Kriegsabenteuer hatte er sich am 9. August 1918 geleistet, als er mit seinem Doppeldeckerflugzeug über dem feindlichen Wien kreiste und antiösterreichische Flugblätter abwarf.

Vittoriale degli Italiani

»Ohne Kriegsfieber ist das Leben sehr langweilig«, schrieb der nationalistische Kämpfer und stellte sich Haus und Garten seines »Vittoriale« mit Kriegsgerät voll. Kuriosestes Denkmal ist wohl der riesige Bug des von ihm einst befehligten Schlachtschiffes »Puglia«. Doch der Höhepunkt seiner Selbstinszenierung ist die Villa: Der exzentrische Mann füllte das Haus mit einer unglaublichen Menge an

Selbstinszenierung über den Tod hinaus: das pompöse Grabmal des Dichters

außergewöhnlichen Kunstwerken, buntem Nippes und scheußlichem Kitsch. Im »Reliquienzimmer« z. B. bewahrte er außer unzähligen Statuen von diversen Heiligen, Propheten und Göttern auch das verbeulte Lenkrad eines Motorbootes auf, mit dem einer seiner Freunde in den Tod fuhr. In seine »Werkstatt«, das Arbeitszimmer des Dichters, kommt man nur mit einer Verbeugung – weil die Tür so niedrig ist –, eine Geste, die Ehrfurcht vor seiner Arbeit erzwingen soll. Im »Labyrinth-Flur« stehen etwa 2000 Bücher seiner mehr als 30 000 Werke umfassenden Bibliothek. Etwas freundlicher wirkt unter all den dunklen, meist holzgetäfelten Zimmern nur der Speisesaal (»Cheli-Zimmer«), der im Art-déco-Stil mit einem blaugoldenen Himmel und rot-gold-schwarzem Wandschmuck ausgestattet ist. Der Name Cheli erinnert an d'Annunzios dahingeschiedene große Lieblingsschildkröte, die als Nachbildung mit echtem Panzer auf der Speisetafel hockt.

Das vielleicht befremdlichste Zeugnis seiner Selbstüberhöhung ist das **marmorne Mausoleum** im Park: In der Mitte eines Aussichtsplateaus thront sein Sarkophag, umgeben von den sternförmig angeordneten Marmorsärgen seiner Kriegskameraden aus Fiume. Nicht erst beim Anblick dieser merkwürdigen Totenstätte fühlt man

sich stark an faschistische Architektur erinnert. Und der Eindruck trügt nicht: Auch politisch fühlte sich d'Annunzio Mussolini bereits zu Zeiten verbunden, als dieser noch ein unbekannter Sozialist war.

Literarisches Werk

Die Nähe zum Faschismus, sein ausschweifender, unkonventioneller Lebensstil und seine Egozentrik brachten sein bedeutendes dichterisches Werk ins Zwielicht. Bereits mit 16 Jahren hatte er seinen ersten Gedichtband veröffentlicht. Es folgten Redaktionsarbeit bei »La Tribuna«, die Herausgabe kürzerer Prosatexte, pathetischer Hymnen und Elegien sowie 1889 der Roman »Il Piacere« (»Lust«), der von Nietzsche beeinflusst war und ihn bekannt machte. Auch Dramen schrieb der Dichter, so »Città morta« (»Die tote Stadt«). D' Annunzios Stärke lag u. a. in der Aufnahmebereitschaft für die literarischen Strömungen der Zeit, vor allem für den französischen Symbolismus. Er bekannte sich zu einem heidnischen Sinnen- und Schönheitskult und galt als einer der **umstrittensten Lyriker Italiens**. Bis heute scheiden sich die Geister an seiner Person: War er nun ein begnadeter Dichter, ein Faschist, ein eitler Erotomane, ein Heiliger oder sogar ein »Aussätziger«, wie er sich selbst bezeichnete?

benachbarte hübsche Kreuzgang blieb jedoch unverändert. Eine Besonderheit sind die skulptierten Kapitelle, auf denen Blätter und Früchte der einst hier heimischen Zitronen- und Orangenbäume dargestellt sind. Öffnungszeiten: Ende Juli – Ende Aug. tgl. 10.00 bis 13.00, 15.00 – 19.00, sonst 9.00 – 18.00 Uhr.

Villa Bettoni ▶ Die Villa Bettoni im südlichen Ortsteil Bogliaco entstand um 1750 nach dem Vorbild des Wiener Schlosses Schönbrunn. Ihre Schauseite ist leider nur vom Wasser aus einsehbar. Ein jedermann zugänglicher Augenschmaus ist dagegen die großzügige, elegante Gartenanlage, die durch die Hauptstraße von der Villa getrennt ist. Sie entstand von 1764 bis 1767 nach Entwürfen des toskanischen Architekten **Amerigo Vincenzo Pierallini**.

Gardesana Occidentale Kurz hinter Gargnano ist die Brescianer Riviera zu Ende. Die 1931 als kühne Ingenieurleistung erbaute Uferstraße, die berühmte Gardesana Occidentale, wird nun streckenweise sehr schmal und kurvenreich, bis Riva verläuft sie auf halber Höhe über dem See.

Abstecher ins Hinterland Äußerst lohnend ist hier ein Abstecher ins weite Hinterland. Nördlich von Gargnano zweigt eine sehr steile Nebenstraße zur **Hochfläche von Tignale** ab. Unweit von Gardola thront auf einem Felssporn die Wallfahrtskapelle **Madonna di Monte Castello**. Sie entstand im 13./14. Jh. und wurde später barockisiert. Ihr Innenraum bewahrt spätgotische Fresken (www.santuariomontecastello.it). Nördlich von Campione zweigt eine Bergstraße ab, die durch eine enge Schlucht ins hübsche Dörfchen **Pieve** führt. Die Gegend ist ein schönes Wandergebiet mit teils Schwindel erregenden Ausblicken auf den See.

Limone Bleibt man dagegen auf der Hauptstraße, erreicht man als nächstes das unterhalb von Steilfelsen in einer geschützten Bucht gelegene Limone (▶Baedeker Special S. 70). Vor allem in den Sommermonaten ist die kleine Altstadt hoffnungslos überlaufen. Hinter Limone verlässt man die Lombardei; nun beginnt das bis 1919 zu Österreich gehörende Trentino.

✳ Lago d'Idro

Höchstgelegener See der Lombardei Zwischen dem Iseosee und dem Gardasee breitet sich der Lago d'Idro (368 m) aus, der höchstgelegene See der Lombardei. Er ist nur um die 2 km breit, bis zu 122 m tief und seine Länge beträgt 10 km. Durch seine schmale Form und die umgebenden Berge erinnert er an einen Fjord. An einigen Stellen im Norden und im Osten läuft das Ufer in flachen Stränden aus, so dass es hier gute Bademöglichkeiten gibt. Allerdings ist das Wasser kälter als am tiefer gelegenen Gardasee. Der Idrosee ist wegen seiner zahlreichen **Wassersport- und Auflugsmöglichkeiten** ein beliebtes Urlaubsziel, jedoch fehlt ihm ein wenig das südliche Flair und die romantische Atmosphäre, für die die großen Nachbarseen so berühmt sind. Bis auf einige Camping-

Gardesana Occidentale: Spektakuläre Uferstraße mit hinreißenden Ausblicken

plätze findet man nur wenige touristische Einrichtungen. Die Durchgangsstraße Richtung Norden führt mit herrlichen Ausblicken über dem Westufer entlang, vorbei an Idro und Anfo, und endet im Doppelort Ponte Cafarro/Lodron. Am Ostufer kann man von Vantone bis Vesta fahren, im Nordosten ist das Seeufer wegen mächtiger Steilhänge nicht passierbar.

Lohnend ist eine Fahrt zu dem kleinen Bergort Bagolino (778 m), 8 km nordwestlich des Lago d' Idro. Er ist bekannt für seinen **Karneval**, bei dem Tänze nach einem uralten überlieferten Ritual ausgeführt werden. Bagolino – seit dem 10. Jh. besiedelt – hat einen sehr hübschen historischen Ortskern. Sehenswert ist die Kirche **S. Rocco** mit einem Freskenzyklus aus dem 15. Jahrhundert. Hoch über dem Zentrum steht die Kirche **S. Giorgio** (17. Jh.).

Bagolino

✳ Iseosee · Lago d'Iseo

M/N 6/7

Provinzen: Brescia und Bergamo   **Wasserspiegel:** 185 m ü. d. M.
Fläche: 65 km²

Der Lago d'Iseo – im Italienischen auch Sebino (vom lateinischen Sebinus lacus) genannt – liegt eingebettet in die Hänge der südlichen Alpenausläufer. Der siebtgrößte See Italiens ist etwa 25 km lang, durchschnittlich 3 km breit und bis zu 251 m tief.

✳ **Kleiner See mit großer Insel**

Im Nordosten schließt sich das ►Valcamonica an, mit dem der Iseosee eine geografische Einheit bildet. Eine ganz besondere Attraktion hat der See mit der **Monte Isola** zu bieten, einer fast rechteckigen Insel, die mit einer Fläche von gut 4 km² und einem Umfang von gut 8 km die größte Insel aller europäischen Binnenseen ist.

✳ **Landschaftsbild**

Die Landschaft des Lago d'Iseo ist ausgesprochen abwechslungsreich. Während der See im Norden in die Alpenregion hineinreicht, deren höchste Gipfel im Hintergrund meist schneebedeckt sind, ist das Südufer nur leicht gewellt, stellenweise sogar ganz flach. Dort ist durch das angenehm milde Klima Weinanbau möglich, zudem ziehen sich Obstbäume und Olivenhaine die flacheren Hänge hinauf.
Der wichtigste Wirtschaftszweig des Sees ist der **Tourismus**. Die größten Fremdenverkehrsorte sind Iseo und Sarnico. Auf der Monte Isola gibt es einen ausgeprägten Tagestourismus, allerdings stehen auch dort einige Hotels für längere Aufenthalte zur Verfügung. An sportlichen Möglichkeiten bieten sich Segeln und Windsurfen an. Obwohl die Wasserqualität des des Sees gut ist und er einen reichen Fischbestand aufweist, ist das **Badevergnügen** in dem einladenden türkisblauen Wasser nur an wenigen Stellen möglich, da das Ufer an den meisten Abschnitten zu steil ist.

Rundfahrt

✳ **Iseo**

Die Rundfahrt beginnt in Iseo an der Südküste. Das Städtchen war im Mittelalter von Festungsmauern umgeben, im 14. Jh. wurde der Ort vergrößert. Im malerischen historischen Zentrum, in dem besonders an Wochenenden reges Leben herrscht, liegt die von Arkadengängen umgebene **Piazza Garibaldi**. Etwas von der Piazza zurückgesetzt ist die Kirche **S. Maria del Mercato** (18. Jh.), die durch Umbau einer Kirche aus dem 14. Jh. entstanden ist. Im Innern sind noch spätgotische Fresken aus der ersten Kirche zu sehen. Einen gänzlich anderen Charakter hat die **Piazza Gabriele Rosa**, die sich zum See hin öffnet und an der man ein wenig Hafenatmosphäre mitbekommt. Hier legen die Linien- und Ausflugsschiffe an, und einige Cafés laden zum Verweilen mit Blick auf den See ein. An der Piazza del Sagrato erhebt sich die Kirche **Pieve di S. Andrea** (12. Jh.), deren

▶ ISEOSEE ERLEBEN

AUSKUNFT

Agaenzia Territoriale per il Turismo
Lungolago Marconi 2
I-25049 Iseo
Tel. 0 30 9 8 02 09
Fax 0 30 98 13 61
www.comune.iseo.brescia.it

SCHIFFSVERKEHR

Es gibt einen Linienverkehr, der
zwischen allen Uferorten des Iseosees
verkehrt und außerdem die Monte
Isola anfährt.

ESSEN

▶ Erschwinglich

Trattoria Al Castello
Via Ario Mirolte 53
Tel./Fax 0 30 98 12 85
www.trattoriaalcastello.it
Geschl. Mo. abends, Di.
Zu dem Lokal kommt man durch
einen Innenhof – etwas versteckt und
daher hauptsächlich von Einheimischen aufgesucht; sowohl drinnen als
auch draußen in dem kleinen Garten
sitzt man sehr schön; leckere Gerichte
und eine große Auswahl an guten
Franciacorta-Weinen.

Il Gabbiano

Via Muciano 2, Predore
Tel. 0 35 93 84 81, Geschl. Mo.
In der »Möwe« sitzt man schön auf
einer kleinen Terrasse direkt am See;
ein Ausflug in das abgelegene Predore
lohnt sich allein schon wegen dieses
idyllischen Plätzchens; neben Fleischgerichten steht Fisch aus dem See und
aus dem Meer auf dem Speiseplan.

ÜBERNACHTEN

▶ Luxus

L'Albereta
Via V. Emanuele II. 23
Erbusco

Tel. 03 07 76 05 50, Fax 03 07 76 05 73
www.albereta.it, 42 Z.
In der landschaftlich besonders
schönen Weinregion Franciacorta
zwischen Brescia und Bergamo
südlich des Lago d'Iseo gelegenes
luxuriöses Hotel; großzügige Zimmer
im Landhausstil, einige mit Kamin;
außerdem steht den Gästen ein
Tennisplatz und ein Swimmingpool
zur Verfügung.

▶ Komfortabel

I due Roccoli
Via S. Bonomelli
Loc. Invino, Iseo
Tel. 03 09 82 29 77, Fax 03 09 82 29 80
www.idueroccoli.com, 13 Z.
Oberhalb des Iseosees in einem Park
gelegenes kleines Landhotel; aus den
hübschen Zimmern hat man einen
hervorragenden Blick auf den See und
die Berge; zur Ausstattung gehören
ein Swimmingpool, ein Tennisplatz
und ein Restaurant.

Villa Kinzica

Via Provinciale 1
Sale Marasino
Tel. 03 09 82 09 75, Fax 03 09 82 09 90
www.villakinzia.it
Das kleine Hotel im Landhausstil liegt
oberhalb des östlichen Seeufers und
verfügt über eine sehr gediegene
Einrichtung: ein Salon mit Kamin
und ein Lesezimmer mit Seeblick.

▶ Günstig

Ambra
Porto G. Rosa 2, Iseo
Tel. 0 30 98 01 30, Fax 03 09 82 13 61
www.ambrahoteliseo.it, 29 Z.
In Iseo direkt an dem kleinen Hafen
gelegenes, gutes und preiswertes
Hotel; viele Zimmer mit Balkon und
Seeblick; Parkplatz am Haus.

Inneres in nachfolgenden Jahrhunderten in verschiedenen Stilen ausgestaltet wurde. Im **Castello degli Oldofredi**, das sich die Adelsfamilie im 11. Jh. erbauen ließ, ist heute ein Kulturzentrum eingerichtet. Auch ein Kriegsmuseum erwartet hier Besucher. Öffnungszeiten: 9.00 – 12.00 Uhr.

Riserva Naturale delle Torbiere del Sebino

Südwestlich von Iseo erstreckt sich ein **Feuchtgebiet**, das sich im Lauf der Zeit aus Torfgruben gebildet hat und unter Naturschutz steht. Es ist von Iseo gut zu Fuß zu erreichen. Auf der 2 km² großen Fläche hat sich eine spezifische Tier- und Pflanzenwelt entwickelt. Etwas oberhalb von Torbiere steht das im 11. Jh. von Cluniazensern gegründete **Kloster S. Pietro in Lamosa** mit Fresken des 16. Jh.s. Von dort ist das Naturschutzgebiet gut zu überblicken. Besichtigung n. V. Tel. 0 39 9 29 21 00.

★★ Monte Isola

Zur Monte Isola gelangt man am besten von Sulzano (5 km nordöstlich von Iseo) aus mit der Fähre. Man kann die Insel und die kleinen Ortschaften zu Fuß oder mit dem Bus erkunden. Der Hauptort ist **Peschiera Maraglio** im Südosten, dort fährt der Bus direkt gegenüber dem Anleger ab. Monte Isola war schon zu römischer Zeit besiedelt. Auch als Reiseziel hat die Insel eine lange Tradition. So kamen schon die Visconti hierher, um an Jagden teilzunehmen. So klein Monte

Peschiera Maraglio auf der Monte Isola: Mehr Seenähe ist kaum möglich.

Isola auch ist, gibt es doch elf Orte, in denen rund 2000 Menschen leben: darunter die malerischen Fischerdörfer Peschiera, Maraglio und **Sensole**; **Menzino** mit einem Wachturm (15. Jh.), **Siviano** ebenfalls mit einem mittelalterlichen Befestigungsturm auf der Piazza und **Carzano**, von wo aus man zu der etwas höher gelegenen Kapelle Madonna della Ceriola gelangt. **Cure** ist der höchste Ort mit der Kapelle Madonna della Ceriola (16. Jh.). Zwei Inselchen in Privatbesitz sind der Monte-Insel vorgelagert: die Isoletta di Loreto im Norden, auf der man ein Klarissinnenkloster ausmachen kann, und die Isola di S. Paolo im Süden.

Am Ostufer führt die SS 510 nun weiter durch Pilzone, Sulzano, Sale Marasino und Marone – mit Ausnahme von **Marone**, das eine hübsche Uferzone hat, sind alle Orte durch die verkehrsreiche Straße beeinträchtigt und nicht besonders lohnend. Bei Marone kann man einen Abstecher nach Osten in die Berge machen; dort sieht man bei Zone imposante Felsgebilde in Form von spitzen, turmartigen Erdpyramiden, die sich im Verlauf von Jahrtausenden durch Erosion gebildet haben. **Ostufer**

Pisogne am Ende des Ostufers lag an der Via Valeriana, einer Römerstraße, die Brescia mit dem Valcamonica verband. Im Mittelalter war Pisogne befestigt, aus dieser Zeit stammen noch drei Stadttore. Das interessanteste Bauwerk ist die Kirche S. Maria della Neve (15. Jh.) mit einem Freskenzyklus aus dem 16. Jahrhundert.

Ganz im Norden am Westufer erstreckt sich das lebhafte **Lovere**, der eigentliche Hauptort des Lago d'Iseo. Von der langen Uferpromenade aus hat man einen schönen Blick über den See hinweg in das Valcamonica und auf die schneebedeckten Berge im Hintergrund. In Lovere sind im **Palazzo Tadini** direkt am Ufer eine Gemäldesammlung mit Werken von venezianisch-lombardischen Malern sowie Porzellan, flämische Wandteppiche und archäologische Ausgrabungsstücke zu sehen. Den Palast ließ Luigi Tadini 1828 bauen, um darin die Accademia Tadini einzurichten. In der angeschlossenen Kapelle befindet sich sein Grab. Öffnungszeiten: März – Sept. Di. – Sa. 15.00 bis 19.00, So., Fei. 10.00 – 12.00, 15.00 – 19.00, Apr. – Okt. Sa. 15.00 bis 19.00, So., Fei. 10.00 – 12.00, 15.00 – 19.00 Uhr. **Westufer**

Von Lovere aus geht es weiter nach **Riva di Solto**, einem kleinen, sehr idyllischen Ort mit hübscher Uferpromenade. Lohnend ist ein Abstecher hinauf nach **Solto Collina**, da man von der Straße aus herrliche Panoramablicke auf den See hat. Von Riva di Solto führt die schmale Uferstraße direkt am Wasser entlang weiter nach **Tavernola Bergamasca** mit einem Segelhafen sowie Cafés und Restaurants. Ein Teil dieses Ortes ist 1906 durch einen Erdrutsch zerstört worden. Bei **Predore** wird die Landschaft lieblicher, die Berge treten etwas zurück, man kommt an kleinen Olivenhainen und Obstplantagen vorbei. In dem idyllischen Ort selbst steht direkt am Schiffsanleger der Palazzo Mezzatorre, der auf ein Kastell aus dem 15. Jh. zurückgeht.

Die Franciacorta ist für ihre Schaumweine bekannt.

Sarnico, das schon zu römischer Zeit existierte, liegt am Südwestende des Iseosees. Es ist ein Ferienort mit sehr guten Wassersportmöglichkeiten. Interessant ist außerdem der alte Ortskern mit der Kirche **S. Paolo** (15. Jh.) und einem hübschen Uhrenturm sowie der etwas höher gelegenen barocken **Kirche S. Martino di Tours** am nordöstlichen Ortseingang, direkt am Seeufer, die 1912 erbaute **Jugendstilvilla Faccanoni**.

Südlich des Iseosees erstreckt sich die Hügellandschaft der **Franciacorta** mit Weinbergen. Früher war das Gebiet für rustikalen Rotwein bekannt, in den letzten Jahrzehnten hat die Franciacorta sich aber den Ruf einer kleinen Champagne erworben, da hier ein Großteil des italienischen Schaumweins nach der klassischen Methode produziert wird.

★★ Lago Maggiore

C–F 3–6

Schweiz: Kanton Tessin
Provinzen: Varese und Novara
Fläche: 212 km²

Italien: Lombardei und Piemont
Wasserspiegel: 194 m ü. d. M.

Der Lago Maggiore, in Italien Verbano – der Name geht auf die keltische Wassergottheit Verbeia zurück – genannt, ist nach dem Gardasee der zweitgrößte der oberitalienischen Seen und der inselreichste. Der Zipfel zwischen Brissago und dem nördlichen Ende gehört zu dem Schweizer Kanton Tessin, das italienische Westufer gehört zum Piemont und das Ostufer zur Lombardei.

See mit Staatsgrenze

Der Lago Maggiore entstand wie die übrigen oberitalienischen Seen während der Eiszeiten, als Gletscher die Becken aushobelten. Er ist 65 km lang und 2 bis 11 km breit. An seiner tiefsten Stelle, zwischen Ghiffa und Porto Valtravaglia, wurden 372 m gemessen. Die Haupteinnahmequelle ist der Fremdenverkehr. Die meistbesuchten Gegenden liegen im Schweizer Gebiet um Locarno, Ascona und Brissago sowie auf italienischer Seite an der westlichen Bucht zwischen Pallanza und Stresa, in der die großartigen **Borromäischen Inseln** mit ihren subtropischen Parkanlagen die Hauptattraktion bilden.

Highlights Lago Maggiore

Schifffahrt
Vom Wasser aus kann man den Blick auf die mondänen Villen am besten genießen.
▶ **Seite 212**

Isole di Brissago
Artenreicher botanischer Garten und Insel der Ruhe
▶ **Seite 214**

Isole Borromee
Auf Dichterspuren in herrlichen Barockgärten
▶ **Seite 219**

S. Caterina del Sasso
Beeindruckend gelegene und meistfotografierte Kirche des Sees
▶ **Seite 222**

Die nördlichen Ufer sind von hohen, meist bewaldeten Hügeln umschlossen, deren Hintergrund die Tessiner und Walliser Alpen bilden. Im Süden flacht die Umgebung zur lombardischen Ebene ab. Besonders begünstigt, sowohl klimatisch als auch landschaftlich, ist das Westufer, hier haben sich die bedeutendsten Fremdenverkehrs- und Kurorte entwickelt und ziehen sich die großartigsten Villen und Gärten die Hügel hinauf. Das Ostufer, von manchen etwas mitleidig »das arme Ufer« genannt, wirkt ursprünglicher. Steil und waldreich fallen hier die Ufer ab. Außerdem gibt es unberührte Uferpartien, die noch nicht so stark vom Tourismus vereinnahmt sind.

✶ ✶
Landschaftsbild

Dank des ausgeglichenen, milden Klimas ist die Vegetation sehr üppig. In Seenähe bestimmt eine subtropische Pflanzen- und Blütenpracht das Bild. Sie weicht im hügeligen Hinterland und im Hochgebirge subalpiner und alpiner Flora. So findet man hier auf engem Raum mediterrane und viele exotische Gewächse wie Feigen, Oliven, Granatapfel-, Mandel-, Zitronen- und Orangenbäume, Mimosen, Kamelien und Eukalyptusbäume, Sagopalmen, Johannisbrotbäume und Korkeichen, aber auch Alpenrosen, Steinbrech und Enzian.

◀ Vegetation

✶ ✶ Westufer

Im Folgenden werden die wichtigsten Orte im Rahmen einer Rundfahrt um den Lago Maggiore entgegen dem Uhrzeigersinn beschrieben. Ausgangs- und Zielort ist Locarno.

▶dort

Locarno

▶dort

Ascona

Die Uferstraße an der Westküste führt zunächst zu dem kleinen Ferienort Ronco, 4 km südwestlich von Ascona am Osthang des Corona dei Pinci gelegen. Der alte Ortskern wird von der Pfarrkirche **S. Martino** (15. Jh.) beherrscht, der schlanke Campanile ist von 1860.

✶
Ronco

LAGO MAGGIORE ERLEBEN

AUSKUNFT

I. A. T
Via Roma 58
I-28838 Stresa
Tel./Fax 03 23 3 13 08
www.distrettolaghi.eu

I. A. T Verbania
Via delle Magnolie 1
I-28922 Verbania Pallanza
Tel. 03 23 35 76 76
Fax 03 23 50 77 22
www.distrettolaghi.eu

I. A. T Luino
Via Piero Chiara 1
I-21016 Luino
Tel./Fax 03 31 53 00 19
www.provincia.va.it

SCHIFFSVERKEHR

Unbedingt empfehlenswert ist die Fahrt mit dem Schiff (ganzjähriger Betrieb) zwischen Locarno und Arona, im Sommer werden auch Aliscafi (Tragflügelboote) eingesetzt, wobei abwechselnd die Orte des westlichen und des östlichen Ufers angelaufen werden. Eine Autofähre verkehrt zwischen Intra und Laveno.

ESSEN
▶ Erschwinglich
Due Scale
Piazza Libertà 30
Luino
Tel. 03 32 53 11 75
Geschl. Mo.
Lokal im Geburtshaus des Schriftstellers Piero Chiara mit Fresken an den Wänden und der Decke; gehobene Küche; im Gewölbe ist eine Enoteca angeschlossen.

Internazionale
Piazza Marconi 18
Luino
Tel. 03 32 53 00 37
Geschl. Di.
Gute Küche mit regionalen und internationalen Gerichten, gute Auswahl an Weinen.

Osteria del castello
Piazza Castello 9
Intra
Tel. 03 32 51 65 79
Geschl. So.
Die kleine Osteria liegt versteckt im Ortzentrum; man isst entweder auf der begrünten Terrasse oder im rustikalen Innenraum; große Zahl an offenen Weinen, viele aus dem Piemont.

▶ Preiswert
Taverna Antico Agnello
Via Olina 18
Orta S. Giulio, Ortasee
Tel. 03 32 9 02 59
Geschl. Di.
Schöne Osteria mit internationalen und regionalen Speisen, u. a. leckerem Fisch aus dem Ortasee; gute Weinkarte.

Orient-Express
Piazzale Stazione 8
Stresa
Tel. 03 23 93 43 65
Geschl. Mo.
Geheimtipp: hier soll es die beste Pizza der Stadt geben.

ÜBERNACHTEN
▶ Luxus
Grand Hôtel des Iles Borromées
Corso Umbero I. 67
Stresa
Tel. 03 23 93 89 38
Fax 03 23 3 24 05
www.borromees.it

Das Grand Hotel schlechthin am See, 1863 eröffnet; gekrönte Häupter und die Hautevolee machten hier Station. Dass dies seinen Preis hat, ist klar.

► Komfortabel

Leon d'Oro
Piazza Motta 42, Orta S. Giulio
Tel. 0 32 2 91 19 91
Fax 0 32 29 03 03, 38 Z.
In Orta direkt an der zentralen Piazza Motta am See mit Blick auf die Isola S. Giulio gelegen; modernisierte und hübsch eingerichtete Zimmer; gutes Restaurant mit Seeterrasse.

Il Monterosso
Loc. Cima Monterosso 13
Tel. 03 23 55 65 10
Fax 03 23 51 97 06
Altes, schön restauriertes Steinhaus am Berg mit fantastischem Ausblick; auch Apartements sind im Angebot; sehr gute Küche.

► Günstig

Meublé Tilde
Via V. Veneto 63
Verbania
Tel. 03 23 50 38 05
Zwischen Pallanza und Intra gelegen; man wohnt günstig in dieser reizenden alten Villa mit wunderbarem Garten und Traumblick.

Dei Tigli
Via Paletta 20
Angera
Tel. 03 31 93 08 36
Fax 03 31 96 03 33
www.hoteldeitigli.com
28 Z.
Das beste Hotel von Angera, trotzdem recht preisgünstig; zentral gelegen; solide Ausstattung und Parkmöglichkeit am Haus.

In ihrem Chor sind spätgotische Fresken (1492) und ein Altarbild des Antonio Ciseri sehenswert. Gegenüber der Kirche steht die **Casa Ciseri** (urspr. 17. Jh.), das Geburts- und Wohnhaus dieses Malers (1821 – 1891). Oberhalb der Pfarrkirche befindet sich die recht schlichte Barockkapelle **S. Maria delle Grazie** mit einer hübschen Vorhalle (1712). Die Fresken in der Chorkuppel sind von Giuseppe Antonio Felice Orelli (um 1730). Von der Piazza genießt man einen großartigen Ausblick.

Ein steiler Treppenweg mit 800 Stufen, die so genannte Himmelsleiter, führt hinunter nach **Porto Ronco**, dem an der Uferstraße gelegenen Hafenplatz; hier kann man sich zu den Brissago-Inseln einschiffen. Oberhalb von Ronco erhebt sich die **Corona dei Pinci** (1293 m), ein Ausläufer des mächtigen Gridone-Massivs. Für den lohnenden Aufstieg sollte man ca. 4 Std. rechnen. Von oben bietet sich ein großartiger Blick hinunter zum Lago Maggiore mit den Brissago-Inseln,

 ◄ Fernsicht

nordwestlich ins Centovalli und weiter über das Onsernone-Tal hinweg ins Val di Vergeletto.

Fontana Martina

2 km südwestlich von Ronco liegt das malerische Bergdorf Fontana Martina. Im Jahr 1923 erwarb der Schweizer Buchdrucker Fritz Jordi den verlassenen Ort, um dort eine **Künstlerkolonie** einzurichten. Zur Finanzierung seiner Vorhaben gründete er eine Töpferei, die noch heute betrieben wird (Verkauf im angeschlossenen Laden). Aus der Künstlergemeinde ist inzwischen ein beliebter Ferienort geworden.

Brissago

Brissago liegt am Fuß des 2189 m hohen Monte Limidario. Bekannt ist der Ort vor allem Zigarrenrauchern wegen der hier seit über 100 Jahren hergestellten, langen dünnen **Virginia-Zigarre »Brissago«**. Im Mittelpunkt des alten Dorfkerns, umgeben von 600 Jahre alten Zypressen, steht die Pfarrkirche SS. Pietro e Paolo (1526–1610). Von hier gelangt man über eine kleine Gasse zur barocken **Casa Branca**, deren reich gestaltete Hauptfassade sich zum See mit einer fünfbogigen Loggia im Obergeschoss öffnet.

Sehenswert ist auch die **Casa Borrani**, eine aus mehreren Gebäuden des 17. Jh.s zusammengefügte Patriziervilla. Am Südende des Ortes steht am Seeufer die von 1526 bis 1546 entstandene Kirche **S. Maria di Ponte** mit ihrem weithin sichtbaren, hohen, frei stehenden Campanile. In der Nähe befindet sich die 1847 gegründete **Fabbrica Tabacchi Brissago**, die älteste Manufaktur im Tessin. Seit 1999 wird die Fabrik mit ihrer achteckigen Kuppel und der Säulengalerie als Centro Dannenmann für kulturelle Veranstaltungen genutzt. In Brissago waren namhafte moderne Architekten am Werk wie Snozzi und **Aurelio Galfetti**. Von diesem stammt die Villa Bianca, ein luxuriöses Apartmenthaus mit eigenem Bootshafen.

Umgebung ▶

Oberhalb von Brissago findet man mehrere typische Bergdörfer, u. a. **Cadogno**, Porta, **Incella** und **Piodina**, mit schönen, teils freskengeschmückten Renaissance- und Barockhäusern. Die Wallfahrtskapelle **Sacro Monte dell'Addolorato** oberhalb von Brissago erreicht man auf einem in der Schlucht des Valle del Sacro Monte hinaufführenden Kreuzweg mit freskengeschmückten Stationen.

Isole di Brissago

Die beiden lang gestreckten Brissago-Inseln **Isola Grande** und **Isolino** (»kleine Insel«) liegen knapp 2 km von Brissago entfernt. Die größere der beiden – nur diese ist der Öffentlichkeit zugänglich – ist mit dem Boot am schnellsten von Porto Ronco, aber auch von Brissago, Ascona und Locarno aus zu erreichen. Im 13. Jh. ließen sich Humiliaten, ein der Armut und Askese verschriebener Orden, auf den Inseln nieder. Drei Jahrhunderte später zogen die Mönche fort, die Klostergebäude verfielen. Die Inseln wurden Jagdgrund und Zufluchtsstätte von Fischern. Im Jahr 1885 erwarb die Baronessa Antonietta de Saint-Léger die beiden Inseln und verwirklichte hier ihren Lebenstraum (▶ Baedeker Special). 1950 wurde auf der Isola Grande der Parco Botanico del Cantone Ticino eröffnet. Der Garten besticht

★

Botanischer Garten ▶

»Wahrheitssucher« auf dem Monte Verità: links im Bild Henri Oedenkoven, zu seiner Rechten Ida Hofmann.

GETRÄUMTE WELTEN

Schrullig soll sie gewesen sein – ungewöhnlich war sie auf jeden Fall: Antoinetta de Saint-Léger (1856–1948), Gattin des Barons Richard Flemying Saint-Léger aus Kingstown in Irland. 1885 ließ sie sich mit ihrem Gemahl auf den Isole di Brissago im Lago Maggiore nieder.

Das Ehepaar verwandelte die steinigen Wiesen der Inseln in einen prächtigen Garten. Es pflanzte seltene Bäume, Büsche und Blumen, die es von ausgedehnten Weltreisen mitgebracht hatte und die im feuchtwarmen Klima prächtig gediehen. Nachdem ihr Mann sie 1897 verlassen hatte, blieb sie auf den Inseln und lud Künstler, Maler, Schriftsteller, Dichter und Gelehrte zu sich ein. Doch nach und nach verarmte die »Frau im See«. 1927 musste sie ihre Inseln verkaufen, und 1948 starb sie im Armenhaus von Intragna.

Der neue Besitzer, der **Hamburger Kaufmann Max Emden**, ließ die Villa abreißen und an ihrer Stelle den neoklassizistischen Palazzo errichten. 1950 kaufte der Schweizer Kanton Tessin die Inseln und gründete hier den Parco Botanico del Cantone di Ticino, in dem heute 1800 Pflanzenarten gedeihen. Dass sich der italienischsprachige Kanton aber zu einem Touristenregion entwickelte, ist **Aussteigern** zu verdanken. Nach der Eröffnung des Gotthard-Eisenbahntunnels 1882 entdeckten einzelne Besucher die attraktive Landschaft der Region für sich. 1901 kamen Henri Oedenkoven, ein belgischer Großindustriellensohn, und seine Lebensgefährtin, die deutsche Pianistin Ida Hofmann, nach Ascona und kauften sich am Monte Monescia ein großes Gelände. Ihren Hügel nannten sie Monte Verità (»Berg der Wahrheit«). 1905 riefen sie die **Vegetabilische Gesellschaft** ins Leben, die fleischlos, mit Freikörperkultur und freier Liebe, mit selbst genähten Kleidern und selbst gezogener Pflanzenkost, mit Meditationen und Diskussionen nach der »Wahrheit suchte«, mit der die gesellschaftlichen Probleme überwunden werden sollten. Dieses »Zurück zur Natur« wirkte auf all die, die einem erstarrten, konservativen Bürgertum entfliehen wollten, wie ein Fanal. Und sie strömten in Scharen zum Monte Verità: Literaten, Maler, Psychologen und Mythenforscher, Politflüchtlinge und Sektierer. Manche blieben nur kurz wie der Dichter **Hermann Hesse** und der Maler Hans Arp, andere wiederum ließen sich hier für immer nieder.

durch seinen Artenreichtum: Über 1800 Arten sind registriert und in Gruppen entsprechend ihrer Herkunftsländer angeordnet. Die Villa beherbergt Räume für Kunstausstellungen. Besuchszeiten: Mitte März – Ende Okt. tgl. 9.00 – 18.00 Uhr; www.isolebrissago.ch.

Cannobio

Der malerische alte Ort Cannobio liegt bereits auf italienischem Gebiet, etwa 5 km hinter der Grenze. Jeden Sonntag findet hier zwischen 8.00 und 13.00 Uhr ein beliebter Markt statt. Am Ende der Uferpromenade, neben der Schiffsanlegestelle, erhebt sich die **Wallfahrtskirche S. Pietà**. Sie wurde 1571 nach Plänen Pellegrino Tibaldis im Stil Bramantes gebaut. Das Gnadenbild (um 1400) im Innern, auf Pergament gemalt und einst für wundertätig gehalten, zeigt den toten Christus neben Johannes und Maria. Das Altarbild (1536) stellt Christus auf dem Kreuzweg dar. Neben der barocken Pfarrkirche S. Vittore steht der burgartige Palazzo della Ragione (1291). Von hier führen Gassen hinunter zum See, wo bunte Häuserfassaden mit ihren zum See hin offenen Laubengängen die Uferpromenade säumen. Landschaftlich reizvoll ist ein Ausflug ins Hinterland, u. a. zur 2 km entfernten **Orrido di Sant' Anna**, wo sich der Cannobino eine spektakuläre Schlucht in den Felsen gegraben hat. Sehr schön ist auch das zwischen dem Gridone (2188 m) und dem Monte Zeda (2156 m) eingebettete **Val Cannobina**.

Cannero Riviera

7 km südlich von Cannobio folgt am Westufer der reizvoll zwischen Wein-, Obst- und Olivengärten gelegene Ort Cannero Riviera. Von der Uferstraße sieht man die zwei **Inseln Castelli di Cannero**. Einst waren sie Schlupfwinkel berüchtigter Raubritter, bis diese 1414 hingerichtet und ihre Burg geschleift wurde. 1519 ließ Lodovico Borromeo hier die Burg La Vitaliana erbauen, von der aber nur noch Ruinen zu sehen sind.

Verbania und Hinterland

Verbania (16 km südlich von Cannero Riviera), die größte Stadt am Lago Maggiore, besteht aus zwei Ortsteilen: Intra, dem Industrie- und Handelszentrum sowie Fährhafen für die Autofähre nach Laveno, und Pallanza, dem am Fuß des 693 m hohen Monte Rosso gelegenen villenreichen Ferienort.

Villa Taranto ▶

Getrennt werden sie durch die Landzunge Punta della Castagnola, die zum großen Teil von dem ausgedehnten **Park** der Villa Taranto eingenommen wird. 1931 erwarb der Schotte Neil McEacharnd das 20 ha große Gelände, um hier mit viel Sorgfalt einen Park anzulegen, der die Prinzipien eines englischen Gartens mit denen italienischer Gartenbaukunst vereint. In einer eigens dafür geschaffenen, höchst abwechslungsreichen Landschaft gedeihen 20 000 heimische und exotische Pflanzenarten; berühmt sind die Buchenbestände, die über 500 verschiedenen Rhododendron-Arten, Magnolien, Dahlien und Kamelien. Öffnungszeiten: Ende März – Okt. tgl. 9.00 – 18.30 Uhr. Mittelpunkt von Verbania und Ausgangspunkt der Promenade ist die Piazza IV. Novembre. Hier stehen der **Palazzo Pretorio (Rathaus)** und in der Nähe das **Mausoleum des Generals Cadorna**, Oberbefehlshaber des italienischen Heeres im Ersten Weltkrieg. Auf der kleinen Insel **S. Giovanni** hielt sich der Dirigent Arturo Toscanini gerne auf. Im barocken **Palazzo Viani-Dugnani** (18. Jh.) etwas nördlich der Piazza ist das **Verbania Museo** untergebracht mit archäologischen Funden, einigen Gemälden des 19. und 20. Jh.s sowie Skulpturen von Paolo Trubezkoj (1866–1938). Öffnungszeiten: Anfang Apr.–Ende Okt. Di.–So. 10.00–12.00, 15.30–18.30 Uhr. Am Nordende des Viale Azari, 1 km außerhalb des Stadtkerns, steht eine der schönsten Renaissancekirchen der Gegend. Die vermutlich von 1519 bis 1527 im Stil Bramantes erbaute **Madonna di Campagna** besitzt eine achteckige Kuppel mit einer Säulengalerie. Ihr Campanile geht auf einen romanischen Vorgängerbau zurück. Im Innern sind Fresken

Im Park der Villa Taranto

aus dem 15. bis 17. Jh., das Chorgestühl (1582) und ein Gnadenbild der Madonna delle Grazie (13. Jh.) zu bewundern.

Auch hier lädt das Hinterland zu Ausflügen ein. Einen prachtvollen ◀ Hinterland
Ausblick über den Borromäischen Golf genießt man vom **Monte Rosso** (693 m), den man zu Fuß in etwa 2 Std. besteigen kann. Noch umfassender ist das Panorama vom **Monte Zeda** (2156 m), dem höchsten Gipfel in Seenähe. Lohnend ist auch ein Abstecher ins **Val Grande**, Teil eines Naturschutzgebiets. Dabei passiert man den **Ponte Romano**, eine vermutlich auf die Römer zurückgehende Brücke über den S. Bernardino.

Ein Abstecher führt zum »kleinen Bruder« des Lago Maggiore, dem ✱
13 km langen und durchschnittlich 2 km breiten Lago di Orta (Orta- **Lago di Orta**
see), dem westlichsten der oberitalienischen Seen. Er erstreckt sich zwischen niederen bewaldeten Hügeln und wird im Nordosten vom 1491 m hohen Monte Mottarone überragt. Hauptort ist das pittoreske **Orta S. Giulio**. Vom Parkplatz gelangt man über enge steile Gassen zum See und zur Piazza hinunter, die von Barockbauten aus dem 17. und 18. Jh. umgeben ist. In der Mitte steht der Palazzo della Comunità, ein Renaissancebau von 1582 mit einem Türmchen. Sein Erdgeschoss öffnet sich in weiten Arkaden; eine Außentreppe führt ins Obergeschoss, wo der Große Rat tagte.

✶

Isola S. Giulio ▶

Im See liegt die kleine Isola S. Giulio, die von geheimnisvoller Atmosphäre umgeben ist. Um 390 ließ sich hier der später heilig gesprochene Julius aus Ägina nieder und gründete eine Kirche, aus der sich die **Basilika S. Giulio** entwickelte. Ihr Inneres ist ein Mix verschiedener Stile: vertreten sind spätgotische Fresken (14.–16. Jh.) sowie Stuckdekor und Marmorintarsien aus dem Barock. Kostbarstes Ausstattungsstück ist die romanische Kanzel aus schwarzem Serpentin, deren Darstellungen bis heute nicht entschlüsselt sind. Die auf einen Stab gestützte Figur stellt vermutlich Guglielmo da Volpiano dar, der – 962 auf der Insel geboren – ein bedeutender Benediktinerabt, Klostergründer und Schriftsteller war. Die Reliquien des hl. Julius werden in einem prunkvollen Schrein in der Krypta aufbewahrt.

✶

Sacro Monte ▶

Einen herrlichen Blick auf Ort, See und Insel hat man vom 400 m hohen, dem hl. Franz von Assisi geweihten Sacro Monte. Ein Kapellenweg führt zum 1583 erbauten Franziskanerkloster hinauf. Die zwanzig Kapellen entstanden 1591 bis 1788 und sind mit Fresken und Terrakottafiguren geschmückt, welche die Passion Christi und Szenen aus dem Leben des hl. Franziskus darstellen.

Baveno

Der Kur- und Ferienort Baveno breitet sich am Fuß des Monte Camoscio aus. Sein rosafarbener Granit wird seit Jahrhunderten als Baumaterial genutzt. Bereits im 19. Jh. kamen Adlige und Künstler

Geheimnisumwittert: die Insel S. Giulio im Ortasee

wie Königin Viktoria von England, der Dichter Lord Byron und der Komponist Richard Wagner hierher. Der **Kirche SS. Gervasio e Protasio** geht auf die Romanik zurück, und das oktogonale Baptisterium daneben weist Renaissance-Stil auf.

Isole Borromee

Die vier Borromäischen Inseln, die »Perlen des Lago Maggiore«, sind von allen umliegenden Ufergemeinden aus per Schiff zu erreichen. Viele gekrönte Häupter haben sie besucht, und viele Dichter, darunter Stendhal, Dickens, Dumas, Turgenjew, Flaubert und Anatole France, haben ihnen in ihren Werken Denkmale gesetzt. So wundert es nicht, dass sie vor allem in den Sommermonaten überlaufen sind. Isola Bella und Isola Madre gehören auch heute noch der **Familie Borromeo**. Deren Vorfahren, ein altes Mailänder Grafengeschlecht, hatten 1439 von den Mailänder Herzögen der Visconti den seit 200 Jahren mit den Schweizern umkämpften Lago Maggiore erhalten. Ab 1630 wurden die Inseln zu einer in Europa einmalig gebliebenen Kunstlandschaft umgewandelt.

◄ Isola Bella

Im Mittelpunkt steht die viel gerühmte Isola Bella, die schon Alexandre Dumas als »einen Ort unvergleichlichen Zaubers« beschrieb. Die »Schöne Insel« zählte bereits im Barock als eine Art Weltwunder. Ursprünglich war sie nur ein flacher Schieferfelsen, als Graf Carlo Borromeo zusammen mit dem Architekten Angelo Crivelli um 1630 mit ihrer Umgestaltung begann.

Nachdem sein Sohn Vitaliano Borromeo die Arbeiten im Jahr 1670 zu Ende geführt hatte, war aus der nach Carlos Frau Isabella d'Adda benannten Insel ein **ganz besonderes Meisterwerk italienischer Gartenbaukunst** geworden. Damals wie heute nimmt der prächtige Barockgarten fast die ganze Insel ein. Er steigt vom Seeufer in zehn immer kleiner werdenden Terrassen auf und ist verschwenderisch mit Statuen, Grotten, Arkadengängen und exotischen Pflanzen geschmückt. Der prachtvoll ausgestattete, 1632 erbaute Palazzo Borromeo ist heute ein Museum. Öffnungszeiten: Ende März – Mitte Okt.. tgl. 9.00 – 17.30 Uhr.

Die **Isola dei Pescatori** liegt etwa 500 m nordwestlich. Bis Anfang des 20. Jh.s lebten hier Fischer und ihre Familien. Heute bestimmt vor allem der Fremdenverkehr die Atmosphäre.

Der herrliche Barockgarten auf der Isola Bella

Isola Madre ▶

✱ Die »Mutter-Insel«, die Isola Madre, ist die größte der Borromäischen Inseln. Bereits 1502 hatte Lancilotto Borromeo hier mit der Anlage eines **Palazzo mit Garten** begonnen. Ihr heutiges Aussehen erhielt sie im 18. und 19. Jh., als Vitaliano Borromeo sie im Stil eines englischen Gartens umgestalten ließ. Ihr besonderer Reiz liegt in dem prachtvollen Botanischen Garten mit seinen hundertjährigen Bäumen, großartigen Rhododendren sowie subtropischen und exotischen Pflanzen, in dem große Pfauen herumspazieren. Im Palazzo Borromeo, einem schönen Bau aus dem 16. Jh., ist eine Puppen- und Keramiksammlung untergebracht. Öffnungszeiten: Ende März – Mitte Okt. 9.00 – 17.30 Uhr. Neben dem Palast steht die kleine **Grabkapelle** der Borromeo (1858). Die vierte Insel, die Isola S. Giovanni, ist in Privatbesitz und nicht zugänglich.

Stresa

✱ Stresa erstreckt sich am Eingang des Borromäischen Golfes am Fuß des 1491 m hohen Monte Mottarone. Im 19. Jh. war es eine der vornehmsten Kurstädte Italiens. An diese Zeiten erinnern die etwas in die Jahre gekommenen Hotelpaläste, zu deren illustren Gästen nicht nur der europäische Hochadel, sondern auch berühmte Künstler wie Stendhal, Dickens, Hemingway oder Richard Wagner gehörten. Ortsmittelpunkt ist die Uferpromenade, die schöne Ausblicke auf den See und die Borromäischen Inseln bietet. An ihr liegen die Pfarrkirche und die meisten großen Hotels. Sehenswert sind die **Villa Ducale** (1770) und die **Villa Pallavicino** (19. Jh.). Diese Villa liegt am südlichen Ortsausgang in einem herrlichen botanischen Garten mit einem angeschlossenen kleinen Zoo. Öffnungszeiten: Mitte März – Mitte Okt. tgl. 9.00 – 18.00 Uhr.

> ! **Baedeker TIPP**
>
> **Musik ist Trumpf**
>
> In Stresa haben die Musikaufführungen mit hochrangigen Interpreten Tradition. Alljährlich finden im August und September die Settimane Musicali di Stresa statt, ein international renommiertes Musikfestival mit hochkarätigen Werken klassischer Musik. www.stresafestival.eu

Monte Mottarone

✱✱ Der 1491 m hohe Monte Mottarone gehört zu den beeindruckendsten Aussichtspunkten des Seengebietes. Man erreicht seinen Gipfel mit dem Auto (mautpflichtig), mit der Schwebebahn oder zu Fuß in etwa 4 Stunden. Auf halber Strecke passiert man Gignese (700 m), das mit dem **Museo dell'Ombrello**, einem originellen Schirmmuseum, aufwartet. Öffnungszeiten: Anfang Apr. – Ende Sept. Di. – So. 10.00 – 12.00, 15.00 – 18.00 Uhr. Etwas oberhalb, in Alpino (768 m), wachsen im **Giardino Alpino** über 2000 Alpenpflanzen.

Arona

Über Belgirate und Lesa, von dessen Uferpromenade man einen herrlichen Blick auf das gegenüberliegende Seeufer bis hin zum Campo dei Fiori bei Varese hat, sowie über Meina mit seiner prächtigen Villa Farragiana erreicht man kurz vor Arona die auf einem Hügel thronende, angeblich größte Statue Europas. Der **Colosso di**

S. Carlone erinnert an den hl. Carlo Borromeo, berühmtester Spross der Mailänder Adelsfamilie, der 1538 in Arona zur Welt gekommen war. Schon mit 22 Jahren war er Kardinal-Erzbischof von Mailand und ein entschiedener Gegner der Reformation, u. a. war er dafür verantwortlich, dass es auf dem Konzil von Trient (1545 – 1563) zu keiner Einigung zwischen den Glaubensgegnern kam, was die Gegenreformation auslöste. Bereits 1610 war er von Papst Paul V. heilig gesprochen worden. Im Innern der 1697 aufgestellten, 23 m hohen Statue führt eine Wendeltreppe bis in den Kopf.

Neben der Statue steht das von 1620 bis 1643 von Francesco Maria Richini erbaute Bischöfliche Seminar. Arona selbst ist ein Handels- und Industriestädtchen mit einer kilometerlangen Uferpromenade. Im **Museo Civico** (Piazza De Filippi) zeugen die ältesten Funde von 1200 v. Chr. von seiner langen Siedlungsgeschichte. Die Kirche **S. Maria Nascente** im unteren Stadtteil stammt aus dem 15. und 17. Jahrhundert. Besuchenswert ist sie wegen Gaudenzio Ferraris Flügelaltar mit der »Anbetung des Kindes« (1511) und wegen der »Himmelfahrt Mariä« (um 1617) von Morazzone.

Sesto Calende

Am Südende des Lago Maggiore breitet sich Sesto Calende aus, ein Industrieort mit langer Siedlungsgeschichte, die im **Museo Civico** (Piazza Mazzini 1) dokumentiert wird. Öffnungszeiten: Mo. – Do. ☉ 8.30 – 12.30, 14.30 – 16.30, Sa. 15.00 – 19.00, So. 15.00 – 17.00 Uhr. Die **Kirche S. Donato** an der Straße nach Angera geht auf das 12. Jh. zurück, im Barock wurde sie stark verändert. Romanisch sind die Vorhalle, einige Kapitelle und die Hallenkrypta; die Fresken in der Nordapsis stammen aus der Spätgotik, die im Chor aus dem 17. Jahrhundert.

Parco Regionale Lombardo della Valle del Ticino

Der Ticino-Park ist als **erster »Flusspark« Europas** eröffnet worden. Er umfasst das Flussbett und die weiten Uferstreifen des Ticino zwischen seinem Austritt aus dem südlichen Lago Maggiore und der Einmündung in den Po mit einer Gesamtfläche von 90 000 ha. Internet: www.parcoticino.it.

✳ ✱ Ostufer

Angera
✱
◀ Rocca

Das kleine Städtchen Angera liegt am Ostufer des Lago Maggiore auf einer Halbinsel und ist nur 2 km vom gegenüberliegenden Arona entfernt. An die einstige strategische Bedeutung erinnert die zinnenbekrönte Rocca di Angera, die den Ort überragt. Der Burgfelsen hatte schon den Langobarden und später mächtigen Adelsfamilien zur Sicherung ihrer Herrschaft gedient. Der heutige Bau geht auf die Visconti zurück. Im 15. Jh. gelangte die Festung schließlich an die Familie Borromeo. Sie beherbergt das **Museo della Bambola**, ein Puppenmuseum (Öffnungszeiten: Mitte März – Mitte Okt. tgl. 9.00 – 17.30 ☉ Uhr). Sehenswert sind die teilweise ausgemalten Räume. Der Sieg des Erzbischofs Ottone Visconti über die Torriani ist das Thema des

Freskenzyklus in der Sala della Giustizia (1314). Die Sala delle Cerimonie ist mit Fresken (15. Jh.) aus dem Mailänder Palazzo Borromeo ausgeschmückt. Von hier oben genießt man einen schönen Blick auf den Sacro Monte bei Varese, auf die Südspitze des Sees und auf die kleine Insel Partegora. Wie Funde im Archäologischen Museum bezeugen, war die Gegend bereits um 1200 v. Chr. besiedelt. In der **Antro di Mitra** (»Mithrashöhle«) auf halbem Weg zur Rocca hinauf fanden sich Spuren des Mithraskultes, des zur Kaiserzeit im Römischen Reich verbreiteten Kultes des persischen Lichtgottes Mithras.

✳
S. Caterina
del Sasso

Über Ispra gelangt man nach Reno (10 km nördlich). Hier lohnt der Besuch der Wallfahrtskirche S. Caterina del Sasso, die in den Felsen des Steilufers gebaut wurde. Man erreicht sie nur zu Fuß oder vom See aus. Im 13. Jh. lebte hier der Einsiedler Alberto Besozzo. Bei seiner Grotte entstand zunächst die Kapelle der hl. Katharina, im 14. Jh. und 15. Jh. kamen eine Kirche und ein Dominikanerkloster hinzu.

Gleichsam zwischen See und Felsen eingeklemmt: S. Caterina del Sasso

Das Industriestädtchen **Laveno** breitet sich am Fuß des Sasso del Ferro (1062 m) aus. Mit einer Seilbahn gelangt man auf die Spitze dieses »Eisenfelses«, von der sich eine schöne Aussicht bietet. Im Ortsteil Cerro sind im **Museo di Terraglia**, dem Keramikmuseum, Gegenstände aus Keramik und Steingut ausgestellt. Außerdem erhält man hier einen Einblick in das für Laveno traditionsreiche Keramikkunsthandwerk. Öffnungszeiten: Di.–So. 14.30–18.00, Fr.–So. auch 10.00–12.00 Uhr). Für an zeitgenössischer Kunst Interessierte bietet sich ein Ausflug nach **Arcumeggia** an. In dem 13 km östlich gelegenen Dorf bemalten italienische Künstler Häuserfassaden. Im benachbarten Sangiano kam 1926 der Schauspieler, Regisseur und Schriftsteller **Dario Fo** (▶Berühmte Persönlichkeiten) zur Welt.

Luino Luino, das wirtschaftliche Zentrum des lombardischen Ufers, liegt in einer großen Bucht an der Mündung der Tresa. Landeinwärts zieht sich das hübsche Altstadtviertel den Hang hinauf. Hier stehen wohlhabende Bürgerhäuser mit teilweise beachtlichen Innenhöfen. Obwohl der Ort als Heimat des **Renaissancemalers Bernardino Luini** (1480/1482 – 1532) gilt, gibt es nur ein ihm zugeschriebenes Fresko, die »Anbetung der Könige«, und zwar in der Kirche S. Pietro in Campagna. Das Gotteshaus in der Nähe des Friedhofs ist ursprünglich romanisch, wurde aber im 17. Jh. erneuert.

Im Hinterland zwischen Luino und ▶ Locarno liegen einige schöne Ausflugsziele, darunter Agra (655 m), ein Ferienort über dem Eingang ins reizvolle Val Veddasca, und der Monte Lema (1620 m). Der schöne Aussichtsberg, auf den von Miglieglia eine Seilbahn hinaufführt, erhebt sich im Malcantone, wie die dicht besiedelte Landschaft an der Grenze zum Tessin, zwischen Tresa im Süden und Ticino im Norden, heißt.

Agra

✳
◀ Monte Lema

Maccagno ist ein kleiner Ferienort am Ausgang des Val Veddasca kurz vor der Schweizer Grenze. Von hier erreicht man auf einer kurvenreichen Straße das kleine Bergdorf Indemini, das sein altes Ortsbild mit eng zusammenstehenden steingedeckten Häusern, Brunnen, Treppengassen und Durchgängen erhalten hat. Seit den 1990er-Jahren erfährt der Ort durch Zuzügler wieder eine Belebung.

✳
Indemini

Von Indemini kann man auf einer 17 km langen Passstraße direkt nach Vira weiterfahren. Die kurvenreiche Strecke verläuft am Fuß des Monte Tamaro (1962 m), der zu den schönsten Aussichtsgipfeln des Tessin gehört und mit der Seilbahn erreichbar ist.
Die spektakuläre Kirche S. Maria degli Angeli (1996) auf dem Monte Tamaro stammt von dem bekannten Tessiner Architekten **Mario Botta**. Über einen viaduktartigen Steg entlang der Bergkuppe gelangt man über das Kapellendach in das kreisrunde Innere.

✳
Monte Tamaro

✳
◀ S. Maria degli Angeli

Vira ist der Hauptort des Gambarogno, wie der nach dem Monte Gambarogno (1739 m) benannte Landstrich heißt. Dieser erstreckt sich zwischen der Schweizer Seegemeinde Caviano und dem Mündungsgebiet des Ticino. Er ist vor allem für Naturliebhaber ein schönes Ziel mit seiner hübschen Uferlandschaft mit schroffen Bergen, großartigen Ausblicken, reizvollen Wanderwegen und verträumten Dörfern. Vira selber ist eine alte Siedlung; an der Seefront steht die im frühen Mittelalter gegründete und im 17. Jh. erneuerte **Kirche S. Pietro** mit einem schönen Renaissance-Taufstein (1589).

Vira

Die weite Ebene des Ticino-Mündungsdeltas am Nordende des Sees ist ein Naturschutzgebiet, das **Bolle di Magadino**. In der Sumpflandschaft leben über 300 Vogelarten.
In **Magadino**, das im Mittelalter ein bedeutender Handelsplatz war, sind in der 1847 erbauten Pfarrkirche S. Carlo zwei Tafelbilder zu sehen, die Bernardino Luini zugeschrieben werden, sowie Fresken des deutschen Malers Richard Seewald (1889 – 1976).

Bolle di Magadino

✷✷ Locarno

E 3/4

Schweiz: Kanton Tessin
Höhe: 205 m ü. d. M.

Einwohnerzahl: 14 000

Die alte Stadt Locarno liegt am Nordende des ▶Lago Maggiore. Im Windschutz der Alpenausläufer blühen hier Kamelien, Azaleen, Mimosen und Magnolien, gedeihen Oleander, Palmen, Feigen-, Oliven- und Mandelbäume. Die Stadt genießt Weltruf sowohl als Wintersportort wie auch im Sommerhalbjahr als hervorragender Ausgangspunkt für Wanderungen und Schiffsausflüge.

Geschichte   Der **Name Locarno** rührt von den keltischen Leukarni her, die im Mündungsgebiet des damals Leukera (»die Weiße«), heute Maggia genannten Flusses lebten. Reiche Ausgrabungsfunde belegen, dass der Ort sich dank seiner Lage an der Route zu den wichtigen Alpenpässen rasch entwickelte und ein **Zentrum der Glasherstellung** war. Im Mittelalter beherrschten lombardische Adelsfamilien die durch Handel, vor allem **Seidenhandel**, reich gewordene Stadt. Der Niedergang setzte ein, als ein verheerender Bergsturz 1512 die traditionellen Handelswege über die Alpen unpassierbar machte.

Diese Entwicklung setzte sich fort, als während der Reformationswirren 1555 alle reformierten Familien aus der Stadt ausgewiesen wurden und mit ihnen auch der sehr einträgliche Seidenhandel verloren ging. Nach der Gründung des Kantons Tessin wechselte sich Locarno mit Lugano und Bellinzona als Hauptstadt des Kantons ab (1803 – 1878). Erst mit dem Fremdenverkehr Ende des 19. Jh.s setzte ein erneuter Aufschwung ein. Weithin bekannt wurde die Stadt, als sich 1925 Großbritannien, Frankreich und Deutschland hier zu einer Friedenskonferenz versammelten, die mit dem **Pakt von Locarno** und dem Eintritt Deutschlands in den Völkerbund endete.

> ❗ ## *Baedeker* TIPP
>
> ### Filmfestival
>
> Den internationalen Ruf verdankt die Stadt auch dem 1946 gegründeten und im August stattfindenden Filmfestival von Locarno, das nach Venedig zweitälteste europäische Filmfestspiel. Im Wettbewerb um den begehrten Goldenen Leoparden, dem Wappentier der Stadt, konkurrieren Kino- und seit 1983 auch Fernsehfilmmacher aus aller Welt. Den Höhepunkt des Festivals bilden die Freilichtaufführungen auf der Piazza Grande. Informationen: Festival Office, Tel. 09 17 56 21 21, www.pardo.ch.

Seit dem Mittelalter hat sich Locarnos Stadtbild enorm verändert. Dazu trug zunächst einmal die hier in den Lago Maggiore mündende **Maggia** bei. Durch die enormen Anschwemmungen hat sich die Uferlinie im Lauf der Jahrhunderte weit in den See vorgeschoben. So lagen das historische Stadtzentrum, die Piazza Grande, und das Castello Visconteo ursprünglich direkt am See. Heute prägen vor allem Neubauten und die stark besiedelten Berghänge das Bild.

LOCARNO ERLEBEN

AUSKUNFT

Ente Turistico Lago Maggiore
Via B. Luini 3
CH-6600 Locarno
Tel. 0 91 7 91 00 91
Fax 0 91 7 85 19 41
www.maggiore.ch

ESSEN

► **Erschwinglich**

① **Bar/Restaurant Balena**
Porto Regionale
Tel. 09 17 51 90 32
Restaurant auf einem Schiff; hier
werden Fischspezialitäten serviert,
aber auch für einen Aperitif sitzt man
hier angenehm.

② **Locanda del Vino**
Viale Verbano 27
3 Muralto
Tel. 09 17 44 69 40
Jüngeres Publikum trifft sich hier auf
ein Glas Wein; aber man isst in dem
Lokal auch gut.

► **Preiswert**

③ **Cantina Canetti**
Piazza Grande 13
Tel. 09 17 51 07 97
Geschl. Di. abend, So.
Ein schummriges, gemütliches Lokal,

in dem sich gern Einheimische treffen; es gibt kleine Speisen und viele
offene Weine.

ÜBERNACHTEN

► **Luxus**

① **Grand Hotel**
Via Sempione 17
Tel. 0 91 7 43 02 82
Fax 0 91 7 43 30 13
www.grand-hotel-locarno.ch
Das Grand Hotel aus dem 19. Jh. ist
immer noch das schönste Hotel der
Stadt, auch wenn es in die Jahre
gekommen ist; der Kronleuchter aus
Muranoglas in der Halle ist der größte
der Welt; von den sehr geräumigen
Zimmern sind einige mit Desig-
nermöbeln aus den frühen Jahr-
zehnten des 20. Jh.s eingerichtet.

► **Komfortabel**

② **Millenium**
Via Dogana Nuova 2
Tel. 0 91 7 59 67 67
Fax 0 91 59 67 68
www.millenium-hotel.ch
Das kleine Hotel ist im alten Zollhaus
untergebracht und liegt direkt am See;
es ist dem Jazz gewidmet: die Zimmer
tragen Namen wie Duke Ellington
und Charlie Parker.

Sehenswertes in Locarno und Umgebung

Mittelpunkt der Stadt ist die lang gestreckte Piazza Grande, die zu
den **schönsten Plätzen der Schweiz** gehört. Im Norden wird sie von
eleganten Arkadenhäusern im lombardischen Stil begrenzt, die ihr
heutiges Aussehen vor allem im 19. Jh. erhielten. Sie beherbergen
Banken, Geschäfte, Cafés und Restaurants. Ältestes Gebäude ist der
Torre del Comune aus dem 14. Jahrhundert. Die Piazza ist ein beliebter Treffpunkt. Donnerstagvormittags findet hier der traditionsreiche
Wochenmarkt statt. Seit langem gibt es Pläne, den Platz für den Autoverkehr zu sperren.

Piazza Grande

Locarno Orientierung

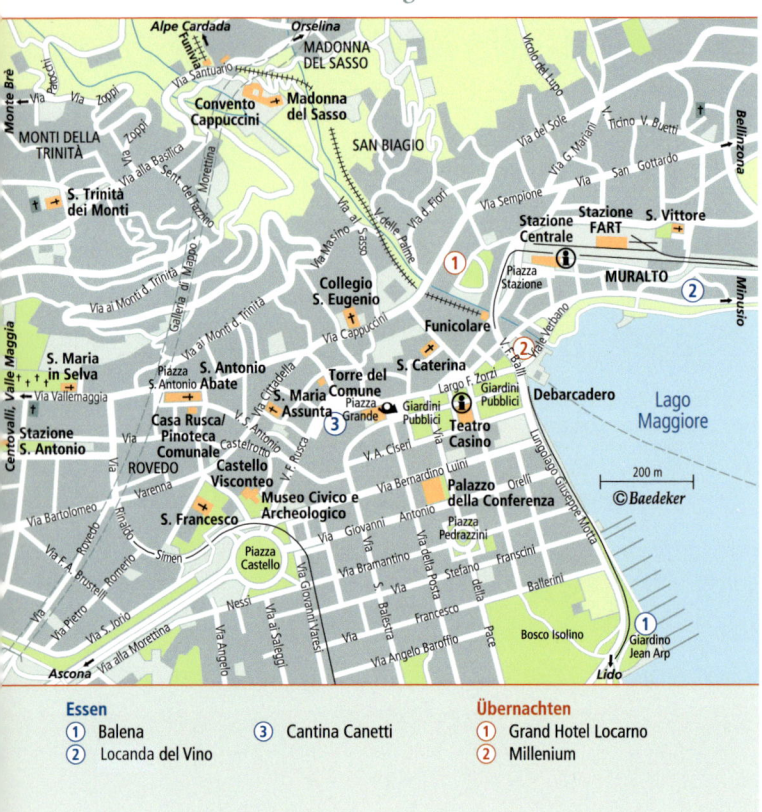

Essen
① Balena
② Locanda del Vino
③ Cantina Canetti

Übernachten
① Grand Hotel Locarno
② Millenium

Altstadt Hinter der Piazza beginnen mehrere malerische Gassen, die in die Altstadt hinaufführen. Hier liegen die bedeutendsten Sehenswürdigkeiten der Stadt sowie zahlreiche stattliche Patrizierhäuser aus dem 16. und 17. Jahrhundert. Eines der hübschesten Gässchen ist die **Via S. Antonio**.

★
Castello Visconteo Den westlichen Eckpfeiler des Stadtkerns bildet das Castello Visconteo (Via V. Rusca 5). Das heutige Schloss mit seinem Rundturm ist der Rest einer sehr viel mächtigeren Anlage. Nachdem die Mailänder **Visconti** 1432 die einheimischen Adelsfamilien besiegt hatten, erbauten sie das Kastell, das die späteren Lehnsherren der Stadt noch erweiterten. 1532 ließen die Eidgenossen den größten Teil der Anlage schleifen. Allein der Palas und der Rundturm (13. Jh.) blieben erhalten. Bis 1798 waren sie Sitz der Schweizer Landvögte.

Nach einer gründlichen Renovierung beherbergen sie heute das Museo Civico e Archeologico, das Städtische und Archäologische Museum. Beachtenswert sind im Innern der schöne Arkadenhof, die Renaissance-Loggia, das Fresko im Treppenhaus und die schön geschnitzten Balkendecken. Zu den Ausstellungsstücken gehören reiche Funde von der Bronzezeit bis zum Mittelalter, eine schöne Sammlung römischer Gläser und Skulpturen aus der Kirche S. Vittore in Muralto, Möbel, Holzplastiken und Kunsthandwerk sowie eine interessante Dokumentation zum Locarno-Pakt. Öffnungszeiten: Di. – Fr. 10.00 – 12.00, 14.00 – 17.00, Sa., So. 10.00 – 17.00 Uhr.

◄ Museo Civico e Archeologico

Im 16. Jh. wurde die so genannte Casorella, eines der schönsten Patrizierhäuser Locarnos, an das Schloss angebaut. Heute wird in der Villa Einblick in das Werk des **Malers Filippo Franzoni** (1857 – 1911) gegeben.

◄ Casorella

Die Kirche S. Francesco etwas westlich oberhalb des Visconti-Schlosses wurde vermutlich 1229, ein Jahr nach der Heiligsprechung des Franziskus, vom hl. Antonius von Padua gegründet. Der heutige Bau entstand von 1528 bis 1572. In der für den Bettelorden typischen schlichten Renaissancefassade wurden Teile eines Vorgängerbaus und des abgetragenen Castello Visconteo verbaut. Durch ein Portal rechts vor der Apsis kommt man in das ehemalige Kloster. Beachtenswert ist hier vor allem das mit illusionistischen Fresken ausgemalte **Refektorium**.

S. Francesco

S. Antonio Abate, die katholische Hauptkirche von Locarno, deren fünfstöckiger Campanile schon von weitem sichtbar ist, steht am nordwestlichen Altstadtrand; sie wurde von 1668 bis 1674 errichtet. Die Ausstattung stammt zum großen Teil aus dem 19. Jahrhundert.

S. Antonio Abate

Die Casa Rusca (17. Jh.) an der Südseite der Piazza S. Antonio ist **einer der schönsten Paläste Locarnos**. Sie beherbergt die Städtische Gemäldegalerie, deren Kern auf die Sammlungen von Jean (Hans) und Marguerite Arp, die lange Zeit in Locarno lebten, zurückgeht. Zu sehen sind viele Arbeiten des elsässischen Surrealismus-Künstlers Arp sowie von befreundeten Künstlern wie Max Ernst, Georges Braque, Picasso und Chagall. Außerdem werden regelmäßige Wechselausstellungen von Künstlern des 20. Jh.s durchgeführt. Öffnungszeiten: Di. – So. 10.00 – 12.00, 14.00 – 17.00 Uhr.

Casa Rusca/ Pinacoteca Comunale

Etwas westlich von S. Antonio Abate, in der Via Vallemaggia, steht die kleine Friedhofskapelle S. Maria in Selva, eigentlich der Rest einer 1884 abgerissenen Klosterkirche aus dem 15./16. Jahrhundert. Sie ist reich mit spätgotischen Fresken (14./ 15. Jh.) geschmückt. Auch der Friedhof ist mit seinen vielen, teilweise prunkvollen Grabbauten einen Besuch wert; hier befindet sich das skulpturengeschmückte **Grab von Jean (Hans) Arp** (1886 – 1966).

S. Maria in Selva

Opulente barocke Stuckaturen in der Kirche S. Maria Assunta

Auf dem Weg zurück zur Piazza Grande kommt man an schmucken Patrizierhäusern vorbei, u. a. an der **Casa Simona** (16. Jh.; im 18. Jh. verändert) in der Via S. Antonio 3 und an der **Casa del Negromante** (Contrada Borghese 14), wohl einer der ältesten Adelspaläste der Stadt (14. Jh.). In der Via Citadella lohnt noch die 1636 geweihte **Kirche S. Maria Assunta** einen Besuch. Eine mächtige Statue des hl. Christophorus beherrscht die Fassade. An die Kirche schließt die **Casa dei Canonici** an, der von 1590 bis 1605 erbaute Palazzo des Kirchenstifters mit einem Arkadenhof. Am Südrand der Piazza Grande beginnt der sich bis zu den Anlegestellen am Seeufer erstreckende Stadtgarten, die **Giardini Pubblici** (1825). Hier befindet sich der **Kursaal** (1909/1910), in dem Theater, Kasino und Fremdenverkehrsamt untergebracht sind. An der südwärts führenden Via della Pace steht der **Palazzo della Conferenza**, in dem 1925 eine Friedenskonferenz stattfand.

✳︎ **Uferpromenade**

Die Bucht des Lago Maggiore wird von der schönen Uferpromenade Lungolago Giuseppe Motta umzogen, hier befindet sich auch der Debarcadero, die Schiffsanlegestelle. In den **Giardini Jean Arp** am südlichen Ende des Lungolago sind Plastiken des Künstlers aufgestellt.

✳︎ **S. Vittore**

Locarnos ältestes Gotteshaus liegt im Stadtteil Muralto, etwas östlich vom Bahnhof. Lombardische Baumeister errichteten die Kirche S. Vittore zwischen 1090 und 1110, der mächtige Campanile wurde im 16. Jh. angefügt und 1932 erhöht. Seine Südwand schmückt ein Marmorrelief des hl. Viktor zu Pferd (um 1460); die drei bärtigen Heiligenköpfe auf seiner Standarte stellen die Heilige Dreifaltigkeit dar. Die Kirche wurde zwischen dem 12. und 17. Jh. mit Fresken ausgeschmückt; der großartige romanische Zyklus an der südlichen Wand des Mittelschiffs stammt aus dem 12. Jh., die Fresken an den Chorwänden sind aus dem 15. Jh.; das »Pfingstwunder« in der Apsis schuf der Augsburger Hans Schmidt (1583). Unter dem Chor befindet sich **eine der schönsten romanischen Krypten der Schweiz**. Besonders beachtenswert sind die phantasievoll skulptierten Kapitelle mit figürlichen und ornamentalen Motiven; die spätgotischen Fresken im ersten Gewölbejoch entstanden um 1500.

✳︎✳︎ **Krypta ▶**

Auf halber Höhe über Locarno (355 m) thront das Wahrzeichen Locarnos, die Wallfahrtskirche S. Maria Assunta, allgemein Madonna del Sasso (»Felsenmadonna«) genannt. Sie liegt im Ortsteil Orselina, und man erreicht sie mit der Zahnradbahn, der Funicolare (ab Stazione Via Ramogna), mit dem Auto oder zu Fuß entweder auf dem Kreuzweg Via Crucis oder auf dem Sentiero della Valle. Die Kirche steht der Überlieferung nach an der Stelle, an der 1480 der Franziskanermönch Bartolomeo d'Ivrea eine **Marienerscheinung** hatte. Erbaut wurde sie im 16./17. Jh. zusammen mit dem benachbarten Kloster. Später erfolgten zahlreiche Veränderungen, so stammt ihre Westfassade mit dem fünfbogigen Arkadenportikus aus dem 19. Jahr-

★★
Madonna del Sasso

Hoch über der Stadt thront die Wallfahrtskirche Madonna del Sasso.

hundert. Das Innere ist umfassend stuckiert und mit Fresken geschmückt. Unter der reichen Ausstattung sind die unzähligen Votivtafeln beachtenswert, Danksagungen für die vielen Wunder, die der Felsenmadonna zugeschrieben werden. Wertvollster Schatz der Kirche ist das **Tafelbild »Flucht nach Ägypten«** (um 1520) im südlichen Seitenschiff von Bartolomeo Suardi, genannt Bramantino; die **»Grablegung Christi«** in einer Seitenkapelle malte Antonio Ciseri 1870. Im Klosterbereich gibt es noch einige sehenswerte Kapellen, u. a. die **Von-Roll-Kapelle** mit einer hölzernen Figurengruppe der Beweinung Christi oder des Heiligen Grabes (15. Jh.); die **Pietà-Kapelle** und ihr Altar gehen auf die Zeit Fra Bartolomeos zurück (unter dem zweiten Bogen der Casa del Padre); in zwei weiteren Kapellen werden mit **Terrakottafiguren** Szenen aus dem Neuen Testament dargestellt, darunter das »Letzte Abendmahl« und das »Pfingstwunder«.

Kirchenmuseum ▶ Im angeschlossenen Kirchenmuseum Museo Casa del Padre sind weitere Votivbilder, Skulpturen, Gemälde, liturgische Geräte und Gewänder ausgestellt. Öffnungszeiten: Ostern bis Mitte Okt. Mo.–Fr., So. 10.00–12.00, 14.00–17.00 Uhr.

Kreuzweg ▶ Vom ursprünglichen Kreuzweg (Via Crucis) sind nur wenige Kapellen erhalten; die Terrakottafiguren in zwei der Kapellen schuf Francesco Silva um 1620. Am Fuß des Prozessionsweges steht das 1502 geweihte Oratorio dell' Annunziata, es enthält die Grabplatte des Bartolomeo d' Ivrea.

✳ Aussicht ▶ Prächtige Ausblicke über Locarno und den Lago Maggiore bieten sich von der Terrasse der Kirche.

✳ Cardada Von der Wallfahrtskirche Madonna del Sasso führt eine Seilbahn in zehn Minuten hinauf nach Cardada (Alpe Cardada; 1350 m). Diese Seilbahn entwarf 1999 der Stararchitekt **Mario Botta**.
Von Cardada kann man weiter hinauf mit einer Sesselbahn in sechs Minuten oder zu Fuß in 1 Stunde zur **Cimetta** (1676 m) inmitten eines gut erschlossenen Skigebietes gelangen (mehrere Liftanlagen).

✳✳ Cima della Trosa ▶ Eine großartige Aussicht belohnt diejenigen, die von der Cimetta noch weiter etwa 1 Stunde zur Cima della Trosa (1863 m) aufsteigen; der Abstieg kann von dort über die Alpe Bietri ins Bergdorf Mergoscia erfolgen.

Lodi

J/K 9

Provinzhauptstadt	**Höhe:** 87 m ü. d. M.
Einwohnerzahl: 42 500	

Die kleine Stadt an der Adda ist Hauptstadt der gleichnamigen Provinz, die sich zwischen der Adda im Osten, dem Lambro im Westen und dem Po im Süden erstreckt.

⏵ LODI ERLEBEN

Die Ursprünge von Lodi liegen im benachbarten **Lodi Vecchio**, das auf die römische Gründung Laus Pompeia zurückgeht. Lodi Vecchio war bis ins 12. Jh eine bedeutende Stadt. Dann jedoch wurde die Konkurrenzstadt von den machtbesessenen Mailändern zerstört. Kaiser Friedrich Barbarossa gründete daraufhin 1158 auf einer kleinen Anhöhe in der Nähe die neue Stadt Laus Nova.

Römische Gründung

Sehenswertes in Lodi

Zentrum des städtischen und kulturellen Lebens von Lodi ist die sehr großzügige, von Arkaden umgebene Piazza della Vittoria, die ihr Erscheinungsbild zwischen dem 15. und 17. Jh. erhielt. Hier finden Feste, Konzerte oder Wahlveranstaltungen statt, und die zahlreichen Cafés und Bars sind Treffpunkte von Einheimischen und Touristen.

Piazza della Vittoria

An der Piazza erhebt sich der Dom S. Bassiano, dessen Grundsteinlegung in das Jahr 1160 fiel. Ganz oben an der Fassade erkennt man die Statue des Domheiligen Bassianus. Knapp hundert Jahre baute man am Kirchenschiff, 1284 wurden letzte Arbeiten an der Fassade vorgenommen. Damals entstand die auf Löwen ruhende Vorhalle, wobei die Figuren aus der alten Kirche in Lodi Vecchio stammen. Links und rechts des Portals sieht man die Figuren von Adam (ohne Kopf) und Eva, die neben den Löwen zu den ältesten Dekorationsteilen der Fassade gehören. Die Rosette und ebenso die Biforien beiderseits des Portals sind im 16. Jh. eingearbeitet worden. Die ursprünglich romanische Kirche wurde in den folgenden Jahrhunderten mehrfach verändert. In der **Krypta** ruhen die sterblichen Überreste des Domheiligen.

Dom

Broletto

Das **Rathaus** von Lodi mit der Loggia und dem Portikus an der Hauptfassade links vom Dom entstand im 18. Jahrhundert. Durch den Portikus kommt man auf die kleine Piazza del Broletto mit den Resten des alten Broletto (= mittelalterliches Rathaus) aus dem Jahr 1284.

Piazza del Mercato

Die Rückseite des Doms nimmt die Piazza del Mercato mit dem Palazzo Vescovile ein, der 1730 nach Plänen von Giovanni Antonio Veneroni gebaut wurde. Viermal pro Woche verwandelt sich die Piazza in einen lebendigen Marktplatz.

✶ S. Maria Incoronata

Westlich vom Dom steht die Kirche S. Maria Incoronata. Der architektonisch interessante Renaissancebau wurde 1488 nach einem Entwurf von **Giovanni Domenico Battagio** begonnen. Im Innern sind die Einflüsse Bramantes zu erkennen. Über dem oktogonalen, durch Kapellen und Biforien gegliederten Raum spannt sich eine 1513 gebaute Kuppel. Die Malereien im Innenraum stammen großteils aus dem 16. Jahrhundert.

Museo Civico

Im ehemaligen Kloster S. Filippo (Corso Umberto 63) ist heute das Museo Civico untergebracht, in dem archäologische Funde aus Lodi Vecchio ausgestellt sind. Wegen Restaurierung geschlossen.

Imposante Kuppel in der Kirche S. Maria Incoronata

Über die Via Strepponi und Via S. Francesco kommt man zu der gotischen Kirche S. Francesco an der Piazza Ospedale. Sie stammt aus dem 13. Jh., wurde allerdings niemals zu Ende gebaut. Im Innern ist sie mit Fresken aus dem 14. und 15. Jh. verziert.

S. Francesco

Das Ospedale Maggiore ebenfalls an der gleichnamigen Piazza wurde 1459 von dem damaligen Bischof von Lodi in Auftrag gegeben. Sehenswert ist der Chiostro (»Kreuzgang«) aus dem 15. Jh. mit Terrakottadekorationen.

Ospedale Maggiore

In einen Trakt des Kreuzgangs ist das Museo Paolo Gorini integriert (Schlüssel in der Pförtnerloge am Haupteingang des Ospedale), in dem die Forschungsarbeiten des Naturwissenschaftlers **Paolo Gorini** (1813 – 1881) vorgestellt werden. In der Hauptsache sind dies Präparate des menschlichen Körpers, an denen Konservierungsmöglichkeiten ausprobiert wurden. Über dem skurrilen Sammelsurium spannt sich eine heiter stimmende Decke mit Groteskenmalereien.

◄ Museo Paolo Gorini

Umgebung von Lodi

6 km westlich von Lodi liegt Lodi Vecchio – kaum zu glauben, dass sich in dieser abgeschiedenen Ländlichkeit einstmals die zweitbedeutendste Stadt der Lombardei befunden hat. Von dem alten Lodi ist die **Kirche S. Bassiano** außerhalb des heutigen Ortes erhalten geblieben. Es heißt, dass sie auf eine Gründung des hl. Bassianus im 4. oder 5. Jh. zurückgeht. Zwischen 1320 und 1323 – also lange nach der Zerstörung der Stadt – wurde sie im gotischen Stil umfassend verändert. Von der früheren Kirche ist noch die Apsis erhalten. Der Eindruck im lichten Innenraum wird durch die reichhaltigen Freskenmalereien geprägt, die zum Teil noch gotischen Ursprungs sind.

★ **Lodi Vecchio**

Ortsmittelpunkt von **Sant' Angelo Lodigiano** (10 km südlich von Lodi Vecchio) ist ein Kastell aus dem 13./14. Jh., in dem das Museo nel Castello eingerichtet ist, das ein kunsthistorisches Museum, ein Brotmuseum und ein Museum zur Entwicklung der Landwirtschaft von der Jungsteinzeit bis heute umfasst. Öffnungszeiten: Anfang März bis Ende Juli, Anfang Sept. bis Ende Okt. 8.30 – 12.30, 14.00 bis 18.00 Uhr.

Mittelalterliche Burg von Sant' Angelo Lodigiano

Lodigiano

Die als Lodigiano bezeichnete Ebene erstreckt sich um Lodi herum vom östlichen Ufer der Adda bis zum Lambro. Pappelreihen und Wasserkanäle bestimmen das Landschaftsbild. Der wichtigste Wasserlauf ist der fast 60 km lange Canale Muzza, der im Jahr 1220 als zentraler Teil des Bewässerungssystems für die Felder des Lodigiano angelegt wurde.

✳
Abbadia Cerreto

In dem kleinen Ort Abbadia Cerreto, 10 km südöstlich von Lodi, ist die Kirche S. Pietro (12. Jh.) sehenswert. Sie geht auf eine Benediktinerklosteranlage zurück, die im 11. Jh. gebaut und 1135 von den Zisterziensern von Chiaravalle übernommen wurde. Bemerkenswert an der Klosterkirche ist der Ostbau mit dem eleganten achteckigen Vierungsturm.

✳ ✳ Luganer See · Lago di Lugano

F/G 4/5

Schweiz: Kanton Tessin	**Italien:** Lombardei
Provinzen: Como und Varese	**Wasserspiegel:** 271 m ü. d. M.
Fläche: 51 km²	

Der von waldreichen Bergrücken umgebene Luganer See ist stark verwinkelt. Seine Arme, die fjordartig in die Hügel und Berge vorgreifen, die Buchten und halbinselförmigen Landzungen sorgen für ein abwechlungsreiches Landschaftsbild. Der nach seinem bekanntesten Ort benannte Luganer See, von den Einheimischen auch Lago Ceresio (keltisch keresios = Horn) genannt, erstreckt sich geschützt am Südfuß der Schweizer Alpen.

Klein, aber fein

Der Luganer See ist nur 51 km² groß und damit kleiner als der Iseosee; an seiner tiefsten Stelle misst er 288 m. Zum größten Teil liegt er auf Schweizer Gebiet, nur der Seearm im Osten, das Westufer zwischen Ponte Tresa und Porto Ceresio sowie die Enklave von Campione d'Italia gehören zu Italien. Gleich zwei Gletscher sorgten in der Vorzeit für die Entstehung des Sees: der Tessin-Gletscher aus dem Norden und der Adda-Gletscher aus dem Westen. Für die tiefgrüne, zuweilen etwas trübe Farbe des Seewassers ist der Algenreichtum verantwortlich.

Das Ufer des Luganer Sees war bereits von Etruskern und Kelten besiedelt. Reichhaltiger sind Funde aus der Zeit der Römer, Langobarden und Franken. Im Mittelalter wiederholt in die Auseinandersetzungen zwischen Mailand und Como verstrickt, gelangten große Teile der Region 1512 unter eidgenössische Herrschaft. Mit Ausnahme des Ostufers nördlich von Campione führen **malerische Uferstraßen** um den See. Den mittleren Teil des Lago überquert bei Melide der Melide-Damm (Ponte-Diga).

► LUGANER SEE ERLEBEN

AUSKUNFT

Ente Turistico
Via Lavizzari 2
I-6850 Mendrisio
Tel. 09 16 41 30 50
Fax 09 16 41 30 59
www.medrisiotourism.ch

SCHIFFSVERKEHR

Zu den schönsten Erlebnissen
gehören Schiffsfahrten auf dem See.
Regelmäßige Schiffsverbindungen gibt
es von Lugano, den beiden Ortsteilen
Paradiso und Castagnola, sowie von
Gandria und Melide aus. Darüber
hinaus werden von Juni bis September Seerundfahrten angeboten.

ESSEN

► Erschwinglich

Risorgimento
Via Vanetti 16, Porlezza
Tel. 0 34 46 11 22
www.hotelrisorgimento.com
Hotelrestaurant mittlerer Preisklasse;
internationale und regionale Küche
mit guten Fleischgerichten.

► Preiswert

Grotto Pojane
Via Pojana 63
Riva San Vitale
Tel. 09 16 49 74 31
Geschl. Mi.-, Di.mittag
Restaurant mittlerer Preisklasse;
internationale und regionale Küche
mit guten Fleischgerichten.

ÜBERNACHTEN

► Komfortabel

Art Deco Hotel Dellago
Melide
Tel. 09 19 49 70 41, Fax 09 19 49 89 15
www.hotel-dellago.ch
Modern gestyltes Hotel in warmen
Farben; wunderschöner Seeblick.

Elvezia a Lago
Sentiero di Gandria 21
Castagnola
Tel. 09 19 71 44 51
Fax 09 19 72 78 40
www.elvezialago.ch
Das familiär geführte Hotel liegt
wundervoll direkt am See und verfügt
über einen privaten Strand.

Regina
Via Lungolago Matteotti 11
Porlezza
Tel. 0 34 46 12 28
Fax 0 34 47 20 31
www.hregina.com
23 Z.
Fast benachbart zum Hotel Europa
liegt das etwas teurere Regina;
schlichte Ausstattung, aber freundliche Atmosphäre.

► Günstig

Europa
Lungolago Matteotti 19
Porlezza
Tel. 0 34 46 11 42
Fax 0 34 47 22 56
www.hoteleuropaitaly.com, 35 Z.
Schön gelegenes Hotel mit soliden
Zimmern, Parkanlage und Garage.

Reiseziele am den Luganer See

Ceresio Die Landzunge, die sich zwischen Lugano im Osten und Agno im Westen weit in den See hineinschiebt, wird Ceresio genannt. Ihren östlichen Teil nimmt der vom **Monte S. Salvatore** (912 m) zum Monte Arbostora (822 m) reichende Bergrücken, den westlichen Teil die reizvolle Collina d'Oro, die »Goldenen Hügel« (Monte Croce 654 m), ein. Die Gegend war vor allem bei Künstlern beliebt.

Gentilino Inmitten von Kastanienwäldern liegt der erste Ort der Halbinsel, das alte Dorf Gentilino mit sgraffitogeschmückten Häusern. Oberhalb des Ortes steht einsam die Barockkirche S. Abbondio, die im 16. Jh. erbaut und gegen 1658 barockisiert wurde. Aus dieser Zeit stammt der eindrucksvolle Deckenstuck. Das Beinhaus folgte 1723. Auf dem gegenüber gelegenen Friedhof fanden u. a. der Schriftsteller **Hermann Hesse**, der Dadaist **Hugo Ball** und **Emmy Ball-Hennings** sowie der Dirigent **Bruno Walter** ihre letzte Ruhestätte.

Vom Monte S. Salvatore geht der Blick weit über den See bis zu den Walliser Alpen.

Der weltbekannte **Dichter Hermann Hesse** hatte sich 1919 in **Montagnola** niedergelassen. Er bewohnte zunächst einen Flügel der palastartigen Casa Camuzzi, der »Imitation eines Barock-Jagdschlosses« (Hesse).

Das kleine **Hesse-Museum** (Ra Cürta 2) stellt Reiseutensilien, Manuskripte und Aquarelle des Dichters aus. Öffnungszeiten: März bis

> **!** *Baedeker* TIPP
>
> **Auf den Spuren Hesses**
>
> Auf einem 2 ½-stündigem Wanderweg kann man auf den Spuren des weltberühmten Dichters wandeln: von den Wohnhäusern bis zu seinem Grab. Informationen: Tel. 09 19 93 37 70, www.hessemontagnola.ch.

Okt. tgl. 10.00 – 18.30, Nov. – Feb. Sa., So. 10.00 – 17.30 Uhr. 1931 wechselte Hesse in das in der Nähe gelegene Haus seines Freundes Hans Bodmer an der Straße nach Agra. Hier blieb er bis zu seinem Tod 1962.

Das hoch über dem Luganer See, auf einer Terrasse zwischen Monte S. Salvatore und Monte Arbostora gelegene Carona hat sich sein spätmittelalterliches Ortsbild mit schönen Patrizierhäusern erhalten. Berühmte Künstler- und Architektenfamilien waren hier beheimatet und haben den noch heute sichtbaren Wohlstand des Ortes begründet. Die **Pfarrkirche S. Giorgio** (1598) besitzt interessante Fresken mit Kopien berühmter Werke. Vom Turm der Pfarrkirche führt die zweigeschossige Loggia del Comune (1591) hinüber zum Pfarrhaus. Oberhalb des Dorfes liegt die ursprünglich romanische, im 17. Jh. erweiterte **Kirche S. Marta**, die spätgotische Fresken aufweist. Über einen von Kreuzwegstationen begleiteten Waldweg erreicht man südwestlich des Dorfes die **Wallfahrtskirche S. Maria d'Ongero**. Der Bau entstand im 18. Jh. und besitzt im Innern prächtigen Stuckaturen- und Skulpturenschmuck sowie Malereien. Vom Kirchplatz bietet sich ein schöner Seeblick. Von hier erreicht man auch noch die im 13. Jh. als Klosterkirche erbaute **S. Maria Assunta di Torello**.

✱
Carona

Morcote am Südfuß des Monte Arbostora hat sich vor allem im Ortskern sein altertümliches Stadtbild bewahrt und ist heute eines der beliebtesten Ausflugsziele des Ceresio. Eine Treppe mit 408 Stufen führt zur Wallfahrtskirche **S. Maria del Sasso**. Das mehrfach umgestaltete Gotteshaus mit seinem frei stehenden Campanile geht auf das 13. Jh. zurück. Im Innern sind hervorragende Fresken aus dem 16. Jh. erhalten. Am anderen Ende des Vorplatzes steht die Kapelle S. Antonio di Padova. Einen Besuch wert ist der **Friedhof** von Morcote, hier liegen u. a. der Komponist Eugen d'Albert (1864 – 1932) und der Dramatiker Georg Kaiser (1878 – 1945) begraben.

✱
Morcote

Nicht weit entfernt schuf sich der vermögende Textilkaufmann Arthur Scherrer (1881 – 1956) einen »Zaubergarten«, in dem er alles aufstellte, was er von ausgedehnten Reisen in fremde Länder mitgebracht hatte. Zwischen liebevoll angelegten Palmen und blühenden Büschen, zwischen Wasserspielen und verwunschenen Wegen sieht

✱
◄ Parco Scherrer

! **Baedeker** TIPP

Schweiz in Mini

Die große Attraktion von Melide zwischen Lugano und Morcote ist die Modellanlage Swissminiatur (Via Cantonale) mit den bedeutendsten Sehenswürdigkeiten der Schweiz in Miniformat. Öffnungszeiten: Mitte März – Okt. 9.00 – 18.00 Uhr; www.swissminiatur.ch.

---

man u. a. die Kopie Erechtheions von der Athener Akropolis, einen maurischen Sonnentempel und ein stilvoll eingerichtetes siamesisches Teehaus. Am Ausgang steht ein Haus aus dem 14. Jh., das Scherrer aus einem Luganeser Stadtviertel hierher versetzte und das er bewohnte. Öffnungszeiten: Mitte März – Ende Okt. tgl. 9.00 – 17.00, Juli, Aug. bis 18.00 Uhr.

Riva S. Vitale

Riva S. Vitale liegt eingebettet zwischen dem Luganer See und dem Monte S. Giorgio (1100 m). Schon von weitem erkennt man den markanten Turm und den eleganten Kuppelbau der Kirche S. Croce.

✷ ✷

Baptisterium ►

Berühmt ist der Ort jedoch wegen des **Baptisteriums S. Giovanni** aus dem 5./6. Jh. am Südrand des mittelalterlichen Ortskerns. Der **älteste erhaltene Sakralbau der Schweiz** steht neben der Pfarrkirche S. Vitale, die auf das 10. Jh. zurückgeht und von 1756 bis 1759 erneuert wurde. Der achteckige Kern der aus Natursteinquadern errichteten Taufkirche stammt noch aus dem 5./6. Jh., ebenso das in den Boden eingelassene achteckige Taufbecken, in dem der erwachsene Täufling untertauchen konnte. Als im frühen Mittelalter die Taufe durch Benetzen aufkam, stellte man einen runden, monolithischen Taufstein über das ältere Becken. An den Wänden der Ostapsis sind Freskenreste des 10. Jh.s, in den Seitennischen des 12. Jh.s erhalten. Beachtenswert ist auch der Boden mit geometrischen Einlegmustern.

✷

S. Croce ►

Nördlich des alten Dorfkerns erhebt sich die in leuchtendem Gelb-Weiß gehaltene S. Croce (1588 – 1594), **eine der bedeutendsten Renaissance-Kirchen der Schweiz**. Baumeister war Giovanni Antonio Piotti, genannt **Vacallo**. Acht mächtige Säulen tragen eine hohe Tambourkuppel. Die Wandmalereien werden den Brüdern Pozzi (1592), die Altarbilder Camillo Procaccini zugeschrieben.

Im Laubwald versteckt sich zeitgenössische Architektur: die **Casa Bianchi** von 1973 (Via Fomeggie 6) des berühmten Tessiner Architekten Mario Botta. Beachtenswert sind außerdem die **Casa Comunale** und der **Palazzo della Croce** aus der Renaissance.

Brusino-Arsizio und Umgebung

Von Riva San Vitale führt eine Straße am Seeufer entlang zu dem idyllisch am Fuß des waldreichen Monte S. Giorgio gelegenen Fischerdorf Brusino-Arsizio. In der **Kirche S. Michele** (16./17. Jh.) befindet sich ein den Seregnesi zugeschriebenes Fresko, das ursprünglich eine Hauswand schmückte.

Von Brusino-Arsizio führt eine Seilbahn hinauf zum Luftkurort **Serpiano** (650 m), von dem man einen prächtigen Ausblick genießt. Der **Monte San Giorgio** (1096 m) wurde wegen seiner einzigartigen geologischen Schätze – unzählige seltene Fossilien von Meeressauriern

Hübsche Orte säumen die Ufer des Luganer Sees.

und Fischen wurden hier gefunden – im Jahr 2003 in die Liste des Weltnaturerbes der UNESCO aufgenommen.

Das »Haupt des Sees«, so die italienische Bedeutung des Ortsnamens Capolago, liegt am Südende des Luganer Sees, neben Riva S. Vitale, am Fuß des Monte Generoso. In der Druckerei »Tipografia Elvetica« druckten 1830 bis 1856 Anhänger des Risorgimento ihre Streitschriften gegen die österreichische Fremdherrschaft.

Capolago

Capolago ist aber vor allem Ausgangspunkt einer Zahnradbahn, die in 40 Min. Fahrzeit auf den Monte Generoso (1704 m) hinaufführt. Vom Gipfel bietet sich ein großartiger Blick auf die Alpen und in die Lombardische Tiefebene bis nach Mailand. Für eine Jause zu empfehlen ist die **Grotto Eremo S. Nicolao**, ca. 1 km von der Bergstation entfernt.

★ ★
◀ Monte Generoso

Von hier bietet sich ein Ausflug ins **Mendrisiotto** an, der nach ihrem Hauptort Mendrisio benannten reizvollen Hügellandschaft, auch »Toskana der Schweiz« genannt, die sich wie ein Keil vom Luganer See aus nach Italien vorschiebt. Mendrisio hat sich trotz rücksichtsloser Bautätigkeit seinen alten Stadtkern mit einigen Stadtpalästen und Kirchen erhalten. Weithin berühmt sind die hier seit dem 16. Jh. stattfindenden Osterprozessionen.
Sehenswert ist die kantonale Pinakothek Giovanni Züst in **Rancate** (4 km westlich von Mendrisio). Sie präsentiert Werke Tessiner Künst-

Mendrisio

! *Baedeker* TIPP

Regionale Tropfen

Weine aus dem Tessin bekommt man im Weingut Vinattieri Ticinesi in Ligornetto oder über die eigene Homepage. Tel. 0 91 6 47 33 33, www.zanini.ch.

ler vom 17. bis 19. Jahrhundert (unterschiedliche Öffnungszeiten; Tel. 0 91 8 16 47 91. Das Museo Vela im benachbarten **Ligornetto** widmet sich der Künstlerfamilie Vela. Hier sind Skulpturen des Bildhauers Vincenzo Vela (1820 bis 1891) ausgestellt. Öffnungszeiten: Mitte Aug. – Sept. Di. – So. 10.00 bis 18.00, Okt. – Dez. bis 17.00 Uhr. In **Stabio** steht die 1981 von dem bekannten Architekten Mario Botta entworfene Casa Rotonda (Via Pietane 12).

Campione d'Italia Am mittleren Ostufer liegt die **italienische Enklave** Campione d'Italia auf Schweizer Gebiet, wo keine Grenzformalitäten anfallen. Das »Las Vegas Italiens« verdankt seinen Ruf dem am Ufer gelegenen Spielkasino sowie zahlreichen Nachtklubs. Auch hier setzte der bekannte zeitgenössische Architekt **Mario Botta** mit dem Neubau des **Spielkasinos** eine riesige Landmarke. Ein goldgelber Glaspalast mit einem Panoramarestaurant ragt unübersehbar am See in den Himmel. Der Status Ortes geht auf das Jahr 777 zurück, als das Gebiet als Geschenk an das Mailänder Kloster S. Ambrogio gelangte. 1797 teilte Napoleon Campione der Cisalpinischen Republik zu, mit der es später an Österreich fiel. Seit 1860 ist Campione italienisch. Im Mittelalter waren die **»Maestri Campionesi«** berühmt, die als Baumeister, Bildhauer und Maler in der ganzen Lombardei wirkten.

★ S. Maria dei Ghirli ► Wenig bekannt ist die südlich der Ortschaft auf einer Terrasse über dem See gelegene Wallfahrtskirche S. Maria dei Ghirli (den Schlüssel zu der Kirche gibt es im Pfarrhaus gegenüber). Der heutige Bau entstand im 13. und 14. Jh., im 17. Jh. wurde die Kirche barockisiert, 1740 erhielt sie ihre seeseitige Vorhalle sowie die monumentale Treppenanlage. Sie besitzt hervorragende Wandmalereien. Die **Fresken** an der südlichen Außenwand, eine Darstellung des Jüngsten Gerichtes, stammen von Lanfranco de Veris und seinem Sohn Filippolo (1400); noch älter ist der Zyklus an der Süd- und der Rückwand mit Szenen aus dem Leben Johannes' des Täufers, die ein unbekannter lombardischer Meister aus der Giotto-Schule im 14. Jh. schuf. Die Malereien im Chor sind von Isidoro Bianchi aus Campione (1634).

Porlezza und Umgebung Das Fischerstädtchen Porlezza am Ostende des Sees ist der Hauptort des italienischen Seearms. Von hier lassen sich schöne Ausflüge ins bergige Hinterland des **Val Rezzo** und des **Val Cavargna** unternehmen. Auch eine Fahrt nach Menaggio am Westufer des ►Comer Sees bietet sich an. Dabei fährt man am kleinen Lago di Piano vorbei. Oberhalb von Carlazzo erhebt sich der Monte Grona (1736 m), rechter Hand taucht der Monte Tremezzo (1700 m) auf. Schöne Ausblicke genießt man auch vom Sasso di S. Martino (862 m) und von der Crocetta a Specchi (505 m), die man von Croce aus erreicht.

✶ ✶ Lugano

Schweiz: Kanton Tessin   **Einwohnerzahl:** 56 000
Höhe: 272 m ü. d. M.

Lugano, die eigentliche Hauptstadt des Tessin, bezieht ihre Attraktivität aus der herrlichen Lage am ►Luganer See. Lugano ist aber auch der drittgrößte Finanzplatz der Schweiz.

Lugano, am Nordufer des ► Luganer Sees gelegen, ist zwischen den zwei markanten Bergkegeln des Monte Brè und des Monte S. Salvatore eingebettet. Vegetation und Lebensart von Lugano strahlen südländisches Flair aus. Das ganze Jahr über trifft man hier auf ein buntes Sprachen- und Völkergemisch. Exklusive Boutiquen und Juwelierläden sorgen für mondäne Eleganz. Innerhalb weniger Jahrzehnte hat die Stadt eine rasante Entwicklung durchlaufen.

Heimliche Hauptstadt des Tessin

Heute ist sie eine **florierende Wirtschaftsmetropole** (Textil- und High-Tech-Industrie), kultureller Mittelpunkt der Südschweiz sowie ein äußerst beliebter Ferienort. Der Preis für den Aufstieg ist jedoch hoch: Lugano hat zwar noch eine kleine, verwinkelte Altstadt sowie einige ausgedehnte Parkanlagen, das Stadtbild jedoch beherrschen die Hochhäuser sowie Hotels und Mietshäuser. Der 925 m hohe Monte Brè ist fast bis zum Gipfel mit Bauten übersät. Das Stadtzentrum geht nahtlos in die Vororte Paradiso im Süden sowie Cassarate und Castagnola im Osten über. Die Stadt gehört zu den abschreckenden Beispielen moderner Zersiedlung in der Schweiz, was ihrer Anziehungskraft jedoch wenig Abbruch tut.

An der alten Handelsroute zwischen Nordeuropa und Italien gelegen, war die Gegend um Lugano bereits in vorrömischer Zeit besiedelt. Im Mittelalter unterstand die Stadt dem Bischof von Como und wurde daher mehrfach in die erbitterten Kämpfe zwischen Como und Mailand verwickelt. Im Jahr 1512 eroberten die Eidgenossen die Stadt. Unter Napoleon Bonaparte war Lugano von 1803 bis 1868 im Wechsel mit Bellinzona und Locarno Hauptstadt des Tessin. Die **Eröffnung der Gotthardbahn** (1882) führte zu einem raschen wirtschaftlichen Aufschwung der Region, besonders der nun in größerem Maßstab einsetzende Fremdenverkehr wurde bald zu einer der wichtigsten Erwerbsquellen.

Geschichte

Sehenswertes in Lugano und Umgebung

Die drei ineinandergreifenden Plätze Piazza della Riforma, Piazza Rezzonico und Piazza Manzoni bilden mit der Fußgängerzone den Mittelpunkt von Luganos Altstadt. Hauptplatz ist die von repräsentativen Bürgerhäusern des 19. Jh.s gesäumte Piazza della Riforma. Unter ihren Arkaden sind Straßencafés, Restaurants und Ladengeschäfte

✶
Altstadt
✶
◄ Piazza della Riforma

▶ LUGANO ERLEBEN

AUSKUNFT

Lugano Turismo
Infopoint
Palazzo Civico, Riva Albertolli
Tel. 0 91 6 05 26 43
Fax 0 91 6 13 05 36
www.lugano-tourism.ch

ESSEN

▶ Fein & Teuer

① *Orologio*
Via Nizzola 2
Tel. 09 19 23 23 38
www.ristorante-orologio.com
Geschl. So., Fei.
Elegantes Restaurant gegenüber dem
Busbahnhof; die Speisekarte ist ge-
nauso erlesen wie die Weinauswahl.

▶ Preiswert

② *Grotto Morchino*
Via Carona 1, Pazzallo
Tel. 09 19 94 60 44
www.morchino.ch
Geschl. Sa.mittag, Mo.
Oberhalb von Lugano Paradiso im
Wald liegt dieses wundervolle Grotto;
man sitzt unter riesigen Bäumen und
genießt auch die Grillgerichte.

ÜBERNACHTEN

▶ Luxus

① *Ticino*
Piazza Cioccaro 1
Tel. 09 19 22 77 72, Fax 09 19 23 62 78
Das gemütliche Hotel ist in einem
Palazzo aus dem 14. Jh. untergebracht;
die Zimmer sind klein, aber mit
modernen Bädern ausgestattet.

▶ Komfortabel

② *Lido Seegarten*
Viale Castagnola 24
Tel. 09 19 72 63 63, Fax 09 19 73 62 62
www.hotellido-lugano.com
Am nördlichen Ende der Bucht,
Richtung Brè, liegt dieses Hotel direkt
am See; man sollte ein Zimmer mit
Seeblick verlangen; einen Pool gibt es
auch noch.

▶ Günstig

③ *Montarina*
Via Montarina 1
Tel. 09 19 66 72 72, Fax 09 19 66 00 17
www.montarina.ch
Gleich oberhalb des Bahnhofs findet
man dieses Hotel und Hostel, das aber
trotzdem über einen Pool verfügt.

eingerichtet. Dienstags und freitags ist hier Wochenmarkt und zudem während der Sommermonate samstags ein Kunst- und Antiquitätenmarkt. Die Seeseite nimmt der imposante, 1844/1845 als Regie-
rungsgebäude errichtete **Palazzo Civico** ein; im nördlichen Tordurch-
gang ist das Standbild »Spartacus« aufgestellt (1850). Südwestlich an
die Piazza della Riforma schließt die kleine Piazza Riziero Rezzonico
an, nordöstlich die Grünanlage der Piazza Alessandro Manzoni mit
dem Palazzo Riva – heute Sitz der Banca della Svizzera Italiana –, einem von drei gleichnamigen barocken Patrizierhäusern des 18. Jh.s;
die beiden anderen stehen an der Piazza Cioccaro und der Via Pretorio 7. Auf der Höhe der Plätze befindet sich am Ufer des Sees
die Hauptanlegestelle (**Debarcadero**) für die Schiffe zu anderen Uferorten und für Rundfahrten.

Lugano Orientierung

Locarno, Bellinzona
Tesserete

Basílica
del Sacro Cuore

Villa Saroli

**Banca
del
Gottardo**

**Chiesa
dei Cappuccini**

**Palazzo
Ransila**

**Palazzo di
Giustizia**

**Palazzo
dei Congressi**

Piazzale
di Basso   **Stazione
FFS**   **San
Lorenzo**

S. Rocco

Parco Civico

**Centro
Esposizioni**

**Piscina
Comunale**

**Palazzo
Riva-Primavesi**   Piazza
Riforma   **Palazzo
Riva**   **Casino**

**Villa
Ciani**

Lido

Municipio   **Museo
Cantonale
d'Arte**   Piazza
Rezzonico   **Biblioteca
Cantonale**   **Museo di
Storia Naturale**   Porto Comunale

**Parco
Tassino**

**Circolo
Vela**

Piazza
B. Luini

Lago di Lugano

**Santa Maria
degli Angioli**

300 m

©*Baedeker*

Museo d'Arte Moderna

Essen
① Orologio ② Grotto Morchino

Übernachten
① Ticino ② Lido Seegarten ③ Montarina

Die Altstadt drängt sich mit ihren engen, z. T. arkadengesäumten Gassen um die Piazza Riforma und steigt von dort nach Westen bergan. Hauptgeschäftsstraßen sind die Via Nassa und die Via Pessina. Die nach Norden führende Via Pessina hat sich ihr altes Erscheinungsbild erhalten. Hier locken vor allem die Lebensmittel- und Feinkostläden mit ihrem verführerischen Angebot. Südwärts schließt sich die von eleganten Läden gesäumte Via Nassa an, die bis zur Piazza Bernardino Luini führt.

◄ Einkaufsstraßen

Die Kirche S. Maria degli Angioli an der Piazza Bernardino Luini entstand von 1499 bis 1515 als Kirche eines ehemaligen Minoritenklosters. Das von außen überaus schlichte Gotteshaus zählt zu den **kunsthistorischen Höhepunkten des Tessin**. Im Innern trennt ein dreibogiger Lettner das Kirchenschiff vom Mönchschor. Seine Schauseite mit der Passion und Kreuzigung Christi ist das 1529 angefertigte Hauptwerk von **Bernardino Luini**, der zu den bedeutendsten Renaissancemalern der Lombardei gehört. Von dem Leonardo-Schüler stammen außerdem das »Abendmahlsfresko« an der Südwand des

★★
**S. Maria
degli Angioli**

Kirchenschiffs sowie die anmutige Madonna mit dem Jesusknaben und Johannes in einer Seitenkapelle. Beachtenswert sind außerdem die Fresken Flucht nach Ägypten und Anbetung der Hll. Drei Könige (1520) von Domenico de Pet.

S. Maria di Loreto

Die kleine, 1524 erbaute Wallfahrtskirche S. Maria di Loreto ganz in der Nähe ist eine Oase der Ruhe inmitten moderner Wohn- und Hotelbauten. Das auf den ersten Blick wie ein Palazzo anmutende Gotteshaus gehörte ursprünglich zu einem Karlistenkloster. Reizvoll ist die schmucke Vorhalle, sie stammt wie der Turm von 1633. Im Innern sind der reiche Stuckaturenschmuck und die Fresken aus dem 17. Jh. bemerkenswert.

★ **S. Lorenzo**

San Lorenzo, die Hauptkirche Luganos, erhebt sich oberhalb der Altstadt in prächtiger Aussichtslage. Der heutige Bau geht auf das 13. Jh. zurück und wurde mehrfach verändert. Die prächtige lombardische Renaissance-Fassade entstand von 1500 bis 1517. Wichtigster Baukünstler war vermutlich Gian Gaspare Pedoni von Carona. Im 18. Jh. hat man die Kirche neu ausgestattet, damals erhielt sie auch ihre Seitenkapellen. Erhalten sind lediglich Reste gotischer Freskenzyklen.

★ **Bauten von Mario Botta**

Der Tessiner Stararchitekt Mario Botta (geb. 1943) errichtete 1985 das wabenartig strukturierte Geschäftshaus **Palazzo Ransila** (Corso Pestalozzi), wobei die alte Fassade erhalten wurde. 1987 folgte der festungsartigen Natursteinkomplex des Hauptverwaltungsgebäudes der **Banca del Gottardo** (Viale Stefano Franscini), in der eine zeitgenössische Gemälde- und Fotosammlung untergebracht ist. Öffnungszeiten: Di. 14.00 – 17.00, Mi. – Sa. 11.00 bis 17.00 Uhr. 1990 baute sich Botta sein **Atelier** (Via Ciani 16) sowie mehrere Villen.

! *Baedeker* TIPP

Für Jazzliebhaber

Alljährlich zieht Lugano Ende Juni/Anfang Juli mit dem international renommierten Festival Jazz Lugano klangvolle Namen der Jazzszene und ein großes Publikum an. www.estivaljazz.ch.

★ **Museo Cantonale d'Arte**

Das Museo Cantonale d'Arte (Via Canova 10), das kantonale Kunstmuseum, nordöstlich der Piazza della Riforma ist in einem Komplex dreier Palazzi (16. – 18. Jh.) eingerichtet. Ausgestellt sind Gemälde Schweizer und anderer europäischer Künstler des 19. und 20. Jh.s wie Hodler, Klee und Bill sowie der französischen Impressionisten (Renoir, Degas u. a.). Daneben finden hier Wechselausstellungen statt. Öffnungszeiten: Di. 14.00 – So. 10.00 – 17.00 Uhr; www.museocantonale-arte.ch.

★ **Parco Civico**

Im Osten der Altstadt erstreckt sich entlang dem Seeufer der prächtige Stadtpark mit altem Baumbestand, subtropischen Pflanzen und Skulpturen. Hier steht die 1840 für die Brüder Giacomo und Filippo Ciani im Stil des Klassizismus erbaute **Villa Ciani**. Sie beherbergt das

Museo Civico di Belle Arti, eine sehenswerte Sammlung ausländischer und Schweizer Künstler des Impressionismus und der Moderne. Öffnungszeiten: Di. – So. 10.00 – 12.00, 14.00 – 18.00 Uhr. ☉

Das **Museo Cantonale di Storia Naturale** (»Kantonales Naturhistorisches Museum«) im Osten des Stadtparks zeigt zoologisch-botanische, paläontologische und geologisch-mineralogische Sammlungen. ☉ Öffnungszeiten: Di. – Sa. 9.00 – 12.00, 14.00 – 17.00 Uhr.

Die lange, von Lugano bis Paradiso reichende Seepromenade wird ✷ vom Giardino Belvedere gesäumt, wo zwischen subtropischen Pflanzen international bekannter Künstler aufgestellt wurden. An der Seeuferpromenade steht auch die **Villa Malpensata** (Riva Caccia 5), ein Bau des 19. Jh.s von Gianfranco Rossi. In dem hier untergebrachten **Museo d'Arte Moderna** finden wechselnde Ausstellungen neuerer Kunst und Architektur statt. Öffnungszeiten: Di. – So. ☉ 10.00 – 18.00 Uhr.

Giardino Belvedere

Am Seeufer des östlich von Lugano gelegenen, vornehmen Castagnola liegt die Villa Favorita in einem prächtigen Park. Sie geht auf einen Palast der Familie von Beroldingen von 1687 zurück. 1732 ging der Besitz an die Familie Riva und 1932 an den Baron von Thyssen. In den damals angebauten Flügelbauten war bis 1991 die Kunstsammlung **Collezione Thyssen-Bornemisza** untergebracht, eine der bedeu-

Castagnola
✷
◄ Villa Favorita

Die Villa Favorita beherbergte einst eine berühmte Kunstsammlung.

tendsten privaten Gemäldegalerien überhaupt. Die Mehrzahl der Werke ist nun im Madrider Palacio de Villahermosa ausgestellt. Seit 1993 beherbergt die Villa Favorita nun eine kleinere Sammlung großer Künstler des 19. und 20. Jh.s, die Thyssens Tochter Francesca von Habsburg zusammengetragen hat. Öffnungszeiten: Apr. – Okt. Fr. – So. 10.00 – 17.00 Uhr.

Villa Heleneum/ Museo delle culture ▶

Unweit östlich der Villa Favorita (Via Cortivo 24) steht inmitten eines schönen Parkes die um 1930 in neoklassizistischem Stil als Kopie des Versailler Trianonschlösschens erbaute Villa Heleneum. Heute beherbergt sie das Museo delle culture, eine Sammlung mit Exponaten aus Ozeanien, Indonesien und Afrika. Öffnungszeiten: Di. – So. 10.00 – 18.00 Uhr.

✹✹ Gandria

Das malerische ehemalige Fischerdorf Gandria schmiegt sich an den felsigen Steilhang des Monte Brè oberhalb des Luganer Sees, etwa 5 km östlich von Lugano. Man erreicht den Ort entweder mit dem Boot oder auf der nördlichen Uferstraße (Richtung Comer See) bzw. am schönsten zu Fuß von Castagnola (etwa 3 km). Das Dörfchen mit seinen engen Treppengassen, verwinkelten Bogengängen und schmalen Rebenterrassen bietet ein malerisches Bild.

✹ Schweizer Zollmuseum

Am gegenüberliegenden Seeufer (Bootsverbindung) befindet sich das Museo Doganale Svizzero, das Schweizer Zollmuseum. Im ehemaligen Zollposten (1904) wird interaktiv die Arbeit der Zöllner dargestellt. Gezeigt werden zudem interessante Schmuggelbehältnisse und Waffen. Öffnungszeiten: Ende April – Mitte Okt. 13.30 – 17.30 Uhr.

✹✹ Monte Brè

Die Drahtseilbahn (Via Pico) erreicht vom Stadtteil Cassarate in 20 Minuten den Gipfel des 925 m hohen Monte Brè (Betriebszeiten: halbstündlich 8.00 – 18.00 Uhr). Der beliebte Aussichtsberg, der die Bucht von Lugano nach Osten abschließt, kann auch über schmale Treppen und Wege in etwa 3 Std. zu Fuß oder mit dem Fahrzeug auf einer kurvenreichen, schmalen Bergstraße erreicht werden. Oben erwartet den Besucher ein Restaurant, von dessen Terrasse man eine prächtige **Rundsicht** bis zu den Walliser und Berner Alpen genießt. Im Bergdorf **Brè** lebte der Schweizer **Architekt und Maler Wilhelm Schmid** (1892 – 1971); an ihn erinnert das Museo Schmid. Öffnungszeiten: Mitte Apr. – Mitte Okt. Mi. – So. 14.00 – 17.00 Uhr.

✹✹ Monte S. Salvatore

Der Monte S. Salvatore, der zweite Hausberg, ist 915 m hoch. Die Talstation der Standseilbahn (Viale delle Scuole) befindet sich im südlichen Stadtteil Paradiso. Betriebszeiten. Mitte März – Anfang Nov. alle 30 Min. **Das Museo S. Salvatore** präsentiert eine Mineraliensammlung. Öffnungszeiten: Mi. – So. 10.00 – 12.00, 13.00 – 15.00 Uhr. Vom Gipfel genießt man eine fantastische Rundsicht auf Lugano und den Luganer See, die Berner und Walliser Alpen sowie die norditalienische Tiefebene. Kulinarisch stehen auf dem Gipfel ein Gourmet-Restaurant und ein Selbstbedienungslokal zur Verfügung.

★★ Mailand · Milano

Hauptstadt der Region Lombardei
Höhe: 122 m ü. d. M.

Provinzhauptstadt
Einwohnerzahl: 1 300 000

Es gibt kaum ein Attribut, das Mailand nicht verdient: größtes italienisches Industrie-, Finanz-, Handels- und Messezentrum, Hauptstadt der italienischen Mode, Medienstadt, Musik- und Theaterzentrum. Trotzdem verliebt man sich in Mailand nicht auf den ersten Blick. Kenner vergleichen die Metropole mit einer Auster, die Fremden nur ihre spröde Hülle hinhält, die Perle aber versteckt.

Milano, die Hauptstadt der Lombardei, ist das unumstrittene Zentrum Norditaliens und nach Rom die zweitgrößte italienische Stadt. Sie ist ein wichtiger Verkehrsknotenpunkt mit zwei Flughäfen, mehreren Bahnhöfen sowie einem dichten Netz von Autobahnen und Staatsstraßen. Weit über Italiens Grenzen hinaus ist Mailand bekannt als **Hauptstadt der italienischen Mode und des italienischen Designs**, ebenso als wichtiges Musik- und Theaterzentrum. Nicht zuletzt Fußballfreunden ist die Stadt ein Begriff, da mit Milan (AC Milan) und Inter (FC Internazionale Milano) gleich zwei Mailänder Clubs seit vielen Jahren in der Ersten Liga spielen und zu den bekanntesten Mannschaften der Welt zählen.

Zentrum Norditaliens

Der keltische Stamm der Insumbrer errichtete 396 v. Chr. nach Kämpfen gegen die Etrusker eine Siedlung, die 222 v. Chr. in den Machtbereich der Römer fiel und als **Mediolanum** Verkehrs- und Handelsmittelpunkt der Provinz Gallia Cisalpina wurde. Unter Kaiser Diokletian zeitweilig zur Hauptstadt aufgewertet, erhob sich Mediolanum nach Kaiser Konstantins Toleranzedikt von 313 auch zum geistlichen Zentrum als Wirkungsstätte des **Bischofs und Kirchenvaters Ambrosius** (►Berühmte Persönlichkeiten). In der Völkerwanderungszeit mehrfach verwüstet, gelangte Mailand 569 unter langobardische und ab 774 unter fränkische Herrschaft.

Geschichte

Das seit dem 11. Jh. aufkommende Bestreben nach kommunaler Autonomie wurde von Kaiser Friedrich Barbarossa durch die Zerstörung der aufmüpfigen Stadt 1162 unter Schonung der Kirchen nur kurzfristig aufgehalten. Aus den Konflikten mit der Reichgewalt und den innerstädtischen Kämpfen ging die Familie **Visconti** schließlich siegreich hervor. Sie sicherte sich ab 1277 die Stadtherrschaft und erlangte 1395 die Herzogswürde.

Zwischen 1447 und 1450 existierte nur kurz die Ambrosianische Republik, bevor **Francesco Sforza** das Erbe der Visconti antrat. Das über 200 000 Einwohner zählende Wirtschaftszentrum weckte aber auch Begehrlichkeiten der Nachbarn, zunächst der französischen Könige, die Mailand mehrfach bis 1525 besetzten. Dann fiel nach dem Tod des letzten Sforza 1535 das Mailänder Herzogtum ans Reich und

▶ MAILAND ERLEBEN

AUSKUNFT

I. A. T.
Pizza Duomo 19/A
I-20123 Milano
Tel. 02 77 40 43 43
Fax 02 77 40 43 33
www.visitamilano.it

Abfahrtshalle im Hauptbahnhof
Tel. 02 77 40 43 18
Fax 02 77 40 43 19

VERKEHR

Mit den U-Bahnlinien M1, M2 und
M3 bewegt man sich rasch durch
Mailand. In der Innenstadt fahren die
Tram Nr. 30 und die Busse 96 und 97.
Ab 2007 müssen Autofahrer, die in
der Saison ins Stadtzentrum fahren
wollen, eine City-Maut bezahlen.

EINKAUFEN

Die Via Montenapoleone, Via della
Spiga und Via Andrea bilden das
berühmte »goldene Dreieck«, in dem
die großen Modeschöpfer ihre Krea-
tionen anbieten. Günstige Boutiquen
und Fachgeschäfte sind im Brera-
Viertel angesiedelt. Stark reduzierte
Designermode bekommt man in den
Stock Houses, u. a. bei Libero (Via
Dante 14 und Via Solferino 11) und
bei Il Salvagente (Via Fratelli Bron-
zetti 16). Designerware wird auf dem
Corso Garibaldi und auf dem Corso
Matteotti angeboten.

ESSEN

▶ **Erschwinglich**

① *Capolinea*
Via Lodovico il Moro 119
Tel. 02 89 12 20 24
Geschl. Mo.
Hier treffen sich Mailands
Nachtschwärmer und Künstler;
angeboten werden hervorragende
hausgemachte Nudelgerichte,
schmackhaftes Gemüse und das

Mailand: Einkaufsparadies für die gehobenen Anprüche

bekannte Mailänder Schnitzel. Angeschlossen ist ein Jazzlokal.

② *Trattoria Milanese*
Via S. Marta 11
Tel. 02 86 45 19 91, Geschl. Di.
Traditioneller Familienbetrieb mit Mailänder Spezialitäten wie Risotto milanese, Costoletta milanese (Mailänder Schnitzel) und Ossobuco; zum Nachtisch sollte man die hausgemachte Zabaione probieren.

③ *Torre di Pisa*
Via Fiori Chiari 25
Tel. 02 87 48 77
www.trattoriatorrepisa.it
Geschl. Sa. mittags, So.
Kleines Restaurant im Brera-Viertel mit guten hausgemachten Speisen, leckerer Pasta und exzellenten Fleischgerichten.

④ *Le Vigne*
Ripa di Porta Ticinese 61
Tel. 02 8 37 56 17, geschl. So.
Nette Osteria im Navigli-Viertel mit gehobenen Preisen; man kann einen kleinen Imbiss nehmen oder richtig essen; leckere Süßspeisen; gute Weine.

▶ **Preiswert**
⑤ *Bottiglieria da Pino*
Via Cerva 14
Tel. 02 76 00 05 32
Nur mittags geöffnet, geschl. So.
Preisgünstiges Lokal in Domnähe mit leckeren leichten Gerichten; auch die Desserts sind zu empfehlen.

⑥ *La Cantina di Manuela*
Via Poerio 3
Tel. 02 76 31 88 92
www.cantinadimanuela.it
Beliebtes Lokal in der Nähe der Piazza Risorgemento, vorzügliches Speisenangebot, hervorragende Weinkarte und sehr günstige Preise.

ÜBERNACHTEN

▶ **Luxus**
① *Sheraton Diana Majestic*
Viale Piave 42
Tel. 02 2 05 81
www.sheratordianamagestic.com
In der Nähe der Porta Venezia gelegenes komfortables Jugendstilhotel; im Garten kann man sich von den Strapazen der Besichtigungen erholen.

② *Grand Hotel et de Milan*
Via Manzoni 29
Tel. 02 72 31 41, Fax 02 86 46 08 61
www.granhoteletdemilan.it, 95 Z.
Sehr zentral gelegenes Luxushotel mit viel Charme, in dem sich schon Giuseppe Verdi wohl fühlte.

▶ **Komfortabel**
③ *King*
Corso Magenta 19
Tel. 02 87 44 32, Fax 02 89 01 07 98
www.hotelkingmilano.com, 48 Z.
Altehrwürdiges, gemütliches Hotel direkt am Corso Magenta; hübsche Zimmer mit Schallschutzfenstern; schöne Blicke über die Dächer der Stadt aus dem oberen Stockwerk.

④ *Casa Svizzera*
Via S. Raffaele 3
Tel. 0 28 69 22 46
Fax 02 72 00 46 90, 45 Z.
Hübsches Hotel mit sehr angenehmer Atmosphäre und schöner Ausstattung am Domplatz.

⑤ *Antica Locanda Leonardo*
Corso Magenta 78
Tel. 02 48 01 41 97, Fax 02 48 01 90 12
www.anticalocandaleonardo.com
12 Z.
Kleines Hotel in zentraler Lage bei der Kirche Santa Maria delle Grazie; die Zimmer sind geschmackvoll eingerichtet und mit Klimaanlage ausgestattet; kleiner Garten.

wurde von Kaiser Karl V. seinem Sohn Philipp II. anvertraut. Unter den spanischen Habsburgern war die Stadt ein Bollwerk der Gegenreformation mit den Erzbischöfen Carlo Borromeo (1538 – 1584) und Frederico Boromeo (1595 – 1631). Nach dem Spanischen Erbfolgekrieg fiel Mailand von 1714 bis 1796, und – unterbrochen durch das napoleonische Herrschaftsintermezzo – von 1814 bis 1859 an Österreich. Die Bestrebungen für die staatliche Einheit Italiens im 19. Jh., **Risorgimento** genannt und von Mailand aus vehement propagiert, scheiterten zunächst an Feldmarschall Graf Radetzky, der die Revolution von 1848 blutig niederschlug.

Erst mit Hilfe des benachbarten Königreichs Sardinien-Piemont und Frankreich gelang Mailand der Beitritt zum 1861 proklamierten Königreich Italien. Danach setzte im Rahmen der Industrialisierung ein rasanter Wirtschaftsaufschwung ein, begleitet von wachsenden Einwohnerzahlen und Arbeiteraufständen bis zum Ersten Weltkrieg. 1919 bildeten sich die ersten faschistischen italienischen Kampfbünde, die die Mussolini-Diktatur einleiteten, bis Mailand 1943 im Zweiten Weltkrieg schwer zerstört wurde.

Stadtbild

Im Vergleich zu vielen kleineren Städten in der Lombardei ist das Stadtbild Mailands überwiegend modern. Im Zentrum um den Domplatz findet man noch enge kleinere Straßen, jedoch auch breite Geschäftsstraßen. Zwischen dem Castello Sforzesco und der Piazza S. Babila wurde eine Fußgängerzone angelegt. Die berühmtesten Einkaufsstraßen Italiens sind hier zu finden: die Via Monte Napoleone, die Via della Spiga, der Corso Venezia. Das Innenstadtzentrum umschließt ein Gürtel aus breiten Straßen, die sich an den früheren »Bastioni«, der alten spanischen Festungsmauer, entlangziehen. Außerhalb dieses Gürtels mehren sich die Hochhäuser. An den Stadträndern sind ausufernde Außenbezirke entstanden.

Stadtmitte

★ ★
Piazza del Duomo

Mailands geschäftiges Herz schlägt auf der Piazza del Duomo, dem quirligen Zentrum der Stadt. Die Piazza wurde 1865 als Domvorplatz in der heutigen Form angelegt, allerdings waren damals die Arbeiten an der Kathedrale noch nicht abgeschlossen. An der Nordseite sieht man den Eingang zur berühmten **Galleria Vittorio Emanuele II.**, an der Südseite die beiden symmetrischen Bauten des **Arengario** (20. Jh.) mit der Touristeninformation. Gegenüber der Nordseite des Doms steht das bekannte Kaufhaus **»La Rinascente«**. Das **Reiterstandbild** aus dem Jahr 1896 stellt den italienischen König Vittorio Emanuele II. dar.

★ ★
Duomo

Das bekannteste Baudenkmal in Mailand ist der Dom S. Maria Nascente, der Geburt Mariens geweiht. Mit einer überbauten Fläche von 11 700 m² ist er nach St. Peter in Rom die **zweitgrößte Kirche Italiens**. Rund 5000 Menschen haben darin Platz und über 3000 Statuen

Highlights Mailand

Dom S. Maria Nascente
Steigen Sie dem Dom auf's Dach! Das verspricht eine höchst angenehme Pause im Besichtigungsprogramm.
▶ Seite 250

Galleria Vittorio Emanuele II.
Nicht gerade preisgünstig, dafür aber sehr schick: die Luxus-Flaniermeile Mailands, auch bei schlechtem Wetter.
▶ Seite 258

Castello Sforzesco
Michelangelos berühmte Pietà Rondanini und weitere großartige Skulpturen sind u. a. in den Städtischen Sammlungen des Sforza-Kastells ausgestellt.
▶ Seite 264

Pinacoteca di Brera
Meisterwerke der Malerei Italiens aus acht Jahrhunderten sorgen nicht nur bei Kunstfreunden für Entzücken.
▶ Seite 268

S. Maria delle Grazie
Das berühmteste Wandbild der Welt, Leonardo da Vincis »Abendmahl«, besitzt magische Anziehungskraft.
▶ Seite 270

zieren das Bauwerk. Auf dem Gelände verschiedener Vorgängerbauten seit frühchristlicher Zeit wurde 1386 der Grundstein für einen kompletten Neubau im Stil der Gotik gelegt. 1419 waren die Arbeiten am Ostteil beendet, so dass Papst Martin V. die Chorweihe vornehmen konnte. Die Schlussweihe erfolgte trotz fehlender Teile 1572 durch Erzbischof Carlo Borromeo. Erst zwischen 1765 und 1769 war der Vierungsturm vollendet.

Zu Beginn des 19. Jh.s stellte man die Westfassade anlässlich der Krönung Napoleons zum König von Italien mit neugotischen Stilelementen weitgehend fertig. Aber noch bis 1935 wurde an Einzelheiten weitergearbeitet bzw. schon restauriert. Smog und Autoabgase sowie der starke Verkehr, dessen Vibrationen das Bauwerk erschüttern, setzen heute dem Bau sehr zu und erfordern laufend aufwändige Restaurierungsarbeiten.

Die fünfteilige Fassade ist eine Mixtur aus barocken und neogotischen Stilelementen. Unter den fünf Portalen ist vor allem das zentrale **Hauptportal** beachtenswert. Die Rahmung erfolgte im frühen 17. Jh. im barocken Stil, die Bronzetür wurde erst um 1900 mit neogotischen und Jugendstil-Elementen eingefügt. Dargestellt sind Szenen aus dem Leben der Muttergottes. Die zweite Tür von rechts zeigt Szenen aus der Geschichte Mailands. ◀ Fassade

Der immense Innenraum ist fünfschiffig angelegt in Form einer Stufenhalle, und das Querhaus besteht aus drei Schiffen. Die Gesamtlänge beträgt 148 m und die Breite – gemessen im Querschiff – 89 m bei einer Mittelschiffhöhe von fast 46 m. Die Fenster stammen in ihrem heutigen Aussehen größtenteils aus dem 19. Jh., einige der ursprünglichen Fenster aus dem 15. Jh. sind noch erhalten und im nördlichen Querschiff zu sehen. Die Chorfenster wurden 1402 gearbeitet. Im äl- ◀ Innenraum

Mailand · Milano Orientierung

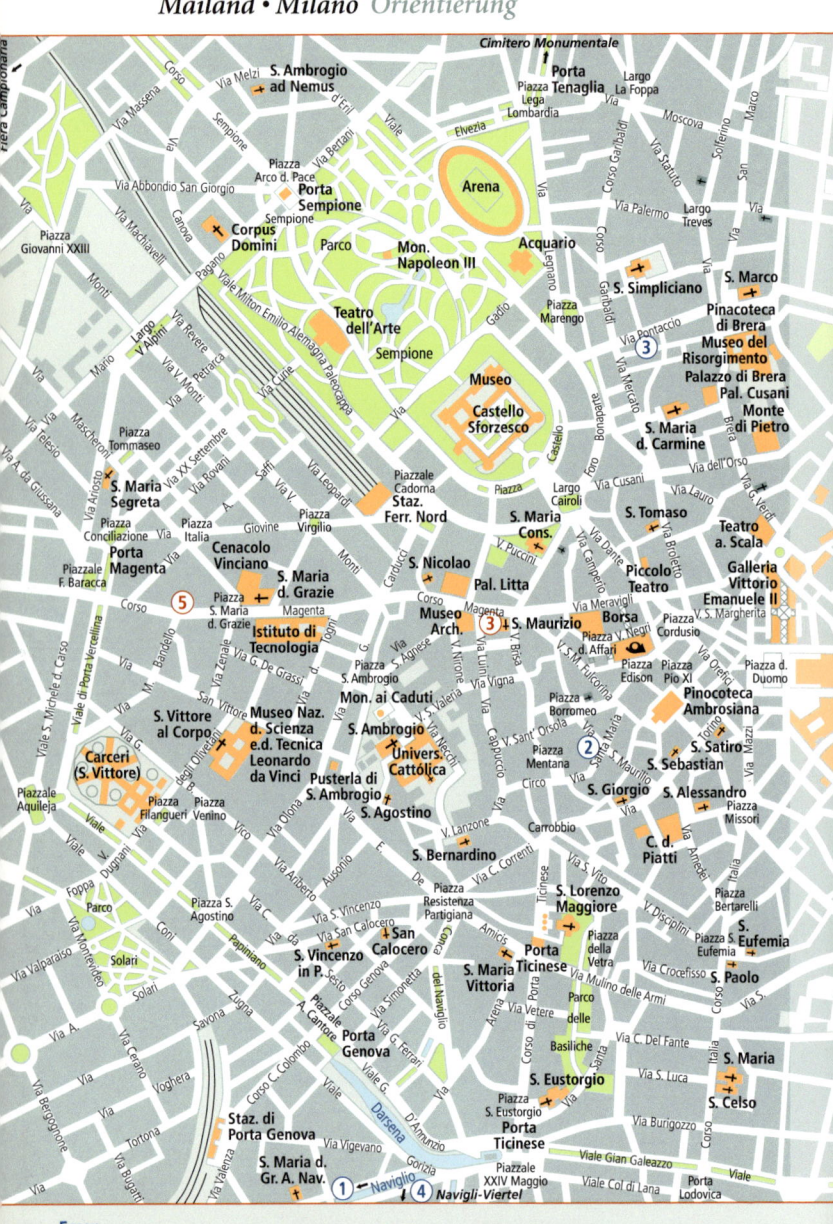

Pirelli-Hochhaus, Stazione Centrale F.S.

Monza, Lecco

©Baedeker

300 m

Übernachten

1 Diana Majestic
2 Grand Hotel et de Milan
3 King
4 Casa Svizzera
5 Antica Locanda Leonardo

testen Ostteil findet man **zwei gotische Portale** noch aus den ersten Baujahren: das Christusportal von 1389 (links, zur Nordsakristei) und das Marienportal aus dem Jahr 1391 (rechts, zur Südsakristei). Ansonsten geht die Ausstattung des Doms im Wesentlichen auf das 16. Jh. zurück, als Erzbischof Carlo Borromeo seinen Lieblingsarchitekten **Pellegrino Tibaldi** mit einer neuen Innengestaltung beauftragte. Dieser entwarf auch die **Cripta di S. Carlo** unter dem Chor. In der gleichnamigen oktogonalen Cappella di S. Carlo werden in einem Sarkophag aus Bergkristall die Gebeine des 1610 heilig gesprochenen Erzbischofs Carlo Borromeo verwahrt.

Unter dem Chor ist außerdem der **Tesoro del Duomo**, der Domschatz ausgestellt, u. a. mit einem spätromanischen Prozessionskreuz aus Chiaravalle (mit Zugang zur Krypta; Öffnungszeiten: 9.00 bis 12.00, 15.00 – 18.00 Uhr).

In den Seitenschiffen sind **Grabmäler** bekannter Persönlichkeiten zu finden, so im Südschiff (von West nach Ost) der Sarkophag für den Erzbischof Ariberto da Intimiano (gest. 1045), das Grab aus rotem Marmor für die Erzbischöfe Ottone Visconti (gest. 1295) und Giovanni Visconti (gest. 1354), die Marmor-Arca für Marco Carelli (gest. 1394), das Grab für Gian Andrea Vimercati (gest. 1548); im südlichen Querschiff das Wandgrabmal für Gian Giacomo Medici (gest. 1555), 1563 von Leone Leoni geschaffen. Im nördlichen Seitenschiff ist ein **Taufbecken** von Interesse, das Pellegrino Tibaldi aus einem römischen Porphyrbecken geschaffen hat. Im nördlichen Querschiff ist insbesondere der siebenarmige, pflanzenähnliche **Trivulzio-Kandelaber** (vermutlich Anfang 13. Jh.) sehenswert, ein 5 m hohes Bronzemeisterwerk der Romanik.

Battistero Paleocristiano ▶ Neben dem Hauptportal im Innern des Doms führen Treppen hinunter zum Battistero Paleocristiano. Beim Bau der Mailänder Metro wurden unter dem Domplatz die Grundmauern der Vorgängerkirchen der Kathedrale entdeckt. Zu sehen sind nun die Mauerreste der frühchristlichen Basilica S. Tecla, die schon seit dem 4. Jh. an dieser Stelle gestanden hatte, außerdem Reste des damaligen Baptisteriums S. Giovanni alle Fonti, in dem wahrscheinlich Augustinus 387 vom Bischof Ambrosius die Taufe empfing. Öffnungszeiten: tgl. 9.00 bis 17.00 Uhr.

★★
Terrazzi ▶ Nicht versäumen sollte man den Aufstieg auf die Terrazzi, die Dachterrassen des Doms. Treppe und Fahrstuhl befinden sich außen an der Nordseite des Doms. Ungewöhnlich ist, dass man oben das Längsschiff abschreiten kann, vorbei an zahllosen schmalen und hoch gestreckten, von Figuren bekrönten Fialen bis hin zum Vierungsturm. Die Statue der Madonnina überhöht das Dach. Man kann von der Domterrasse einen Ausblick genießen, der bei günstiger Wetterlage bis in die Po-Ebene und zu den Alpen reicht. Öffnungszeiten: tgl. 9.00 – 16.30, Sommer bis 17.30 Uhr; www.duomomilano.it.

Vom Dom im Herzen von Mailand hat man einen hervorragenden →
Blick auf die Galleria Vittorio Emanuele II. und die Stadt.

DOM S. MARIA NASCENTE

★ ★ Wäre es nach dem Willen Gian Galeazzo Viscontis gegangen, so wäre der Mailänder Dom in einem Stück gebaut worden. Der ehrgeizige Fürst ließ die Arbeitszeiten verdoppeln und stellte Trödelei unter Strafe. Vergebens: Die Bauarbeiten wurden erst im 20. Jahrhundert abgeschlossen.

🕐 Öffnungszeiten:
tgl. 7.00 – 19.00 Uhr

① Zweitgrößte Kirche Italiens
148 m lang, 89 m breit und innen bis zu 68 m hoch: Nach dem Petersdom in Rom ist sie die größte Kirche Italiens.

② Himmlisches Volk aus Stein
3400 Figuren nehmen die Spitzen des Doms ein. Sie werden von der »Madonnina« überflügelt.

③ Die ersten Bauschritte
Um 1415 waren Chor, Teile der Querhäuser und die ersten beiden Joche des Langhauses errichtet.

④ Kostbare Glasfenster
Die ältesten Glasfenster des Doms leuchten in der nördlichen Sakristei.

⑤ Trivulzio-Kandelaber
Der siebenarmige Bronzeleuchter im nördlichen Seitenschiff soll aus dem 13. Jh. stammen.

Dom S. Maria Nascente Orientierung

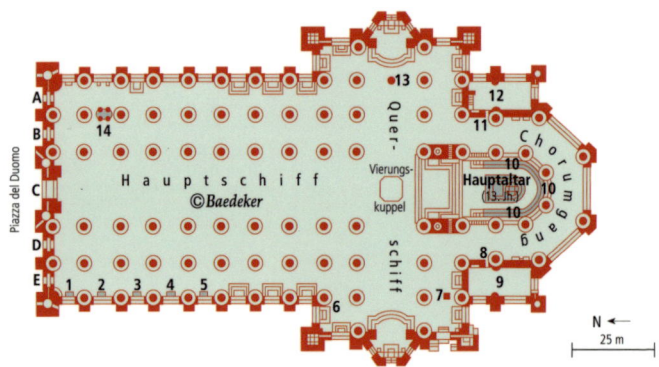

Themen der Bronzeportale (19./20. Jh.)

A Edikt von Mailand
B Aus dem Leben des hl. Ambrosius
C Aus dem Marienleben
D Aus der Geschichte der Stadt Mailand
E Aus der Geschichte des Mailänder Domes

Ausstattung

1 Sarkophag des Erzbischofs Ariberto da Intimiano (✝ 1045)

2 Sarkophag der Erzbischöfe Ottone Visconti (✝ 1295) Giovanni Visconti (✝ 1354)
3 Verzeichnis der Mailänder Erzbischöfe
4 Sarkophag des Kaufherrn Marco Carelli (14. Jh.)
5 Grab des Gian Andrea Vimercati (✝ 1548)
6 Grabmonument für Gian Giacomo Medici (✝ 1555; von Leone Leoni, 1560–1563)
7 Hl. Bartholomäus (von Marco d'Agrate, 1562)

8 Portal der Südsakristei (Sockelreliefs von Hans von Fernach u. a. rhein. Meistern, 1393)
9 Südsakristei (Domschatz)
10 Holzgeschnitztes Chorgestühl (1572–1620)
11 Portal der Nordsakristei (von Giacomo da Campione und Gehilfen, 14. Jh.)
12 Nordsakristei (Reste aus der ersten Dombauphase)
13 Trivulzio-Bronzeleuchter (13. Jh.)
14 Taufstein (von Pellegrini, 16. Jh.)

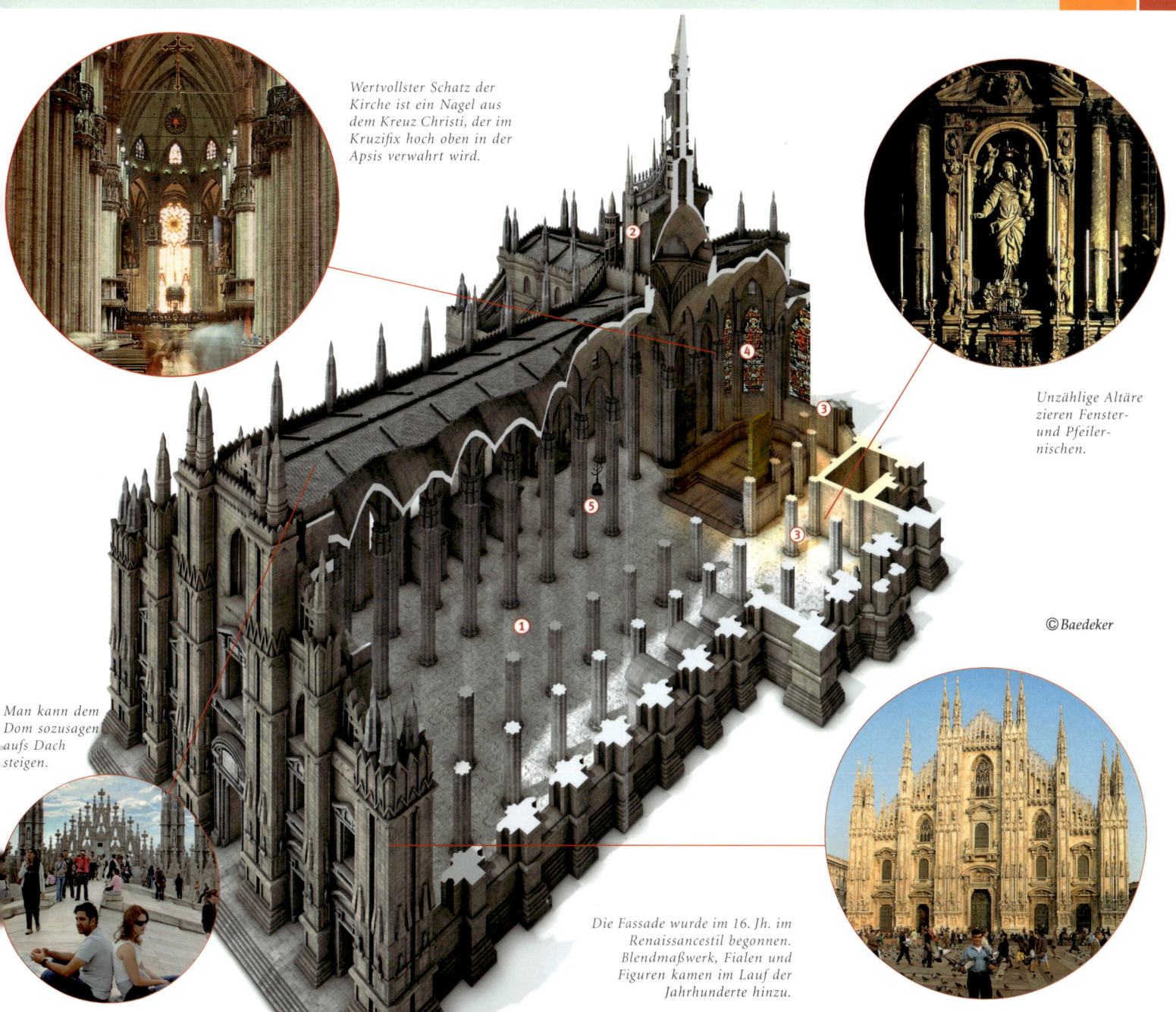

Wertvollster Schatz der Kirche ist ein Nagel aus dem Kreuz Christi, der im Kruzifix hoch oben in der Apsis verwahrt wird.

Unzählige Altäre zieren Fenster- und Pfeiler- nischen.

© Baedeker

Man kann dem Dom sozusagen aufs Dach steigen.

Die Fassade wurde im 16. Jh. im Renaissancestil begonnen. Blendmaßwerk, Fialen und Figuren kamen im Lauf der Jahrhunderte hinzu.

Palazzo Reale
Der Palazzo Reale gegenüber der Südseite des Doms geht in der heutigen Form mit seiner klassizistischen Front auf einen Entwurf aus dem Jahr 1772 zurück. 1138 war an dieser Stelle das alte Rathaus gebaut worden, im 14. Jh. wurde es von den Visconti zum Corte Ducale umgebaut und als **Regierungssitz** genutzt. Die Sforza nahmen weitere Veränderungen vor, siedelten im 15. Jh. aber in das Castello Sforzesco über. 1943 wurde das Innere durch einen Bombenangriff zerstört.

Civico Museo d'Arte Contemporanea ▶
Im Palazzo Reale ist das Civico Museo d'Arte Contemporanea mit einer umfangreichen Gemäldesammlung des 20 Jh.s untergebracht. Öffnungszeiten: Di. – So. 9.30 – 17.30 Uhr.

Museo del Duomo ▶
In dem dem Palazzo ebenfalls eingegliederten Museo del Duomo (Dommuseum) kann man anhand von Dokumenten, Skizzen und Entwürfen die Baugeschichte des Mailänder Doms nachvollziehen. Außerdem sind hier Architekturfragmente und wertvolle Kunstgegenstände aus der Bischofskirche ausgestellt. Zurzeit wegen Restaurierung geschlossen.

Palazzo Arcivescovile
Der Bischofspalast südöstlich des Doms geht auf einen Bau des 12./13. Jh.s zurück. Portal und Innenhöfe sind im 16. Jh. von **Pellegrino Tibaldi** gestaltet worden, die klassizistische Ostfassade im 18. Jh. von **Giuseppe Piermarini**.

★★
Galleria Vittorio Emanuele II.
Die Galleria Vittorio Emanuele II. an der Nordseite der Piazza del Duomo ist neben dem Dom und der Scala das Berühmteste, was die Stadt zu bieten hat. Die Galleria ist vor allem Treffpunkt einer bunten Mischung von Mailändern und Auswärtigen. Bankangestellte, Verkäufer und Touristen bevölkern die Restaurants und Cafés; Fast-Food-Ketten sorgen für ein jüngeres Publikum. Entworfen von dem Bologneser Architekten **Giuseppe Mengoni** und benannt nach dem ersten König des geeinten Italien, wurde die Galleria 1878 eingeweiht. Die gläsern überdachte, prunkvoll und elegant gestaltete Flaniermeile ist kreuzförmig angelegt. Die Mitte krönt eine grandiose, 47 m hohe Glaskuppel.
Als Eingang hat Mengoni einen überdimensionalen Triumphbogen ersonnen, in dessen unterem Geschoss sich die Firmengründer Campari und Motta niedergelassen haben. Die drei anderen Ein- bzw. Ausgänge sind eher unspektakulär. 1943 wurde die Galleria durch Bomben großenteils zerstört, relativ schnell aber wieder aufgebaut. Zur 100-Jahr-Feier hat man in der Mitte unter der Kuppel 1978 ein Bodenmosaik anlegen lassen.

★
Piazza Mercanti
Im Westen grenzt die Piazza Mercanti an den Domplatz. Im Mittelalter war sie das Zentrum des städtischen Lebens. Dann legte man die Via Mercanti mitten durch den Platz.

Galleria Vittorio Emanuele II.: Die Luxus-Flanier- und Shoppingmeile →
von Mailand beeindruckt auch durch ihre Architektur.

Palazzo della Ragione ▶ Der lang gestreckte Palazzo della Ragione war im Mittelalter das »neue« Rathaus. Gebaut wurde er zwischen 1228 und 1233 unter dem ersten Bürgermeister von Mailand, dessen steinernes Bildnis zu Pferd in einer Rundbogennische an der südlichen Außenwand zu sehen ist. Der Palast ist in schlichtem romanischem Stil entstanden. Unter den Arkadenbögen des Rathauses bauten die Händler ihre Stände auf, hier fand der Markt statt. Der Saal darüber diente für Versammlungen, bis 1770 war der Palast Sitz der Stadtverwaltung.

Die **Loggia degli Osii** (Piazza Mercanti 9) fällt durch ihre schwarzweiße Marmorfassade auf. Von dem kleinen Balkon aus wurden früher Urteilsverkündigungen oder wichtige kommunale Nachrichten bekannt gegeben. Das Gebäude rechts der Loggia, der **Palazzo delle Scuole Palatine** (Piazza Mercanti 11), wurde 1644 bis 1645 als Pendant zum gegenüberliegenden Palazzo dei Giureconsulti erbaut, dabei wurde ein mittelalterliches Stadttor eingefügt. Der **Palazzo dei Giureconsulti**, der den Platz im Norden begrenzt, entstand in manieristischer Form von 1560 bis 1568.

★
S. Maria presso S. Satiro Südlich der Piazza Mercanti steht an der Via Torino die Kirche S. Maria presso S. Satiro, die auf einen Bau aus dem 9. Jh. zurückgeht. In der zweiten Hälfte des 15. Jh.s wurde sie nach Entwürfen von **Donato Bramante** umgebaut. Die Kirche ist wegen ihrer **illusionistischen Architekturmalerei** bekannt: Da für den Neubau im 15. Jh. nicht genügend Raum für eine Chorerweiterung zur Verfügung stand, täuschte Bramante malerisch eine echt aussehende Chordarstellung mit einer tonnengewölbten Kassettendecke vor. Beeindruckend ist außerdem die schlichte, über einem griechischen Kreuz angelegte **Cappella della Pietà** mit einer Pietà (1482) von Agostino de Fondutis.

★
Pinacoteca Ambrosiana Südwestlich der Piazza Mercanti breitet sich die Piazza Pio XI. aus, wo im Palazzo dell' Ambrosiana, am Ambrosiustag 1609 eröffnet, die Pinacoteca Ambrosiana untergebracht ist. Die Sammlung enthält hervorragende Gemälde u. a. von Botticelli, Ghirlandaio, Tizian, Caravaggio, Tiepolo sowie Raffaels riesigen Karton für sein berühmtes Gemälde »Schule von Athen« in den Vatikanischen Stanzen und das »Porträt eines Musikers« von Leonardo da Vinci. Öffnungszeiten: Di. – So. 10.00 bis 17.30 Uhr.

Angeschlossen ist die **Ambrosianische Bibliothek**, eine der ersten öffentlichen Bibliotheken in Europa. Sie verfügt über einen Bestand von mehr als 750 000 Büchern und 35 000 Handschriften. Öffnungszeiten: Mo. – Fr. 9.30 – 17.00 Uhr.

Ospedale Maggiore/ Università Das Ospedale Maggiore südlich des Doms wurde 1456 im Stil der Frührenaissance von Filarete begonnen. Die längsrechteckige Backsteinanlage umschließt vier Höfe, die bis ins 18. Jh. verändert wurden. Bis 1942 diente das Gebäude als Krankenhaus, heute sind hier Fakultäten der Universität untergebracht.

Nördlich des Doms kommt man zur **Piazza della Scala** mit dem Denkmal Leonardo da Vincis, das 1872 von Pietro Magni geschaffen wurde. Hier steht das Opernhaus, dessen Name, abgeleitet von der einstigen Kirche S. Maria della Scala, weit über Mailands Grenzen hinaus bekannt ist – die weltberühmte Scala. Die Pläne für das klassizistische Bauwerk lieferte **Giuseppe Piermarini**, damals der führende Architekt in Mailand. Am 3. August 1778 wurde das Theater mit der Aufführung einer Oper von Antonio Salieri eingeweiht. 1943 wurde die Scala durch Bomben zerstört. Nach ihrem Wiederaufbau im alten Stil nahm sie 1946 den Spielbetrieb wieder auf für 2800 Zuschauer. Die heutige Fassade ist von 1830 und wird durch klassizistische Säulen, Pilaster und Fenster gegliedert. Das Mittelportal krönt ein dreieckiges Giebelfeld mit dem Relief des Apoll auf seinem Sonnenwagen (►Baedeker Special S. 262).

Karten für die Scala sind erhältlich bei: Biglietteria Centrale, Piazza del Duomo, Galleria del Sagrato, tgl. 12.00 – 18.00 Uhr; Reservierung und Informationen unter: Tel. 02 72 00 37 44 oder im Internet unter www.teatroallascala.org.

★ ★
Teatro alla Scala

Wer in der Scala aufgetreten ist, gehört zu den Großen seines Fachs.

In diesem prunkvollen Rahmen sind die meisten Musikgrößen der Welt aufgetreten.

WELTBERÜHMTE BÜHNE

Noch immer ist eine Aufführung in der Scala ein gesellschaftliches Ereignis. In Mailand weiß eigentlich jeder, was gerade gespielt wird – ob »Tosca« oder »Lucia di Lammermoor« – und wie die Besetzung ist.

Zwar sind die Premieren Veranstaltungen, bei denen die »Großen« Mailands unter sich sind, aber schon einen Abend später kommen Opernfans aus allen Schichten, ähnlich wie beim Fußball. Wer die teuren Karten nicht bezahlen kann, holt sich eine Stehplatzkarte für die oberen Ränge. Und nicht wenige sehen sich die Aufführungen mehrmals hintereinander an.

Das gesellschaftliche Ereignis in Mailand ist die **Saisoneröffnung** am 7. Dezember, dem Tag des hl. Ambrosius. Dann ist die Scala der Treffpunkt der Mailänder High Society. Alles, was Rang und Namen hat, eilt herbei, aus Nobelkarossen entsteigen bekannte Gesichter in großer Robe auf den Scala-Vorplatz, dazwischen Journalisten und Fotografen. Die Scala hat wohl alle Musikergrößen der Welt gesehen. **Arturo Toscanini** führte in den 1920er-Jahren die Scala zu Weltruhm. Im Jahr 1946 dirigierte er das Wiedereröffnungskonzert. **Maria Callas**, »die Göttliche«, feierte an der Scala ihre unvergesslichen Triumphe. 1953 gab Leonard Bernstein in Mailand sein Operndebut. Der geniale

Dimitri Mitropoulos starb 1960 im Alter von 64 Jahren auf dem Podium der Mailänder Scala während einer Probe zu Gustav Mahlers Dritter Sinfonie. **Claudio Abbado** wurde mit 35 Jahren ständiger Dirigent und vier Jahre später musikalischer Direktor der Scala. Ab 1986 war **Riccardo Muti** sein Nachfolger, und seit 2005 steht **Stéphane Lissner** an der Spitze des Hauses. Und doch haben sich die Zeiten geändert. Man beklagte das mangelnde Niveau der Sänger. Und zunehmend wurde die Finanzierung zum Problem. 1991 hatte das zuständige Finanzministerium in Rom die Zuschüsse gekürzt. Das bedeutete für die Scala, die die höchsten Subventionen erhielt, eine erhebliche Einbuße. Die Schließung des Hauses konnte gerade noch verhindert werden, 1995 wurde die Umwandlung in eine Aktiengesellschaft festgelegt. Der Staat hält 51 % der Anteile, der Rest wird von einer Stiftung finanziert. Da das Opernhaus in der Bausubstanz marode war, musste es ab 2004 umgebaut werden. Der Architekt **Mario Botta** hat deshalb einen Neubau um den alten Saal errichtet.

In einem Gebäudetrakt der Scala befindet sich ein hervorragendes Theatermuseum. Zu sehen sind Porträts und Büsten von den Größen der Opernwelt, Kostüme, Bühnenmodelle sowie der Flügel von Franz Liszt. Ein Raum ist Giuseppe Verdi (► Berühmte Persönlichkeiten) gewidmet, ein anderer Gioacchino Rossini. Außerdem erfährt man **Wissenswertes über die europäische Theatergeschichte**, antikes Theater und die Commedia dell'arte. Auch kann man einen Blick in den Zuschauerraum der Scala werfen. Dem Museum ist eine theaterwissenschaftliche Bibliothek mit 90 000 Bänden angeschlossen. Öffnungszeiten: tgl. 10.00 – 12.00, 14.00 – 17.00 Uhr.

★
◄ Museo Teatrale alla Scala

🕐

Der Scala gegenüber steht der bedeutendste Privatpalast der Stadt, der Palazzo Marino, dessen manieristische Architektur mehrere Generationen lombardischer Baumeister beeinflusste. Der Palast wurde 1558 in Auftrag gegeben, die Entwürfe stammen von dem Architekten **Galeazzo Alessi** aus Perugia. Die Fassade zur Piazza della Scala hin wurde erst Ende des 19. Jh.s nach Plänen Alessis gestaltet. Der Palast ist als Vierflügelanlage um zwei Innenhöfe gebaut und beherbergt heute das Mailänder **Rathaus**.

Palazzo Marino/ Municipio

Das Wohnhaus des bekannten italienischen **Dichters Alessandro Manzoni**, der hier von 1814 bis 1873 lebte, ist heute das Museo Manzoniano (Via Morone 1). Zu besichtigen sind das Arbeitszimmer, der Salon und das Sterbezimmer sowie Bilder, Manuskripte und Dokumente. Öffnungszeiten: Di. – Fr. 9.00 – 12.00, 14.00 – 16.00 Uhr.

Museo Manzoniano

🕐

Im Palazzo Pezzoli (Via A. Manzoni 12) ist die **Kunstkollektion des Sammlers Gian Giacomo Poldi Pezzoli** untergebracht. Wertvolle Gemälde (u. a. von Botticelli, Piero della Francesca, Canaletto), Porzellan, kostbare Möbel (16. – 18. Jh.), Murano-Glas, Schmuck aus verschiedenen Jahrhunderten sowie eine Uhren- und eine Kompasssammlung sind hier zusammengetragen. Öffnungszeiten: tgl. 10.00 bis 18.00 Uhr.

★
Museo Poldi Pezzoli

🕐

Nördliche Innenstadt

Von der Piazza Duomo kommt man über die Piazza Cordusio mit großen Bank- und Versicherungsgebäuden in die Via Dante, eine großzügige und belebte Einkaufsstraße, die die Verbindung zum Castello Sforzesco herstellt. Im Palazzo Carmagnola (14. Jh.) an der Ecke Via Dante/Via Rovello ist das Piccolo Teatro untergebracht, das 1947 von **Giorgio Strehler**, Nina Vinchi und Paolo Grassi als erstes italienisches Teatro pubblico gegründet wurde. Das Theater kam unter Strehler zu Weltruhm. Er inszenierte Stücke von Goldoni, Shakespeare, Tschechow und Brecht, mit einigen Stücken knüpfte er an die Tradition der Commedia dell'arte an. Obwohl es eines der bedeutendsten europäischen Theater ist, glich es lange Zeit, was Ausmaße und technische Ausstattung betrifft, einem kleinen Provisorium.

Piccolo Teatro

1977 wurde dann der damalige Stararchitekt und Designer **Marco Zanuso** mit dem Bau beauftragt. Durch politisches Gerangel und Schmiergeldaffären stockte der Bau und verteuerte sich von Jahr zu Jahr. Nach fünfzehnjähriger Bauzeit wurde das neue Haus 1998 schließlich eingeweiht. Strehler erlebte die Eröffnung selbst nicht mehr, er war 1997 gestorben.

✱ ✱
Castello Sforzesco

Hinter dem Largo Cairoli kommt man direkt zum Haupttor des grandiosen Castello Sforzesco, das nach Zerstörung und Plünderung des älteren Visconti-Baus 1450 als befestigtes Residenzschloss der Sforza von **Herzog Francesco** (Reg. 1450–1466) in Auftrag gegeben wurde. Zur Sicherung des Palazzo Ducale entstand unter der Leitung namhafter Festungsarchitekten die heutige quadratische Anlage mit ihren charakteristischen Türmen. 1452 wurde der zentrale Torturm, der Torre del Filarete, errichtet, 1521 durch eine Explosion zerstört und erst zu Beginn des 20. Jh.s wieder aufgebaut.

Die beiden Ecktürme mit Diamantquaderung wurden von dem **Festungsbaumeister Bartolomeo Gadio** aus Cremona gebaut. Im Westen der Anlage erhob sich die Zitadelle, die Rocchetta. Von 1466 bis zu seiner Ermordung 1476 ließ sich **Herzog Galeazzo Maria Sforza** den Corte Ducale, die herzogliche Residenz, prunkvoll einrichten und verlegte den Regierungssitz hierher.

Bekannte Maler gestalteten die Innenräume, unter ihnen Vincenzo Foppa, Cristoforo Moretto und Benedetto Ferrini. Nach Galeazzos Tod ließ sich seine Witwe Bona di Savoia die 30 m hohe Torre di Bona di Savoia als Wohnraum bauen. Den eigentlichen künstlerischen Höhepunkt erlebte die Residenz unter **Ludovico il Moro** und **Beatrice d'Este**, die **Leonardo da Vinci** und **Donato Bramante** nach Mailand kommen ließen. Bramante baute einen Portikus im Hof der Rocchetta sowie eine Brücke an der Nordostecke zur Corte Ducale hin. Leonardo da Vinci wurde mit der Ausmalung einiger Palasträume beauftragt. Weitere Projekte fielen der politischen Entwicklung zum Opfer, denn um 1499 übernahmen die Franzosen die Festungsanlage. Nach dem Tod des letzten Sforza, Francesco II., fiel das Mailänder Herzogtum 1535 an Kaiser Karl V., der es seinem Sohn Philipp II. anvertraute. Unter den spanischen Vizekönigen wurde das Kastell zu einer ansehnlichen Bastion ausgebaut. Öffnungszeiten: Sommer tgl. 7.00–19.00, Winter 7.00–18.00 Uhr.

Der Innenhof, die Piazza d'Armi, wurde als Exerzierplatz genutzt. Ende des 19. Jh.s begann man, die Festungsanlage zu restaurieren. 1943 schlugen auch hier Bomben ein und verursachten schwere Schäden. Seit dem Wiederaufbau nach dem Krieg werden einige Räume im ehemaligen Herzogspalast und in der Rocchetta als Museum (**Musei Civici del Castello Sforzesco**) genutzt. Öffnungszeiten: Di.–So. 9.00–17.30 Uhr; www.milanocastello.it.

An dem Bau des Castello Sforzesco waren namhafte Baumeister und ➜
Künstler beteiligt, darunter Leonardo da Vinci.

Castello Sforzesco *Orientierung*

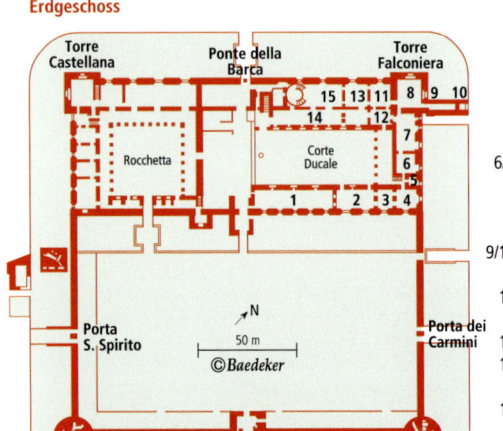

Erdgeschoss

1 Sala della Cancelleria
   Skulpturen, Fresken,
   Mosaiken (4.-11. Jh.)
2 Skulpturen der Romanik und Gotik
3 Fresken (15. Jh.) u. a.
4 Fresken (14./15. Jh.) u.a.
5 Sakrale Kunst (14./15. Jh.)
6/7 Exponate zur Stadtgeschichte
8 Sala delle Asse
   Holzschnitzereien von
   Leonardo da Vinci
9/10 Saletta negra
   Skulpturen der Renaissance
11 Sala dei Ducali
   Skulpturen (15. Jh.)
12 Capella Ducale
13 Sala delle Colombine
   Skulpturen (15./16. Jh.)
14 Sala delle Armi
   Waffen
15 Sala degli Scarlioni
   Skulpturen (16. Jh.)

Erdgeschoss ▶ Im Erdgeschoss des Corte Ducale sind besonders das **Reiterstandbild des Bernabò Visconti** (14. Jh.; Saal 2) von Bonino da Campione sehenswert, weiter der Fries der Porta Romana (Saal 6; 1171) von Anselmo da Campione mit der Darstellung ambrosianischer Truppen, die Mailands Kirchen gegen die Arianer verteidigen.

Die Sala delle Asse (Saal 8) ist von **Leonardo da Vinci** illusionistisch in Form einer offenen Eichenlaube ausgemalt worden. Fresken von Malern aus dem der Lombardei sind in der einstigen **Cappella Ducale** (Saal 12) erhalten. In der Sala degli Scarlioni (Saal 15) ist mit der

★
Pietà Rondanini ▶ berühmten Pietà Rondanini das letzte Werk von Michelangelo zu besichtigen, das er 1564 unvollendet lassen musste. Die in ihrer Schlichtheit zeitlos, aber erschütternd wirkende Pietà befand sich bis 1953 im Besitz der Familie Rondanini und wurde dann von der Stadt Mailand gekauft.

1. Stockwerk ▶ Im ersten Stockwerk ist wertvolles Mobiliar aus dem 15. bis 17. Jh. ausgestellt. In einem kleinen gesonderten Raum, der **Camera di Griselda**, sind Fresken aus dem Schloss Roccabianca zu bewundern. Sie zeigen Szenen, die nach dem literarischen Vorbild von Boccaccios »Decamerone« angefertigt wurden. Anschließend kommt man in die **Pinakothek**, in der italienische Gemälde überwiegend aus dem 15. bis 18. Jh., darunter von Bellini, Mantegna, Tintoretto, Canaletto, und Tiepolo, gezeigt werden.

Rocchetta ▶ Im ersten und zweiten Stock der Rocchetta ist eine der größten und bedeutendsten Musikinstrumentensammlungen Europas zu sehen, außerdem Kunsthandwerk aus Glas, Keramik und Porzellan aus verschiedenen Jahrhunderten sowie wissenschaftliche Instrumente des 14. bis 18. Jh.s. Meisterhaft gearbeitet sind die Trivulzio-Gobelins (1503–1509) nach Entwürfen von Bramantino im Ballsaal des ersten Geschosses. Im Untergeschoss sind frühgeschichtliche und ägyptische Sammlungen eingegliedert, die verschiedene Aspekte des Lebens im alten Ägypten beleuchten.

★
◄ Trivulzio-Gobelins

Die Biblioteca Trivulziana, ebenfalls in der Rocchetta untergebracht, gilt als **renommierteste Privatbibliothek Europas**, die über Jahrhunderte von den Generationen der Mailänder Familie Trivulzio zusammengetragen wurde. Die Bibliothek verfügt über 170 000 Handschriften, die bis ins 8. Jh. zurückgehen, Miniaturen und zahlreiche Druckwerke (16. – 18. Jh.).

◄ Biblioteca Trivulziana

Über die Ponte della Barca kommt man in den sich nordwestlich anschließenden Parco Sempione. Öffnungszeiten: tgl. 7.00 – 19.00 Uhr. Das **Aquarium** in der Ostecke des Parks war vor dem Zweiten Weltkrieg eines der bedeutendsten in ganz Europa. Das Jugendstilgebäude (1906) wurde 1943 zerbombt und erst 20 Jahre später wieder eröffnet. In den Becken kann man Meerestiere und Süßwasserfische beobachten. Öffnungszeiten: Di. – So. 9.00 – 17.00 Uhr.

Parco Sempione
🕑

🕑

Eine der ältesten Kirchen der Stadt ist die als ursprünglich frühchristliche, danach Ende des 12. Jh.s als romanische Stufenhalle neu gebaute S. Simpliciano an der gleichnamigen Piazza östlich des Aquariums. Sehenswert ist das Stufenportal mit seinem Figurenschmuck. Über dem linken Eingangsportal sind die Figuren der drei Märtyrer Martirio, Sisinio und Alessandro, die in der Kirche begraben sind, dargestellt. Im Innenraum ist die Apsis mit dem Fresko »Krönung Mariä« (1508) verziert. Alljährlich werden am 29. Mai auf dem Vorplatz der Kirche weiße Tauben losgelassen. Dieser Brauch geht auf eine Legende zurück, derzufolge die Märtyrer

S. Simpliciano

> ❗ *Baedeker* TIPP
>
> **Tramtour**
>
> Nicht nur für Nostalgiker ist die Rundfahrt mit einer alten Straßenbahn (1920) zu empfehlen, die die wichtigsten Sehenswürdigkeiten wie Dom, Santa Maria delle Grazie und der Scala anfährt. Informationen zur Tour gibt es über Kopfhörer und man kann unterwegs aus- und dann wieder zusteigen. Abfahrt: 9.00, 11.00, 13.00 Uhr, Piazza Castello; Informationen: Tram Turistico, Tel. 02 86 71 31.

Martirio, Sisinio und Alessandro während einer Schlacht, in der Barbarossa gegen die lombardischen Kommunen kämpfte, auferstanden und als weiße Tauben auf dem Schlachtfeld für Verwirrung und den Sieg der Lombarden sorgten. Öffnungszeiten: tgl. 7.00 – 12.00, 16.00 – 18.00 Uhr.

🕑

Das Brera-Viertel östlich des Parco Sempione ist **eines der lebendigsten Szeneviertel der Stadt** mit kleineren Straßen, vielen kleinen Geschäften, Boutiquen, Galerien, Bars und Restaurants.

Brera-Viertel

★

Palazzo di Brera

Der Palazzo di Brera mit der Pinakothek (Via Brera 28) ist ein ehemaliger, 1686 vollendeter Jesuitenordenssitz. Nach Verbot des Ordens 1773 wurde bei den Erweiterungen für die Kunstakademie 1784 auch die Pinacoteca in den Baukomplex aufgenommen. Außerdem integrierte man die gotische Kirche S. Maria di Brera, die einst auf Brachland (brayda = brera) lag, in die Anlage – heute noch zu erkennen in der Gemäldesammlung in den Sälen III und IV, die einstmals das Mittelschiff der Kirche bildeten. Im Palazzo di Brera sind heute noch die Kunstakademie und ein Observatorium untergebracht. Durch den Arkadenhof mit einer Statue Napoleons (1809) von Antonio Canova kommt man in die Gemäldesammlung im ersten Stock.

★ ★

Pinacoteca di
Brera ►

Die Pinacoteca di Brera ist **eine der wichtigsten Gemäldegalerien Italiens**. Sie verfügt über eine glänzende Sammlung von Bildern fast aller wichtigen italienischen Maler ab dem 13. Jahrhundert. Im Jahr 1776 ließ **Maria Theresia** im Palazzo di Brera eine Gemäldesammlung zu Studienzwecken für die gerade gegründete Kunstakademie einrichten. Seit 1809 ist die Sammlung für die Öffentlichkeit zugänglich. Die Werke hängen in insgesamt 38 Sälen, von denen nicht immer alle zugänglich sind. Ein Teil der Sammlung stammt von dem aufgelösten Jesuitenorden. Zu sehen ist vorwiegend wertvolle italienische, flämische und holländische Malerei der Renaissance, des Manierismus und des Barock.

Höhepunkte sind: ein Bilderzyklus von Vittore Carpaccio, »Toter Christus« von **Mantegna**, die »Pietà« von **Giovanni Bellini**, »Thronender Petrus« von Cima da Conegliano, Bildnisse von **Tizian**, »Das Wunder des hl. Markus« von Tintoretto, außerdem in einem Sondersaal die berühmte große Tafel der »Madonna mit Heiligen und Frederigo da Montefeltre« von **Piero della Francesca** sowie **Raffaels** weltbekanntes Bild der »Verlobung der Jungfrau Maria«. Nicht minder bekannt sind Caravaggios »Abendmahl in Emmaus«, die Porträts von **van Dyck** und **Rembrandt** sowie die Venedig-Veduten von Bellotto, Canaletto und Guardi. In jüngerer Zeit sind bedeutende Werke ⏰ des 20. Jh.s dazugekommen, darunter Malereien von Boccioni, Morandi und Balla sowie Skulpturen von Marini und Rosso. Öffnungszeiten: Di. – So. 8.30 – 19.15 Uhr.

**Museo del
Risorgimento**

Im Museo del Risorgimento (Via Borgonuovo 23) östlich des Palazzo di Brera wird anhand verschiedener Dokumente und Bildmaterialien die Geschichte der Einigung Italiens vom ersten Feldzug Napoleons ⏰ (1796) bis zum Königreich Italien (1870) gezeigt. Öffnungszeiten: Di. – So. 9.00 – 13.00, 14.00 – 17.30 Uhr.

★

Giardini Pubblici

Östlich des Brera-Viertels kommt man in die Giardini Pubblici, eine hübsche englische Parkanlage. Hier findet man das **Planetarium** sowie das **Civico Museo di Storia Naturale**, Museum für Naturgeschichte, mit einer geologischen, mineralogischen und zoologischen ⏰ Abteilung inklusive Saurierskeletten. Öffnungszeiten: Mo. – Fr. 9.30 bis 13.00, 14.00 – 16.30, Sa., So., Fei. 9.30 – 13.00, 14.00 – 17.30 Uhr.

Pinacoteca di Brera Orientierung

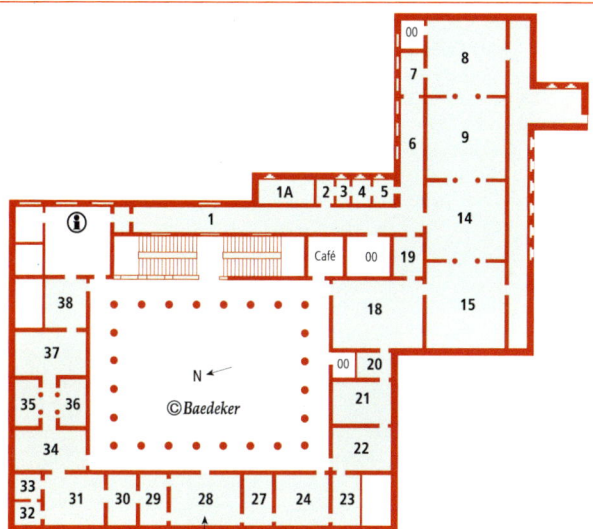

1 Malerei und Skulpturen des 20. Jh.s
(Boccioni, Carrà, De Pisis, Marino Marini, Modigliani, Morandi, Medardo Rosso)

1A Mocchirolo-Kapelle, 14. Jh.

2,3,4 Italienische Malerei, 13.–16. Jh.
(Giovanni da Milano, Andrea di Bartolo, Gentile da Fabriano, Stefano da Verona)

5,6 Venezianische Malerei, 15. und 16. Jh.
(Bellini, Carpaccio, Cima, Liberale, Mantegna)

7 Venezianische Porträts, 16. Jh.
(Lotto, Tizian, Paris Bordon, Moroni)

8 Venezianische Malerei, 15. Jh.
(Giovanni und Gentile Bellini, Cima da Conegliano, Vivarini, Montagna)

9 Venezianische Malerei, 16. Jh.
(Tizian, Veronese, Tintoretto, Jacopo Bassano)

14 Venezianische Malerei, 16. Jh.
(Bonifacio Veronese, Savoldo, Moroni)

15 Lombardische Malerei und Fresken, 15.–16. Jh. (Foppa, Bramantino, Marco d'Oggiono, Gaudenzio Ferrari)

18 Lombardische Malerei, 16. Jh.
(A. Melone, Lomazzo, i Campi)

19 Bilder religiösen Inhalts und lombardische Porträts, 15. und 16. Jh.
(Bergognone, Cesare da Sesto, Luini, Solario)

20 Malerei aus den Nachbarlandschaften Ferrara und Emilia Romana, 15. Jh. (Del Cossa, Tura, Costa)

21 Polyptychen aus den Marken, 15. Jh. (Niccolò, Alunno, Girolamo di Giovanni, Carlo und Vittore Crivelli)

22,23 Malerei aus den Nachbarlandschaften Ferrara und Emilia Romana, 15. und 16. Jh. (De Roberti, Garofalo, Ortolano, Dossi, Corregio)

24 Piero della Francesca, Raffaell, Bramante

27 Malerei Zentral-Italiens, 15. und 16. Jh.
(Genga, Bronzino, Signorelli)

28 Malerei Zentral-Italiens, 17. Jh.
(Carracci, Reni, Guercino, Barocci)

29 Caravaggio und von ihm geprägte Maler

30 Lombardische Malerei, 17. Jh.
(Procaccini, Cerano, Morazzone, Cairo)

31 Niederländische und italienische Malerei, 17. Jh.
(Rubens, Van Dyck, Jordaens, Pietro da Cortona, Strozzi)

32,33 Niederländische Malerei, 16. und 17. Jh.
(Jan de Beer, Rembrandt, Bruegel d. Ä., Santvoort)

34 Bilder religiösen Inhalts, 18. Jh.
(Tiepolo, Subleyras, Batoni)

35 Venezianische Malerei, 18. Jh.
(Piazzetta, Canaletto, Guardi, Bellotto)

36 Italienische Genre-Bilder und Porträts, 18. Jh.
(Crespi, Ceruti, Fra Galgario)

37,38 Italienische Malerei, 19. Jh.
(Appiani, Hayez, Fattori, Pellizza da Volpedo)

Civica Galleria d'Arte Moderna

Die klassizistische Villa Reale (1790) an der Südseite der Giardini Pubblici beherbergt die Civica Galleria d'Arte Moderna mit Gemälden des 19. und 20. Jh.s (Balla, Boccioni, Segantini, Corot, Cézanne, Millet, Gauguin, Manet, Picasso, Modigliani) sowie einer Sammlung mit Skulpturen von Marino Marini. Eingang: Via Palestro 16; Öffnungszeiten: Di. – So. 9.00 – 13.00, 14.00 – 17.30 Uhr.

Im **Padiglione d'Arte Contemporanea** (P.A.C.) nebenan werden wechselnde Ausstellungen zeitgenössischer Künstler gezeigt.

Westliche Innenstadt

★★

S. Maria delle Grazie

Kunsthistorisch sehr bedeutend ist die Kirche der reformierten Dominikanerkongregation S. Maria delle Grazie am gleichnamigen Platz, die durch ihren von **Donato Bramante** entworfenen Ostteil starken Einfluss auf die lombardische Renaissancearchitektur um 1500 hatte. Im angeschlossenen Klosterkomplex befindet sich das weltberühmte Wandbild des Abendmahls von Leonardo da Vinci. Die Kirche wurde zwischen 1463 und 1469 unter Guiniforte Solari gebaut. 1490 wurden Altarraum und Apsis wieder abgerissen, da Ludovico il Moro hier eine Grabkirche für die Sforza einrichten wollte. Mit dem Bau beauftragte er Bramante.

Schon das Äußere von S. Maria delle Grazie ist bestechend: Die Fassade ist fünfachsig aufgebaut und mit einem Renaissanceportal versehen. Im Osten hebt sich mächtig der überkuppelte Vierungsturm mit umlaufendem Galerieband heraus. Eine starke dekorative Wirkung geht von den Materialien in unterschiedlichen Farben aus.

★★

Innenraum ▶

Dem weiten Innenraum merkt man an, dass sich während der relativ kurzen Bauzeit in der Lombardei der Wechsel von der Gotik zur Renaissance vollzogen hat. Man erkennt die gotischen Elemente im Langhaus – Spitzbögen und Kreuzgewölbe – und im Gegensatz dazu den im Stil der Frührenaissance als Zentralbau angelegten östlichen Teil. An den Vierungsblock schließen seitliche Apsiden an, im Osten der Chor, der wiederum in eine Apsis mündet.

Die mächtige Vierungskuppel wurde von Bramante in Farbgebung und Proportionen eindringlich durchgestaltet. Im gesamten östlichen Innenraum dominiert die Kreisform an einzelnen Bauteilen, Verzierungen und den Oberlichtern. Am Ende des linken Seitenschiffs gelangt man in die Gnadenkapelle mit dem Tafelbild der Maria delle Grazie als Schutzmantelmadonna (um 1462).

Der wunderschön mit einem Brunnen und kleinen Bäumen angelegte **Kreuzgang** ist ebenfalls nach Plänen von Bramante gebaut worden. Von hier aus bietet sich noch einmal ein hervorragender Blick auf den Vierungsturm.

★★

Cenacolo Vinciano ▶

Im Refektorium, das man durch einen gesonderten Eingang links der Kirche betritt, ist mit dem **»Abendmahl« von Leonardo da Vinci** eines der berühmtesten Wandbilder der Welt zu sehen (▶ Baedeker Special S. 42). Der Künstler arbeitete von 1495 bis 1498 im Auftrag von Ludovico il Moro an dem »Cenacolo«, das die Nordwand des

Großer Andrang beim »Abendmahl« von Leonardo da Vinci

Refektoriums einnimmt. Dargestellt ist die Abendmahlsszene in dem Moment, als Christus den Jüngern verkündet, einer von ihnen werde sein Verräter sein. Berühmt ist das Bildwerk vor allem wegen der eindrucksvollen Komposition und der fast schon »psychologisierten« Darstellung der Menschen. Die in Aufruhr geratenen Jünger sind in Dreiergruppen gemalt. Petrus neigt sich zu Johannes – die Hand auf seiner Schulter – und hat dabei unbeabsichtigt Judas (4. von links) nach vorne gestoßen, dessen Gesicht dadurch als einziges in den Schatten getaucht ist.

Bei den **Restaurierungsarbeiten** und dem Abtragen der nachträglichen Übermalungen wurde die ursprüngliche Lichtführung wieder deutlich: Im Bild scheint das Licht durch die Fenster an der Westseite des Refektoriums einzufallen. Für die Mönche im Refektorium muss die Wirkung des sich nach hinten öffnenden Raumes – also eine Verlängerung ihres eigenen Speisesaals – damals immens gewesen sein (▶ Baedeker Special S. 42). Man sollte die Besichtigung schon vor Reiseantritt buchen, da die Termine über Wochen ausgebucht sind.- Tel. 02 89 42 11 46; www.milano24ore.de.

Im Museo Nazionale della Scienza e della Tecnica Leonardo da Vinci (Via S. Vittore 21) südlich der Kirche sind architektonische und technische Modelle zu sehen, die nach Entwürfen Leonardos (1452 bis 1519) gebaut wurden. Ein Großteil des Museums ist allerdings der technischen Entwicklung von der Zeit Leonardos bis ins 20. Jh. gewidmet. Öffnungszeiten: Mi. – Fr. 9.30 – 17.00, Sa., So. 9.30 bis 18.30 Uhr.

★
Museo Nazionale della Scienza e della Tecnica Leonardo da Vinci
🕐

★★
S. Ambrogio

S. Ambrogio, Mailands ehrwürdigste Kirche, steht an der Piazza S. Ambrogio, etwas östlich des Museums. Auf einem frühchristlichen Friedhofsareal entstand im 12. Jh. der **bedeutendste Sakralbau der lombardischen Romanik**. Namensgebend war der **Bischof Ambrosius** (▶Berühmte Persönlichkeiten), der die Kirche bis 386 errichten ließ. Seit seiner Beisetzung 397 werden seine Gebeine in der Krypta verehrt. Im 8. Jh. wurde die Kirche einem Benediktinerkloster angeschlossen, im 9. Jh. baulich erweitert und im späten 11. Jh. nochmals umgestaltet. Nach religiösen und politischen Wirren sowie Bauschäden folgte im Verlauf des 12. Jh.s ein weitgehender Neubau, der 1196 abgeschlossen war.

Um 1400 nahm Kapellenanbauten und Innenausgestaltungen im gotischen Stil vor. Im späten 15. Jh.s entwarf Donato Bramante zwei Kreuzgänge sowie den Arkadengang an der nördlichen Kirchenwand, den Portico della Canonica. Durch das weite Atrium, Ort der Reinigung und Sammlung der Gläubigen, gelangt der Besucher zur Westfassade, die von zwei Glockentürmen, dem vorromanischen Campanile dei Monaci (9. Jh., rechts) und dem romanischen Campanile dei Canonici (12. Jh., links) mit Blendbögen flankiert wird. Das Hauptportal ist mit reichhaltiger lombardischer Dekoration – dem typischen Flechtband und verschiedenen Tierskulpturen – geschmückt; die Türflügel wurden im 18. Jh. vollendet, sie zeigen die Geschichte von David und Saul.

Innenraum ▶

Das dreischiffige Langhaus von S. Ambrogio ist der älteste Teil der gesamten Anlage. Hauptschiff und Seitenschiffe sind durch ein Kreuzgewölbe überspannt, im Hauptschiff weitet sich die Kirchendecke zu einer Vierungskuppel, der Chor wird von einer niedrigeren Tonnendecke überwölbt. Beachtenswert ist der schöne **Kapitellschmuck**. Unter der Vierung fällt das **Ziborium** ins Auge, der von römischen Porphyrsäulen getragene Altarbaldachin (frühes 12. Jh.). Darunter steht der **Altare d'Oro** (9. Jh.), berühmt durch den Paliotto, die karolingische Altarverkleidung mit thronendem Christus, Szenen zu seiner Geburt und Passion als Reliefarbeiten aus vergoldetem Silberblech.

Ein weiteres Schmuckstück der Kirche ist die **Marmorkanzel** (1212), die aus verschieden alten Stücken zusammengesetzt wurde. Darunter steht der Sarkophag für Flavius Stilicho aus frühchristlicher Zeit, der nach dem Tod des Kaisers Theodosius 395 Regent für den minderjährigen weströmischen Kaiser Honorius war. In der Krypta unter dem Chor werden die Gebeine der Hll. Ambrosius, Gervasius und Protasius verwahrt.

Durch die letzte Kapelle im rechten Seitenschiff kommt man zur **Grabkapelle S. Vittore in Ciel d'Oro** (4./5. Jh.), die wegen ihrer sehr alten Mosaiken bekannt ist, die etwa auf das Jahr 470 datiert werden. Zu sehen ist eines der frühesten Bildnisse des hl. Ambrosius überhaupt. Vom linken Seitenschiff aus hat man Zugang zum Portico della Canonica von Bramante. Öffnungszeiten: Mo. – Sa. 7.00 – 12.00, 14.30 – 19.00 So. 7.00 – 13.00, 15.00 – 20.00 Uhr.

Ein Ort der Ruhe im Stadtgetümmel: der Innenhof von S. Ambrogio

Vom Portico della Canonica aus kommt man in das Museo di S. Ambrogio, in dem die Geschichte der Kirche erläutert wird sowie sakrales Gerät und Kunstwerke gezeigt werden. Öffnungszeiten: Mo., Mi., Do., Fr. 9.30 – 12.00, 14.30 – 17.00, Sa., So. 15.00 – 17.00 Uhr.

◄ Museo di S. Ambrogio ⏀

Das Museo della Criminologia e Armi Antiche gegenüber dem Eingang von S. Ambrogio zeigt die jahrhundertealte Geschichte der Folter. Vor dem Museum hängt ein Käfig, der an eine Hinrichtungsmethode des Mittelalters erinnert: Verurteilte wurden in Käfigen zur Schau gestellt, bis sie verhungerten. Öffnungszeiten: tgl. 10.00 bis 13.00, 15.00 – 19.30 Uhr.

Museo della Criminologia e Armi Antiche
⏀

Am Corso Magenta 15 ist in dem früheren Benediktinerinnen-Kloster Monastero Maggiore ein kleines archäologisches Museum untergebracht, in dem Ausgrabungsfunde der etruskischen, römischen und griechischen Kultur ausgestellt werden. Öffnungszeiten: Di. – So. 9.30 – 17.30 Uhr.

Museo Archeologico
⏀

Südliche Innenstadt

S. Lorenzo Maggiore (Corso do Porta Ticinese 39), der auf einen Bau Mitte des 4. Jh.s zurückgeht, ist **einer der ältesten Zentralbauten des Christentums**. Durch einen Brand im 11. Jh. wurde die Kirche zerstört und durch einen romanischen Neubau bis 1104 ersetzt. Auf dem Kirchenvorplatz mit Bronzestatue Kaiser Konstantins fällt als Erstes eine Reihe von 16 **Kolossalsäulen** ins Auge, die aus der rö-

✶ ✶
S. Lorenzo Maggiore

Die romanische Kirche S. Lorenzo Maggiore hinter römischen Säulen

mischen Kaiserzeit stammen, wohl aus einer Thermenanlage. Im 4 Jh. wurden sie hierher versetzt, da sie in den Eingangsbereich der Kirche integriert werden sollten. Die Vorhalle und die klassizistische Westfassade stammen aus dem 19. Jahrhundert. Die Kuppel wurde nach einem Einsturz im 16. Jh. durch den Architekten Martino Bassi im Renaissancestil erneuert. Wer sich einen Eindruck von dem ursprünglichen Bau verschaffen möchte, sollte um die Kirche herumgehen und sich die Ostseite genauer ansehen. Beeindruckend ist die **Raumwirkung** der zentral aufgebauten Kirche. Der auf das Rund unter der Kuppel konzentrierte Innenraum wird durch den Umgang mit doppelgeschossigen Exedren, apsisähnlichen Erweiterungen, vergrößert. Die südliche Exedra öffnet sich zum Baptisterium, bestehend aus dem Vorraum und der Cappella di S. Aquilino. Die Mosaiken und Wandmalereien stammen aus dem späten 4. Jahrhundert. Hinter dem Hochaltar kann man einen Blick in die Cappella di S. Ippolito (frühes 6. Jh.) werfen. In die Ecken sind römische Säulen integriert. Als Letztes gelangt man in die nördliche Cappella di S. Sisto (um 500). Öffnungszeiten: tgl. 7.30 – 18.30 Uhr.

S. Eustorgio S. Eustorgio etwas südlich geht auf eine frühchristliche Anlage des 4. Jh.s zurück, wo 349 der neunte Bischof von Mailand, der Grieche Eustorgios beigesetzt wurde. Im 11. Jh. integrierte man die Reste dieser Kirche in einen Neubau. Eine nochmalige Erneuerung geschah ab 1218, als sie Klosterkirche der Dominikaner wurde. Diese errichteten um 1300 den Glockenturm, der mit fast 80 m der **höchste Campanile Mailands** ist. Im 15. Jh. folgten mehrere Kapellen, darunter auch die bekannte Cappella Portinari am Chorscheitel.

Innenraum ▶ Der Innenraum von S. Eustorgio besteht aus drei mit Kreuzgewölben überspannten Schiffen. Die Kapellen im rechten Seitenschiff beherbergen einige Visconti-Gräber, besonders eindrucksvoll ist das zweigeschossige spätgotische **Wandgrab in der Visconti-Kapelle** (um 1360, 4. Kapelle). In dem Sarkophag in der **Cappella dei Magi** im südlichen Querschiff sollen die aus Byzanz stammenden Gebeine der Heiligen Drei Könige aufbewahrt worden sein, bevor sie 1164 – nach der Eroberung Mailands durch Friedrich Barbarossa – nach Köln überführt wurden.

Die Chorscheitelkapelle wurde zwischen 1462 und 1468 als überkuppelter Zentralbau der Renaissance von Michelozzo für den Bankier Pigello Portinari als Grabkapelle geschaffen. Geschmückt ist sie mit Fresken von Vincenzo Foppa. Auffallend ist das überdimensionale **Marmorgrab des hl. Petrus Martyr**, des 1252 ermordeten und ein Jahr später heilig gesprochenen Inquisitors für Mailand, in der Raummitte, das Giovanni Balduccio 1339 schuf und als Hauptwerk der gotisch-lombardischen Bildhauerei des 14. Jh.s gilt. Öffnungszeiten: tgl. 7.45 – 12.00, 15.00 – 18.30 Uhr.

✳
◀ Cappella
Portinari

🕐

Unweit südwestlich von S. Eustorgio, jenseits der Porta Ticinese liegt das Navigli-Viertel, das für seine vielen kleinen Restaurants, Musikkneipen und reges nächtliches Leben bekannt ist. In der Darsena, dem einstigen Binnenhafen, kommen die Kanäle Naviglio Grande und Naviglio Pavese zusammen, die beiden einzigen verbliebenen eines einst weit verzweigten Kanalnetzes. Mit dem Bau des Naviglio Pavese, der bei Pavia in den Ticino mündet und somit zum Po führt,

✳
Navigli-Viertel

Abendliches Treiben am Kanal im Navigli-Viertel

war Mailand mit dem Mittelmeer verbunden. Eine wichtige Funktion hatte auch der Naviglio Grande, ein vom Ticino abgezweigter Kanal, der im 14. Jh. bis ins Zentrum von Mailand gelegt wurde. Um 1200 begann man mit dem Bau des Wasserwegs, 1257 wurde er bis an den Stadtrand weitergeführt und 1395 baute man ihn weiter bis ins Zentrum in Domnähe. Auf dem Kanal wurden dann die Baumaterialien für den Dom per Schiff direkt zur Baustelle transportiert. Dieser Teil des Kanals wurde später zugeschüttet.

Außerhalb des Zentrums

Stazione Centrale

Der im Nordosten der Stadt gelegene Hauptbahnhof, von 1912 bis 1931 von Ulisse Stacchini gebaut, ist **einer der größten Kopfbahnhöfe Europas**. Die Gleisanlagen werden von einer imposanten Glas-Eisen-Konstruktion überwölbt. Fassadengestaltung und Innenausstattung sind durch eine Mischung aus Jugendstil und monströsem Neoklassizismus gekennzeichnet. Gegenüber dem Bahnhof ragt auf bootsförmigem Grundriss das 32-stöckige **Pirelli-Hochhaus** in die Höhe (127 m), das von 1955 bis 1958 nach Plänen u. a. von Gio Ponti errichtet wurde.

Cimitero Monumentale

Durchaus lohnend ist ein Gang über den Cimitero Monumentale, in dem wohlhabende Mailänder ihre letzte Ruhe gefunden haben. Der Friedhof wurde 1866 angelegt und gleicht mit der Vielzahl an Bauten fast einer Totenstadt: kleine Tempel, Oktogone, Rundkirchen – die gesamte lombardische Architektur scheint hier vertreten. Besonders sehenswert sind die Gräber der Familien Campari, Toscanini und Motta. Der Dichter **Alessandro Manzoni** ist in der Friedhofskapelle begraben. Öffnungszeiten: Di. – So. 8.00 – 18.00 Uhr.

Abtei Chiaravalle

5 km südöstlich vom Stadtzentrum, an der Kreuzung Via Sant' Arialdo/Via S. Bernardo, steht die 1126 von **Bernhard von Clairvaux** gegründete Abtei Chiaravalle Milanese. Sie gilt als ein typisches Beispiel der von den Zisterziensern nach Norditalien gebrachten französischen Gotik. Charakteristisch für die Klosterbauten der Zisterzienser ist allergrößte Einfachheit und Schmucklosigkeit, das wird auch an der Fassade der **Abteikirche S. Maria** deutlich. Lediglich der kunstvoll gearbeitete Vierungsturm der Kirche macht eine Ausnahme. Ein weiteres Charakteristikum der Zisterzienserkirchen ist der eckige Chor. Nur noch teilweise im ursprünglichen Zustand sind Kreuzgang und Kapitelsaal erhalten geblieben. Öffnungszeiten: Mo. – Sa. 9.00 – 11.00, 15.00 – 18.00, So. ab 11.00 Uhr.

! *Baedeker* TIPP

Antiquitäten

Liebhaber von Antiquitäten sollten sich Bollate merken. In diesem Stadtteil findet sonntags ein riesiger Antiquitätenmarkt statt. Der Markt zieht sich entlang des Naviglio Grande vom Viale Gorizia bis zur Brücke in der Via Valenza. Man kann mit der S-Bahn nach Bollate fahren.

✳ ✳ Mantua · Mantova

Provinzhauptstadt   **Höhe:** 20 m ü. d. M.
Einwohnerzahl: 49 000

Allein die Lage von Mantua am Ufer der Seen ist bestechend. Hinzu kommen die gut erhaltenen historischen Bauten und Plätze; sehr schöne Zeugnisse der Renaissance sind die vielen Arkaden, alle mit unterschiedlichen Kapitellen.

Das geschichtsträchtige Mantua ist eine wohlhabende Stadt. Die Provinz Mantua lebt von der Chemieindustrie und Erdölvorkommen, vor allem aber von einer einträglichen Agrarwirtschaft, denn ein Großteil des berühmten Parma-Schinkens wird hier produziert. Die Gründung Mantuas wird **Manto**, der Tochter des Sehers Teiresias aus Theben zugeschrieben, die das schöne Fleckchen entdeckt und dort gelebt haben soll. Der wurde später nach ihr benannt.

Stadt der Manto

Der etwas erhöht inmitten eines ausgedehnten Sumpfgebietes gelegene Platz war bereits von den Etruskern bewohnt. Als römische Colonia für Veteranen wurde eine Neubesiedlung unter Octavian 41 v. Chr. vorgenommen. Lange Zeit war die Stadt eine Insel, erst im 12. Jh. wurde der Mincio reguliert, und Mantua entwickelte sich auf einer Landzunge weiter. Ihre kulturelle Blüte erlebte die Stadt ab dem 10. Jh. als wichtiger Sitz in der Markgrafschaft bis zum Tod der letzten Markgräfin Matilde di Canossa (gest. 1115). Danach vollzog sich die Entwicklung zur freien Kommune, bis ab 1273 die Bonacolsi in der Stadt herrschten. Ab 1328 übernahmen die **Gonzaga** dasRegiment. Im Jahr 1707 errangen die österreichischen Habsburger die Macht. Die zahlreichen Kulturschätze, die heute in Mantua zu besichtigen sind, entstanden vor allem während der 300-jährigen Herrschaft der Gonzaga. Dieses Geschlecht vermehrte Macht und Reichtum zielstrebig durch entsprechende Heirat oder geschickte Beziehungen zur Kirche – mehrere Gonzaga wurden Kardinäle.
Bedeutende Architekten wie Leon Battista Alberti und später der Raffael-Schüler Giulio Romano wurden nach Mantua geholt, als Hofmaler waren Antonio Pisanello, Andrea Mantegna und Peter Paul Rubens tätig, als Musiker arbeitete Claudio Monteverdi (►Berühmte Persönlichkeiten) am Hof der Gonzaga. Die größte Blüte erlebte der Hof während der Renaissance unter **Francesco II.** (1466 – 1519) und **Isabella d'Este** (►Berühmte Persönlichkeiten) sowie deren Sohn Federico II. (1500 – 1540). Der Mantuaner Erbfolgekrieg (1627 – 1631) jedoch verwüstete die Stadt. Im Jahr 1708 übernahmen nach dem Tod des letzten Gonzagas Ferdinando Carlo die österreichischen Habsburger die Macht, bei denen Mantua – abgesehen von der Zeit Napoleons I., der hier 1810 den Tiroler Freiheitshelden **Andreas Hofer** erschießen ließ – bis 1866 verblieb.

Geschichte

Mantua Orientierung

1 Pal. Bianchi
  Pal. Vescovado
2 Pal. Bonacolsi-
  Castiglioni
3 Pal. Guerrieri
4 Pal. d. Podestà
5 Pal. d. Ragione
6 Piazza delle Erbe

©Baedeker

Essen
① Taverna S. Barbara
② L'Ochina Bianca
③ Ristorante Pavesi

Übernachten
① Rechigi
② Bianchi Stazione

Sehenswertes in Mantua

Piazza delle Erbe

✳ Auf der Piazza delle Erbe wird heute noch der Markt abgehalten. Ihr Name erinnert daran, dass sich seit dem Mittelalter hier ein Gemüse- und Kräuterverkaufsplatz befand.

Rotonda di
S. Lorenzo ▶

✳ Die Rotonda di S. Lorenzo steht an der Südecke des Platzes. **Markgräfin Matilde di Canossa** ließ sie im späten 11. Jh. bauen. Seit 1579 profaniert, war sie jahrhundertelang völlig zugebaut. 1926 wurde die Kirche wieder eröffnet. Die Basis des Gebäudes liegt knapp 2 m tiefer als der heutige Platz. Die kreisrunde zweigeschossige Kuppelrotunde aus Backstein mit halbkreisförmiger Apsis enthält zwei Säulen aus römischer Zeit, Würfelkapitelle und Überreste von Fresken. Rechts in der Apsis ist eine Darstellung des Martyriums des hl. Laurentius zu sehen. Öffnungszeiten: Sommer Mo. – Sa. 10.00 – 13.00, 15.00 bis 19.00, So. 10.00 – 18.00 Uhr.

► MANTUA ERLEBEN

AUSKUNFT

I. A. T.
Piazza Mantegna 6, I-46100 Mantova
Tel. 03 76 43 24 32, Fax 03 76 43 24 33
www.turismo.mantova.it

ESSEN

► Erschwinglich

① *Taverna S. Barbara*
Piazza S. Barbara 19
Tel. 03 76 32 94 96
Geschl. Mo., Di.abends
Typisch mantuanische Küche; man
sitzt in einem Innenhof des Palazzo
Ducale oder in der gepflegt-gemütli-
chen Taverne.

② *L'Ochina bianca*
Via Finzi 2
Tel. 03 76 32 37 00
Geschl. Mo., So.abend, Aug.
www.ochinabianca.it
Moderne, angenehm eingerichtete
Osteria, in der eine Riesenauswahl an
Gerichten angeboten wird; reichhal-
tige Weinkarte.

③ *Ristorante Pavesi*
Piazza Erbe 13
Tel. 03 76 32 36 27

Geschl. Do.
Kaum zu übersehen: Mitten im Trubel
der Piazza delle Erbe liegt dieser
sympathische Familienbetrieb;
angeboten werden mantuanische
Kost, verschiedene Nudel- und
Fleischgerichte, aber auch Salate; zum
Kaffee wird der leckere Streuselkuchen Sbrisolona gereicht.

ÜBERNACHTEN

► Komfortabel

① *Rechigi*
Via Calvi 30
Tel. 03 76 32 07 81
Fax 03 76 22 02 91
www.rechigi.com.
Modernes, schick eingerichtetes Hotel
mit zeitgenössischer Kunstsammlung.

► Preiswert

② *Bianchi Stazione*
Piazza Don Leoni 24
Tel. 03 76 32 64 65
Fax 03 76 32 15 04
www.albergobianchi.com, 51 Z.
Sehr gut und sympathisch geführtes
Hotel gegenüber vom Bahnhof; viele
Zimmer gehen auf den stillen Innen-
hof hinaus; Parkplatz vorhanden.

Der Palazzo della Ragione, das frühere Rathaus, an der Nordostseite
der Piazza wurde im 13. Jh. mit frühgotischen Stilelementen gebaut.
Wie auch an anderen Palästen in Mantua fallen die Code di rondine,
die so genannten Schwalbenschwanzzinnen, ins Auge. Erst in der Re-
naissancezeit wurde der Arkadengang eingefügt. Im Obergeschoss
sind noch Fresken aus der ersten Bauperiode erhalten.

◄ Palazzo
della Ragione

Der Torre dell' Orologio wurde 1473 nach Plänen von Luca Fancelli,
dem damaligen Hofarchitekten der Gonzaga, neben dem Palazzo della Ragione erbaut. Die großartige astronomische Uhr konstruierte
der Mathematiker, Mechaniker und Astrologe Bartolomeo Manfredi.
Sie diente nicht nur der exakten Zeitangabe, sondern gab auch astro-
logische Auskünfte für den Verlauf des Tages und Monats sowie über

◄ Torre dell'
Orologio

Wunderschöne Abendstimmung über Mantua

Einflüsse auf die Landwirtschaft. Die Madonna auf der Mondsichel (spätes 16. Jh.) steht als Symbol für den Sieg des Christentums über die Ungläubigen.

★★

S. Andrea ▶

An der gegenüberliegenden Platzseite erhebt sich die Kirche S. Andrea, deren Fassade zur kleinen Piazza A. Mantegna weist. An der Stelle eines Benediktinerklosters, von dem noch der im frühen 15. Jh. gebaute spätgotische Campanile stammt, wurde die Kirche ab 1472 nach Entwürfen von Leon Battista Alberti gebaut. Sie gilt als **Initialwerk der Renaissance in der Lombardei** – das hier verwirklichte räumliche Konzept hat über lange Zeit die Baugeschichte geprägt. Die Fassade, ein Portikus mit hohem Rundbogen, Pilastern und Giebel, vereint in der Gestaltung antike Tempelfront und Triumphbogen. Im **Innern** wird das Fassadenmotiv auf jeder Seite des Kirchenschiffs zweimal wiederholt, der hohe Rundbogen birgt nun die Seitenkapellen. Neuartig an Albertis Konzept ist der Einheitsraum, der in der Vierung seinen Mittelpunkt erhält. Der Triumphbogen setzt sich im Innern als kassettiertes Tonnengewölbe fort. Die Freskierung erfolgte um 1550 nach Entwürfen von Giulio Romano. Die Kuppel wurde erst zwischen 1733 und 1756 nach Plänen von Filippo Juvarra aufgebaut. In der ersten Seitenkapelle links ist das Grab von **Andrea Mantegna** zu sehen, der 1506 in Mantua starb. Berühmt ist die Büste des Malers, die als sein Selbstporträt erachtet wird. Die Krypta von

S. Andrea verwahrt die **Blutreliquie**. Die angeblich mit Blutstropfen von Jesus Christus getränkte Erde wurde der Legende nach vom hl. Longinus nach Mantua gebracht und war Eigentum der Gonzaga. Die Blutreliquie wird den Gläubigen nur einmal im Jahr bei einer Karfreitagsprozession gezeigt.

Östlich der Piazza delle Erbe steht an der Via Accademia 47 der Palazzo dell' Accademia Virgiliana, der 1767 gebaut und kurze Zeit später im klassizistischen Stil verändert wurde. Die Mantuaner Akademie für Dichtung und Kunst war von der Habsburger Regentin Maria Theresia besonders gefördert worden. Im Innern ist der **Teatro Bibiena**, das über 400 Sitzplätze verfügt, noch unverändert aus der ersten Bauphase erhalten, die in den Jahren 1767 bis 1769 unter Leitung von Antonio Galli Bibiena dauerte. Zur Einweihung des spätbarocken Theaters Bibiena holte man eigens den jugendlichen **Wolfgang Amadeus Mozart** für ein Konzert nach Mantua. Öffnungszeiten: Di. – So. 9.00 – 12.00, 15.00 – 18.00 Uhr.

Palazzo dell' Accademia Virgiliana

! *Baedeker* TIPP

Bootsausflüge

Vom Wasser wirkt Mantua besonders prächtig. Im Sommer werden Bootsausflüge zur Lotusblumen-Insel angeboten. Längere Fahrten führen zum Po. Auskunft: Tel. 03 76 32 28 75, www.motonaviandes.it.

Piazza Broletto: Hier kann man den Tag angenehm ausklingen lassen.

Piazza Broletto

In der Verlängerung der Piazza delle Erbe schließt sich nordöstlich die kleine Piazza Broletto mit dem ursprünglich romanischen, im 15. Jh. im Renaissancestil veränderten Palazzo del Podestà an, in dem heute das Konservatorium von Mantua untergebracht ist. Die **Torre Civica** an der Ecke ist noch aus dem Mittelalter erhalten. An der Nordseite ist neben dem Durchgang zur Piazza delle Erbe eine Darstellung des Vergil aus dem 13. Jh. zu sehen.

Torre della Gabbia

An der Ecke zur Via Cavour steht einer der alten Geschlechtertürme, die von den kämpferischen Auseinandersetzungen zwischen Ghibellinen und Guelfen zeugen – die verfeindeten Familien errichteten damals Wehrtürme, die auch als Zuflucht dienten. Die um 1300 gebaute Torre della Gabbia (»Käfigturm«) erhielt seinen Namen nach einer damals verbreiteten Hinrichtungsmethode: An dem Turm war ein Käfig angebracht, in dem Verurteilte zur Schau gestellt wurden, bis sie langsam verdursteten und verhungerten.

Piazza Sordello

Ältester Platz in Mantua ist die lang gestreckte Piazza Sordello. Über Jahrhunderte war hier der Regierungssitz der Gonzaga und damit das kulturelle und politische Zentrum.

In der Nordecke der Piazza steht der Dom, dessen Baubeginn um 1131 lag. Von der romanischen Kathedrale ist heute nur noch der Campanile (1140) erhalten. Der Dom war ursprünglich als dreischiffige Basilika errichtet worden und wurde unter Francesco I. Gonzaga im gotischen Stil verändert; im 18. Jh. ist die Fassade im barocken Stil nochmals umgestaltet worden, gotisch ist nur noch die rechte Außenmauer. Der **Innenraum** wurde im 16. Jh. fünfschiffig umgebaut. Im linken Querschiff befindet sich die Sakramentskapelle (1784) im klassizistischen Stil. Der Entwurf der Incoronata-Kapelle (um 1482) davor wird Leon Battista Alberti zugeschrieben.

★
◄ Duomo
di S. Pietro

★ ★ Palazzo Ducale

An der Ostseite der Piazza Sordello erstreckt sich das Prunkstück der Stadt Mantua, **Italiens größte Schlossanlage**: der Palazzo Ducale. Nur schwer lässt sich von außen die immense Größe der Gonzaga-Residenz erahnen. Durch ein kleines Tor betritt man den Palazzo und befindet sich damit in einem riesiten Gebäudekomplex, der acht Großbauten umfasst.

🕐
Öffnungszeiten:
Di. – So.
8.30 – 19.00

◄ www.mantova
ducale.it

Palazzo Ducale Orientierung

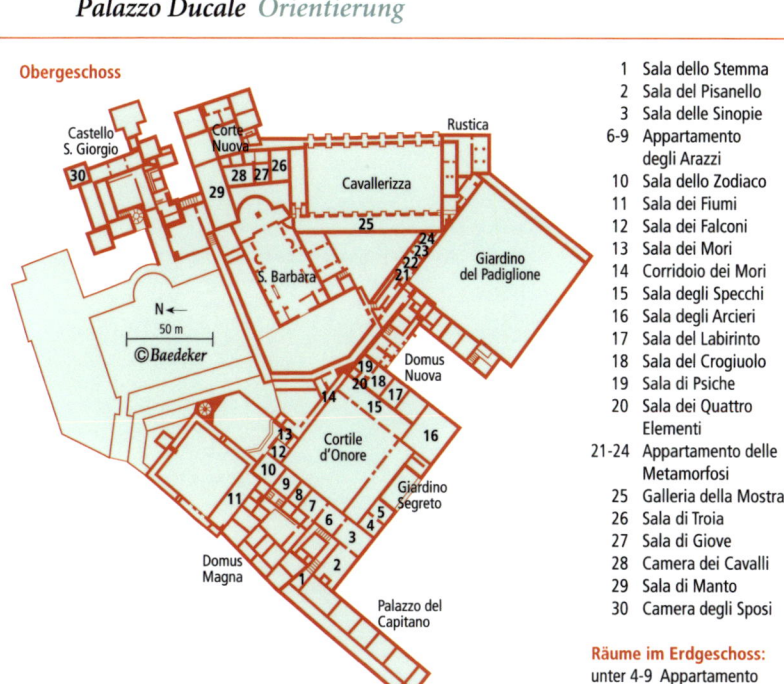

Obergeschoss

Castello S. Giorgio
Corte Nuova
Rustica
Cavallerizza
S. Barbàra
Giardino del Padiglione
N ◄
50 m
© Baedeker
Domus Nuova
Cortile d'Onore
Giardino Segreto
Domus Magna
Palazzo del Capitano

1 Sala dello Stemma
2 Sala del Pisanello
3 Sala delle Sinopie
6-9 Appartamento degli Arazzi
10 Sala dello Zodiaco
11 Sala dei Fiumi
12 Sala dei Falconi
13 Sala dei Mori
14 Corridoio dei Mori
15 Sala degli Specchi
16 Sala degli Arcieri
17 Sala del Labirinto
18 Sala del Crogiuolo
19 Sala di Psiche
20 Sala dei Quattro Elementi
21-24 Appartamento delle Metamorfosi
25 Galleria della Mostra
26 Sala di Troia
27 Sala di Giove
28 Camera dei Cavalli
29 Sala di Manto
30 Camera degli Sposi

Räume im Erdgeschoss:
unter 4-9 Appartamento di Isabella

PALAZZO DUCALE

✷ ✷ An der Ostseite der Piazza Sordello erstreckt sich das Prunkstück
Mantuas, Italiens größte Schlossanlage: der Palazzo Ducale. Nur schwer
lässt sich von außen die immense Größe der Gonzaga-Residenz erahnen.
Durch ein kleines Tor betritt man einen Gebäudekomplex, der fast eine
Stadt in der Stadt darstellt und eine Gesamtfläche von 34 000 m² einnimmt.
Der Palast besteht aus acht Großbauten mit mehr als 500 Sälen und Zimmern
sowie 15 Gärten und Innenhöfen.

🕐 Öffnungszeiten:
Di.–So. 8.30–19.00 Uhr

① Sala dello Stemma
Im Wappensaal hängt ein Gemälde von Domenico
Morone, auf dem die Vertreibung der Bonacolsi
durch die Gonzaga im Jahr 1328 gezeigt wird.
Eine Vedute der Piazza Sordello diente im 20. Jh.
bei den Renovierungsarbeiten am Palazzo Ducale
als Vorlage.

② Sala del Pisanello
Reste von Wandmalereien zeigen Teile eines
Freskenzyklus (um 1440) von Antonio Pisanello
zum Leben am Artushof. Die Gonzaga fühlten sich,
da sie im Besitz der Blutrelique waren, der ritterlichen Artuswelt und der Gralssage verbunden.

③ Appartmento degli Arazzi
In vier Sälen hängen Brüsseler Wandteppiche aus
dem 16. Jh., die nach Entwürfen von Raffael für
Papst Leo X. gearbeitet wurden. Kardinal Ercole
Gonzaga erwarb sie für die Schlosskirche.

④ Sala dello Zodiaco
Namengebend ist ein Gemälde (um 1579) von
Lorenzo Costa il Giovane an der Saaldecke, das
Diana im Tierkreis zeigt. Napoleon soll hier einst
übernachtet haben.

⑤ Sala dei Fiumi
Der »Saal der Flüsse« wurde für Festessen
genutzt. An den Wänden sind allegorische
Darstellungen der sechs Flüsse der damals
größeren Provinz Mantua zu sehen. Vom Saal aus
hat man Einblick in einen hängenden Garten, den
der Architekt Pompeo Pedemonte im 16. Jh. für
Gäste des Hofes angelegt hatte.

⑥ Sala degli Specchi
Im Spiegelsaal sind die Spiegel heute nicht mehr
vorhanden. Die manieristischen Deckengemälde
stammen von Mantuaner Malern aus dem späten
16. Jh., die Wanddekorationen von 1779. Außerordentlich gelungen ist der Trompe-l'œil-Effekt

der Pferdegespanne an den Enden des Saals, die
dem Betrachter beim Gang durch den Saal folgen,
sowie die Frauenfigur mit Reif in der Hand (5. Bild
links), deren Arm sich ebenfalls stets dem Besucher entgegenstreckt, egal wo er sich befindet.

⑦ Sala degli Arcieri
Im Saal der Bogenschützen sind wertvolle Gemälde des 17. Jh.s zu sehen, darunter von Rubens
eine Darstellung der Familie Gonzaga in Anbetung der Hl. Dreieinigkeit.

⑧ Cavallerizza
Hier waren ehedem die berühmten Pferde des
Gonzaga-Gestüts zu begutachten.

⑨ Galleria della Mostra
In der Galleria della Mostra war die bedeutende
Gemäldesammlung der Gonzaga untergebracht.
Einige wurden durch Brände zerstört, die übrigen
sind in europäischen Museen zu sehen. Heute
sind hier römische Skulpturen ausgestellt.

⑩ Camera degli Sposi
Eine der Hauptsehenswürdigkeiten, von Andrea
Mantegna 1465–1474 ausgemalt, befindet sich
im Castello S. Giorgio. An den Wänden sind die
Familienmitglieder der Gonzaga zu sehen, über
der Eingangstür tragen Putten eine Widmungs-
inschrift. Auf einem der Pilaster hat sich der
Künstler in einem kleinen Selbstbildnis verewigt.

⑪ Appartmento di Isabella
Nach dem Tod ihres Mannes zog Isabelle d'Este in
die Corte Vecchia um. In ihrem als Studierzimmer
genutzten Studio mit Kassettendecke und in der
Grotta sind Holzintarsien mit Musikinstrumentendarstellungen und Stadtveduten sowie eine römische Büste der Faustina erhalten. Das herausragende Marmorportal stammt von Cristoforo
Romano. Interessant sind die dargestellten Leitsprüche Isabellas: »Nec spe, nec metu« (»Weder
aus Hoffnung noch aus Furcht«) und die Notenlinien mit Pausenzeichen – ein Ausdruck des
Schweigens.

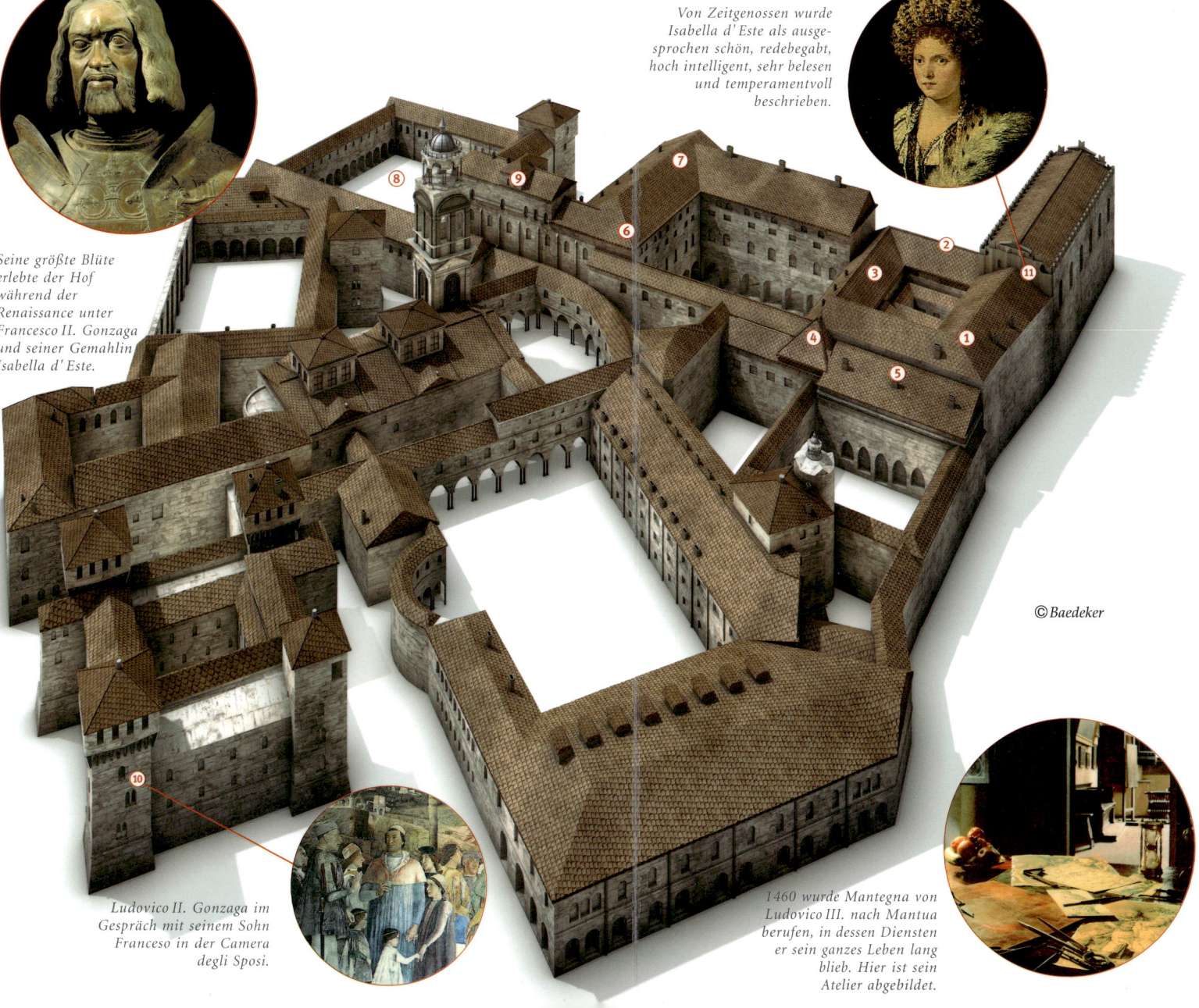

Von Zeitgenossen wurde Isabella d' Este als ausgesprochen schön, redebegabt, hoch intelligent, sehr belesen und temperamentvoll beschrieben.

Seine größte Blüte erlebte der Hof während der Renaissance unter Francesco II. Gonzaga und seiner Gemahlin Isabella d' Este.

© Baedeker

Ludovico II. Gonzaga im Gespräch mit seinem Sohn Franceso in der Camera degli Sposi.

1460 wurde Mantegna von Ludovico III. nach Mantua berufen, in dessen Diensten er sein ganzes Leben lang blieb. Hier ist sein Atelier abgebildet.

Die einzelnen Bauten, aus denen sich der Palazzo Ducale zusammensetzt, entstanden zwischen dem 13. und 17. Jahrhundert. Die ersten Paläste waren das Domus Magna im Jahr 1299 und der Palazzo del Capitano 1308. Ab 1395 wurde zur Abwehr von Angriffen der benachbarten Visconti die Verteidigungsanlage Castello S. Giorgio gebaut, ein gutes Beispiel spätgotischer Befestigungsarchitektur. Zwischen 1480 und 1484 entstanden das Domus Nuova, um 1539 die Corte Nuova sowie die Rustica. Mit der Cavallerizza und der Palastkirche S. Barbara wurden 1565 die Hauptarbeiten an dem Schlosskomplex beendet.

Besichtigung Der Eingang des Palazzo Ducale liegt an der Piazza Sordello. Nur ein kleiner und nach Jahreszeit wechselnder Teil der Anlage steht zur Besichtigung offen. Die in der folgenden Beschreibung der wichtigsten Räume genannten Zahlen beziehen sich auf den Grundriss.

Sala dello Stemma ▶ In der Sala dello Stemma (»Wappensaal«) hängt ein Gemälde von Domenico Morone, auf dem die Vertreibung der Bonacolsi durch die Gonzaga im Jahr 1328 gezeigt wird. Das Bild zeigt eine Vedute der Piazza Sordello, auf welcher der Dom noch mit gotischer Fassade zu sehen ist.

Sala del Pisanello ▶ In der Sala del Pisanello zeigen Reste von Wandmalereien Teile eines Freskenzyklus (um 1440) von **Antonio Pisanello** zum Leben am Artushof. Die Gonzaga fühlten sich, da sie im Besitz der Blutreliquie waren, der ritterlichen Artuswelt und der Gralssage verbunden.

Appartamento degli Arazzi ▶ In den vier hintereinander liegenden Sälen hängen Brüsseler Wandteppiche (arazzo = Wandteppich) aus dem 16. Jh., die nach Entwürfen von Raffael für Papst Leo X. gearbeitet wurden. Kardinal Ercole Gonzaga hatte sie für die Schlosskirche erworben.

Sala dello Zodiaco ▶ Namensgebend ist ein Gemälde aus der Zeit um 1579 von Lorenzo Costa il Giovane an der Saaldecke, das Diana im Tierkreis (»zodiaco«) zeigt. Hier soll Napoleon einst übernachtet haben.

Sala dei Fiumi ▶ Der Saal der Flüsse links der Sala dello Zodiaco wurde als Saal für Festmähler genutzt. An den Wänden sind allegorische Darstellungen der sechs Flüsse (18. Jh.) der Provinz Mantua von Giorgio Anselmi zu sehen. Von dem Saal aus hat man Einblick in einen hängenden Garten, den der Architekt Pompeo Pedemonte im 16. Jh. im ersten Stockwerk für Gäste des Hofes angelegt hatte.

Sala dei Falconi ▶ Rechts der Sala dello Zodiaco kommt man in die Sala dei Falconi mit gemalten Falken an der Decke, und über die Sala dei Mori (13) mit Ebenholzfiguren, die Schwarze darstellen sollen, in den sich anschließenden Corridoio dei Mori (14).

✳ Sala degli Specchi ▶ In der Sala degli Specchi, dem Spiegelsaal, sind die Spiegel heute nicht mehr vorhanden. Die manieristischen Deckengemälde in dem für Feste genutzten Saal stammen von Mantuaner Malern aus dem 16. Jh., die feinen Wanddekorationen aus dem Jahr 1779. Außerordentlich gelungen ist der Trompe-l'œil-Effekt der Pferdegespanne am Anfang und am Ende des Saals, die dem Betrachter beim Gang durch den Saal folgen.

Im »Saal der Bogenschützen« sind wertvolle Gemälde aus dem 17. Jh. zu sehen. Von **Peter Paul Rubens**, der hier von 1600 bis 1608 Hofmaler war, stammt die Darstellung der Familie Gonzaga in Anbetung der Hl. Dreieinigkeit. Das Gemälde ist in Teile zerlegt worden, man sieht heute nur einen Ausschnitt des Bildes.

◄ Sala degli Arcieri

Den Saal schmückt ein Deckengemälde mit der **Darstellung des Labyrinths** als Symbol für die Ungewissheit des Lebens. Die Inschrift lautet »Forse che si, forse che no« (»Vielleicht ja, vielleicht nein«).

◄ Sala del Labirinto

In den vier Räumen befand sich einst die wertvolle Bibliothek der Gonzaga. Die Darstellungen der **Ovidschen »Metamorphosen«** (17. Jh.) von Antonio Maria Viani sind nicht vollendet. Die Büsten stammen aus dem 1. und 2. Jh. n. Chr., es handelt sich um Kopien griechischer Originale.

◄ Appartamento delle Metamorfosi

In der Cavallerizza waren ehedem die berühmten Pferde des Gonzaga-Gestüts zu begutachten. In der Galleria della Mostra, die sich an der Cavallerizza entlangzieht, war die bedeutende Gemäldesammlung der Gonzaga untergebracht. Einige der Gemälde wurden durch Brände zerstört, die übrigen sind in anderen europäischen Museen gelandet. Heute sind hier einige römische Kaiserbüsten und Skulpturen ausgestellt.

◄ Cavallerizza, Galleria della Mostra

Auf den Wandgemälden in der **Sala di Manto** mit Szenen der Stadtgeschichte ist eine Darstellung der legendären Stadtgründerin Manto (in grünem Kleid) zu sehen.

Eine der Hauptsehenswürdigkeiten, von **Andrea Mantegna** 1465 bis 1474 ausgemalt, befindet sich im Castello S. Giorgio: die **Camera degli Sposi**. Das »Hochzeitsgemach« wird als Pavillon dargestellt. An den Wänden sind die Familienmitglieder der Gonzaga zu sehen: Ludovico mit seiner Ehefrau Barbara von Brandenburg, die Kinder und der Hofstaat. Über der Eingangstür tragen Putten eine Widmungsinschrift. Auf einem der Pilaster hat sich der Künstler mit einem kleines Selbstbildnis verewigt. Über eine Balustrade schauen Frauen und Putten in den Saal hinunter, andere leiten den Blick des Betrachters auf das Deckengemälde, das den Blick auf den Himmel freigibt.

Himmelwärts wird der Blick des Betrachters in der Camera degli Sposi gelenkt.

✱
Appartamento
di Isabella ▶

Nach dem Tod ihres Mannes (1519) zog **Isabella d'Este** aus ihren früheren Gemächern im Kastell in die Corte Vecchia. In ihrem als Studierzimmer genutzen Studio mit einer Kassettendecke und in der Grotta sind Holzintarsien mit Musikinstrumentendarstellungen und Stadtveduten erhalten. Das herausragende Marmorportal stammt von Cristoforo Romano. Interessant sind die dargestellten Leitsprüche von Isabella d'Este – »Nec spe, nec metu« (»Weder aus Hoffnung noch aus Furcht«) oder die Notenlinien mit den Pausensymbolen – Ausdruck des Schweigens.

Weitere Sehenswürdigkeiten in Mantua

Palazzo Canossa

An der Piazza Canossa erstreckt sich der Bau des Palazzo Canossa. Er wurde 1560 im manieristischen Stil von Giovanni Battista Bertani für den Markgrafen von Canossa gebaut und um 1660 erheblich verlängert. Besonders prächtig ist die Treppenanlage mit den Barockskulpturen.

✱
**Museo Palazzo
d'Arco** ▶

Lohnend ist der Besuch des Palazzo d'Arco an der Piazza Carlo d'Arco, ein Adelspalast aus dem 18. Jh. mit einer kleinen Gartenanlage (19. Jh.). Die letzte Bewohnerin der Arco-Familie verfügte, dass die Räume so, wie sie sie bewohnte, nach ihrem Tod öffentlich zugänglich gemacht werden sollten. Auf diese Weise erhält man einen hervorragenden Eindruck von der Wohnkultur des Mantuaner Adels mit Einrichtungsgegenständen und Kunstwerken aus dem 15. bis 18. Jh.; besonders beeindruckend ist die alte Küche. Die Familie verfügte über eine umfangreiche **Gemäldesammlung** und über eine

🕐

wertvolle Bibliothek. Öffnungszeiten: März – Okt. Di. – So. 10.00 bis 12.30, 14.00 – 17.00, Nov. – Feb. Sa., So. 10.00 – 12.00 Uhr.

S. Francesco

Die Kirche S. Francesco unweit südlich des Palastes entstand als Franziskanerklosterkirche im 14. Jh. und ist heute die **bedeutendste mittelalterliche Kirche in Mantua**. Allerdings handelt es sich bei dem heutigen Bau im Wesentlichen um eine Rekonstruktion, da die Kirche im Zweiten Weltkrieg stark beschädigt wurde. Noch von dem ursprünglichen Bauwerk stammt die Cappella Gonzaga – den Gonzaga diente S. Francesco lange Zeit als Grabkirche. Aus dem 14. Jh. sind Fresken erhalten geblieben, die Szenen aus dem Leben des hl. Ludwig von Toulouse zeigen.

✱ ✱ Museo Palazzo Tè

🕐
Öffnungszeiten:
Mo. – Fr.
9.00 – 18.00

www.centro
palazzote.it ▶

Der Palazzo Tè (Viale Tè 13) südlich der Innenstadt gilt als Hauptwerk des Architekten **Giulio Romano**. Der Kunst liebende erste **Herzog von Mantua, Federico II.**, ließ sich den Sommerpalast von 1525 bis 1535 vor den Toren der Stadt auf der Insel Tè bauen, die mitten in dem damals zu Seen aufgestauten Mincio lag. Es ist keine übliche Fürstenvilla entstanden, sondern ein weitläufiges Gartenschloss mit

Der Palazzo del Tè ist ein Werk des Raffael-Schülers Giulio Romano.

Teichen, Gärten und Pferdeställen, das später Vorbild für Schlösser wie Versailles, Nymphenburg oder Schönbrunn wurde. Federico II. verbrachte seine Zeit hier nicht mit seiner Ehefrau Margarita Paleologa, sondern mit Isabella Boschetti, zu der er über Jahre eine leidenschaftliche Beziehung hatte. Im Palazzo del Tè wurden Feste gefeiert und Gäste empfangen; so weilte auch Kaiser **Karl V.** hier. Das Hauptgebäude ist eine Vierflügelanlage mit nur 1 ½ Geschossen um einen quadratischen Innenhof. Die Ausgestaltung der einzelnen Säle mit Fresken erfolgte nach Plänen des Architekten Romano, ihre Ausführung wurde größtenteils von seinen Schülern vorgenommen.

Jeder Raum ist einem bestimmten Thema gewidmet – die gesamte Anlage ist nach Programmen von Philosophen, Philologen, Astrologen und Gelehrten durchgeplant. In Architektur, Malerei, Plastik und in den Stuckarbeiten sind Elemente der römischen Antike übernommen, dann aber – und das ist das Besondere an den Werken Giulio Romanos – übersteigert und verfremdet worden. Das Gebäude erscheint auf den ersten Blick einfach im Aufbau, übersichtlich und transparent, erweist sich aber als verblüffend und komplex in der Durchführung. Zahllose Verstöße gegen die Regeln der Antike, zum Beispiel die der Symmetrie, sind bewusst eingesetzt und versuchen ein heiteres Element in die höfische Architektur zu bringen.

Rundgang

Die ersten Räume, in die man während des Rundgangs kommt, waren für Isabella Boschetti eingerichtet worden, der nächste Trakt diente für Empfänge und größere Tanzfeste, der dritte Gebäudeteil war für Karl V. ausgeführt worden.

✳

Sala dei Cavalli ▶

Die Sala dei Cavalli, die als Empfangssaal diente, ist den Pferden des Gestüts gewidmet. Sechs Pferde sind vor eine ideale Landschaft gestellt. Rinaldo Mantovano führte die Entwürfe von Giulio Romano aus. Auffällig sind die Wappenzeichen von Federico: der Olymp, Zeichen der Macht, und der Feuersalamander – in Anspielung auf das Feuer der Liebe zu Isabella Boschetti.

✳✳

Sala di Psiche ▶

In der Sala di Psiche, dem Speiseraum, wird die Vermählung von Amor und Psyche dargestellt; die Götter kommen zum Festbankett zusammen. Nach neuplatonischer Interpretation gilt der Raum als Einladung an Federico, von der körperlichen Liebe zur spirituellen Liebe zu gelangen.

✳✳

Sala dei Giganti ▶

Die Sala dei Giganti gilt als der **bedeutendste Palastsaal**. Dargestellt wird die **Vernichtung der Titanen**, die sich gegen die Götter verschworen hatten. An der Decke sitzt im Kreis der erschrockenen Götter Jupiter auf einer Wolke und schleudert zur Strafe Blitze in den Saal der machtgierigen Giganten. An den Wänden sieht man die entsetzten Titanen, die von den einstürzenden Fels- und Gesteinsmassen erschlagen werden. Die Ausgestaltung des Gemachs – wie auch der Nebenräume – wurde zu Ehren Karls V. vorgenommen. Der Raum, der über eine außergewöhnliche Akustik verfügt, wurde abends durch ein Kaminfeuer beleuchtet, wodurch das Szenario noch erschreckender wirkte.

✳

Gartenanlage ▶

Der Palast öffnet sich zum Garten hin in einer luftigen Loggia, der Übergang wird durch Pflanzendarstellungen unterstrichen. Die Wassereffekte sind geplant, die architektonischen Bögen werden durch Spiegelung in der ruhigen Wasseroberfläche zu Kreisen. In die Münder der Fabelwesen setzte man früher Kerzen zur Beleuchtung des abendlichen Gartens. Im Nordosten wird die Anlage durch eine bogenförmige Exedra abgeschlossen, die erst im 17. Jh., zu österreichischer Zeit, angefügt wurde.

✳

Appartamento della Grotta ▶

In einem abgelegenen Winkel des Gartens ließ sich Federico ein kleines Haus bauen, das nur für ihn bestimmt war. Die Dekoration mit Mosaiken, mythologischen Themen und floralen Ornamenten ist der in einer pompeianischen Villa nachempfunden. Die achteckige Grotta ist als römische Therme konzipiert.

Umgebung von Mantua

✳

S. Benedetto Po

Südöstlich von Mantua, jenseits des Po, kommt man nach S. Benedetto Po mit der Basilika gleichen Namens. S. Benedetto Po war ehedem ein bedeutendes Kloster. Die Benediktinermönche, später die Zisterzienser, haben das durch den Po häufig überschwemmte Land urbar gemacht. Das Kloster geht auf eine Gründung von Tedaldo di Canossa im Jahr 1007 zurück. Sehenswert sind die 32 lebensgroßen

Terrakotta-Figuren von Kirchenvätern, Aposteln und Heiligen, die Renaissance-Arcà des Cesare Arzago (1528) und der Sarkophag der Markgräfin Matilda di Canossa (gest. 1115), die im Investiturstreit zwischen Papst Gregor VII. und Kaiser Heinrich IV. vermittelte. Ihre sterblichen Überreste wurden ein halbes Jahrtausend nach ihrem Tod in den Petersdom in Rom überführt.

In Curtatone, wenige Kilometer westlich von Mantua, lohnt der Besuch der Wallfahrtskirche S. Maria delle Grazie, die im 15. Jh. von **Bartolino da Novara** errichtet wurde. Ihr Bau geht auf ein Gelöbnis von Francesco I. Gonzaga zurück, das er im Jahr 1399 abgelegt hatte. Bis ins 16. Jh. wurde an dem Komplex gebaut. Im Innenraum ist insbesondere die Ausstattung sehenswert, die in vielerlei Form die Rettung aus Notlagen thematisiert. So sieht man u. a. gleich hinter dem Hauptportal ein einbalsamiertes Krokodil unbekannter Herkunft an der Decke hängen oder an der Wand die Darstellung eines Mannes, der mit einem Stein beschwert in einem Brunnen versenkt werden soll. Pilaster und Säulen sind mit Votivgaben geschmückt. Private Unglücke – Schlangenbiss, Autounfall, Krankheit – sind als Häkeloder Stickarbeiten, Foto oder Gemälde dokumentiert. Auf allen liest man die Kürzel P. G. R. für »Per Grazia Ricevuta« (»durch Gnade empfangen«). Jedes Jahr am 15. August (Mariä Himmelfahrt) findet hier ein internationaler **Wettbewerb der Madonnari** statt, Pflastermaler, die sich auf religiöse Motive spezialisiert haben.

★ S. Maria delle Grazie

Monza

H 7

Provinz: Milano
Einwohnerzahl: 122 000

Höhe: 162 m ü. d. M.

Viele Einwohner von Monza arbeiten in der nahen Metropole Mailand. Von der einstigen Bedeutung – Monza war unter den Langobarden Herzogssitz – ahnt man in der bis auf den Kathedralbezirk eher gesichtslosen Industriestadt nur noch wenig.

Nach der römischen Besiedlung erlebte die Stadt unter dem Namen Modoetia zu langobardischer Zeit eine kulturelle Blüte, da die bayerische Herzogstochter Theodelinde Monza zum Witwensitz erkor. Im Mittelalter ließ Monza sich gegen das mächtige Mailand von den Kaisern unterstützen. 1324 fiel die Stadt, durch innere Machtkämpfe geschwächt, dann doch an die Visconti und teilte in der Folge weitgehend die Geschicke des Herzogtums Mailand.

Geschichte

▶ MONZA ERLEBEN

AUSKUNFT

I. A. T.
Palazzo Comunale, Piazza Carducci
I-20052 Monza
Tel./Fax 0 39 32 32 22

ESSEN

▶ Erschwinglich

Prater
Piazza S. Paolo 3
Tel. 0 39 32 33 35
Geschl. Mo.
Man sitzt drinnen sehr gepflegt und

draußen auf einer Straßenterrasse
versteckt hinter Bambusbüschen.

ÜBERNACHTEN

▶ Günstig

Antica Trattoria dell'Uva
Piazza Carrobiolo 2
Tel. 0 39 32 38 25, Fax 0 39 32 38 47
www.anticatrattoriadelluva.it, 10 Z.
Kleines, einfaches Traditionshotel im
Zentrum in einer kleinen ruhigen
Straße gelegen; angeschlossen ist ein
Restaurant.

Sehenswertes in Monza

Duomo
S. Giovanni
Battista

Die Hauptsehenswürdigkeit von Monza ist zweifellos der Dom, der auf eine erste Kirche aus der Zeit um 595 zurückgeht. Gründerin des ersten Gotteshauses war **Langobardenkönigin Theodelinde**, die den Übertritt der arianischen Langobarden zum Katholizismus entscheidend vorangebracht hatte. Mit dem Bau des heutigen Doms wurde 1260 begonnen. Damals errichtete man einen spätromanischen Zentralbau, der im folgenden Jahrhundert um das Hauptschiff und die Nebenapsiden erweitert wurde. 1396 waren die Arbeiten weitgehend abgeschlossen. Die fünfteilige Fassade des Doms ist aus grünem und weißem Marmor gestaltet, doch der Gesamteindruck wird von dem besonders im oberen Teil filigranen lombardischen Dekor bestimmt. An der Portalvorhalle findet man, wie so oft in der Lombardei, Säulen tragenden Löwen. Sehenswert ist das Tympanon, das oben u. a. Theodelinde zeigt, die die Langobardenkrone an Johannes den Täufer übergibt. Unten ist die Taufe Christi dargestellt. Unpassend nimmt sich der im 16. Jh. als Werk von Pellegrino Tibaldi entstandene Campanile aus.

Das **Innere** ist dreischiffig; das Hauptschiff wird von einem Tonnengewölbe überspannt. Gotische Elemente lassen sich noch im Querschiff und in den Apsiden ausmachen. Ansonsten geht die Ausstattung überwiegend auf den Barock zurück. Besonders sehenswert ist die **Cappella di Teodelinda** mit dem frühchristlichen Sarkophag der Theodelinde (gest. 628) links vom Chor. Hier wird der größte Schatz der Kirche in einem imposanten Altarretabel verwahrt: die aus einem eisernen Nagel Christi gefertigte und mit Edelsteinen verzierte so genannte **Eiserne Krone der Langobarden**, die allerdings ein karolingisches Werk des 9. Jh.s ist (Mo. keine Besichtigung).

Im Dom wird die Eiserne Krone der Langobarden verwahrt.

Im angeschlossenen Dommuseum sind einige hervorragende sakrale Goldschmiedearbeiten zu sehen, die ältesten stammen aus frühchristlicher Zeit. Besonders hübsch ist eine sehr schlicht gearbeitete **Votivkrone der Theodelinde** und die Darstellung der »Henne mit Küken« (6./7. Jh.). Zu dem Domschatz gehört außerdem ein bedeutender Einband eines **Evangeliars**, das Papst Gregor der Große der Langobardenkönigin Theodelinde anlässlich der Taufe ihres Sohnes schenkte. Außerdem wird in dem Museum **zeitgenössische italienische Kunst** gezeigt. Öffnungszeiten: Di.–So. 9.00–13.00, 14.00 bis 18.00, Fei. erst ab 11.00 Uhr.

◄ Dommuseum

An der Piazza Roma beim Dom erinnert der Arengario (13. Jh.), das alte Rathaus, mit offener Arkadenhalle im Erdgeschoss an die Zeit, als Monza selbstständige Kommune war. Der Rathausturm, die Torre del Comune, stammt aus derselben Zeit.

Arengario

Die klassizistische Villa Reale nördlich des Zentrums ließ sich **Ferdinand von Österreich** zwischen 1777 und 1780 errichten. **Giuseppe Piermarini** entwarf die innen prunkvoll gestaltete Dreiflügelanlage. Die Innenräume können heute nur noch zur Zeit von Wechselausstellungen besichtigt werden, die hier veranstaltet werden.

Villa Reale

Zu dem Palast gehören die »Königlichen Gärten«, die in einen weiten englischen Park übergehen. Die ausgedehnte Parkanlage, die im 19. Jh. vom Stiefsohn Napoleons, Eugène de Beauharnais, in Auftrag gegeben wurde, stellt eine Oase im stark zersiedelten und verkehrsbelasteten Norden Mailands dar. Im Jahr 1900 wurde der Savoyerkönig Umberto I. hier von dem Anarchisten Gaetano Bresci erschossen.

◄ Giardini Reali

Im Autodromo wird 2001 der WM-Sieg von Michael Schumacher gefeiert.

Autodromo ▶ 1922 wurde im Park die berühmte Autorennbahn von Monza gebaut. Jedes Jahr wird hier der Große Preis von Italien, der Lauf der Formel-1-Weltmeisterschaft, ausgetragen. Der Autodromo stößt allerdings auf wenig Gegenliebe bei all denen, die das verbliebene Fleckchen Natur gern ohne Motorengeheul genießen würden. Wer sich dagegen für Autorennen begeistert, hat in der Saison oft genug Gelegenheit, Rennen zu besuchen oder sich das Gelände anzusehen. Öffnungszeiten: 8.00 – 18.00 Uhr.

Umgebung von Monza

Brianza Die einst wunderschöne Hügellandschaft Brianza erstreckt sich nördlich von Monza und zieht sich bis in die südlichen Gebiete des Comer Sees. Bereits in römischer Zeit standen hier aufwändige Villen, später baute hier der Mailänder Adel. Heute sind die kleinen Ortschaften fast zusammengewachsen. Bei **Carate Brianza**, 12 km nördlich von Monza, ist von der einstmaligen Schönheit der Brianza noch ein wenig erhalten. Im Ortsteil Costa gibt es in schöner Lage über dem Lambro eine Adelsvilla aus dem späten 18. Jh. mit italienischem Garten. Lohnend ist ein Abstecher in den Ortsteil Agliate mit der Ba-

! *Baedeker* TIPP

Amaretto

Ein Mitbringsel für die Lieben daheim ist eine Flasche Amaretto, ein Bittermandellikör, der in Saronno produziert wird. Zur süßen Ergänzung empfehlen sich die Amaretti-Mandelkronen, die ebenfalls von Saronno kommen.

silica dei SS. Pietro e Paolo. Die schmucklose romanische Säulenbasilika (11. Jh.) besteht aus drei Schiffen, das Baptisterium ist mit einem Rundbogenfries verziert..

Das Industriestädtchen Saronno, gut 15 km westlich von Monza, hat mit der **Kirche Madonna dei Miracoli** eine lohnende Sehenswürdigkeit zu bieten. Der Sakralbau wurde 1498 errichtet – den Anlass gab ein Marienwunder im Jahr 1447 – und im 16. Jh. erweitert, die barocke Fassade ist 1612 hinzugefügt worden. Im Innern sind Fresken lombardischer Maler aus dem 16. Jh. zu sehen, darunter hervorragende Kuppelfresken von Gaudenzio Ferrari (»Konzert der Engel«) und in der Kapelle der Madonna im Chor die Fresken von Bernardino Luini. Öffnungszeiten: 7.00 – 12.00, 15.00 – 18.00 Uhr.

Saronno

⏱

★★ Pavia

Provinzhauptstadt   **Höhe:** 77 m ü. d. M.
Einwohnerzahl: 71 500

Die alte Universitätsstadt Pavia konnte sich ihr mittelalterliches Flair durch einen fast intakten Ortskern, zahlreiche romanische Kirchen und alte Geschlechtertürme bewahren. Einst forschten hier Petrarca und Leonardo da Vinci. Heute studieren in Pavia zahlreiche Studenten aus dem In- und Ausland.

Unter den Römern setzte die eigentliche Entwicklung der Stadt ein – damals hieß sie Ticinum. Unter Theoderich war Pavia **Teilresidenz der Ostgoten** (489 – 526). Die wichtigste Epoche begann im Jahr 572, als Pavia **Hauptstadt des Langobardenreiches** wurde. Diese Blütezeit dauerte etwa 200 Jahre, bis sich **Karl der Große** 774 in Pavia zum König der Franken und Langobarden krönte. Die Vormachtstellung der Stadt endete 1360 mit der Übernahme der Macht durch die Visconti, Pavia wurde mit Mailand verbunden. 1525 wurde in Pavia nochmals Geschichte geschrieben, als das kaiserliche Heer Karls V. in der **Schlacht von Pavia** den französischen König Franz I. besiegte.

Hauptstadt des Langobarden-reiches

▶ PAVIA ERLEBEN

AUSKUNFT

I. A. T.
Piazza Petrarca 4, I-27100 Pavia
Tel. 03 82 59 70 01
Fax 03 82 59 70 11
www.turismo.provincia.pv.it

ESSEN

▶ Erschwinglich

① *Antica Osteria dei Previ*
Via Milazzo 65
Tel. 03 82 2 62 03
Traditionsreiche Osteria in der Nähe
des Ponte Coperto; gute Küche und
qualitätsvolle Weinkarte.

② *Osteria del Naviglio*
Via Alzaia 39 B
Tel. 03 82 46 03 92
www.osteriadelnaviglio.it
Eine unglaubliche Weinauswahl und
vorzügliche klassische Küche bietet
dieses Lokal.

③ *Trattoria Ressi*
Via Ressi 8
Adeodato
Tel. 03 82 2 01 84, geschl. So.
Schwer zu finden, dafür aber außer-
ordentlich schöne Trattoria in einem
historischen Gebäude im Zentrum

von Pavia; lombardische Küche – ein
nur kleines Angebot, dafür alles frisch
zubereitet; gute Weinkarte.

ÜBERNACHTEN

▶ Komfortabel

① *Hotel Moderno*
Viale Vittorio Emanuele 41
Tel. 03 82 33 34 01
Fax 03 82 2 52 25
www.hotelmoderno.it, 52 Z.
Hotel am Bahnhof mit guter Ausstat-
tung und gepflegtem Ambiente;
Parkplatz vorhanden.

▶ Günstig

② *Aurora*
Viale V. Emanuele II, 25
Tel. 03 82 2 36 64
Fax 03 82 2 12 48
www.hotel-aurora.eu
Hotel in Bahnhofsnähe mit modernen
Zimmern.

③ *Excelsior*
Piazza Stazione
Tel. 03 82 2 85 96, Fax 03 82 2 60 30
www.excelsiorpavia.com
Nettes Hotel garni in der Nähe des
Bahnhofs mit Garagen; familiäre
Atmosphäre.

✳ **Stadtbild**
Die Studentenstadt hat einen recht hübschen Ortskern. Die **Hauptgeschäftsstraßen** sind der Corso Cavour/Corso Mazzini, der in Ost-
West-Richtung verläuft, und die Strada Nuova, die sich von Norden
nach Süden bis zum Fluss hinunterzieht. Der Ticino trennt die Altstadt von den neueren Vierteln im Süden.

Sehenswertes in Pavia

✳ **Piazza
della Vittoria**
Geschäftiger Stadtmittelpunkt ist die Piazza della Vittoria, die von
gut besuchten Cafés gesäumt wird. Der Broletto, neben dem man die
Rückseite des Doms sieht, zeugt von der langen Vergangenheit der

Pavia Orientierung

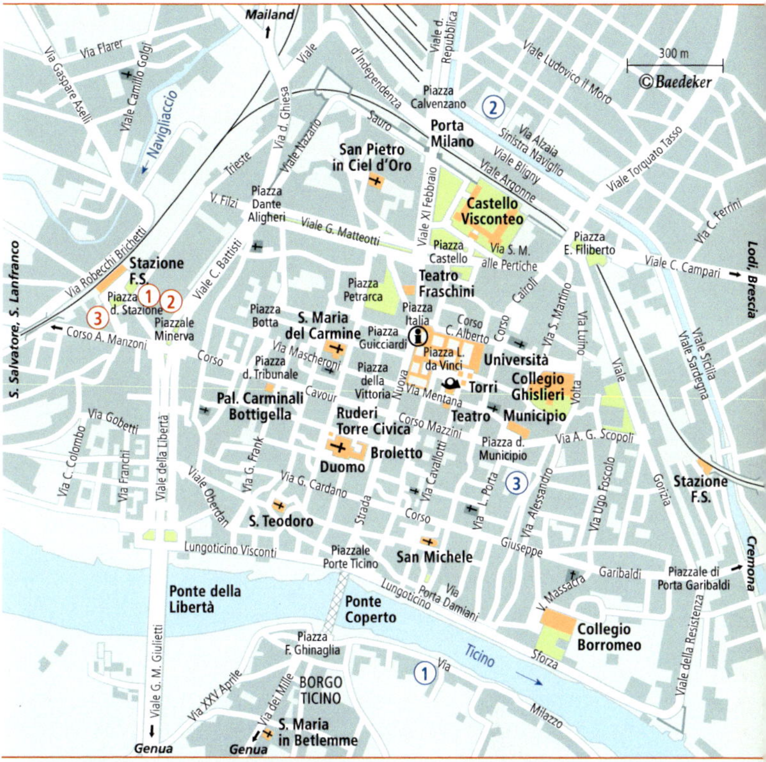

(Stadtplan mit Beschriftungen:)

Mailand · Via Flarer · Via Gaspare Aselli · Viale Camillo Golgi · Via d. Chiesa · Via Nazario Sauro · Viale d'Independenza · Viale XI Febbraio · Viale della Repubblica · Viale Ludovico il Moro · ©Baedeker · 300 m · Via Alzaia Sinistra Naviglio · Viale Bligny · Viale Argonne · Viale Torquato Tasso · Via c. Ferrini · Piazza Calvenzano · Porta Milano · San Pietro in Ciel d'Oro · Navigliaccio · V. Filzi · Piazza Dante Aligheri · Viale G. Matteotti · Piazza Castello · Castello Visconteo · Via S. M. alle Pertiche · Piazza E. Filiberto · Viale C. Campari · Lodi, Brescia · S. Salvatore, S. Lanfranco · Via Robecchi Brichetti · Stazione F.S. · Via C. Battisti · Piazza d. Stazione · Piazza Minerva · Corso A. Manzoni · Piazza Botta · Piazza Petrarca · Teatro Fraschini · Piazza Italia · Corso C. Alberto · Via S. Martino · Via Luino · Viale · Via Sicilia · Viale Sardegna · Corso · Via Mascheroni · S. Maria del Carmine · Piazza Guicciardi · Piazza L. da Vinci · Università · Via Volta · Collegio Ghislieri · Via C. Colombo · Via Gobetti · Via Franchi · Viale della Libertà · Piazza d. Tribunale · Cavour · Piazza della Vittoria · Via Mentana · Torri · Teatro Municipio · Via A. G. Scopoli · Pal. Carminali Bottigella · Ruderi Torre Civica · Corso Mazzini · Piazza d. Municipio · Via G. Frank · Broletto · Via Cavallotti · Via L. Porta · Via Alessandro · Gorizia · Stazione F.S. · Viale Oberdan · Via G. Cardano · Strada · Duomo · Corso · Via Ugo Foscolo · Cremona · S. Teodoro · Lungoticino Visconti · Piazzale Porte Ticino · San Michele · Corso Giuseppe · Garibaldi · Piazzale di Porta Garibaldi · Ponte della Libertà · Ponte Coperto · Via Lungoticino · Via Porta Damiani · Via Massacra · Garibaldi · Collegio Borromeo · Viale della Resistenza · Viale G. M. Giulietti · Piazza F. Ghinaglia · Ticino · Sforza · Via XXV Aprile · Via dei Mille · BORGO TICINO · S. Maria in Betlemme · Milazzo · Genua · Via

Essen
① Antica Osteria dei Previ
② Osteria del Naviglio
③ Trattoria Ressi

Übernachten
① Moderno
② Aurora
③ Excelsior

Piazza. Kleine Gassen zweigen von dem Platz ab und verlieren sich im Gewirr der umliegenden Viertel.

Der Broletto von Pavia ist das **älteste Rathaus der Lombardei** und geht auf das 11. Jh. zurück. In den folgenden Jahrhunderten wurde das Gebäude jedoch mehrfach umgestaltet. Die relativ geschlossene Fassade mit den unregelmäßig verteilten, kleinen Fenstern entstand größtenteils im 13. Jh., die Renaissance-Loggia wurde 1539 angebaut. Abgesehen von der riesigen Kuppel, die den Broletto weit überragt, nimmt sich der Dom unter den Kirchenbauten Pavias recht unspektakulär aus. Er stellt ein Stilgemisch aus unterschiedlichen Epochen dar und ist recht baufällig. Ab 1488 wurde die Kirche nach Plänen von **Donato Bramante**, **Giovanni Antonio Amadeo** und **Cristoforo**

◄ Broletto

◄ Duomo

Piazza della Vittoria: die gute Stube von Pavia

Rocchi errichtet. Die Bauarbeiten zogen sich über Jahrhunderte hin. Der Unterbau der Kuppel war schließlich 1750 fertig, das Kuppeldach und die Fassade folgten erst im 19. Jahrhundert. Das Querhaus ist 1936 angefügt worden. Der Eindruck im Innenraum wird von der hohen Kuppel bestimmt: Sie gehört mit 30 m Durchmesser und 90 m Höhe zu den **größten Kuppeln in Italien**, neben denen des Petersdoms in Rom sowie der Dome in Florenz und Brescia.

★ ★
S. Michele

S. Michele an der gleichnamigen Straße, die **bedeutendste Kirche Pavias**, geht auf eine von Langobarden gegründete Vorgängerkirche aus dem 7. Jh. zurück. Das dem Erzengel Michael als wichtigsten Heiligen der Langobarden geweihte Gotteshaus war Krönungskirche der langobardischen Könige. Karl der Große soll sich 774 hier als Eroberer die langobardische Krone aufgesetzt haben. Die heutige Kirche entstand neu nach einem Erdbeben zwischen 1117 und 1150 im romanischen Stil. Der Tradition Karls des Großen folgend wurden hier die deutschen Könige zu Königen der Langobarden gekrönt, was

Herrschaftrechte über Oberitalien mit sich brachte. So ließ sich auch Kaiser Friedrich Barbarossa hier 1155 krönen.

Die **Fassade** von S. Michele ist dreigeteilt und wird oben von einer parallel zum Giebel aufsteigenden Rundbogengalerie abgeschlossen. In der Mitte erkennt man den Erzengel Michael, der das Böse in Gestalt des Drachens abwehrt. Von außerordentlicher Schönheit ist der fein gearbeitete Reliefschmuck mit Tierfiguren, pflanzlichen Ornamenten, Kämpfenden und Fabelwesen. Als Material für die Fassade verwendete man den Sandstein Arenaria aus dem Oltrepò Pavese. Das Material ist sehr empfindlich und löst sich unter den schlechten Luftverhältnissen auf, so dass die Zerstörung der Reliefs und des Figurenschmucks trotz wiederholter Restaurationsversuche schon stark fortgeschritten ist.

Besonders sehenswert im Innern sind die **romanischen Kapitelle** mit ornamentalem mythologischem und biblischem Reliefschmuck, in Einzelheiten am besten zu erkennen in der Krypta. Die Freskenmalereien stammen aus der Zeit zwischen dem 13. und dem 17. Jahrhundert. Die spätgotische Kreuzigungsgruppe (15. Jh.) im Chorbogen wird Urbanino da Surso zugeschrieben. Im Chor sind noch Reste des ursprünglichen Fußbodenmosaiks (12. Jh.) erhalten. Schwarze Marmorplatten markieren im Mittelschiff den Platz des Thrones bei der Krönungszeremonie.

Pavias **berühmte Universität** (Strada Nuova) wurde 1361 von dem Visconti Galeazzo II. gegründet . Der Gebäudekomplex zieht sich um mehrere arkadengesäumte Innenhöfe. Sehenswert sind die altehrwürdigen Hörsäle, die teilweise mit schönen Decken- und Wandgemälden ausgestattet sind. Zahlreiche Umbauten veränderten das ursprüngliche Erscheinungsbild, zuletzt wurde auf Initiative von Maria Theresia das Äußere mit klassizistischen Elementen umgestaltet und trägt seitdem den dunkelgelben Anstrich. Der Naturwissenschaftler Alessandro Volta aus Como (▶ Berühmte Persönlichkeiten) machte an dieser Universität um 1800 seine bahnbrechenden wissenschaftlichen Entdeckungen.

★ **Università degli Studi**

Der wohl bekannteste Student war der Dramatiker **Carlo Goldoni**, der jedoch mit 18 von der Universität entlassen wurde, weil er in einem satirischen Stück Pavias Frauen verhöhnt hatte. Die Bürger hatten beschlossen, dass ein Mädchen, das sich mit einem Studenten eingelassen hatte, keinen Mann aus Pavia mehr heiraten dürfe.

Zeugen aus einer längst vergangenen Zeit sind die drei von einst 150 Geschlechtertürmen meist aus dem 12. Jh. an der Piazza Leonardo da Vinci südlich der Universität. Die Türme entstanden zu Zeiten der Auseinandersetzungen zwischen Guelfen und Ghibellinen als Wehrtürme bzw. Zufluchtsort. Zwei weitere Geschlechtertürme stehen etwas weiter südöstlich an der Via Luigi Porta.

★ **Geschlechtertürme**

An der Piazza Leonardo da Vinci trifft man zudem auf die archäologische Ausgrabungsstelle der **Krypta S. Eusebio** (7.–11. Jh.).

Nur noch drei der einst zahlreichen Geschlechtertürme sind erhalten.

Eine der Hauptsehenswürdigkeiten von Pavia ist das **Castello Visconteo**, das im Norden des Zentrums steht. 1360 war Baubeginn im Auftrag von Galeazzo II. Visconti, der als neuer Stadtherr damit eine Nebenresidenz zu Mailand schaffen wollte. Das Castello aus Backstein war ursprünglich eine quadratische Vierflügelanlage mit vier Ecktürmen. 1525, während der Schlacht um Pavia, wurde der Nordflügel des Castello Visconteo mit den beiden flankierenden Türmen zerstört und später nicht wieder aufgebaut. Sehenswert ist der weite Innenhof, der mit Arkaden und Maßwerköffnungen ansprechend gestaltet ist.

Im Kastell ist das **Museo Civico** mit Ausgrabungsfunden aus römischer Zeit sowie Architekturfragmenten von romanischen Kirchen aus Pavia untergebracht. Kunstfreunde können hier beispielsweise aus nächster Nähe die hervorragend gearbeiteten Kapitelle studieren. In der **Pinacoteca Malaspina** im oberen Stockwerk werden Gemälde von lombardischen und venezianischen Malern aus dem 14. bis 17. Jh. gezeigt. Öffnungszeiten der Museen: Di.–So. 10.00–18.00, Jan., Juli, Aug., Dez. 9.00–13.00 Uhr.

✱
S. Pietro in Ciel d'Oro

Die ursprünglich langobardische Basilika wurde zwischen 1120 und 1200 durch S. Pietro in Ciel d'Oro (westlich des Kastells) ersetzt. Die Peterskirche mit dem goldenen Himmel – das Deckengemälde war einst vergoldet – ist neben S. Michele die **zweite große romanische Kirche Pavias**. Das Grabmal des hl. Augustinus, die große Arca di S. Agostino im Chor (1362), ein Werk von Giovanni di Balduccio, gilt als eine der wichtigsten plastischen Arbeiten des 14. Jh.s in der Lombardei. Hier fand der Kirchenvater Augustinus nach Überführung seiner Gebeine aus Hippo Regins im 8. Jh. seine letzte Ruhe. In der neoromanischen Krypta (19. Jh.) ist das Urnengrab des römischen Philosophen, Schriftstellers und Staatsmannes **Boethius** (480–524) zu sehen. Als er für einen angeklagten Freund eintrat, wurde er des Hochverrats bezichtigt. In seiner Gefangenschaft verfasste er eine philosophische Abhandlung, die »Tröstung der Philosophie« (»De consolatione philosophiae«), ein im Mittelalter sehr beliebtes Werk. Öffnungszeiten: 7.00–12.00, 15.00–18.00 Uhr.

✱
Arca di S. Agostino ▸

An der Piazza Carmine, westlich der Universität, steht die spätgotische Karmeliterkirche S. Maria del Carmine. Der Baubeginn war 1370, man arbeitete nach Plänen von **Bernardo da Venezia**. Erst knapp hundert Jahre später wurde der Kirchenbau mit der in Backstein errichteten spätgotischen Westfassade mit der Rosette abgeschlossen. Interessant im Innern sind die Freskenreste überwiegend des 15. Jh.s, die in beiden Querschiffarmen zu finden sind.

S. Maria del Carmine

Zwischen Dom und dem Ticino-Ufer steht die Kirche S. Teodoro, eine romanische Backsteinkirche, die ursprünglich langobardisch war und im 12. Jh. erneuert wurde. Im Innern sind vor allem die Fresken sehenswert. Berühmt ist die bekannte Renaissanceansicht von Pavia, die die Stadt 1522 mit Kastell, romanischem Dom und vielen Geschlechtertürmen zeigt.

✱ S. Teodoro

Am Ende der Strada Nuova erreicht man das Ufer des Ticino. Über diesen führt der berühmte Ponte Coperto. Die auf ihrer ganzen Länge überdachte Brücke war 1352 auf römischen Fundamenten errichtet worden. Der heutige Bau ist eine Rekonstruktion, nachdem das Original 1944 von Bomben zerstört worden war.

Ponte Coperto

Das Collegio Borromeo im Südosten des Zentrums wurde 1559 von dem Mailänder Kardinal und Erzbischof Carlo Borromeo ins Leben gerufen wurde und war für besitzlose Studenten gedacht. Das Universitätskolleg ist ein manieristischer Bau nach Plänen von **Pellegrino Tibaldi**, der als einer der wichtigsten Baumeister seiner Epoche in der Lombardei galt.

Collegio Borromeo

Einen Besuch lohnt auch die westlich außerhalb des Zentrums, in Ticino-Nähe gelegene Kirche S. Lanfranco. Der 1236 geweihte, einfache Backsteinbau enthält die **Marmor-Arca** des 1198 gestorbenen Bischofs und Namensgebers Lanfranco. **Giovanni Antonio Amadeo** schuf dieses Meisterwerk lombardischer Bildhauerkunst um 1498. Beachtenswert sind die Freskenreste an der Südwand; sie stammen aus dem späten 13. Jh. und behandeln die Ermordung von Thomas Becket von Canterbury. Von Amadeo sind auch die Überreste der reich mit Terrakottaschmuck verzierten Kreuzgänge.

✱ S. Lanfranco

Oltrepò Pavese

Die wohl lieblichste Landschaft der Lombardei ist das Oltrepò Pavese südlich von Pavia. In der Nähe des Po noch eine weite Ebene, geht sie nach Süden hin in eine sanfte Hügellandschaft mit Obst- und Weinbergen über. Im Gebiet des nördlichen Apennin bestimmen bewaldete Hänge und Berge bis 1700 m Höhe das Bild. Das Oltrepò Pavese ist **eines der bedeutendsten Weinanbaugebiete der Lombardei**, über die Hälfte des lombardischen Weins und etwa zwei Drittel der DOC-Weine kommen von hier. Bekannt ist der Spumante, der

Garten der Lombardei

die Bezeichnung Classese tragen darf, wenn er nach der klassischen Methode hergestellt ist.

Voghera Hauptstadt des Oltrepò Pavese ist Voghera. Der **Dom S. Lorenzo Martire** an der Piazza del Duomo wurde zwischen 1605 und 1611 gebaut. Er ist über einem griechischen Kreuz angelegt und wird durch die mächtige Vierungskuppel beherrscht. Bemerkenswert ist außerdem das **Teatro Sociale** mit seiner interessanten klassizistischen Fassade aus dem Jahr 1845.

✴
Salice Terme Wunderschön ist Salice Terme, ein bekanntes Heilbad mit ruhiger Kurort-Atmosphäre, das über Thermalquellen mit schwefelhaltigem und jodsalzhaltigem Wasser verfügt sowie bei rheumatischen Beschwerden und Erkrankungen der Atemwege Linderung verspricht. Der Ort bietet sich als Ausgangspunkt für Erkundungen des Oltrepò Pavese an.

In dem Kurort Salice Terme wird manches Leiden geheilt.

Östlich von Ponte Nizza (10 km südöstlich von Salice Terme) liegt in den Bergen die **Abbazia S. Alberto di Butrio**. Die Klosteranlage geht auf eine Einsiedelei aus dem 11. Jh. zurück, die im 15. Jh. um Klostergebäude und drei Kirchen erweitert wurde. Sehenswert ist die Kapelle S. Antonio, in der noch spätgotische Fresken erhalten sind.

Sabbioneta

Q 10/11

Provinz: Mantova
Einwohnerzahl: 4300

Höhe: 18 m ü. d. M.

Sabbioneta liegt in einer der einsamsten Gegenden der Po-Ebene. Seine Bedeutung zieht das kleine, heute etwas verschlafen wirkende Städtchen aus einer sehr kurzen, aber kulturgeschichtlich interessanten Phase im 16. Jh., als Vespasiano Gonzaga hier seine Residenz hatte und eine »ideale Stadt« errichten wollte.

Ideale Stadt **Vespasiano Gonzaga** war 14 Jahre alt, als er 1525 die Burg Sabbioneta samt ein paar Dörfern von seinem Großvater erbte. In den folgenden Jahren machte er militärisch Karriere und wählte 1554 Sabbioneta zu seiner Residenz. In Konkurrenz zu seinen Vettern in Mantua

SABBIONETA ERLEBEN

AUSKUNFT

I. A. T.
Piazza d' Armi 1
I-46018 Sabbioneta
Tel. 03 75 22 10 44
Fax 03 75 22 21 19

ESSEN

► **Erschwinglich**
Parco Cappuccini
Via Santuario 30
Tel. 0 37 55 20 05
Geschl. Mo., Mi.abends
Unweit außerhalb des historischen Zentrums findet man diesen hübschen kleinen Palazzo mit einem Park von altem Baumbestand; auf der Speisekarte stehen typisch mantuanische Fleischgerichte.

ÜBERNACHTEN

► **Komfortabel**
Don Camillo
Via Cisa 60
Brescello
Tel. 05 22 96 21 67
Fax 05 22 68 71 90
43 Z.
Das 2008 eröffnete Hotel ist 15 km von Sabbioneta entfernt. In Brescello wurde »Don Camillo und Pepone« verfilmt.

entstand eine neue Stadt als Gonzagas Schöpfung, in der er die Ideen der Renaissance umsetzen wollte. Vorbild für den städtebaulichen Entwurf waren die Theorien von Vitruv aus dem 1. Jh. v. Christus. Als Grundriss diente ein schiefes, von einem tiefen Wassergraben umgebenes Oktogon, das in dreißig Häuserblocks aufgeteilt wurde. Sabbioneta wurde als **»Piccola Atene«** (Klein-Athen) bezeichnet – von diesem Vergleich zeugt auch die Statue der Pallas Athene an der Piazza d' Armi. Zu Lebzeiten Vespasiano Gonzagas erlebte Sabbioneta eine kurze kulturelle Blüte. Nach dem Tod des Schöpfers 1591 wurden die Tore der Prunkbauten genauso schnell geschlossen wie sie einst eröffnet wurden, und die Residenz wurde schnell zu einer »Rumpelkammer der Geschichte«.

Sehenswertes in Sabbioneta

Der Palazzo Ducale (1568) an der gleichnamigen Piazza zeigt sich von außen sehr schlicht. Die illusionistische Außenbemalung ist verschwunden, große Teile der einst prunkvollen Ausstattung fehlen. Dennoch beeindrucken die schweren vergoldeten Kassettendecken und Stuckdekorationen (1574 – 1591).
Beachtenswert sind in der Sala delle Aquile, dem Adler-Saal, vier lebensgroße Reiterstatuen – sie stellen den Bauherrn und Familienmitglieder dar – sowie in der Sala degli Antenati, dem Ahnensaal, die Reliefs der Gonzaga und ein Deckengemälde, auf dem Phaeton mit dem Sonnenwagen zu sehen ist. Die Ausmalungen sind zum Teil von Bernardino Campi aus Cremona.

★
Palazzo Ducale

S. Maria Assunta An der Piazza Ducale steht auch die Kirche S. Maria Assunta, die 1580 bis 1582 gebaut wurde. Das Gewölbe der Sakramentskapelle malte **Ferdinando Galli Bibiena** in der Art einer durchbrochenen Kuppel aus, die den Blick zum Himmel freigibt – ein architektonisches Novum.

S. Maria Incoronata Kunstgeschichtlich bedeutend ist die Kirche S. Maria Incoronata. Sie entstand als Kuppeloktogon der Spätrenaissance nach Vorbildern, die bereits ein Jahrhundert zuvor realisiert worden waren. Die Kirche birgt das manieristische Grabmal von Vespasiano Gonzaga. Herausragend ist die **Bronzestatue des Vespasiano**, 1588 von Leone Leoni geschaffen.

Teatro all' Antica Das Teatro all' Antica wurde von 1588 bis 1590 von **Vincenzo Scamozzi** gebaut. Die Götter des Olymp stehen auf einem von korinthischen Säulen getragenen Bogen über dem Publikum. Die Wände sind mit illusionistischen Motiven ausgemalt. In dem kleinen Theater wurden nur wenige Stücke aufgeführt – kurz nach der Fertigstellung starb Vespasiano Gonzaga und der Bau verwaiste. Er diente später als Kino, jetzt wird er hin und wieder als Theater genutzt.

Die Götter des Olymp verfolgen das Geschehen im Zuschauerraum.

Den **Palazzo del Giardino** an der Piazza d'Armi ließ sich Vespasiano Gonzaga als privaten Gartenpalast bauen. Von den einst reich ausgestalteten Innenräumen ist besonders die große Sala degli Specchi mit Landschaftsmotiven sehenswert. Im Gabinetto delle Grazie sind hübsche Groteskenmalereien erhalten. Das auffallendste Gebäude von Sabbioneta ist die **Galleria degli Antichi** (1584) mit illusionistischer Dekorationsmalerei, ebenfalls an der Piazza d'Armidie. Die Antikensammlung ist längst nach Mantua ausgegliedert.

! *Baedeker* TIPP

Antiquitäten

Für Antiquitätenliebhaber ist Sabbioneta eine gute Adresse. Neben einigen Geschäften gibt es jeden 1. So. im Monat (außer Jan., Aug.) den »Markt der kleinen Antiquitäten«. Informationen unter der Telefonummer 03 75 22 10 08.

Der größte Schatz des Museo d'Arte Sacra ist das **Goldene Vlies**, das man im Grab von Vespasiano Gonzaga gefunden hat. Vespasiano gehörte seit 1577 dem Ritterorden vom Goldenen Vlies an, er trug das goldene Widderfell an einer Kette um den Hals.

Museo d'Arte Sacra

In der Synagoge erfährt man etwas über die einstmals große jüdische Gemeinde in Sabbioneta. Zu Zeiten Vespasianos unterhielten Juden in Sabbioneta eine Münzprägestätte und eine Druckerei.

Sinagoga

Sondrio

M 3/4

Provinzhauptstadt
Einwohnerzahl: 22 200

Höhe: 307 m ü. d. M.

Etwa in der Mitte des Valtellina (►Veltlin) breitet sich die lebhafte Provinzhauptstadt Sondrio aus. Das Tal öffnet sich hier sehr weit und ist von Bergen mit Höhen über 2000 m umgeben.

Der Ort ist von herrlichen Weinbergen umgeben. Die Gegend ist eine **der wichtigsten Weinregionen der Lombardei** (► Veltlin). Bekannt ist der Ort auch für seine Erzeugnisse aus Pietra ollare (Topfstein). Sondrio ist ein beliebtes Wander-, Jagd- und Angelsportzentrum. Der bekannte Bauingenieur und Architekt **Pier Luigi Nerri** (1891 – 1979) ist hier geboren. Er schuf u. a. das Pirelli-Hochhaus in Mailand.

Ort mit Lebensqualität

Sehenswertes in Sondrio

Die weite Piazza Garibaldi mit der Statue des Freiheitskämpfers bildet den Mittelpunkt der Stadt. Die Platzanlage stammt aus der Zeit der Österreicher, als Sondrio seine Blütezeit erlebte, da die Stadt an

★

Piazza Garibaldi

► SONDRIO ERLEBEN

AUSKUNFT

Ufficio Informazioni
Via Trieste 12
I-23100 Sondrio
Tel. 03 42 51 25 00
Fax 03 42 51 96 52
www.valtellina.it

ESSEN

► **Erschwinglich**

① *Mossini »Il Lavècc«*
Via Mossini 64
Tel. 03 42 51 40 40
www.trattoriamossini.it, geschl. Mo.
In der gut besuchten Trattoria isst
man ausgezeichnete regionale
Gerichte.

ÜBERNACHTEN

► **Komfortabel**

① *Grand Hotel della Posta*
Piazza Garibaldi 19
Tel. 03 42 51 04 04
Fax 03 42 51 02 10
40 Z.
Schönes Hotel in einem Palazzo aus
dem 19. Jh. mit angenehmer Atmosphäre, ruhig an der zentralen Piazza
Garibaldi gelegen; am schönsten sind
die Zimmer nach vorne zur Piazza;
das gute Restaurant serviert internationale und lombardische Küche;
Parkplatz am Haus.

der Verbindungsstraße von Österreich über das Stilfser Joch an den
Comer See lag. Ein Großteil der Gebäude stammt aus dem 19. Jahrhundert.

Castello Masegra Oberhalb der Stadt thront das Castello Masegra, ein Bauwerk aus
dem 14. Jh., das im 15. Jh. noch einmal verändert wurde. Der Aufstieg lohnt sich schon wegen des schönen Ausblickes auf die Stadt
und ihre Umgebung.

Piazza Campello Über den Corso Italia kommt man zur Piazza Campello, an der vor
allem die **Kirche SS. Gervasio e Protasio** ins Auge fällt. Die barocke
Wandpfeilerkirche mit dem etwas abgesetzten Campanile wurde in
der Mitte des 18. Jh.s gebaut, die Fassade 1838 nach Plänen von
Guiseppe Sertoli gestaltet. Am selben Platz ist in dem **Renaissance-
Palazzo Pretorio** aus dem 16. Jh. das Rathaus untergebracht; der
schöne Innenhof ist einen Blick wert.

Sondrio *Orientierung*

Essen
① Mossini

Übernachten
① Hotel della Posta

Hinter der Piazza Campello erstreckt sich der alte Stadtkern mit zahlreichen kleinen Läden, Cafés und Restaurants sowie einigen hübschen Palazzi.
Altstadt

In der Via Maurizio Quadrivio steht der im 17. Jh. erbaute **Palazzo Sassi de Lavizzari**. Er beherbergt das Museo Valtellinese di Storia e Arte mit einer archäologischen, einer kunsthistorischen und einer volkskundlichen Abteilung. Das Museum verfügt über eine Möbelsammlung aus dem Veltlin und der Umgebung von Chiavenna aus dem 15. bis 19. Jh. sowie Fresken und Malereien überwiegend aus dem 17./18. Jahrhundert. Wechselnde Öffnungszeiten.
Museo Valtellinese

3 km westlich der Stadt steht auf einem Felsen die Kapelle Madonna della Sassella (15. Jh.). Im Innern sind Fresken aus dem Jahr 1511 erhalten. Der Besuch lohnt sich schon wegen der besonderen Lage. ▶Baedeker Special Guide
Santuario della Madonna della Sassella

★★ Valcamonica

N–Q 3–6

Provinz: Brescia

Das vom Oglio durchflossene Tal Valcamonica erstreckt sich 80 km lang von der Nordküste des Lago d'Iseo bis zum Passo del Tonale im Nordosten der Lombardei.

VALCAMONICA ERLEBEN

AUSKUNFT

I. A. T.
Corso Milano 41
I-25056 Ponte di Legno
Tel. 03 64 9 11 22
www.pontedilegnoturismo.it

ESSEN UND ÜBERNACHTEN

▶ **Komfortabel**
Mirella
Via Roma 21
Ponte di Legno

Tel. 03 64 90 05 00, Fax 03 64 90 05 30
www.hotelmirella.it, 64 Z.
Recht ruhig gelegenes Hotel; gepflegte
Zimmer, die meisten mit Balkon.

▶ **Günstig**
Pegrà
Via Nazionale SS 42
(bei Esso-Tankstelle), Ponte di Legno
Tel. 03 64 90 31 19, Fax 03 64 90 36 45
www.hotelpegna.com
Gutes Hotel mit Garage.

Bedeutendes frühgeschichtliches Tal

In Ponte di Legno gibt es **sehr gute Wintersportmöglichkeiten**. Aufsehenerregend war die Entdeckung der **frühgeschichtlichen Felsgravierungen** an verschiedenen Orten des Tals, die seit Mitte der 1950er-Jahre freigelegt und erforscht werden (▶ Baedeker Special S. 310). Aufgrund dieser Felsgravierungen weiß man, dass das Valcamonica spätestens seit der Jungsteinzeit durch die namensgebenden Camunen – ein noch weitgehend rätselhaftes Jäger- und Hirtenvolk – besiedelt war. Das Valcamonica war immer ein bedeutendes Durchgangstal zwischen den Alpenregionen bzw. den nördlicheren Ländern und der Po-Ebene. Ab 16 v. Chr. herrschten die Römer in dem Tal, Cividate Camuno war das Zentrum des Valcamonica. Die Franken machten Breno im 8. Jh. zu ihrem Hauptort. Später fiel das Valcamonica an die Mailänder Visconti.

✳ Reiseziele im Valcamonica

Boario Terme

Boario Terme, im Südteil des Valcamonica gelegen, ist wegen seiner schwefel- und kalkhaltigen Quellen ein bekannter Kurort. Im Ort gibt es das altehrwürdige Grand Hotel, Kuranlagen und einen Kurpark aus der Zeit um 1900. Ein klassischer Kurbetrieb mit Musikveranstaltungen etc. sorgt für die Unterhaltung der Kurgäste.

Cividate Camuno

Im **Museo Archeologico della Valcamonica** sind archäologische Ausgrabungsfunde aus römischer Zeit zu sehen, als Cividate Camuno Zentrum des Valcamonica war. Öffnungszeiten: Di. – So., Fei. 9.00 bis 14.00 Uhr.

Breno

Der alte Hauptort Breno breitet sich zu Füßen eines hohen Felsens aus, auf dem Überreste eines **Kastells** (11. Jh.) erhalten sind. Die **Kirche S. Antonio** (14. Jh.) ist mit Fresken aus dem 15. und 16. Jh. ge-

Breno, der Hauptort des Valcamonica, mit den Resten eines alten Kastells

schmückt, auf denen die Danielslegende dargestellt wird. Beim Rathaus befindet sich das sehenswerte **Museo Camuno** (Via Garibaldi 4) mit zahlreichen Funden der Camunen. Öffnungszeiten: Di.–Fr. 10.00–12.00, 14.00–17.00, Sa., So. bis 17.30 Uhr.

In Capo di Ponte kommt man zur eigentlichen Attraktion des Valcamonica: dem sich oberhalb des Ortes erstreckenden Parco Nazionale delle Incisioni Rupestri. Hier kann man auf fünf verschiedenen Routen die berühmten **frühgeschichtlichen Felsgravierungen** erkunden – auf ca. 100 Felsen sind an die 30 000 Figuren eingeritzt. Alle Felsen sind nummeriert; eine Karte mit den Fundorten gibt es im Centro Camuno. Öffnungszeiten: Mo.–Fr. 9.00–17.30 Uhr.

Parco Nazionale delle Incisioni Rupestri

Etwas nördlich des Parks steht mitten in der Landschaft die romanische Basilika S. Salvatore (11. Jh.), die von Cluniazensern gebaut wurde (am Eingangstor des Geländes klingeln). In dem schmucklosen Innenraum kommen die **wunderschönen Kapitelle** mit Ornamenten, Tierfiguren und einer Jonasdarstellung hervorragend zur Wirkung. Wenige Freskenreste sind noch auszumachen. An der Außenmauer sind einige Steine mit Felseinritzungen aus der Umgebung verarbeitet. An dem kleinen Weg zur Basilika sieht man einen prähistorischen Altar.

S. Salvatore

Welche Bedeutung haben die geheimisvollen Felszeichnungen?

ZEICHEN IM STEIN

Der Pizzo Badile, unmittelbar östlich des Ortes Naquane im Valcamonica, wirft zu Beginn des Frühjahrs und des Herbstes einen Schatten in den Himmel. Diese merkwürdige Naturerscheinung könnte der Grund gewesen sein für die besonders vielen Felszeichnungen.

Ritzzeichnungen wurden bisher an sehr vielen Stellen der Alpen gefunden, aber die in Form und Inhalt hochwertigeren und differenzierteren Gravuren scheinen von besonders begabten und geschulten Künstlern zu stammen. An einigen Stellen, so eben in der Valcamonica, aber auch am Monte Baldo am Gardasee und im Veltlin, konzentrieren sich figurative Felszeichnungen mit symbolischem Gehalt oder ganze Kompositionen. Etwa 300 000 solcher anspruchsvollen Gravuren hat man bisher ausmachen können. Von diesen »Profi-Gemälden« unterscheiden sich die zahllosen kleineren, grafisch nicht so ausgefeilten Zeichen. Sicher ist, dass in den Felseinritzungen religiöses Empfinden zum Ausdruck kommt.

Von wem nun aber stammen sie? In der Valcamonica sollen die **Camunen**, die von der Jungsteinzeit bis zur Römerzeit hier siedelten und nach denen das Tal benannt ist, die Felsgravuren angefertigt haben. Sie hinterließen der Nachwelt steinerne Fußformen, Hände, Menschenfiguren, weibliche und männliche Sexualsymbole, tanzende, reitende und kämpfende Menschen, Menschen mit Waffen, Äxten, Pfeilen, Lanzen, Schaufeln und Schildformen, Haus- und Wildtiere, schließlich Jagdszenen und Darstellungen aus der Welt des Ackerbaus, und nicht zuletzt das Sonnenzeichen, das als keltische oder **camunische Rose zum Symbol der Lombardei** geworden ist. Man stieß auch auf römische Inschriften und christliche Kreuze, Beleg dafür, dass das camunische Heiligtum bis in die Römerzeit hinein genutzt wurde.

Die Forschungsgeschichte der »Incisioni rupestri« ist vergleichsweise jung, systematische Untersuchungen gibt es etwa seit 1820. Bereits 1955 hat man auf einer Fläche von 300 000 m² den Parco Nazionale delle Incisione Rupestri eingerichtet. 1979 wurde er von der UNESCO in die Liste der bedeutenden Kulturdenkmäler aufgenommen, wo es neben dem Forum Romanum und Leonardo da Vincis »Abendmahl« eingereiht ist. So hat das vorzeitliche Heiligtum schließlich seine Würdigung durch das 20. Jh. erfahren.

Auf der anderen Talseite von Capo di Ponte liegt der Ortsteil Cemmo. In dem kleinen **Museo d'Arte e Vita Preistorica** erhält man Einblick in das frühgeschichtliche Leben im Valcamonica sowie in die Geschichte der Felsgravierungen (Öffnungszeiten: Mo. – Sa. 9.00 bis 12.00, 14.00 – 17.00, So., Fei. 9.00 bis 12.00, 14.00 – 18.00 Uhr. Auch in Cemmo sind Felsgravierungen zu sehen, die sogar als die schönsten im Valcamonica gelten. Man findet sie an den zwei Felsen »Massi di Cemmo«, die am gegenüber dem Museum, jenseits des Fußballfeldes liegen. Zu erkennen sind Darstellungen von Jagdtieren, die vermutlich aus dem 3. Jahrtausend v. Chr. stammen.

Cemmo

> ! **Baedeker** TIPP
>
> **Leben in der Vorzeit**
> Auf einem Fußweg kommt man in Cemmo zum Archeodromo hinauf, einer Art Lehrmuseum, das über Leben, Handwerk und Kunst der jungsteinzeitlichen Bevölkerung unterrichtet. Man hat hier ein neolithisches Dorf rekonstruiert, wie es vor etwa 6000 Jahren von einer Großfamilie bewohnt gewesen sein könnte. Öffnungszeiten: tgl. 8.30 – 12.30, 13.30 – 17.30 Uhr.

Ponte di Legno (1260 m), am oberen Ende des Valcamonica, ist ein **bekannter Skiort**, der zwischen der Ortler- und der Adamello-Gruppe liegt. Insgesamt werden hier rund 80 km Skipisten angeboten; die höher gelegenen eignen sich sogar zum Sommerski.

Ponte di Legno

✱ Varese

E/F 6

Provinzhauptstadt　　**Höhe:** 382 m ü. d. M.
Einwohnerzahl: 82 900

Die Provinzhauptstadt Varese liegt am Ufer der Olona, eingebettet in die ersten Anhöhen am Alpenrand. Die Provinz hat sich trotz ihrer Bevölkerungsdichte und der starken Industrialisierung einige Ecken allerschönster Landschaft bewahren können. Gar als »Kleinod der Voralpen« wird ihr nördlicher Teil mit seinen vier kleinen Seen sowie der faszinierenden Bergkulisse bezeichnet.

Die Industrialisierung der Region begann mit Spinnereien am Ufer der Olona. In den vergangenen 120 Jahren hat die gesamte Provinz eine enorme Entwicklung durchgemacht, was an einer außerordentlichen Zunahme der Bevölkerung abzulesen ist. Das Einkommen der Bewohner von Varese liegt auf einem der ersten Plätze in Italien. Der Ortsname leitet sich vom römischen **Vallium exitus** (»Ausgang der Täler«) ab, was die Lage am Alpenrand recht gut bezeichnet. Im 13. Jh. wurde Varese zum **Verwaltungszentrum**. Varese ist keine historische Stadt, besitzt aber einen hübschen Stadtkern, wo es sehr lebhaft zugeht. Der **Corso Matteotti** ist die Haupteinkaufsstraße, um ihn herum liegen einige Altstadtgassen.

Moderne Industrieregion

▶ VARESE ERLEBEN

AUSKUNFT

I. A. T.
Via Carrobbio 2
I-21100 Varese
Tel./Fax 03 32 28 36 04
www.turismo.provincia.va.it

ESSEN

▶ **Fein &Teuer**

① *Orchidea*
Via Donizetti 5
Tel. 03 32 28 51 19
www.orchidea-tre.it, geschl. So.
Für gehobene kulinarische
Ansprüche, sehr gepflegtes Ambiente;
viele Fischgerichte; reichhaltige
Weinkarte; unbedingt reservieren!

▶ **Günstig**

② *Il Retro*
Via Donizetti 5
Tel. 03 32 28 25 15
Geschl. So.
Wem das benachbarte Orchidea zu
teuer ist, kann eine Tür weiter im

Hinterhof in die schlichtere und
schöne »Rückseite« (retro) gehen;
gute Pizzen.

ÜBERNACHTEN

▶ **Komfortabel**

① *Crystal Hotel (Best Western)*
Via Speroni 10
Tel. 03 32 23 11 45
Fax 03 32 23 71 81
www.crystal-varese.it, 44 Z.
Hotel im Zentrum von Varese in
einem nüchternen Hochhaus; ge-
schmackvolle und recht hübsch eingerichtete Zimmer.

② *Europa*
Piazza Beccaria 1
Tel. 03 32 28 01 70
Fax 03 32 23 43 25
www.hoteleuropavarese.it
33 Z.
Sehr zentral gelegenes und etwas
lautes Hotel in einem charmanten
alten Haus; Parkplatz direkt am Haus.

Sehenswertes in Varese

S. Vittore Die Basilika S. Vittore an der gleichnamigen Piazza wurde in den Jahren zwischen 1580 und 1615 nach Plänen von **Pellegrino Tibaldi** gebaut. Den auffälligen hohen Campanile zog man 1617 hoch, und die
klassizistische Fassade wurde erst 1788 vorgesetzt. Das Innere der Basilika ist prächtig mit Fresken aus dem 17. Jh. ausgeschmückt.

✦
**Battistero
di S. Giovanni
Battista ▶** Unmittelbar hinter der Kirche steht das schlichte spätromanische
Baptisterium S. Giovanni Battista (um 1230). Die Figur im Giebel
(14. Jh.) stellt Johannes den Täufer dar; die Freskenreste stammen
ebenfalls aus dieser Zeit.

**Piazza Monte
Grappa** Südwestlich der Piazza S. Vittore kommt man zur Piazza Monte
Grappa, die von 1927 bis 1935 durch **Marcello Piacentini**, einen der
führenden Architekten des italienischen Faschismus, umgestaltet
wurde. Dafür mussten etliche der ursprünglich hier stehenden Gebäude weichen.

Varese *Orientierung*

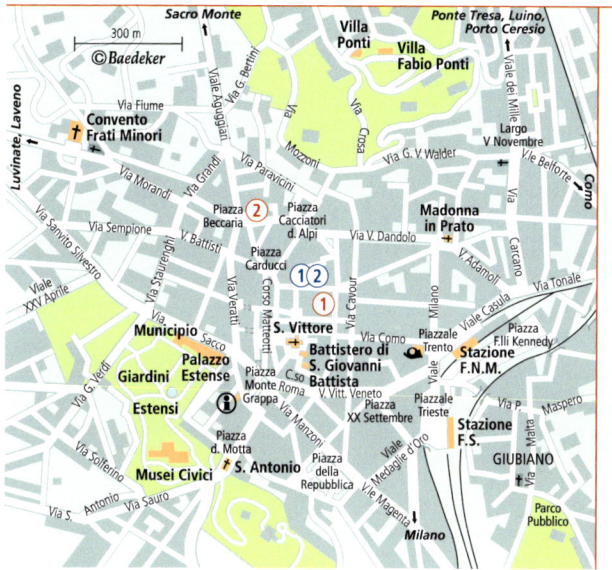

Essen
1. Orchidea
2. Il Retro

Übernachten
1. Crystal Hotel
2. Europa

Westlich der Piazza S. Vittore steht an der Via Sacco der Palazzo Estense, heute Rathaus. Francesco III. d'Este, kaiserlicher Statthalter der Lombardei, ließ ihn sich in den Jahren 1766 bis 1773 von **Giuseppe Bianchi** errichten. Sehenswert sind die spätbarocke Fassade zur Gartenseite hin und vor allem die **wunderschöne Gartenanlage**, die nach dem Vorbild der Gärten von Schönbrunn in Wien entstanden ist. Der Weg durch die Giardini Estensi steigt bis zur Grotte leicht an, von dort kann man den Blick über die Stadt und zu den Bergen der Umgebung genießen.

★
Palazzo Estense

In den benachbarten englischen Gartenanlagen (Zugang: Piazza della Motta) steht die **Villa Mirabello** (18. Jh.), die 1843 umfassend verändert wurde. Sie beherbergt das Stadtmuseum mit einer archäologischen Sammlung und einer Gemäldeabteilung. Öffnungszeiten: tgl. 10.00 – 12.00, 14.00 – 17.00 Uhr.

Musei Civici

Im nördlichen Vorort Biumo Superiore bestimmen stattliche Villen und alte Parkanlagen das Ortsbild. Die **Villa Ponti** (1858) besitzt einen schönen Park, der der Öffentlichkeiten offen steht. In der Villa Menafoglio Litta Panza (18. Jh.) ist das **Museum für zeitgenössische Kunst** untergebracht. Präsentiert werden vor allem nordamerikanische Künstler wie Dan Flavin und James Turrell. Auch Exponate aus Afrika und Präkolumbien sind zu sehen. Öffnungszeiten: Feb. – Dez. Di. – So. 10.00 – 18.00 Uhr.

Biumo Superiore

Umgebung von Varese

✶ ✶
Sacro Monte

Die bedeutendste Sehenswürdigkeit der Region ist zweifelsohne der wenige Kilometer nordwestlich von Varese gelegene Sacro Monte, der wichtigste der zehn Wallfahrtsberge in Norditalien, die zur Zeit der Gegenreformation als symbolische Abwehr gegen das von Norden her drohende Luthertum mit Kirchen und Kapellen bebaut wurden. Bischof Ambrosius (▶ Berühmte Persönlichkeiten) soll bereits 389 eine Marienkapelle gegründet haben. Später kamen eine Wallfahrtskirche und 1452 ein Nonnenkloster dazu. Im 16. Jh., nach dem Sieg der Heiligen Liga (Papst Pius V., Spanien und Venedig) über die Osmanen, ließ Carlo Borromeo, der damalige Erzbischof von Mailand, den Prozessionsweg mit 14 Kapellen und einer kleinen Kirche ausstatten.

Von dem herrlichen Weg aus hat man mit zunehmender Höhe immer schönere Aussichten in die Umgebung von Varese, so auch auf den Lago di Varese. Die **Kapellen** wurden nach Plänen von Giuseppe Bernasconi ab 1604 gebaut, alle mit unterschiedlichen Grundrissen, achteckig, rund oder quadratisch. In den Kapellen werden mit überlebensgroßen bemalten Terrakottafiguren und Wandmalereien die Geheimnisse des Rosenkranzes dargestellt: Freudenreicher Rosenkranz (Verkündung, Heimsuchung, Geburt Jesu, Darbringung im Tempel, Disput mit den Schriftgelehrten), Schmerzhafter Rosenkranz (Gebet in Gethsemane, Geißelung, Dornenkrönung, Gang nach Golgatha, Kreuzigung) und Glorreicher Rosenkranz (Auferstehung, Christi Himmelfahrt, Ausgießung des heiligen Geistes, Mariä Himmelfahrt). Nach der letzten Kapelle kommt man an der Fontana del Mose mit der Mosesfigur (1831) von G. Monti vorbei.

In der **Wallfahrtskirche S. Maria del Monte**, die 1473 erbaut, mehrfach erweitert und umgestaltet wurde, ist das letzte Rosenkranzmysterium dargestellt: Der Hochaltar ist der Marienkrönung gewidmet. Der Altar stammt von 1660, das Gnadenbild aus dem 14. Jahrhundert. Der Kirchenraum ist reich mit Malereien und Stuckarbeiten ausgestattet. Sehenswert ist die Krypta mit spätgotischen Fresken. Um die Kirche ziehen sich die ehemaligen Klostergebäude.

Casa-Museo
Ludovico
Pogliaghi

🕐

Etwas oberhalb der letzten Kapelle steht die Casa-Museo Ludovico Pogliaghi, in der der Mailänder **Bildhauer Ludovico Pogliaghi** von 1894 bis 1906 lebte. Hier ist ein kleines Museum eingerichtet, in dem griechische, ägyptische und mittelalterliche Skulpturen sowie Arbeiten von verschiedenen Künstlern aus dem 19. und 20. Jh. gezeigt werden. Öffnungszeiten: Do. – Sa. 10.00 – 12.30, 15.00 – 17.00, So. 10.00 – 12.00 Uhr.

Museo Baroffio

🕐

Im Museo Baroffio etwas unterhalb der Kirche sind wertvolle mittelalterliche Handschriften und lombardische Malereien aus dem 17. und 18. Jh. ausgestellt. Öffnungszeiten: Do., Sa., So. 9.30 – 12.30, 15.00 – 18.30 Uhr.

Der Hausberg von Varese, der Campo dei Fiori (1226 m), erhebt sich unmittelbar neben dem Sacro Monte nordwestlich der Stadt. Das Gebiet wurde als Parco Regionale zum Naturpark erklärt.

Campo dei Fiori

Der Lago di Varese erstreckt sich, eingebettet in eine sanft gewellte Landschaft, westlich von Varese. Im Vergleich mit den benachbarten oberitalienischen Seen ist der Lago di Varese ein wenig nichtssagend. Auf der Fahrt von Varese um den See kommt man am nordöstlichen Ufer durch **Voltorre** mit der hübschen Kirche S. Michele (12. Jh.). Sehenswert ist insbesondere der stimmungsvolle Kreuzgang mit Terrakottadekor.

Lago di Varese

Auf halber Strecke zwischen Varese und Porto Ceresio am Luganer See liegt der **Ort Bisuschio**, in dem sich der Besuch der Villa Cicogna-Mozzoni (16. Jh.) lohnt, die als eine der schönsten in der Provinz Varese gilt. Herrlich ist der terrassenförmig angelegte Garten mit Wasserbecken, Brunnen und Grotten. Öffnungszeiten: Apr. – Okt. So., Fei. 9.30 – 12.00, 14.30 – 19.00 Uhr; Aug. tgl. 14.30 – 19.00 Uhr.

✹
Villa Cicogna-Mozzoni
🕐

✶ Castiglione Olona und Umgebung

Castiglione Olona (10 km südlich von Varese) ist ein kleiner abgeschiedener Bergort, der heute von seiner einstigen Blüte nicht mehr allzu viel merken lässt – abgesehen von den relativ vielen kleineren Stadtpalästen. Wegen seiner großen kulturellen Vergangenheit ist er aber bei Kennern Hauptziel in der Provinz Varese. Die große Zeit des Ortes geht auf den Kardinal Branda Castiglione (1350 – 1443) zurück, der den Ort im 15. Jh. zu einem kulturellen Zentrum ausbaute und sich dafür bedeutende Künstler aus der Toskana kommen ließ. Auf diese Weise entstanden hier ab 1423 zahlreiche toskanische Werke, die Zeugnis der Übergangszeit von der Spätgotik zur Renaissance ablegen.
Berühmt sind insbesondere die **Fresken des Florentiners Masolino** (1383 bis ca. 1440). Bereits 1513 wurde die Residenz durch die Mailänder Sforza zerstört, nachdem die Castiglione Partei für Ludwig - XII. von Frankreich ergriffen hatten, als dieser in Mailand einfiel.

Bergort mit großer Vergangenheit

An der Piazza Garibaldi im Ortszentrum steht die **Chiesa di Villa**. Sie wurde zwischen 1432 und 1443 als Zentralbau errichtet, dem man die Verwandtschaft mit Florentiner Vorbildern von Brunelleschi anmerkt. Die Fassade wird von den Kolossalfiguren neben dem Eingang beherrscht – rechts Christophorus, links Antonius Abbas. Im Innenraum sind Terrakottafiguren und Malereien aus dem 15. Jh. erhalten. Der **Palazzo Branda Castiglione** am selben Platz war Sitz der Castiglione. Kardinal Branda ließ ihn im 15. Jh. erweitern. Heute sind in dem Palast ein kleines Museum und ein Archiv eingerichtet. Sehenswert sind die früheren Kardinalsräume sowie eine Hauskapelle, die teilweise mit Fresken von Masolino ausgestaltet sind.

Sehenswertes

Collegiata della Beata Vergine ▶ Folgt man der Straße an der Chiesa di Villa vorbei, kommt man etwas oberhalb des Ortes zur Collegiata della Beata Vergine, einer ebenfalls von Kardinal Branda gegründeten Kirche. Castiglione wurde 1428 auf dem Bogenfeld über dem Eingang vor der Madonna kniend von einem veneto-lombardischen Künstler dargestellt. Im Chor der Kollegiatskirche ist das Grab des Kardinals zu sehen, ebenfalls in veneto-lombardischem Stil gearbeitet. Die Fresken im Chor, Szenen aus dem Marienleben (um 1435) sowie Martyrien der Hll. Laurentius und Stephanus stammen von **Masolino**. Öffnungszeiten: Apr. – Sept. Di. – Sa. 10.00 – 13.00, 15.00 – 18.00, Okt. – März Di. bis Sa. 9.30 – 12.30, 14.30 – 17.30, So. immer 10.00 – 13.00, 15.00 bis 18.00 Uhr.

✶ ✶

Battistero ▶ Zu dem Gebäudekomplex, der an die Collegiata angrenzt, gehört das Baptisterium, in dem das berühmteste Werk Castiglione Olonas, der

1435 vollendete **Freskenzyklus von Masolino**, zu sehen ist. Dargestellt sind Szenen aus dem Leben Johannes' des Täufers, darunter das bekannte Gastmahl des Herodes. Für die Betrachtung der Fresken sollte man sich ein wenig Zeit nehmen. Die zerbrechlich erscheinenden, eleganten Figuren sind noch in spätgotischer Manier gemalt, aber die aufziehende Renaissance ist bereits im perspektivischen Interieur und bei der naturnahen Landschaftswiedergabe auszumachen. Wie kaum ein anderer zeigt Masolino diesen Stilwechsel. Sind die Engel bei Jesu Taufe noch zart und fromm dargestellt, so zeigt sich der Anbruch der Renaissance in den Mittäuflingen Christi, speziell in der Figur, die mit dem Rücken zum Betrachter steht.

Das Gastmahl des Herodes: Masolinos bedeutendes Fresko

Castelseprio 4 km südlich von Castiglione Olona liegt Castelseprio auf einem weiten Hochplateau über dem Fluss. Etwas außerhalb des Ortes findet man die eigentliche Sehenswürdigkeit, die Reste einer einst blühenden Stadt mit mehreren Kirchen. Vermutlich errichteten die Römer im 5. Jh. an dieser Stelle das **Castrum Sibrium** als Befestigung gegen germanische Eindringlinge. Unter den Langobarden war Castelseprio dann Hauptort einer Provinz, die von Mailand bis zum Lago Maggiore reichte, und damit militärisch und religiös ein bedeutendes Zentrum der Region. Der Ort gewann in den folgenden Jahrhunderten noch weiter an Bedeutung, wurde aber 1287 bei einem Angriff der Visconti, für die Castelseprio eine unerwünschte Konkurrenz war, komplett zerstört. Das Terrain diente im 19. Jh. als Steinbruch.

Im Zweiten Weltkrieg brachten Partisanen, die sich in dem vergessenen Gebiet aufhielten, Castelseprio wieder in Erinnerung, und man begann mit Ausgrabungen.

In dem Ruinen- und Ausgrabungsfeld sind außer Festungsmauern die Reste der Kirche S. Giovanni Evangelista auszumachen, eine ehedem dreischiffige Basilika aus dem 5. Jahrhundert. In dem achteckig angelegten Baptisterium daneben stieß man auf zwei Taufbecken. Es heißt, dass in einem arianische, im anderen athanasianische Christen getauft wurden.

Die Hauptattraktion ist in dem kleinen, etwas abseits gelegenen Kirchlein S. Maria foris Portas (7. Jh.) zu finden, das auch früher außerhalb der Stadtmauern stand. Das Äußere der wieder aufgebauten und restaurierten Kirche ist eher unauffällig, das Innere indes birgt einen **Freskenzyklus**, dessen Ursprünge bisher nicht eindeutig geklärt werden konnten. Der nicht vollständige Zyklus gilt als der bedeutendste seiner Art zwischen dem 7. und 10. Jahrhundert. Dargestellt sind in stilistischer Vollendung die Geschichte Marias von der Verkündigung bis zur Flucht nach Ägypten sowie die Geburt Jesu. Ungewöhnlich sind zum einen die hervorragende Ausführung, zum anderen der spätrömisch-byzantinische Stil sowie die Erzählung nicht nach den kanonischen Evangelien, sondern nach den apokryphen, u. a. dem Protoevangelium nach Jacobus. So ist bei der Geburt Jesu eine Hebamme anwesend, wie es hier dargestellt ist. Man nimmt an, dass der Zyklus das Werk eines byzantinischen Wanderkünstlers war. Öffnungszeiten: Di. – Sa. 10.00 – 18.00, So., Fei. 9.00 – 18.00 Uhr.

✷
◄ S. Maria foris Portas

🕐

✴ Veltlin · Valtellina

J – P 2 – 4

Provinz: Sondrio

Das Veltlin im Nordosten der Lombardei ist ein etwa 100 km langes Tal, das von Bormio im Nordosten bis zum Nordende des Comer Sees reicht. Es trennt die Berninagruppe im Norden von den niedrigeren Bergamasker Alpen im Süden. Durch das Tal fließt die Adda, die in den Comer See mündet.

Das Valtellina ist das längste Tal, das sich nicht in Nord-Süd-Richtung, sondern in Ost-West-Richtung durch die Alpen zieht. Daher war und ist es eine der **wichtigsten Verkehrsadern im Innern der Alpen** – ein Vorzug, der sich in den letzten Jahrzehnten ins Gegenteil verkehrt hat, da der Durchgangsverkehr erschreckende Ausmaße angenommen hat. Das Valtellina lebt heute vor allem vom **Fremdenverkehr**. Im Sommer schätzen Besucher die Wandermöglichkeiten, im Winter die hervorragenden Skisportbedingungen. Die bedeutendste alpine Station der Lombardei ist Bormio, weitere wichtige Skiorte sind Livigno, das Valfurva-Tal und Aprica.

Ost-West-Achse der Alpen

▶ VELTLIN ERLEBEN

AUSKUNFT

Ufficio Tusristico
Via Roma 131/B
I-23032 Bormio
Tel. 03 42 90 33 00
Fax 03 42 90 46 96
www.valtellina.it

ESSEN

▶ Erschwinglich
Vecchia Combo
Piazza Crocefisso 4
Bormio
Tel. 0 34 2 90 15 68
Geschl. So.
Sehr kleines Restaurant, das vorzügliche regionale Gerichte aus der
Valtellina zubereitet wie leckeren
Bresaola, gute hausgemachten
Pizzoccheri und eine deftigen Polenta
taragna.

ÜBERNACHTEN

▶ Komfortabel
Posta
Via Roma 66, Bormio
Tel. 03 42 90 47 53
Fax 03 42 90 44 84
www.hotelposta.bormio.it, 30 Z.
Gepflegtes Hotel im Zentrum;
gediegen eingerichtete Zimmer.

▶ Günstig
Astoria
Via Roma 73, Bormio
Tel. 03 42 91 09 00, Fax 03 42 90 52 53
www.astoria.bormio.it, 44 Z.
Ruhiges Hotel im historischen Zentrum; die Zimmer sind schlicht, aber
gepflegt; es gibt eine Sonnenterrasse,
eine Garage und einen Parkplatz; im
Restaurant werden Spezialitäten aus
der Valtellina serviert.

Geschichte Durch das Valtellina verlief seit jeher der Weg aus dem Norden nach
Italien. Durch den Handelsverkehr hatten die Orte im Veltlin Sonderrechte. Zwischen dem 11. und dem 13. Jh. kämpften Mailand und
Como um das Veltlin, schließlich kam es unter Mailänder Herrschaft. 1512 fiel es an Graubünden. Als sich der Protestantismus unter den Graubündnern verbreitete, gab es fortgesetzte politische und
religiöse Auseinandersetzungen. Die Zwistigkeiten zwischen Katholiken und der Graubündner Regierung gipfelten in den so genannten
Veltliner Wirren (1620 – 1639), einem Krieg, in den auch Spanier
und Franzosen eingriffen. 1814/1815 gelangte das Valtellina mit der
Lombardei an Österreich und 1859/1861 schließlich an Italien.

Landschaftsbild Das Valtellina gehört zu den faszinierendsten Landschaften der Lombardei. Während sich in dem breiten **Tal die Adda** ihren Weg gebahnt hat, steigen im Norden die Gipfel der **Berninagruppe** mit Höhen bis zu 4050 m an und im Süden die **Bergamasker Alpen** bis
knapp 3000 m. In den oberen Regionen wird es zunehmend schroff
und karg. In den unteren Regionen prägen kleine Obstplantagen und
Weinberge das Bild, streckenweise vermittelt das Tal hier einen geradezu lieblichen Eindruck. Auch die vielfältige Vegetation und Tierwelt in den noch unberührten Landstrichen sind beeindruckend.

! *Baedeker* TIPP

Bresaola

Ein unerlässlicher Bestandteil der Veltliner Küche ist die Bresaola, der in hauchdünne Scheiben geschnittene luftgetrocknete Rinderschinken – ein Pendant zum Bündner Fleisch.

Neben den Regionen Oltrepò Pavese südlich von Pavia und Franciacorta in der Provinz Brescia ist das Veltlin die wichtigste Weinregion der Lombardei. Auf den Terrassen des Tals werden Trauben in kleinsten Parzellen angebaut, die kaum den Einsatz von Maschinen zulassen. Das Valtellina ist einer der wenigen Orte außerhalb des Piemonts, wo die **Nebbiolo-Traube** gedeiht. Bekannt als Traubensorten sind Sassella, Inferno, Grumello und Valgella, allesamt vollmundige kräftige Rotweine. **Weinanbau**

Reiseziele im Veltlin

Auf einer Fahrt durch das Valtellina von Westen nach Osten lohnen sich Zwischenstopps in einigen Orten, die im Folgenden vorgestellt werden. Besonders nördlich der Staatsstraße 38 bieten sich immer wieder Nebenstraßen an, von denen aus sich die landschaftliche Schönheit am besten genießen lässt.

Bereits im Mittelalter hatte der am Zugang zum Passo di S. Marco gelegene Ort Morbegno im westlichen Valtellina eine gewisse Bedeutung, da er am Handelsweg nach Venedig lag. Im historischen Zentrum stehen einige elegante Stadtpaläste. Der **Palazzo Malacrida**, etwas versteckt in der Via Malacrida gelegen, weist eine schöne Säuleneingangshalle mit Fresken (18. Jh.) von Cesare Ligari auf. Unter den Sakralbauten ist die **Kirche S. Giovanni Battista** (Piazza S. Giovanni Battista) aus dem 16. Jh. mit barocken Freskierungen (18. Jh.) von Pietro Ligari sehenswert. **Morbegno**

Südlich von Morbegno erstreckt sich das Valle del Bitto, welche die Täler von Gerola und Albaredo einschließt. Interessant ist die Ortschaft Sacco unmittelbar südlich von Morbegno, in der die Fresken an einigen Hauswänden auffallen. In der Contrada Pirondini findet man an der Casa Vaninetti eine populäre Malerei, die den legendären »Uomo Selvatico« zeigt. **Valle del Bitto**

Die Valmasino nordöstlich von Morbegno ist bei Bergwanderern und Kletterern sehr beliebt. Im Norden erhebt sich der Pizzo Cengalo (3367 m) und im Nordosten der Monte Disgrazia (3678 m). Eine der schwierigsten Trekking-Strecken Europas führt über die umlie- **Valmasino** genden Gipfel der Valmasino. In den Thermalquellen von Bagni del Masino am oberen Ende des Tals in 1172 m Höhe können sich Wanderer erholen. Zudem ist die Region für ihre Mineralien bekannt, über 150 verschiedene Gesteine hat man hier ausmachen können.

Sondrio ▶dort

Valmalenco
Die Valmalenco, das Tal nördlich von Sondrio, ist touristisch gut erschlossen. Im Sommer bietet es sich für Wanderausflüge an, im Winter ist es ein beliebtes Skigebiet. Auf der Fahrt von Sondrio in Richtung Lanzada kann man in **Chiesa in Valmalenco** in 960 m Höhe Station machen – einem beliebten Ort für Sommerfrische und Wintersport. Etwas nördlich liegt 1274 m hoch **Primolo** mit der Kapelle der Madonna delle Grazie. **Caspoggio** etwas östlich (1098 m) ist ein beliebter Skiort, in dem internationale Skimeisterschaften stattfinden. **Lanzada** (983 m) schließlich ist das landwirtschaftliche Zentrum der Region.

✱

Strada Panoramica dei Castelli
Von Sondrio führt eine landschaftlich außerordentlich schöne Panoramastrecke in Richtung Osten, eine Nebenstraße, die durch die kleinen Dörfer Montagna in Valtellina, Poggiridenti und Ponte in Valtellina nach Teglio führt. Die Straße verläuft durch kleine Obstplantagen und entlang der Weinhänge des Grumello und Inferno und gibt wunderschöne Blicke ins Adda-Tal sowie auf die umgebenden Alpengipfel frei. Gleich zu Beginn der Tour fällt die Ruine der **Grumello-Burg** bei Montagna in Valtellina auf, allerdings die einzige Burg auf der »Burgenstraße«. In **Ponte in Valtellina** lädt ein gut erhaltener alter Ortskern zum Bummeln ein.

✱

Teglio
✱
Palazzo Besta ▶
Der kleine Ort Teglio (856 m) ist ein bei Wintersportlern wie Sommerfrischlern gleichermaßen beliebter Ferienort. Der Palazzo Besta (16. Jh.) hier ist **eines der Highlights des Veltlin**. In der herben Umgebung nimmt sich der Palazzo Besta ausgesprochen heiter und einladend aus. Schon seine helle, lang gezogene Front ist beeindruckend. Dahinter verbirgt sich ein von Arkaden umzogener Innenhof, dessen Wände vollkommen mit Fresken der »Aeneis« von Vergil bemalt sind. Bemerkenswert sind die fantastischen Wasserspeier-Figuren. Beim Rundgang durch den Palast kommt man durch reich freskierte Säle – der Ehrensaal mit Szenen zum Thema des »Orlando Furioso« (»Rasender Roland«) – mit hervorragend gearbeiteten Holzdecken und schweren Holzmöbeln. Sehenswert ist die für die

*Herrlicher Ausblick von der Strada Panoramico dei Castelli über das →
weite Adda-Tal – hier bei Ponte in Valtellina*

Feines Fresko auf den Renaissamce-Arkaden im Palazzo Besta in Teglio

Region typische Stüa (Stube), die ganz mit Zirbelkiefernholz getäfelt ist; eindrucksvoll sind außerdem die nebeneinander gelegenen heizbaren Zimmer für den Herrn und die Dame des Hauses sowie die alte Küche. Bei der Besichtigung des Antiquariums bekommt man die berühmten jungsteinzeitlichen Stelen zu sehen, die bei Teglio entdeckt wurden. Die Stele II von Caven zeigt u. a. Tiere und ein Sonnensymbol, die Stele III von Caven Spiralzeichen und Sonnen. Öffnungszeiten: Apr. – Sept. Di. – Sa. 8.00 – 14.00, Okt. – März Di. bis Sa. 8.00 – 13.00, 14.00 – 17.00 Uhr.

Südöstlich von Teglio kommt man über die in Kurven ansteigende Staatsstraße 39 nach **Aprica** auf 1172 m Höhe gelegen. Im Mittelalter war der Ort eine bedeutende Station zwischen dem Bernina-Pass und den südlichen Ebenen. Aprica ist beliebter Wintersportort und im Sommer Ausgangspunkt für Wanderungen und Ausflüge in die faszinierende Bergwelt.

Tirano

★

Basilica Madonna di Tirano ▶

Tirano breitet sich am Ufer der Adda aus. Nur wenige Kilometer weiter nordwestlich beginnt die Schweiz, die hier wie ein Keil in lombardisches Gebiet reicht. Ein bekanntes Kulturdenkmal ist die Wallfahrtskirche Madonna di Tirano gleich am westlichen Ortseingang, die 1505 an der Stelle einer Marienerscheinung gebaut wurde. Zwischen dem 16. und 19. Jh. war sie eines der wichtigsten religiösen Zentren im Veltlin und ihr Vorplatz zudem bedeutende Marktstätte. Der Bau aus der Hochrenaissance mit seinen klaren und einfachen harmonischen Proportionen wird von einem ungewöhnlich hohen Campanile überragt. Das Innere ist überreich mit **manieristischen und barocken Freskenmalereien** bestückt.

An der Piazza Basilica ist im Palazzo S. Michele (16. Jh.) das **Museo Etnografico Tiranese**, das einen Einblick in die Kultur des Veltlin

🕐 vermittelt. Öffnungszeiten: Juni – Sept. Di. – So. 10.00 bis 12.00, 15.30 – 18.30 Uhr; Okt. – Mai Sa. 10.00 – 12.00, 15.00 – 18.00 Uhr.

Grosio

Bei Grosio wird das Tal enger, die Straße führt aufwärts durch die immer kargere Bergwelt in Richtung Stilfser Joch. Im Ort lohnen vor allem die Kirche S. Giorgio aus dem 14. Jh. sowie am Ortsrand die Kirche S. Giuseppe aus dem 17. Jh. einen Blick. Im Palazzo Visconti Venosta ist das Museo Civico untergebracht. Das Castello Nuovo, 1350 von den Visconti errichtet, ist nur noch als Ruine erhalten.

Die bedeutendste Sehenswürdigkeit der Region ist der Felsblock Rupe Magna, direkt unterhalb des Schlosses, mit frühgeschichtlichen Felsgravierungen. In den vergangenen Jahren sind an verschiedenen Stellen im Veltlin derartige Spuren gefunden worden. Die an der Rupe Magna und an der Rupe degli Armigeri sind die am besten zugänglichen. Geometrische Formen sowie Tiere und menschliche Figuren lassen sich ausmachen (▶Baedeker Special S. 310).

✶ Rupe Magna

> **❗ Baedeker TIPP**
>
> **Panoramabahn**
>
> Von Tirano führt eine berühmte Bahnstrecke nach St. Moritz in der Schweiz, bei der man die bis 4000 m hohe Berninagruppe passiert. Während der zweieinhalbstündigen Fahrt eröffnen sich einzigartige Panoramablicke. Informationen im Bahnhof Tirano (Tel. 03 42 70 13 53) oder unter www.glacier-express.de.

Westlich der Straße zwischen Sondalo und Bormio sieht man den **Pizzo Coppetto** liegen, an dem es im Sommer 1987 nach lang anhaltenden Regenfällen einen verheerenden Bergrutsch gab, bei dem mehrere Dörfer verschüttet wurden und die Gesteinsmassen die Adda zu einem See, dem Lago di Pola, stauten.

✶ Bormio und Umgebung

Im nordwestlichen Zipfel der Lombardei, der direkt an das Engadin angrenzt, liegt Bormio (1217 m), überragt im Osten von der Cresta di Reit (3075 m). Bormio, ein beliebter Skiort, besitzt ein recht gut erhaltenes historisches Zentrum und Thermalquellen, die Bagni di Bormio nördlich der Stadt. Bormio blickt auf eine nicht unbedeutende Geschichte zurück. 1621 wurde Bormio von spanischen Truppen zerstört und verlor an Bedeutung.

Skiort mit Thermalquellen

Ortsmittelpunkt ist die Piazza Cavour, hier findet man die Hauptsehenswürdigkeiten sowie einige hübsche Cafés. Der älteste Bau an der Piazza Cavour ist die offene Loggia, der **Kuerc** (14. Jh.), in dem einst Recht gesprochen wurde und Ratsversammlungen stattfanden. Am selben Platz fällt die **Torre Civica** (15. Jh.) mit dem Zifferblatt auf. Sie ist für ihre große Glocke bekannt, die einst die Bevölkerung zu besonderen Anlässen zusammenrief oder bei Gefahr alarmierte. Die **Collegiata dei SS. Gervasio e Protasio** stammt aus dem Jahr 1621.

✶ Piazza Cavour

In der Via Buon Consiglio steht der Palazzo de Simoni (18. Jh.), der von einem mittelalterlichen Turm überragt wird. Hier ist das **Museo Civico** untergebracht, in dem Kunstwerke und Volkskundliches zu sehen sind. Öffnungszeiten: 15. Juni – 15. Sept. Di. – So. 10.00 – 12.30, 15.00 – 19.00, Fr. zusätzlich 21.00 – 23.00 Uhr; in den übrigen Monaten meist nur Do. und Sa.

🕐

Viele Pflanzen, die im Nationalpark Parco Nazionale dello Stelvio wachsen, sind in Bormio im **Giardino Botanico Rezia** angepflanzt worden. Öffnungszeiten: Juni bis Mitte Sept. Di. – So. 9.00 – 12.00, 15.00 – 18.30, Juli, Aug. tgl. 9.00 – 12.00, 14.00 – 19.00 Uhr.

🕐

✷ ✷
Parco Nazionale
dello Stelvio

Der Parco Nazionale dello Stelvio, der von der Schweiz, der Lombardei und dem Trentino gemeinsam betreut wird, ist der **größte italienische Nationalpark**. Er wurde 1935 auf einem Gebiet gegründet, das teilweise zur Lombardei und teilweise zum Trentino und zu Südtirol gehört. 1977 erweiterte man den Park und verband ihn mit dem Schweizer Nationalpark des Engadin. Er erstreckt sich über eine Gesamtfläche von 134 620 ha, davon gehören 61 823 zur Lombardei. Eine der Attraktionen des Stilfser-Joch-Parks ist der 3899 m hohe Ortler auf Südtiroler Gebiet. In erster Linie soll in dem Nationalpark die hochalpine Natur der Ortlergruppe geschützt werden. Hier leben Hirsche, Gämsen, Steinböcke, Königsadler, Auerhähne und Alpenschneehühner. Die Vegetation ist teilweise noch auf die Eiszeiten zurückzuführen. In dem Gebiet gibt es außerdem ca. 100 **Gletscher**.

✷
Ghiacciaio
dei Forni ▶

Zentrum des waldreichen Valfurva-Tals, das sich im Südosten von Bormio erstreckt, ist der Ort **S. Caterina Valfurva**, in dem es sowohl Sommer- als auch im Wintertourismus gibt. Sehenswert ist der Gletscher Ghiacciaio dei Forni, der größte Italiens, den man vom Albergo Ghiacciaio dei Forni (2176 m) am Ende des sich an das Valfurva-Tal anschließenden Forni-Tals aus bewundern kann.

✷ ✷
Stilfser-Joch-
Straße ▶

Von Bormio aus windet sich mit einer Steigung von bis zu 15 % die 1825 fertig gestellte Straße mit atemberaubenden Panoramablicken hinauf zum Passo dello Stelvio, dem berühmten »Stilfser Joch« (2757 m). Die Bergstraße, die die Österreicher in ihrer Regierungszeit in Oberitalien als Verbindung zwischen der Lombardei und dem Inntal und Wien anlegten, gilt mit ihren 83 scharfen Serpentinen als eine der besonderen Glanzleistungen des alpinen Straßenbaus.

✷
Livigno

Livigno liegt völlig abseits im äußersten Nordzipfel der Lombardei, 36 km nordwestlich von Bormio. Ganzjährig ist es durch den Muntla-Schera-Tunnel zu erreichen, der vom Schweizer Münstertal (Ofenpass) ausgeht. Im Sommer gibt es auch eine Zufahrt vom Stilfser Joch bzw. von Tirano aus, durch das schweizerische Val Poschiavo und über die Forcola di Livigno.

Livigno ist aufgrund seiner Lage und der Sprache eine kleine Welt für sich. Die Bevölkerung spricht Ladinisch, im Deutschen als Rätoromanisch bezeichnet, das überhaupt nur noch von gut 500 000 Menschen gesprochen wird. In den letzten Jahren erlebte der Ort einen wahren Touristenboom, der u. a. darauf zurückzuführen ist, dass Livigno **zollfreie Zone** ist. Wintersportlern hat Livigno 120 km Pisten zu bieten, davon rund 40 km Langlaufloipen. Bereits im 16. Jh. hatte Livigno Privilegien beim Weinhandel und war von Zollabgaben befreit. Das heutige zollfreie Gebiet ist im 19. Jh. zur Zeit der Napoleonischen Regierung eingerichtet worden; man wollte damals verhindern, dass der abgelegene Ort vollkommen verlassen würde. Über den Eira-Pass kommt man nach Trepalle (2079 m). Es ist das höchstgelegene ständig bewohnte Dorf Italiens.

Abseits, ganz im Nordzipfel der Lombardei, liegt Livigno. →

✳ Vigevano

F 9

Provinz: Pavia
Einwohnerzahl: 65 000

Höhe: 116 m ü. d. M.

Rund 30 km von Mailand entfernt liegt Vigevano im Herzen der Lomellina. Die kleine Stadt ist das Zentrum der italienischen Schuhindustrie.

Geschichte Nach dem Bau einer Brücke über den Ticino kam es im Mittelalter zwischen Mailand und Pavia zu erbitterten Auseinandersetzungen um Vigevano, da der Ort nunmehr eine strategisch wichtige Position hatte. Zur Zeit der Visconti erlebte das Städtchen ab dem 14. Jh. eine kulturelle Blüte. Im 19. Jh. begann man hier – erstmals in Italien – Schuhe industriell herzustellen.

Sehenswertes in Vigevano

✳ ✳
Piazza Ducale

Ein Besuch von Vigevano lohnt sich allein wegen der wundervollen Piazza Ducale, **der ältesten Renaissance-Anlage der Lombardei und einer der schönsten des Landes**. Die Piazza entstand im ausgehenden 15. Jh. im Auftrag von Ludovico il Moro wahrscheinlich nach Entwürfen von Donato Bramante oder von Architekten aus seinem Schülerkreis. Die große Piazza wird an drei Seiten von einheitlichen Fassaden und Arkadengängen eingefasst. Diese sind mit mehrfarbigen Dekorationen in Fresko und Sgraffito geschmückt. Viele Cafés

▶ VIGEVANO ERLEBEN

AUSKUNFT

I. A. T.
Palazzo Merula
Via Merula 40
I-27029 Vigevano
Tel./Fax 03 81 69 02 69

ÜBERNACHTEN

▶ **Komfortabel**
Europa
Via Trivulzio 8
Tel. 03 81 90 85 01
Fax 03 81 8 70 54
www.heuropa.it, 42 Z.
Das gut 100 m von der Piazza Ducale entfernt gelegene Hotel wird gern von Messebesuchern genutzt.

Perle italienischer Stadtbaukunst: Piazza Ducale in Vigevano

laden zum Verweilen ein, kleine Geschäfte unter den Arkaden zum Bummeln. An der Ostseite der Piazza steht der **Duomo S. Ambrogio**, der 1532 nach Entwürfen von Antonio da Lonate gebaut wurde. Die auffällige, konkav geschwungene Fassade im Barockstil wurde erst im 17. Jh. angefügt.

Das Kastell von Vigevano geht im Kern auf einen Bau der Visconti aus dem 14. Jh. zurück, der sich im Südosten der Anlage befindet. Im späten 15. Jh. entstanden dann die übrigen Gebäude im Auftrag des Ludovico il Moro, der sich hier eine Jagdresidenz einrichtete. Aus dieser Zeit stammt auch der von Bramante entworfene Turm, auf den man hinaufsteigen kann. Sehenswert ist u. a. die prächtig ausgestaltete Loggia della Falconiera. Vom Palazzo Ducale führt ein langer überdachter Wehrgang zur Rocca Vecchia, der einstigen Burg von Vigevano. Öffnungszeiten: tgl. 9.00 – 18.00, Fei. bis 19.00 Uhr.

★
Castello Sforzesco

🕐

Das Museo della Calzatura (Via Cesarea) ist der Geschichte der ortsansässigen Schuhindustrie und der Geschichte des Schuhs generell gewidmet. Zu den Exponaten gehören außerdem unterschiedlichste Fußbekleidungen aus Afrika, Asien, Amerika und Europa. Öffnungszeiten: Di. – Fr. 10.00 – 12.30, 14.00 – 17.00, Sa. 10.00 – 18.00 Uhr.

Museo della Calzatura

🕐

Umgebung von Vigevano

Abbiategrasso

Wenige Kilometer nordöstlich von Vigevano, am Naviglio Grande, liegt Abbiategrasso. Jahrhundertelang war es ein wichtiger Umschlagplatz für die landwirtschaftliche Versorgung von Mailand. Am Ufer sind noch einige Villen erhalten, die sich der Mailänder Adel hier erbauen ließ. Von kunstgeschichtlichem Interesse ist die **Kirche S. Maria Nuova** (Via Borsani), deren gotische Säulenhalle 1497 nach Plänen von Donato Bramante eine Renaissance-Vorhalle erhielt. Öffnungszeiten: tgl. 8.00 – 12.00, 15.00 – 18.30 Uhr.

Südöstlich außerhalb der Stadt steht das **Zisterzienserkloster Morimondo**. Die dreischiffige Klosterkirche (12. Jh.) besitzt einen für die Zisterzienser typischen geraden Chorabschluss. Der Kreuzgang, der im 15./16. Jh. umgebaut wurde, ist nur noch ansatzweise erhalten. Öffnungszeiten. tgl. 9.00 – 12.00, 14.00 – 17.00 Uhr.

Lomellina

Westlich und südwestlich von Vigevano erstreckt sich die »Reiskammer Italiens«, die Lomellina, eine flache, wenig besiedelte Landschaft. Einst ein riesiges Sumpfgebiet, ist sie heute Italiens zweitgrößte Reisanbaufläche. Im Frühjahr werden die Reisfelder geflutet, im Frühsommer bedeckt dann ein grüner Teppich die Landschaft. Nach der Blüte wird das Wasser wieder in die Kanäle geleitet, die Felder färben sich strohgelb. Mitte September ist schließlich Erntezeit.

? **WUSSTEN SIE SCHON …?**

■ Dem Reisanbau in der Lomellina setzte der neorealistische Regisseur Giuseppe de Santin 1949 in seinem Film »Bitterer Reis« ein cineastisches Denkmal. Er erzählt darin von dem harten Los der Reisarbeiterinnen – eine wird von Anna Magnani dargestellt –, die in den feuchten Feldern ihre Gesundheit ruinierten.

Mortara

In Mortara, einem lebendigen Land- und Industriestädtchen 6 km südwestlich von Vigevano, sind insbesondere der **Duomo S. Lorenzo**, ein Bau aus dem 14. Jh., sowie die **Kirche S. Croce**, die im 11. Jh. gegründet wurde, zu beachten.

2 km nordwestlich von Mortara trifft man mitten in der Landschaft auf das **Santuario della Madonna del Campo** (15. Jh.). In der Apsis ist eine Madonna del Latte (16. Jh.) zu bewundern.

Lomello

Lomello (15 km südlich von Mortara) ist heute ein unscheinbarer Ort, jedoch mit einer bedeutenden Vergangenheit. Das römische Laumellum lag direkt an der Straße von Pavia nach Gallien. Auch die Langobarden errichteten hier eine Burg. Sehenswert ist das Ensemble

Das achteckige Baptisterium San Giovanni ad Fontes in Lomello

der **Kirche S. Maria Maggiore** (11. Jh.) und des achteckigen **Baptiste-riums S. Giovanni ad Fontes** (8. Jh.). Die dreischiffige **Backsteinkir-che S. Maria Maggiore**, im 11. Jh. als Wehrkirche in die Burganlage der Langobarden integriert, wurde im Barock stark verändert, erhielt aber ihr ursprüngliches Erscheinungsbild zurück. Das Kastell an der kleinen Piazza ist heute Sitz des Rathauses. Die **Kirche S. Michele** südöstlich des Zentrums ist ein schöner romanischer Bau aus der Zeit um 1200; ihre Fassade stammt aus dem 18. Jahrhundert.

VERZEICHNIS DER KARTEN
& GRAFISCHEN DARSTELLUNGEN

BILDNACHWEIS

IMPRESSUM

Ausstattung:
175 Abbildungen
26 Karten und grafische Darstellungen
eine große Reisekarte

Text:
Dr. Eva Missler, Anja Schliebitz mit Beiträgen von
Carmen Galenschovski und Reinhard Strüber

Überarbeitung:
Heide Geiss

Bearbeitung:
Baedeker Redaktion
(Carmen Galenschovski)

Kartografie:
Christoph Gallus, Hohberg;
Franz Huber, München;
MAIRDUMONT, Ostfildern (Reisekarte)

3D-Illustrationen:
jangled nerves, Stuttgart

Gestalterisches Konzept:
independent Medien-Design, München
(Kathrin Schemel)

Sprachführer in Zusammenarbeit mit Ernst
Klett Sprachen GmbH, Stuttgart, Redaktion
PONS Wörterbücher

Chefredaktion:
Rainer Eisenschmid,
Baedeker Ostfildern

7. Auflage 2011

Urheberschaft:
Karl Baedeker Verlag, Ostfildern

Nutzungsrecht:
MAIRDUMONT GmbH & Co KG; Ostfildern
Der Name Baedeker ist als Warenzeichen
geschützt. Alle Rechte im In- und Ausland sind
vorbehalten. Jegliche – auch auszugsweise –
Verwertung, Wiedergabe, Vervielfältigung,
Übersetzung, Adaption, Mikroverfilmung,
Einspeicherung oder Verarbeitung in EDV-
Systemen ausnahmslos aller Teile des Werkes
bedarf der ausdrücklichen Genehmigung durch
den Verlag Karl Baedeker.

Anzeigenvermarktung:
MAIRDUMONT MEDIA
Tel. 0049 711 4502 333
Fax 0049 711 4502 1012
media@mairdumont.com
http://media.mairdumont.com

Printed in China
Gedruckt auf 100% chlorfrei gebleichtem Papier

atmosfair

Reisen bereichert und verbindet Menschen und Kulturen. Jedoch wer reist, erzeugt auch CO_2. Dabei trägt der Flugverkehr mit bis zu 10% zur globalen Erwärmung bei. Wer das Klima schützen will, sollte sich somit nach Möglichkeit für die schonendere Reiseform entscheiden (wie z. B. die Bahn). Wenn keine Alternative zum Fliegen besteht, kann man mit atmosfair handeln und klimafördernde Projekte unterstützen.

atmosfair ist eine gemeinnützige Klimaschutzorganisation unter der Schirmherrschaft von Klaus Töpfer. Die Idee: Flugpassagiere spenden einen kilometerabhängigen Beitrag für die von ihnen verursachten

nachdenken · klimabewusst reisen

atmosfair

Emissionen und finanzieren damit Projekte in Entwicklungsländern, die dort den Ausstoß von Klimagasen verringern helfen. Dazu berechnet man mit dem Emissionsrechner auf **www.atmosfair.de** wieviel CO_2 der Flug produziert und was es kostet, eine vergleichbare Menge Klimagase einzusparen (z.B. Berlin – London – Berlin 13 Euro). atmosfair garantiert die sorgfältige Verwendung Ihres Beitrags. Auch der Karl Baedeker Verlag fliegt mit *atmosfair*. Unterstützen auch Sie unser Klima. Alle Informationen dazu auf www.atmosfair.de.

BAEDEKER VERLAGSPROGRAMM

- ▶ Ägypten
- ▶ Algarve
- ▶ Allgäu
- ▶ Amsterdam
- ▶ Andalusien
- ▶ Argentinien
- ▶ Athen
- ▶ Australien
- ▶ Australien • Osten
- ▶ Bali
- ▶ Baltikum
- ▶ Barcelona
- ▶ Bayerischer Wald
- ▶ Belgien
- ▶ Berlin • Potsdam
- ▶ Bodensee
- ▶ Brasilien
- ▶ Bretagne
- ▶ Brüssel
- ▶ Budapest
- ▶ Bulgarien
- ▶ Burgund
- ▶ Chicago • Große Seen
- ▶ China
- ▶ Costa Blanca
- ▶ Costa Brava
- ▶ Dänemark
- ▶ Deutsche
  Nordseeküste
- ▶ Deutschland
- ▶ Deutschland • Osten
- ▶ Djerba • Südtunesien
- ▶ Dominik. Republik
- ▶ Dresden
- ▶ Dubai • VAE

- ▶ Elba
- ▶ Elsass • Vogesen
- ▶ Finnland
- ▶ Florenz
- ▶ Florida
- ▶ Franken
- ▶ Frankfurt am Main
- ▶ Frankreich
- ▶ Frankreich • Norden
- ▶ Fuerteventura
- ▶ Gardasee
- ▶ Golf von Neapel
- ▶ Gomera
- ▶ Gran Canaria
- ▶ Griechenland
- ▶ Griechische Inseln
- ▶ Großbritannien
- ▶ Hamburg
- ▶ Harz
- ▶ Hongkong • Macao
- ▶ Indien
- ▶ Irland
- ▶ Island
- ▶ Israel
- ▶ Istanbul
- ▶ Istrien •
  Kvarner Bucht
- ▶ Italien
- ▶ Italien • Norden
- ▶ Italien • Süden
- ▶ Italienische Adria
- ▶ Italienische Riviera
- ▶ Japan
- ▶ Jordanien
- ▶ Kalifornien

- ▶ Kanada • Osten
- ▶ Kanada • Westen
- ▶ Kanalinseln
- ▶ Kapstadt •
  Garden Route
- ▶ Kenia
- ▶ Köln
- ▶ Kopenhagen
- ▶ Korfu •
  Ionische Inseln
- ▶ Korsika
- ▶ Kos
- ▶ Kreta
- ▶ Kroatische Adriaküste
  • Dalmatien
- ▶ Kuba
- ▶ La Palma
- ▶ Lanzarote
- ▶ Leipzig • Halle
- ▶ Lissabon
- ▶ Loire
- ▶ London
- ▶ Madeira
- ▶ Madrid
- ▶ Malediven
- ▶ Mallorca
- ▶ Malta • Gozo •
  Comino
- ▶ Marokko
- ▶ Mecklenburg-
  Vorpommern
- ▶ Menorca
- ▶ Mexiko
- ▶ Moskau
- ▶ München